高等学校教材

临床病理、病理生理和治疗学整合课程系列教材

Clinical Pathology, Pathophysiology and Therapeutics（CPPT）

供基础、临床、预防、口腔等专业用

内分泌系统疾病

Endocrine System Diseases

主　编　高　凌　袁静萍

副主编　周　芬　孙家忠　代　喆　管　枫

编　者（以姓氏笔画为序）

万　荔	武汉大学人民医院	余爱林	武汉大学人民医院
王　硕	武汉大学人民医院	陈小琳	武汉大学人民医院
叶迎春	武汉大学人民医院	罗　登	武汉大学人民医院
代　喆	武汉大学中南医院	周　芬	武汉大学人民医院
包　艳	武汉大学人民医院	袁静萍	武汉大学人民医院
刘　琳	武汉大学人民医院	徐子辉	武汉市中心医院
刘婧承	武汉大学人民医院	高　凌	武汉大学人民医院
孙　力	武汉大学中南医院	唐　俊	武汉大学中南医院
孙家忠	武汉大学中南医院	黄　艳	武汉大学人民医院
李　新	武汉大学中南医院	黄　琦	武汉大学中南医院
杨　杪	武汉大学中南医院	曾　智	武汉大学人民医院
吴玉文	武汉大学中南医院	管　枫	武汉大学人民医院

编写秘书　周　芬　武汉大学人民医院

人民卫生出版社

·北京·

版权所有，侵权必究！

图书在版编目（CIP）数据

内分泌系统疾病 / 高凌，袁静萍主编 . -- 北京 ：
人民卫生出版社，2025. 7. --（临床病理、病理生理和
治疗学整合课程系列教材）. -- ISBN 978-7-117-38250
-2

Ⅰ. R580.5

中国国家版本馆 CIP 数据核字第 2025GS7924 号

人卫智网	www.ipmph.com	医学教育、学术、考试、健康，
		购书智慧智能综合服务平台
人卫官网	www.pmph.com	人卫官方资讯发布平台

内分泌系统疾病
Neifenmi Xitong Jibing

主　　编：高　凌　袁静萍
出版发行：人民卫生出版社（中继线 010-59780011）
地　　址：北京市朝阳区潘家园南里 19 号
邮　　编：100021
E - mail：pmph @ pmph.com
购书热线：010-59787592　010-59787584　010-65264830
印　　刷：北京盛通数码印刷有限公司
经　　销：新华书店
开　　本：850×1168　1/16　印张：14
字　　数：385 千字
版　　次：2025 年 7 月第 1 版
印　　次：2025 年 9 月第 1 次印刷
标准书号：ISBN 978-7-117-38250-2
定　　价：79.00 元

打击盗版举报电话：010-59787491　E-mail：WQ @ pmph.com
质量问题联系电话：010-59787234　E-mail：zhiliang @ pmph.com
数字融合服务电话：4001118166　E-mail：zengzhi @ pmph.com

前　言

内分泌系统疾病种类繁多、机制复杂,其精准诊疗亟需临床与基础医学知识的深度融合。与此同时,全球范围内内分泌疾病的患病率持续攀升,已成为威胁人类健康的重大挑战,对医学教育提出了更高要求。

为积极应对这一挑战,深化医学教育改革,武汉大学医学部将其核心整合课程——临床病理生理与治疗学(Clinical Pathology, Pathophysiology and Therapeutics, CPPT)的理念与实践延伸至内分泌领域。CPPT课程以病理生理机制为核心,有机整合病理学、病理生理学及各临床学科知识,强调临床表征与内在机制的关联,并通过多元化教学模式激发医学生学习兴趣,着力培养其临床思维能力。《内分泌系统疾病》正是在此背景下,精心筹划与编撰而成。

本教材以创新整合为特色,基础与临床深度融合,以人民卫生出版社《内科学》等权威教材及内分泌领域最新指南共识为依据,系统整合糖尿病、痛风、高脂血症、骨质疏松、格雷夫斯病(Graves disease)、垂体瘤、原发性醛固酮增多症、库欣综合征、嗜铬细胞瘤、先天性肾上腺皮质增生症、肾上腺皮质功能不全等常见内分泌疾病的病理基础、病理生理机制与临床诊疗策略。教材采用病例引导的教学方式,引入典型、具有教学价值的临床案例,将基础理论与临床实践紧密结合,帮助学生构建清晰的临床思维体系。教材聚焦疾病核心理论,多角度深入剖析关键问题,帮助学生深刻理解并掌握核心知识;同时紧密围绕临床实际需求编排内容,配置丰富的自主学习资源。

本教材主要面向五年制、八年制临床医学专业学生,参加住院医师规范化培训的医师及相关医务人员。同时该教材亦可作为教师教学参考和学生提升学习效率的优质工具。

教材的顺利编撰,得益于武汉大学医学部领导的高度重视,以及基础医学院、临床学院和各附属医院教研室专家同仁的通力协作与鼎力支持。编者团队在承担繁重的医疗、教学与科研工作之余,力求精益求精,但疏漏之处仍在所难免。我们诚挚欢迎广大师生和读者不吝赐教,批评指正。

衷心期望本教材能有效助力医学生掌握内分泌系统疾病知识体系,提升临床胜任力,同时为推动医学教育改革的深化发展,培养更多卓越的临床医师贡献力量。

高　凌

2025 年 6 月 20 日

目　录

第一章 总 论

第一节 内分泌疾病

为了适应不断改变着的内外环境并保持机体内环境的相对稳定性,人体必需依赖于神经、内分泌和免疫系统的相互配合和调控,使各器官系统的活动协调一致,共同担负起机体的代谢、生长、发育、生殖、运动、衰老和病态等生命现象。内分泌系统除其固有的内分泌腺(垂体、甲状腺、甲状旁腺、肾上腺、性腺和胰岛)外,尚有分布在心血管、胃肠、肾、脂肪、脑(尤其是下丘脑)的内分泌组织和细胞。它们所分泌的激素,可通过血液传递(称为内分泌),也可通过细胞外液在局部或邻近区域传递(称为旁分泌),乃至所分泌的物质直接作用于自身细胞(称为自分泌),也可通过轴突运输到神经末梢释放入血(称为神经分泌),更有细胞内的化学物直接作用在自身细胞(称为胞内分泌)。内分泌系统辅助神经系统将体液性信息物质传递到全身各靶细胞,发挥其对细胞的生物作用。激素要在细胞发挥作用必须识别微量激素的受体,与受体结合后改变其立体构象,进而通过第二信使在细胞内进行信号放大和转导,促进蛋白合成和酶促反应,表达其生物学活性。

人类对内分泌学的认识,经历了如下三个阶段。①腺体内分泌学研究:通过将内分泌腺切除,观察切除前、后的生理生化改变以及激素补充后的恢复情况,丰富了对各个内分泌腺的认识。②组织内分泌学研究:通过激素的提纯及其抗体制备,利用放射免疫测定方法,奠定了微量激素测定的特异性和高度敏感性,由此又推动了微量检测技术的发展,使微量激素可精确测定。此外,免疫荧光显微技术利用抗体与细胞表面或胞内靶抗原的特异性识别,实现目标分子的定位与可识化分析。③分子内分泌学研究:目前内分泌学的研究已从细胞水平进入分子水平,通过对激素基因、受体克隆、基因表达、转录和翻译的调控、基因点突变、基因缺失和敲除、基因插入的研究,探讨激素的作用机制、细胞内信号放大与转录,以及细胞代谢、增生、分化、凋亡等热点。目前国内运用基因工程技术合成的激素及其类似物,已广泛应用于临床,造福人类。

一、激素

激素是生物体内分泌腺或内分泌细胞产生的、对机体代谢和生理功能发挥高效调节作用的化学物质,是内分泌系统实现协调作用的物质基础。

(一)激素的作用方式

激素的作用方式有如下四种。①内分泌(endocrine):这是经典的作用方式,即激素通过血液转运到达作用的靶组织。②旁分泌(paracrine):即在激素产生的局部发挥作用,例如睾酮分泌进入血流,它也可以作用于睾丸局部控制精子形成。③自分泌(autocrine):即细胞内的化学物质直接作用在自身细胞,如 T 细胞分泌的细胞因子调控自身增殖。④神经分泌(neurocrine):神经细胞合成激素,通过轴突运输至神经末梢释放的过程,例如下丘脑的视上核和室旁核合成精氨酸加压素(AVP),经下丘脑 - 垂体神经束轴突转运至神经垂体储存,最终释放入血。⑤胞内分泌(intracrine):激素在细胞内合成后直接作用于胞内受体,不分泌到细胞外。如睾酮在细胞内与受体结合。

(二)激素的分类

1. 肽类激素　蛋白质和肽类激素都是由多肽组成,经基因转录、翻译成为蛋白质和肽类激素前体,经裂解或加工形成具有活性的物质而发挥作用。例如前甲状旁腺素原可转变为甲状旁腺素原,再转变为甲状旁腺素;胰岛素原由胰岛素 A 链、B 链及中间连接肽 C（C 肽）组成,经高尔基体加工修饰后,在蛋白酶作用下切除 C 肽,形成具有生物活性的胰岛素分子。

2. 胺类激素　如肾上腺素、去甲肾上腺素、多巴胺可由酪氨酸转化而来,需要多个酶的参与。5- 羟色胺（血清素）则来自色氨酸,经过脱羧和羟化而成。褪黑素(melatonin)也来自色氨酸。

3. 类固醇激素　核心为环戊烷多氢菲,肾上腺和性腺可将胆固醇经过多个酶（如碳链裂解酶、羟化酶、脱氢酶、异构酶等）的参与和作用,转变成为糖皮质激素（皮质醇）、盐皮质激素（醛固酮）、雄性激素（脱氢表雄酮、雄烯二酮、睾酮）。维生素 D_3,由皮肤 7- 脱氢胆固醇在紫外线和一定温度条件下合成,然后经肝脏 25 位羟化,再经肾脏 1α 羟化,形成活性维生素 D[1, 25-(OH)$_2$D$_3$]。

(三)激素的合成和分泌

生化信号调节激素合成。例如钙离子浓度调节甲状旁腺激素（PTH）的合成;血糖水平调节胰岛素的合成。性腺、肾上腺和甲状腺激素的合成依赖于它们各自的下丘脑 - 垂体 - 靶腺轴（图 1-1-1）。下丘脑和垂体通过监测循环内激素的浓度,进而分泌促激素释放激素和促激素作用于靶腺组织器官来控制内分泌靶腺激素的产生。下丘脑产生的促激素释放激素包括促性腺激素释放激素（GnRH）、促甲状腺激素释放激素（TRH）、促肾上腺皮质激素释放激素（CRH）等;促激素释放激素可以作用于垂体,促进或者调解促激素的分泌和释放;而促激素主要由垂体产生,包括黄体生成素（LH）、卵泡刺激素（FSH）、促甲状腺激素（TSH）、促肾上腺皮质激素（ACTH）等。它们各自有其特定的靶腺:LH 和 FSH 作用于性腺,TSH 作用于甲状腺,而 ACTH 则作用于肾上腺皮质。这些促激素增加靶腺激素的合成率,诱导靶腺细胞分化,导致靶腺的肿大;而靶腺激素的分泌也可以负反馈抑制或者调节下丘脑 / 垂体激素的合成、分泌和释放。例如,原发性甲状腺功能减退症甲状腺激素缺乏,反馈刺激下丘脑和垂体,引起 TSH 合成分泌增加,导致甲状腺增生肿大。先天性肾上腺皮质增生症的皮质醇合成代谢酶先天缺乏,低皮质醇血症引起垂体 ACTH 合成分泌增加和肾上腺增生。

激素基于机体需要而时刻都在产生,储备量很少。但是也有例外,如甲状腺激素(thyroid hormone, TH)的储备量可以满足 2 个月的需要,确保在碘供应波动时甲状腺激素的持续足量供应。因此,抗甲状腺功能亢进治疗一般需要 1~2 个月才能耗竭多余储存的甲状腺激素,从而控制症状。激素的分泌具有昼夜节律性,这种节律是机体对环境信号的适应。光是主要的环境

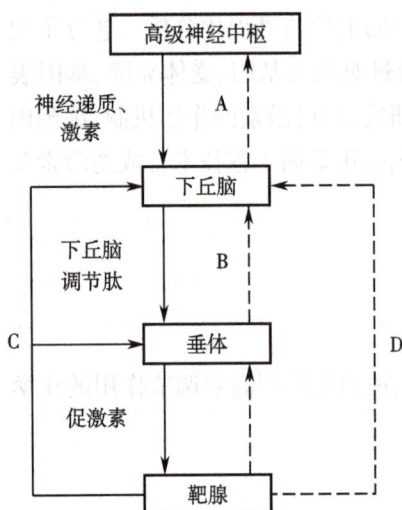

图 1-1-1　下丘脑 - 垂体 - 靶腺轴模式图

A. 超短反馈调节;B. 短反馈调节;
C. 正反馈调节;D. 长负反馈调节
实线表示兴奋;虚线表示抑制。

影响因素,可以调节机体的生物钟。下丘脑视交叉上神经核存在脉冲分泌发生器。光信号成为"清醒-睡眠环"的定时机制,也决定了激素分泌的模式,打破这个节律会导致激素作用异常。约70%的生长激素(growth hormone, GH)分泌发生在慢波睡眠时间,年龄增长使得慢波睡眠减少。ACTH的昼夜节律分泌与疾病显著相关,它的生理分泌高峰在早晨9时;库欣综合征的皮质醇分泌昼夜节律消失,其典型特征为午夜皮质醇水平异常升高(失去正常谷值),而清晨高峰减弱或消失。维持垂体促性腺激素分泌需要间歇性的下丘脑GnRH脉冲分泌。GnRH每1~2小时诱导LH的脉冲分泌,如果持续性的GnRH分泌则抑制促性腺激素的分泌。

(四)激素血液运输

蛋白激素和小分子激素是水溶性的,可以在血液内运输。但是,甲状腺激素和类固醇激素是非水溶性物质,难以在血液内直接运输,所以需要一些糖蛋白作为非水溶性激素的载体。这些蛋白载体包括甲状腺素结合球蛋白(TBG)、性激素结合球蛋白(SHBG)、皮质类固醇结合球蛋白等。这些蛋白载体是血液中的激素储备池,可防止激素迅速失活或者从尿液、胆汁排出。结合在蛋白载体的激素不具有生物活性,游离形式的激素方能实现生物效应。

有的激素在进入血液时已经具有生物活性,如GH和胰岛素。有的激素则需要活化的过程,如T_4进入血液时是前激素的形式,需要在外周组织经过脱碘酶作用转化为T_3才能发挥生物作用。在垂体细胞,T_4同样需要转化为T_3才能产生负反馈作用。睾酮也需要在5α-还原酶作用下活化转为双氢睾酮,这个过程发生在男性泌尿生殖道和肝脏。维生素D则需要在肝脏实现第25位羟化,在肾脏实现第1位羟化后才具有生物活性。

(五)激素受体

激素要在细胞内发挥作用必须首先与激素受体结合。根据激素在靶细胞的作用方式可以分为两类,一类是激素不进入细胞,与膜受体相互作用产生第二信使传递生物信号,所有的多肽类激素(如GH)、胺类激素和前列腺素都属于此类;另一类是激素进入细胞,结合到细胞质受体,作用于细胞核,调节基因的表达,这类激素包括甲状腺激素和类固醇激素。

膜蛋白受体通常包括细胞外段、跨膜段和细胞内段。细胞外段负责识别激素,细胞内段负责启动细胞内的信号系统。细胞内信号系统是通过细胞内信号蛋白的共价键修饰和活化实现的。根据膜受体在细胞内实现生物作用的分子通路不同可以分为6类:①以cAMP为第二信使的受体;②以磷酸酰肌醇代谢物及钙离子为第二信使的受体;③酪氨酸激酶型受体;④酪氨酸激酶偶联型受体;⑤鸟苷酸环化酶型受体;⑥丝氨酸/苏氨酸激酶型受体。

细胞质受体主要指存在于细胞质中的核受体超家族成员。其共同的特征是,未激活时与热休克蛋白结合,定位于细胞质中。与配体结合后,受体构象改变,释放热休克蛋白,转运至细胞核,在核内结合DNA的激素反应元件,调控靶基因转录。常见的主要细胞质受体类型包括①类固醇激素受体:糖皮质激素受体、盐皮质激素受体、雄激素受体、孕激素受体及雌激素受体等;②其他脂溶性信号分子受体:比如维生素D受体及视黄酸受体等。

(六)激素分泌的调节

内分泌腺由高度分化的细胞构成,循环激素生理浓度的维持依赖内分泌激素分泌量与清除量的平衡。激素的分泌严格地被循环浓度调节,以确保靶细胞的生理活动是最适当的。例如骨生长是由循环GH启动和维持的,GH分泌过多可导致巨人症,GH缺乏则可导致生长迟缓。内分泌腺分泌激素的形式也是不同的,例如胰岛素的分泌是短脉冲式的,由摄入的营养物激发;促性腺激素的分泌是由下丘脑通过 GnRH 脉冲发生器调控其脉冲式分泌;催乳素分泌是相对稳定的,在哺乳吸吮时出现高峰。

　　内分泌腺激素分泌由多个环节调控。首先是来自中枢神经系统的控制,包括应激、输入性刺激、神经多肽和下丘脑垂体合成的激素。四种下丘脑释放激素[生长激素释放激素(GHRH)、GnRH、TRH、CRH]通过下丘脑门脉系统进入垂体,结合各类促激素细胞受体,导致 GH、ACTH、TSH 和促性腺激素的合成分泌。相反,下丘脑的生长抑素和多巴胺则抑制 GH、催乳素(PRL)、TSH 的分泌。垂体促激素刺激甲状腺、性腺、肾上腺的激素分泌,这些激素作为强力的负反馈调节物,抑制下丘脑释放激素和垂体促激素的分泌。此外,垂体激素以短的负反馈环调节下丘脑释放激素的分泌(图 1-1-1)。除了中枢神经内分泌层面调节之外,中枢神经系统也直接控制数种激素的分泌过程。例如垂体后叶直接受到下丘脑神经元的支配,节后的交感神经调节肾素、胰岛素和胰高血糖素的快速分泌,交感神经刺激肾上腺髓质细胞释放儿茶酚胺类激素。

二、内分泌疾病概况

　　内分泌疾病通常根据腺体的功能异常情况进行分类,例如甲状腺功能亢进症(简称甲亢)、甲状腺功能减退症(简称甲减)。根据病变部位发生在下丘脑、垂体或周围靶腺,可将内分泌疾病分类为原发性(靶腺病变)和继发性(下丘脑或者垂体病变),例如原发性甲减、继发性甲减、三发性甲减(指病变在下丘脑)。受体病变则发生激素抵抗性,临床表现为功能减退(例如甲状腺激素抵抗综合征、假性甲状旁腺功能减退症)。内分泌肿瘤则依据其所在腺体命名(例如甲状腺癌、卵巢癌),多数肿瘤表现为无功能变化。近年来由于检测技术改进,发现许多亚临床的内分泌疾病,例如亚临床甲减、亚临床库欣综合征,此类疾病临床缺乏特异性症状,依赖激素生化指标诊断。

(一)激素产生过多

　　1. 内分泌腺肿瘤　包括甲状腺腺瘤、甲状旁腺腺瘤、胰岛素瘤、胰高血糖素瘤、醛固酮腺瘤、嗜铬细胞瘤等。这些肿瘤多为良性,能自主性分泌激素,临床表现为该腺体的功能亢进。例如胰岛素瘤引起的低血糖,肾上腺皮质肿瘤引起的皮质醇增多症。然而更多的肿瘤无分泌激素的功能。例如垂体瘤的尸检患病率是 7%~20%,甲状腺癌的尸检患病率是 6%~36%。这些肿瘤无临床症状,在体检和筛查时发现,所以称为"偶发瘤"(incidentaloma)。体积较大的肿瘤可以压迫邻近组织,出现相应的症状和体征。例如垂体腺瘤压迫视交叉出现视力减退、视野缺损和偏盲,压迫其他垂体细胞引起垂体其他激素缺乏。

　　2. 多发性内分泌肿瘤(multiple endocrine neoplasia, MEN)　多个内分泌腺出现肿瘤或者增生产生过多的激素,这些病变的性质是良性或者恶性。例如多发性内分泌肿瘤 1 型(MEN-1)包括甲状旁腺腺瘤、胃肠胰肿瘤和垂体增生或者腺瘤,原因是 *MEN-1* 基因突变。

　　3. 副肿瘤综合征(paraneoplastic syndromes, PNS)　也称为异位激素综合征。分泌异位激素的肿瘤细胞多数起源于分布在体内的神经内分泌细胞。这些细胞具有摄取胺前体脱羧(amin precursor uptake and decarboxylation, APUD)的特性,它们多从神经嵴外胚层衍化而来。正常情况下 APUD 细胞不分泌激素,恶变为肿瘤细胞后可以合成和分泌激素。例如,肺燕麦细胞癌分泌的 ACTH 引起的异位 ACTH 分泌综合征;恶性肿瘤可以分泌过量的甲状旁腺激素相关蛋白(PTHrP)、活性维生素 D 等激素,引起高钙血症。

　　4. 自身抗体产生　例如格雷夫斯病的促甲状腺激素受体刺激性抗体(TSAb)刺激甲状腺细胞表

面的 TSH 受体,引起甲亢。

5. **基因异常**　例如糖皮质激素可治性醛固酮增多症(glucocorticoid remediable aldosteronism, GRA),这是一种常染色体显性遗传疾病。正常情况下醛固酮合成酶在肾上腺皮质球状带表达,而异常的染色体交换形成的融合基因导致醛固酮合成酶在束状带表达,所以可被糖皮质激素所抑制。

6. **外源性激素过量摄入**　例如过量糖皮质激素摄入所致的医源性库欣综合征,过量甲状腺素摄入所致的甲状腺毒症等。

(二)激素产生减少

1. **内分泌腺破坏**

(1)自身免疫损伤:例如 1 型糖尿病、桥本甲状腺炎、艾迪生病时分别损伤胰岛 B 细胞、甲状腺细胞和肾上腺皮质细胞所致的腺体功能减退症。

(2)肿瘤压迫:例如垂体瘤压迫 ACTH 分泌细胞产生的继发性肾上腺皮质功能减退症。

(3)感染:例如病毒感染所致的亚急性甲状腺炎。

(4)放射损伤:例如碘治疗甲亢引起的甲减。

(5)手术切除:甲状腺切除所致的甲减。

(6)缺血坏死:希恩综合征(Sheehan syndrome, SS)是由于产后大出血引起的垂体前叶缺血坏死所致。

2. **内分泌腺激素合成缺陷**　多为遗传性疾病。例如由甲状腺激素合成酶缺陷引起的先天性甲减。

3. **内分泌腺以外的疾病**　如肾脏破坏性病变时,25- 羟维生素 D_3 不能在肾脏实现 25- 羟维生素 D 羟化为 1, 25- 二羟维生素 D_3,减少了活性维生素 D 的产生,进而导致肾性骨病。

(三)激素在靶组织抵抗

激素受体突变或者受体后信号转导系统障碍导致激素在靶组织不能实现生物学作用。临床大多表现为功能减退或功能正常,但是血中激素水平异常增高。例如,生长激素受体突变造成拉龙综合征(Laron syndrome, LS);甲状腺激素受体基因突变或者继发产生针对甲状腺激素受体的抗体引起甲状腺激素抵抗综合征。

三、内分泌疾病诊断

内分泌疾病分为临床型和亚临床型。临床型疾病有特异性的临床表现和体征,实验室证据充足,易于诊断;亚临床型疾病缺乏特异性症状和体征,仅有实验室指标轻度异常,多数在体检中发现,需要根据亚临床疾病的危害和预后决定治疗策略。

(一)临床表现

临床内分泌疾病有特异的临床表现和体征,例如垂体性侏儒症的身材矮小、格雷夫斯眼病的浸润性突眼、库欣综合征的满月脸和紫纹等。此外,病史和家族史可以提供有价值的线索。例如妇女垂体前叶功能减退症常有产后大出血的病史,嗜铬细胞瘤通常有阵发性高血压的病史。

(二)功能诊断

1. **激素相关的生化异常**　例如原发性醛固酮增多症的低钾血症,糖尿病的高血糖和糖化血红蛋白增高,甲状旁腺功能亢进症的高钙血症,尿崩症的低比重尿。生化异常是反映激素水平的间接证据。

2. 激素测定　血液激素浓度是评估内分泌腺功能的直接证据。20世纪90年代,第三代免疫化学发光法(immunochemiluminescence, ICMA)以非放射性的示踪物代替了放射性标志物。

少数激素呈脉冲性分泌,需要限定特殊的采血时间。例如检查血浆皮质醇昼夜节律需要采取早晨8时和下午4时的标本。此外,24h尿液的激素测定也可以作为判断内分泌腺功能的指标,例如尿游离皮质醇定量诊断库欣综合征。

3. 激素代谢产物测定　尿液中的激素代谢产物也可以反映激素的水平,例如尿香草基杏仁酸(vanillyl mandelic acid, VMA)反映儿茶酚胺的水平,通常收集24h尿标本。

4. 激素的功能试验　根据激素生理调节机制设计的试验,包括兴奋试验和抑制试验。兴奋试验的目的是检测内分泌腺的激素储备量,抑制试验的目的是检测内分泌腺合成和释放激素的自主性。

(1)兴奋试验:例如ACTH兴奋试验检查肾上腺皮质产生皮质醇的储备功能,GnRH兴奋试验检查促性腺激素的储备功能。

(2)抑制试验:例如大剂量地塞米松抑制试验检测皮质醇分泌的自主性,诊断肾上腺皮质腺瘤。

(三)定位诊断

在确定某种激素自主性过量分泌以后,需要对产生激素的内分泌腺进行形态定位和病变定性。

1. 影像学检查　蝶鞍X线片、CT、磁共振成像(MRI)、B超等可以诊断垂体、甲状腺、甲状旁腺、性腺、肾上腺、胰岛肿瘤等。正电子发射断层扫描(^{18}F-FDG-PET)可以发现原位肿瘤,也可以发现肿瘤全身转移的情况。

2. 放射性核素检查　内分泌肿瘤细胞可以摄取放射性核素标记的特定物质,定位肿瘤的存在。例如甲状腺核素扫描(^{131}I、^{99m}Tc)不仅可以发现甲状腺的肿瘤,也可以发现甲状腺转移癌(例如肺转移、骨转移等),因为大部分甲状腺癌细胞仍然具备摄碘的功能。

3. 细针穿刺细胞学检查或者活检　通过获得肿瘤/结节的组织标本,评价其良恶性。例如甲状腺细针穿刺细胞学检查(FNAC),能够鉴别甲状腺结节的良恶性。

4. 静脉导管检查　通过静脉导管插入病变侧内分泌腺的流出端静脉,采取血液标本,测定激素的浓度。与非病变腺体侧对照,病变侧标本的激素浓度显著高于非病变侧。例如为肾上腺静脉插管采血,鉴别增高的醛固酮浓度来自单侧还是双侧(腺瘤来自单侧,增生来自双侧)。

(四)病因诊断

1. 自身抗体检测　例如检测促甲状腺激素受体抗体(TRAb)诊断甲状腺毒症的病因,胰岛细胞抗体(ICA)、胰岛素抗体(IAA)、谷氨酸脱羧酶抗体(GADAb)诊断1型糖尿病的病因。

2. 染色体检查　主要诊断性分化异常疾病。例如,特纳综合征(Turner syndrome),表现为身材矮小、性不发育、颈蹼和肘外翻,染色体核型是45,XO。

3. 基因检查　例如*CYP21*基因突变可致先天性肾上腺皮质增生症,后者是女性男性化的病因。

四、内分泌疾病治疗

1. 功能亢进　①手术切除导致功能亢进的肿瘤或增生组织:例如,导致库欣病的垂体促肾上腺皮质激素瘤可手术切除。②放射治疗破坏内分泌肿瘤或增生组织,减少激素的分泌。例如,利用甲状腺细胞摄碘的特性,给予甲亢患者^{131}I治疗。③针对内分泌腺的药物治疗,目的是抑制内分泌腺激素的合成。例如,咪唑类和硫脲类药物通过抑制甲状腺激素的合成治疗甲亢。④针对激素受体的药物治疗:如米非司酮(mife-pristone,RU486)可以阻断糖皮质激素受体,缓解库欣综合征患者的症状。⑤针对内分泌肿瘤的化疗:如米托坦(双氯苯二氯乙烷)治疗肾上腺皮质癌。

2. 功能减退 ①最常见的方法是外源激素的替代治疗或补充治疗,原则是"缺什么,补什么;缺多少,补多少;不多不少,一直到老"。例如,肾上腺皮质功能减退者补充皮质醇(氢化可的松)。②直接补充激素产生的效应物质,例如甲状旁腺功能减退者补充钙与活性维生素 D。③内分泌腺或者组织移植,例如甲状旁腺组织移植治疗甲状旁腺功能减退症等。此外,替代治疗需要符合内分泌腺激素分泌的节律。例如,特发性促性腺激素缺乏给予 GnRH 泵脉冲性治疗。

(高 凌)

第二节 代谢性疾病

一、营养物质的供应和摄取

人类通过摄取食物以维持生存和健康,保证生长发育和各种活动。这些来自外界、以食物形式摄入的物质就是营养素。中国营养学会《中国居民膳食营养素参考摄入量》对营养素分类如下。①宏量营养素:包括糖类、蛋白质和脂肪,它们在消化时分别产生葡萄糖及其他单糖、肽和氨基酸、脂肪酸和甘油。这些宏量营养素是可以互相转换的能源,其中脂肪产热 37.7kJ/g(9kcal/g),而碳水化合物和蛋白质产热 16.7kJ/g(4kcal/g)。②微量营养素:指矿物质,包括常量元素和微量元素,是维持人体健康所必需的。虽然消耗甚微,但许多微量元素有催化作用。③维生素:分为脂溶性和水溶性。④其他膳食成分:膳食纤维、水等。人体所需要的营养物质见表 1-2-1。其中一些必须由外界供给,主要来自食物,另一些可在体内合成。每日所需能量为基础能量消耗、特殊功能活动和体力活动等所消耗能量的总和。基础能量消耗可因性别、年龄、身高和体重而异。特殊功能活动指消化、吸收所消耗的能量,可因生长、发育、妊娠、哺乳等特殊生理需要而增加。体力活动所需能量因活动强度而异,轻、中、重体力活动所需能量分别为基础能量的 30%、50%、100% 或以上。生物效价为 80 以上的蛋白质,成人每日每千克理想体重约需 1g。蛋白质生物效价的顺序依次为:动物制品、豆类、谷类、根类等。牛奶与鸡蛋蛋白质的生物效价为 93,牛肉为 76,麦片和米为 65,玉米为 50。如供应的食物中蛋白质的生物效价较低,则每日所需蛋白质的量应增加。脂肪所供应的能量不宜超过总能量的 30%,且饱和脂肪、多价不饱和脂肪与单价不饱和脂肪的比例应为 1:1:1,每日胆固醇摄入量宜在 300mg 以下。每日所需总能量除由蛋白质和脂肪所供应外,余下的由糖类供应。

表 1-2-1 人体所需要的营养物质

营养物质类别	营养物质名称
糖类(碳水化合物)	可在体内合成,但实际上大部分由体外供给
蛋白质	
必需氨基酸	异亮氨酸、亮氨酸、赖氨酸、甲硫氨酸、苯丙氨酸、苏氨酸、色氨酸、缬氨酸
半必需氨基酸	组氨酸(为婴幼儿所必需)、精氨酸
非必需氨基酸	可在体内合成

续表

营养物质类别	营养物质名称
脂类	
必需脂肪酸	亚油酸、亚麻酸、花生四烯酸
非必需脂肪酸	可在体内合成
矿物质	
常量元素	钠、钾、钙、镁、磷、氯、硫、碳、氢、氧、氮
微量元素	铁、锌、铜、锰、钴、碘、铬、镍、钒、锡、钼、硒、氟
维生素	
水溶性	维生素 B_1、维生素 B_2、维生素 B_3（烟酸）、维生素 B_5（泛酸）、维生素 B_6、维生素 B_7（生物素）、维生素 B_9（叶酸）、维生素 B_{12}、维生素 C
脂溶性	维生素 A、维生素 D、维生素 E、维生素 K
膳食纤维、水	

二、病因和发病机制

（一）营养相关疾病

机体对各种营养物质均有一定的需要量、允许量和耐受量,因此营养相关病可由一种或多种营养物质不足、过多或比例不当而引起,其病因和发病机制可分为以下两类:

1. **原发性营养失调** 由摄取营养物质不足、过多或比例不当引起。例如摄取蛋白质不足引起蛋白质缺乏症,能量摄取超过消耗引起肥胖症。

2. **继发性营养失调** 由器质性或功能性疾病所致。

（1）进食障碍:如口、咽、食管疾病所致的摄食困难,精神因素所致的摄食过少、过多或偏食。

（2）消化、吸收障碍:由消化道疾病或某些药物（如新霉素、考来烯胺）等所致。

（3）物质合成障碍:如肝硬化失代偿期白蛋白合成障碍引起的低白蛋白血症。

（4）机体对营养需求的改变:如发热、甲状腺功能亢进症、肿瘤、慢性消耗性疾病、大手术后,以及生长发育、妊娠等生理性因素,使机体需要的营养物质增加,如供应不足可致营养缺乏。

（5）排泄失常:如多尿可致失水,腹泻可致失钾,长期大量蛋白尿可致低白蛋白血症。

（二）代谢病

指中间代谢某个环节障碍所引起的疾病,主要分为两类。

1. **遗传性代谢病（先天性代谢缺陷）** 由于基因突变引起蛋白质结构和功能紊乱,特异酶催化反应消失、降低或（偶然）升高,导致细胞和器官功能异常。

2. **获得性代谢病** 可由环境因素引起,或遗传因素和环境因素相互作用所致。不合适的食物、药物、理化因素、创伤、感染、器官疾病、精神疾病等是造成代谢障碍的常见原因,如常见的水、电解质和酸碱平衡紊乱,大手术后的氮代谢负平衡,慢性肾衰竭时的钙磷代谢障碍等。血脂异常常见于甲状腺功能减退症、肾病综合征、胆道梗阻等。

此外,有些遗传性代谢病以环境因素为其发病诱因,如苯丙酮尿症是由于苯丙氨酸羟化酶缺乏引起,若能在出生后 3 周内确诊并限制摄入含苯丙氨酸的食物,则避免出现智力障碍。

三、营养相关疾病和代谢病的分类

（一）营养相关疾病

一般按某一营养物质的不足或过多进行分类。

1. **蛋白质营养障碍**　蛋白质和氨基酸不足，如蛋白质 - 能量营养不良症、蛋白质缺乏症、赖氨酸缺乏症；氨基酸过多，如肝硬化肝功能失代偿期酪氨酸、甲硫氨酸过多可诱发肝性脑病。

2. **糖类营养障碍**　糖类摄取过多易引起肥胖症，摄取不足且伴有能量不足时常致消瘦。

3. **脂类营养障碍**　脂类摄取过多易引起肥胖症或血脂异常。

4. **维生素营养障碍**　各种维生素缺乏症或过多症。

5. **水、盐营养障碍**　水、盐不足或过多。

6. **无机元素营养障碍**　微量元素不足或过多。

7. **复合营养障碍**　多种营养物质障碍的不同组合。

（二）代谢病

一般按中间代谢的主要途径分类。

1. **蛋白质代谢障碍**

（1）继发于器官疾病：如严重肝病时的低白蛋白血症，淀粉样变性的免疫球蛋白代谢障碍。

（2）先天性代谢缺陷：如白化病、血红蛋白病、先天性氨基酸代谢异常等。

2. **糖代谢障碍**

（1）各种原因所致的糖尿病、糖耐量减低以及低血糖症等。

（2）先天性代谢缺陷：如果糖不耐受症、半乳糖血症、糖原贮积症等。

3. **脂类代谢障碍**　主要表现为血脂或脂蛋白异常，可分为原发性代谢紊乱或继发于糖尿病、甲状腺功能减退症等疾病的代谢紊乱。

4. **水、电解质代谢障碍**　多为获得性，亦可见于先天性肾上腺皮质增生症等。

5. **无机元素代谢障碍**　如铜代谢异常所致的肝豆状核变性，铁代谢异常所致含铁血黄素沉着症等。

6. **其他代谢障碍**　如嘌呤代谢障碍所致的痛风，卟啉代谢障碍所致的血卟啉病等。

四、诊断原则

在进行营养相关疾病和代谢病的诊断时，要求尽可能了解疾病的病因、诱因和发病机制的主要环节、发展阶段和具体病情。这类疾病常具有特殊的症状和体征，是诊断的首要线索，须进行详细的病史询问和体格检查。实验室检查是确诊的依据，对于临床前期患者更有价值，例如有些无症状的糖尿病患者可通过筛查血糖而确诊。除常规检查外，可根据病史线索进行有关特殊检查。

（一）病史

询问症状的发生、发展和相互关系，并从现病史和个人史中了解发病因素、病理特点、每日进食情况等。必要时应作详细的家系调查。

（二）体格检查

需注意发育和营养状态、体型和骨骼、神经精神状态、智能、毛发、皮肤、视力和听力、舌、齿、肝、脾,以及四肢等。

（三）实验室检查

1. **生化检查**　血、尿、粪和各项常规生化检查,以及激素、物质代谢的正常或异常产物等。

2. **溶血及凝血检查**　如血红蛋白电泳、凝血因子检查等,主要用于遗传性血液病的鉴别诊断。

3. **代谢试验**　如口服葡萄糖耐量试验,氮平衡试验,水、钠、钾、钙、磷平衡试验等。

4. **影像学检查**　如骨密度测定、CT 和 MRI 等。

5. **组织病理和细胞学检查,以及细胞染色体、酶系检查等**

6. **血氨基酸分析诊断**　如氨基酸异常所引起的先天性代谢病。

7. **基因诊断**　用于诊断遗传性代谢病。

代谢病(如糖尿病、痛风等)常与种族、遗传、体质等因素有关,诊断一个病例常可追查发现另一些病例。对于某些特殊类型的糖尿病,如青年人中发生的成年型糖尿病(MODY)和线粒体基因突变糖尿病,可对其家族成员做相应检查。此外,一些遗传性代谢病在症状出现前已有生化改变,应对这些疾病进行临床前期诊断,包括有计划的调查、检出杂合子携带者等。

五、防治原则

（一）病因和诱因的防治

对营养相关疾病和以环境因素为主引起的代谢病,多数能进行病因防治。中国营养学会《中国居民膳食指南(2022)》指导推广平衡饮食、合理摄取营养和促进健康。对于以先天性代谢缺陷为主的代谢病,一般只能针对诱因和发病机制进行治疗,但目前基因治疗已显示出一定前景。此外,有报道用肝、脾、骨髓等移植以治疗肝豆状核变性、免疫球蛋白缺乏症和其他免疫缺陷等。

（二）早期防治

早期诊断和采取防治措施可避免不可逆的形态和功能改变,使病情不致恶化,甚至终身不出现症状,如苯丙酮尿症、半乳糖血症。糖尿病若在早期使病情得到良好控制,可避免出现严重并发症。

（三）针对发病机制的治疗

1. **避开和限制环境因素**　例如葡萄糖 -6- 磷酸脱氢酶(G-6-PD)缺乏症患者应避免进食蚕豆和对乙酰氨基酚、阿司匹林、磺胺、伯氨喹等药物;苯丙酮尿症患者应限制进食含苯丙氨酸的食物等。

2. **替代治疗**　例如对蛋白缺乏症患者补充蛋白质,对血友病患者给予抗血友病球蛋白等。有些代谢病是由于作为酶反应辅助因子的维生素合成不足,或由于酶缺陷以致与维生素辅酶因子的亲和力降低所致,补充相应的维生素可纠正代谢异常。例如胱硫醚 β- 合成酶缺乏所致的高胱氨酸尿症,需给予低甲硫氨酸饮食,并使用大剂量维生素 B_6 及叶酸。

3. **调整治疗**　例如用氢化可的松治疗先天性肾上腺皮质增生症,用别嘌醇抑制尿酸生成以治疗痛风。

（四）遗传咨询和生育指导

对已生育过遗传性代谢病患儿、具有 X 连锁隐性遗传病家族史或某些遗传性代谢病高发区的孕妇进行产前羊水检查,对防治遗传性代谢病有重要价值。目前原发性营养缺乏病已少见,但继发性营养缺乏病仍较常见。例如糖尿病、血脂异常、肥胖症、代谢综合征、骨质疏松症等。

（高 凌）

第二章 垂体疾病

垂体是人体重要的中枢性内分泌腺,由腺垂体和神经垂体共同组成,腺垂体分泌促肾上腺皮质激素、催乳素、生长激素、促甲状腺素、促黄体素以及卵泡刺激素等,神经垂体贮存由下丘脑分泌的催产素和抗利尿激素,任何原因引起垂体激素水平的改变均可影响其对应的靶腺组织,从而出现相应的临床表现。垂体功能低下的疾病包括矮小症、希恩综合征等,而垂体功能亢进的疾病包括库欣病、催乳素瘤等。

第一节 矮 小 症

矮小症是指在相似的环境下,同种族、同性别和同年龄的个体身高低于正常人群平均身高的 $-2SD$,或低于第 3 百分位数($-1.88SD$)。

一、病因

矮小症的病因众多,可分为病理性和正常变异性两大类,前者常需要特异性治疗,后者则缺乏针对性的治疗方法。详细病因见表 2-1-1,其中生长激素缺乏症(growth hormone deficiency,GHD)是最常见的病因之一。

表 2-1-1　矮小症病因

病因	具体分类
生长激素缺陷	垂体发育异常
	生长激素、生长激素释放激素异常
	生长激素受体缺陷、Laron 综合征
	胰岛素样生长因子 -1(insulin-like growth factor-1,IGF-1)的缺陷
颅脑损伤	围产期损伤、颅底骨折、放射线损伤、肿瘤浸润等
其他内分泌疾病	甲状腺功能减退、先天性肾上腺皮质增生等
染色体异常相关疾病	黏多糖贮积症、特纳综合征等
其他非内分泌疾病	小于胎龄儿、精神心理因素、慢性系统性疾病、营养不良
	家族性、特发性、体质性青春期发育延迟

二、发病机制

下丘脑的 GH-IGF-1 轴是人体维持正常生长发育的重要内分泌轴,由于 GH 或 IGF-1 分泌不足、活性降低、外周组织对其抵抗等导致该内分泌轴的功能缺陷,从而引发矮小症。但该病确切的发病机制至今尚未阐明。

三、临床表现

1. 身材矮小,生长发育迟缓。
2. *原发疾病的伴发症状*　如先天性甲状腺功能减退症的患者除生长发育迟缓以外,往往还存在智力低下;先天性肾上腺皮质增生往往合并性发育异常;特纳综合征患者往往还伴有后发际线低、颈蹼、胸平而宽及卵巢发育不良等临床特征。
3. *心理问题*　患者多表现出自卑、性格孤僻、不合群等心理障碍。

四、实验室检查和其他检查

(一)常规实验室检查

血尿常规、肝肾功能、电解质、甲状腺功能、血皮质醇,若怀疑是肾小管酸中毒的患者需检测血气分析,对怀疑存在染色体畸变者应进行核型分析。

(二)骨龄测定

骨龄是个体各个年龄时的骨成熟度,依据左手的腕、掌、指骨关节正位片,观察各骨化中心的生长发育情况,是评价生物个体的良好指标。判断骨龄的方法包括:百分计数法、Tanner-Whitehouse(TW3)法及 Greulich-Pyle(GP)图谱法。目前,临床最常用 GP 法。骨龄与实际年龄相差 ±1 之间为正常,落后或超前过多均为异常。

(三)生长激素

GH 呈脉冲式分泌,夜间睡眠 1~2h 后达到峰值,所以可以作为疾病的初筛。其他时间 GH 浓度均非常低,且易受饮食、运动、药物等的影响,故随机 GH 的测定不能作为该病的诊断依据。

(四)IGF-1 和胰岛素样生长因子结合蛋白 3

IGF-1 降低是矮小症患者的共同特点,但是由于其水平受许多因素的影响,如年龄、营养、肝病等,故 IGF-1 正常并不能排除该病的诊断。胰岛素样生长因子结合蛋白 3(IGF binding protein-3,IGFBP-3)是 IGF-1 的主要血清载体蛋白,也可反映 GH 分泌水平。其受营养因素影响较小,当处于正常值下限时,IGFBP-3 较 IGF 更有意义。在幼儿中,IGFBP-3 更有助于诊断疾病。

(五)生长激素激发试验

常用的药物和试验方法见表 2-1-2。

表 2-1-2 常用药物的试验方法和采血时间

药物	方法	采血时间	检测项目及正常结果
胰岛素	0.075U/kg,静脉注射	0、15、30、60、90、120min	当血糖 <2.2mmol/L 时,血 GH 应 >5μg/L
精氨酸	0.5g/kg(不超过 30g),静脉注射	0、15、30、60、90、150min	GH 峰值 >3μg/L
左旋多巴	10mg/kg(不超过 500mg),口服	0、15、30、60、90、120min	GH 峰值 >3μg/L

(六)影像学检查

所有患者均应进行下丘脑和垂体 MRI 的检查,以排除先天发育异常或肿瘤的可能。

五、诊断和鉴别诊断

(一)诊断

根据患者的症状、体征可初步诊断,但最重要的是明确矮小症的病因以便给予相应的治疗。

(二)鉴别诊断

1. GHD 患者身材矮小,面容幼稚,智力发育正常。骨龄落后于年龄,实验室检查显示 GH 正常或降低,IGF-1 水平降低,GH 激发试验结果异常(具体试验方法见表 2-1-2),其他垂体激素水平正常。

2. 体质性青春期发育延迟 第二性征发育延迟,身高年龄明显小于实际年龄,有相应的家族史。无器质性疾病,GH 和 IGF-1 正常或降低,在延迟的青春期中生长速率正常,可到达正常的终身高。

3. 甲状腺功能减退症 发生于儿童期的甲状腺功能减退症往往会出现生长发育迟缓,智力落后等临床特征。实验室检查显示甲状腺激素水平降低。

4. 特纳综合征 是一种罕见的常染色体疾病,患者表型为女性,临床主要表现为生长落后和性腺发育不良,此外还可有颈蹼、盾状胸、肘外翻等特异性体征,需查染色体核型以明确诊断。

5. 特发性矮小症(idiopathic short stature,ISS) 指临床上无明确病因的矮小症。身材比例正常,无慢性器质性疾病、心理问题、情感障碍等,生长激素刺激实验 GH 峰值 ≥10μg/L。

6. 某些综合征 如努南综合征(Noonan syndrome)和普拉德 - 威利综合征(Prader-Willi syndrome)等,需行基因检测明确诊断。

六、治疗

矮小症的治疗取决于病因,如营养不良的患儿在充分给予日常营养后,甲减患儿补充甲状腺激素后,其身高逐渐恢复正常。

GH 缺乏者、小于胎龄儿、特发性矮小症者均有使用 GH 的指征。GH 治疗效果具有剂量依赖性和个体差异。GHD 患者使用剂量较低(0.075~0.15U/kg·d),特发性矮小症患者治疗剂量稍大。除了 GHD 患者以外,治疗后身高达正常成人身高范围内(>–2SD)或接近成年身高,即生长速率

<2cm/年,男孩骨龄>16岁,女孩骨龄>14岁可考虑停药。而GHD患者需在患者达到终身高后继续使用,在治疗过程中需进行GH和IGF-1的再评估。成人生长激素的剂量应个体化,起始剂量为0.1~0.2mg/d,随后根据患者临床表现、IGF-1水平、副作用等逐渐调节剂量,一般不超过2mg/d。儿童患者需每3个月复查1次,监测身高、生长速度、体重,每年监测骨龄。成年患者在初始治疗期间,需1~2个月复诊1次,进入维持治疗期,每半年复诊1次,检测内容包括临床症状、体重、身高、BMI、腰围、IGF-1、血脂及空腹血糖,每年复查骨密度。人重组GH的不良反应包括水肿、甲状腺功能减退、糖耐量异常、腕管综合征等,但严重不良反应少见。由于GH存在诱发肿瘤的可能性,有活动性肿瘤或活动性颅内损伤的患者禁止使用。

七、预后

矮小症的预后因病因而异,如GHD患者给予生长激素治疗后预后良好;但若是基因突变所致的临床综合征,则治疗效果欠佳。

(包艳　刘婧承)

第二节　垂体生长激素瘤

垂体生长激素瘤(growth hormone-secreting pituitary adenoma)是一种常见的垂体瘤类型,占垂体腺瘤的20%~30%。其临床症状主要包括两个方面:一是由增高的GH和IGF-1导致的特征性临床表现,发生在骨骺闭合之前的青少年中,表现为巨人症;发生在骨骺闭合后的成年人中,则表现为肢端肥大症。除此之外,生长激素水平增高常伴有糖代谢异常、高血压、骨关节疼痛等疾病。二是肿瘤占位所导致的压迫症状。

一、病因和发病机制

垂体GH瘤形成的原因目前尚不明确。其可能的致病机制为:垂体GH细胞中的生长激素释放激素受体基因突变是生长激素瘤的始动因素,而下丘脑生长激素释放激素过多或生长激素抑制激素过少时,使垂体GH细胞受到长期及过度的刺激,从而形成腺瘤或增生。

二、病理解剖和病理生理

大约20%的垂体腺瘤显示与GH分泌有关,也叫垂体生长激素瘤。垂体生长激素瘤常伴有血浆GH和IGF-1的高水平,并可有肢端肥大和巨人症的症状和体征。肢端肥大症患者多数为大腺瘤,巨大肿瘤膨胀引起头痛、视野缺陷等症状。30%~50%患者可出现PRL和GH联合分泌,导致高催乳素血症症状和体征。镜下,垂体生长激素瘤呈嗜酸性或嫌色性(图2-2-1A)。胞核多居中、椭圆形,有明显核仁,常见核多形性和多核细胞。免疫组化显示不同程度GH阳性反应(图2-2-1B)。许多垂体生长激素瘤可出现其他垂体激素继发性阳性表达,可见局灶性PRL免疫组化阳性表达,但患者并无临床高催乳素血症证据。

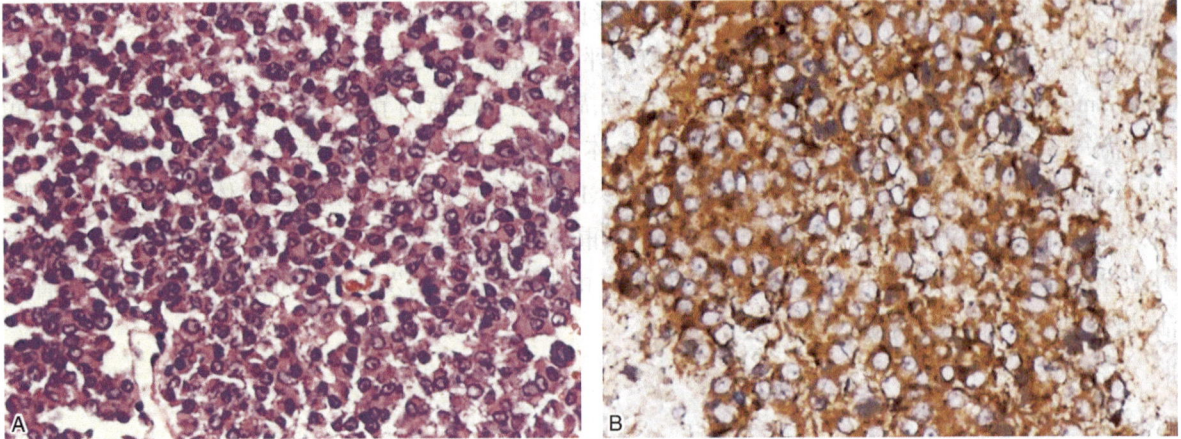

图 2-2-1　垂体生长激素瘤

A. 光镜下,垂体生长激素瘤呈嗜酸性或嫌色性,胞核多居中或稍偏位,圆形或椭圆形,可见小核仁(HE 染色,×200);B. 免疫组化显示 GH 阳性反应(免疫组化染色,×200)。

三、病理和临床联系

不同病理形态的 GH 瘤临床表现各不相同,致密颗粒性 GH 细胞腺瘤生长缓慢;稀疏颗粒性 GH 细胞腺瘤生长迅速;GH/PRL 混合细胞腺瘤生长迅速且具有侵袭性;嗜酸细胞腺瘤亦可同时表达 GH 和 PRL,生长迅速具有侵袭性,临床表现与 PRL 腺瘤类似。此外,还有 GH 细胞癌、静寂性 GH 瘤等。

四、临床表现

(一)肢端肥大症

患者临床表现可累及全身各个系统。

1. 肢端肥大症的特征性外貌　鼻大唇厚、手足增大、皮肤增厚、多汗、皮脂腺分泌增多,眉弓突出、下颌颚前突、牙齿稀疏和反咬合。

2. 呼吸系统　语音低沉,打鼾,严重时有睡眠呼吸暂停综合征。

3. 心血管系统　患者会出现高血压,心肌增厚,心脏扩大,冠心病,心功能减退等异常。

4. 骨关节　滑膜组织和关节软骨增生,肥大性骨关节病,髋、膝关节受损。

5. 生殖系统异常　女性出现闭经、泌乳、不孕,男性出现性功能障碍、不育等。

6. 对代谢指标的影响　糖代谢异常最为常见,过多的 GH 导致胰岛素抵抗是其最重要的原因。

7. 对肿瘤的影响　GH 瘤患者结肠息肉、结肠癌、甲状腺癌等的发病率增加。

8. 垂体瘤对周围组织的压迫症状　头痛、视野缺损、颅内压增高、垂体功能减退,大的腺瘤由于瘤体中心血供不足可能会出现垂体卒中。

临床工作中,并非所有的患者都会出现典型的肢端肥大症的症状,但如果患者出现以下 2 个或以上的症状时,如初发糖尿病、多发性关节疼痛、新发或难治性高血压、心室肥大、乏力、头痛、多汗、视力下降、结肠息肉、进展性下颌突出等,应进行肢端肥大症的筛查。

(二)巨人症

如果 GH 的过度分泌出现在儿童期或少年期的骨骺闭合前,患者会出现身材高大的症状。若到成年期,GH 持续分泌增多,则会同时合并肢端肥大症的临床表现。

五、实验室检查和其他检查

(一)GH 和 IGF-1 的测定

除了查空腹或随机血清 GH 以外,更重要的是需要进行口服葡萄糖耐量试验以了解 GH 能否被抑制。患者口服 75g 葡萄糖后,GH 谷值 >1μg/L 具有诊断价值。

GH 需通过 IGF-1 介导发挥作用,故临床上只要考虑存在肢端肥大症可能,均应检测 IGF-1。

(二)其他激素的测定

包括垂体激素如 PRL、FSH、LH、ACTH 及相应的靶腺激素。

(三)影像学检查

垂体 CT 或 MRI 是定位诊断不可或缺的方法,同时还可以了解瘤体的大小以及与周围组织的毗邻关系,为随后的治疗提供依据。MRI 的成像效果明显优于 CT,只有存在 MRI 禁忌证的情况下,才考虑行 CT 以取代。

(四)其他相关检测

血糖、血脂、心电图、心脏彩超、睡眠呼吸功能监测,视野、视力的检查,必要时需行甲状腺彩超、结肠镜检等。

六、诊断和鉴别诊断

(一)诊断

根据患者的临床表现、实验室检查(定性诊断)和影像学检查(定位诊断)可明确诊断。由于垂体瘤可能是某些临床综合征的组成部分,故对肢端肥大症的患者需考虑是否合并以下疾病:多发性内分泌肿瘤(MEN)、卡尼综合征(Carney complex)、纤维性骨营养不良综合征(McCune-Albright syndrome,MAS)等。

(二)鉴别诊断

1. **青春期发育提前或性早熟** 此类人群特征是生长发育迅速,性发育提前,但由于骨龄明显提高,骨骺融合早,最终身高低于正常人。

2. **系统性淀粉样变** 其特征是全身各种组织中均有淀粉样蛋白沉积,常见于肝肾、心血管系统、皮肤和骨髓等器官受累,但患者 GH 水平不增高。可通过检测尿本周蛋白、骨髓检查等进一步明确诊断。

3. **皮肤骨膜增厚症** 患者外貌与肢端肥大症患者类似,多见于青年男性,呈家族聚集性,但其 GH 正常。

4. **其他临床综合征**

(1)马方综合征(Marfan syndrome):是一种常染色体显性遗传性结缔组织病。患者表现为身材瘦高、高度近视或先天性心血管畸形等。

（2）贝-维综合征（Beckwith-Wiedemann syndrome）：患者往往表现为身材高大、舌及内脏肥大，部分患者伴有高胰岛素血症，但 GH 水平正常。

此外，还有一些罕见综合征，如 XYY 综合征、肾母细胞瘤（Wilms 瘤）等。

七、治疗

治疗目标包括将血清随机 GH 水平控制到小于 2.5μg/L，使血清 IGF-1 下降至正常范围，缩小或消除垂体肿瘤防止其复发，消除或减轻临床症状及合并症，尽可能保留垂体内分泌功能。

治疗方案包括手术、药物、放射治疗。

（一）手术治疗

手术指征如下：存在垂体卒中、垂体瘤导致的压迫症状等。手术方式有经鼻蝶窦入路手术、开颅腺瘤切除术、联合入路手术，其中经鼻蝶窦腺瘤切除术是最常采用的手术方式。

围手术期需要注意对合并糖尿病、高血压及心功能不全的患者给予相应处理。生长激素瘤合并呼吸睡眠暂停综合征的患者麻醉风险高，尤其应注意防止麻醉意外的发生；术后需要监测 24h 出入量和电解质，若出现尿崩症，应给予抗利尿激素治疗；垂体瘤患者手术前后均需进行临床评估及垂体功能的评价，以调整替代激素剂量，部分患者需终身行激素替代治疗。

（二）药物治疗

下列情况需要考虑药物治疗：手术后不能改善症状者、身体情况差不适合手术者或不愿意手术者等。药物主要有三类：生长抑素类似物（SSA）、多巴胺（DA）受体激动剂和 GH 受体拮抗剂。

SSA 是首选治疗药物，包括奥曲肽、兰瑞肽和帕瑞肽，不良反应多为注射部位反应和胃肠道症状。长期使用会导致患者胆泥淤积或胆石症，所以应定期检查肝胆 B 超。多巴胺受体激动剂包括第一代 DA（溴隐亭）和第二代 DA（卡麦角林），服用方便，价格相对便宜。目前国内仅有溴隐亭，该药适合 GH 水平轻度增高而未能使用 SSA 的患者。多巴胺受体激动剂的不良反应包括胃肠道不适、直立性低血压、头痛等。GH 受体拮抗剂主要是培维索孟，该药可显著降低 IGF-1，其主要副作用是肝功能损害。

（三）放射治疗

由于放射治疗效果延迟，且易导致腺垂体功能低下，故往往不作为生长激素瘤的首选治疗。该治疗的适应人群包括：术后肿瘤组织残余，以及药物治疗无效或无法耐受药物治疗不良反应的患者。相较于传统的放疗方法，立体定向放疗是更好的选择。最常见的垂体放射治疗所致并发症是垂体前叶功能减退。其他并发症还有视力受损、放射性脑坏死、放射野继发性恶性肿瘤等。接受垂体放射治疗的患者需每年检测垂体功能以评估其受损状况。

八、随访和预后

所有生长激素瘤的患者，均应终身随访以了解垂体前叶功能及肿瘤复发的情况。

（包　艳）

第三节　催乳素瘤

催乳素瘤（prolactinoma）是最常见的功能性垂体腺瘤。其临床特点为：高催乳素血症所致的妇女闭经、泌乳、不孕等；男性性功能低下、不育；肿瘤增大所致鞍区占位效应，如头痛、视野缺损、脑神经受累和垂体前叶功能减退等相应症状。

一、病因

目前对催乳素瘤的确切病因知之甚少，但有研究表明垂体瘤转化基因（pituitary tumor transforming gene，PTTG）的过度表达、转化生长因子-2A 和成纤维细胞生长因子 4 受体突变在催乳素瘤的发生、进展中有重要作用。此外，雌激素亦可促进催乳素瘤的形成。

二、发病机制

催乳素瘤发病机制至今尚未完全清楚，尽管目前研究认为多数垂体瘤为单克隆增殖，垂体增生源于单个细胞的突变，但是是垂体自身细胞突变还是下丘脑调控更重要，一直未能达成共识。

三、病理解剖和病理生理

催乳素瘤占功能性垂体腺瘤的近 80% 和全部垂体腺瘤的 40%~50%。大多数催乳素瘤为微腺瘤，好发于生育年龄的女性，常表现为闭经、溢乳和不孕。仅 30% 为大腺瘤，在男性和老年女性中更常见，症状多为头痛、神经功能障碍及视力减退，男性还可有阳痿和性欲减退等症状。垂体腺瘤出现持续性高催乳素血症和神经影像学改变，即可确诊催乳素瘤。光镜下，肿瘤细胞中等大小，胞质呈嫌色性或轻度嗜酸性，核椭圆形且居中，可见小核仁（图 2-3-1A）。催乳素瘤可产生淀粉样物质，形成小的透明小体。少数病例可见不同程度的钙化，形成"垂体石"。免疫组化染色显示明确的 PRL 阳性，染色形态具有特征性，呈点状分布于核周部（图 2-3-1B）。

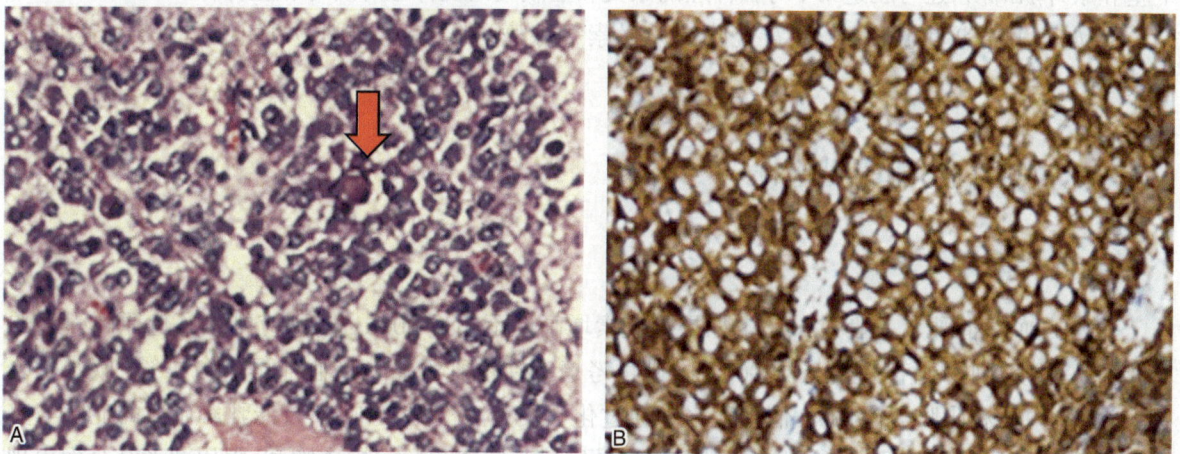

图 2-3-1　催乳素瘤

A. 光镜下（HE 染色，×200），肿瘤细胞中等大小，胞质呈嫌色性或轻度嗜酸性，核椭圆形、居中，可见小核仁。催乳素瘤可产生淀粉样物质，形成小的透明小体（红色箭头所示）；B. 免疫组化染色（×200）显示 PRL 阳性。

四、病理和临床联系

根据肿瘤直径的不同催乳素瘤可分为：微腺瘤（小于10mm）、大腺瘤（大于等于10mm，小于40mm）和巨大腺瘤（大于等于40mm）。微腺瘤无症状或有高催乳素血症相关症状，大和巨大腺瘤往往有局部压迫症状（详见症状部分），此外大腺瘤还会出现垂体卒中的表现，严重者可出现剧烈头痛、恶心、呕吐等。

五、临床表现

（一）症状

1. **高催乳素血症所致相应的临床症状**　性腺功能减退，青春期前患者可表现为原发性性腺功能减退。由于高浓度的催乳素抑制下丘脑促性腺激素释放激素和垂体促性腺分泌激素，育龄期女性表现为月经稀少或闭经、不孕等症状；而男性患者表现为性欲减退、阳痿和不育。泌乳多见于女性，少数男性患者亦可出现。部分患者出现体重增加。

2. **肿瘤增大导致鞍区占位的临床症状**　头痛和视野缺损，双颞侧偏盲最为常见。还可出现眼睑下垂、眼外肌麻痹、复视、感觉异常等症状。

3. **垂体卒中**　大腺瘤可出现肿瘤内自发性出血，部分患者还可出现急性垂体卒中，表现为剧烈头痛、常伴有恶心、呕吐、严重者可出现急性视神经障碍甚至昏迷。

4. **相邻腺体功能减退**　肿瘤压迫邻近正常垂体组织而出现相应的其他垂体前叶功能减退的症状。

5. **多发性腺瘤病的相关症状**　催乳素瘤如合并分泌其他激素的垂体瘤则有相应的临床表现，如肢端肥大症、库欣病等。

（二）体征

1. 女性患者乳腺萎缩、阴毛脱落、外阴萎缩。

2. 肿瘤压迫的体征。肿瘤如果向鞍旁生长可侵袭海绵窦，压迫第Ⅲ、Ⅳ、Ⅵ对脑神经而导致眼睑下垂和眼外肌麻痹，还可压迫第Ⅴ对脑神经的眼支和上颌支出现神经麻痹等相应体征。

3. 如合并分泌生长激素、促肾上腺皮质激素等腺瘤，则会有肢端肥大症、库欣综合征的临床表现。

六、实验室检查和其他检查

（一）催乳素增高

正常人血清催乳素一般<20μg/L，如果催乳素增高但不超过100μg/L，则应排除其他原因引起的高催乳素血症；如果血清催乳素>200μg/L，则可考虑存在催乳素瘤。采血前可进食早餐（碳水化合物，避免蛋白质和脂肪类食物）。催乳素水平通过化学发光法检测，当临床高催乳素血症的症状与实验室检测结果不一致时，可能是催乳素水平过高导致捕获抗体和标记抗体饱和，阻碍两者结合而出现的错误极低值，称之为"钩状效应（hook effect）"，可通过稀释血清重复检查以避免这种假象。高催乳素血症的诊断还需要排除"巨催乳素"存在的可能。通常情况下，循环中80%的催乳素为单体形式，除此之外,催乳素还能形成二聚体结构,或与自身 IgG 抗体形成多聚体结构,即"巨催乳素",实验室可通过聚乙二醇预处理血清乙沉淀巨催乳素,以避免误诊。目前认为巨催乳素血症是一种正常的变异,一般不需要治疗。

（二）垂体影像学检查

垂体局部 MRI（必要时增强 MRI）有助于垂体微腺瘤的发现。近年来,一些新兴的影像学技术逐渐用于垂体瘤的诊断中,如:磁化传递技术、动态对比增强 MRI、3D 高清分辨磁共振技术、PET 等。

七、诊断和鉴别诊断

（一）诊断

1. **临床表现**　包括高催乳素血症和鞍区压迫症状。
2. **激素水平**　泌乳素瘤多提示高泌乳素血症。
3. **影像学检查**　垂体 MRI 扫描提示垂体腺瘤。

（二）鉴别诊断

1. **生理性催乳素的升高**　饮食、应激状态、妊娠和哺乳期间均使催乳素水平升高。
2. **药物所致的高催乳素血症**　抗精神类药物（如利培酮、氟哌啶醇）,胃肠动力药物（甲氧氯普胺、多潘立酮等）,部分避孕药和降压药。
3. **下丘脑垂体柄疾病**　颅咽管瘤、朗格汉斯细胞组织细胞增生症、感染性和自身免疫相关的疾病等,影响垂体柄的结构功能时可以导致高催乳素血症。
4. **原发性甲状腺功能减退症**　此类患者由于 TRH 的增高常伴有垂体反应性增生,而出现高催乳素血症。
5. **多囊卵巢综合征**　育龄期妇女出现月经紊乱、不孕、高雄激素等异常,部分患者可出现轻度高催乳素血症。
6. **其他疾病所致**　慢性肾功能不全的患者由于肾脏清除催乳素的障碍而导致高催乳素血症,肝硬化患者由于催乳素在肝脏中的灭活障碍也可出现高催乳素血症。

八、治疗

（一）药物治疗

目前多巴胺受体激动剂是催乳素瘤的首选治疗,其中最常见的药物是溴隐亭,以小剂量起始,1.25mg/d,夜间与点心同服,可减轻体位性低血压和胃肠道不适。根据症状和催乳素水平逐渐加量,但不建议超过 15mg/d。其不良反应包括:恶心、呕吐、便秘、头痛、困倦、乏力、焦虑、抑郁等。

（二）手术治疗

除了急性垂体卒中引起的视力下降需要急诊手术外,多巴胺受体激动剂依然是垂体大腺瘤的首选。手术治疗的适应证为:垂体微腺瘤经药物治疗 3~6 个月无效或效果欠佳者;药物治疗反应较大不能耐受者;巨大垂体腺瘤伴有明显视路压迫,药物治疗无法控制血催乳素和缩小肿瘤体积者;侵袭性垂体腺瘤伴有脑脊液鼻漏者;带瘤生存的心理承受能力不足或拒绝长期服用药物治疗者;药物治疗或其他原因引致垂体瘤卒中,表现剧烈头痛和急剧视力减退者。绝大多数手术可以采用经鼻蝶窦入路,只有少数耐药的侵袭型巨大垂体腺瘤需要开颅手术。

(三)垂体放疗

由于多巴胺激动剂对催乳素瘤有良好疗效,所以多数情况下,放射治疗仅针对药物无效、不耐受、手术后残留、复发或侵袭性、恶性催乳素瘤等患者。

(四)妊娠期催乳素瘤的处理

根据 2022 版国际临床内分泌学分会(ICCE)与意大利临床内分泌学家协会(AME)垂体催乳素瘤的临床实践共识建议:在计划妊娠时使用多巴胺受体激动剂,在确认妊娠后停止治疗。这与《中国垂体催乳素腺瘤共识(2014 版)》推荐意见有所不同:妊娠前有垂体催乳素微腺瘤的女性患者在孕 12 周后停药;垂体催乳素大腺瘤女性妊娠期间全程用药。临床工作中应详细与患者沟通,权衡利弊后再选择治疗方案。

九、预后

大多数微腺瘤不发展为大腺瘤,但其自然发展过程尚不清楚,所以需要长期随访。

(包 艳 刘 琳)

———— 第四节 自身免疫性多内分泌腺病综合征 ————

自身免疫性多内分泌腺病综合征(autoimmune polyendocrinopathy syndrome, APS)是同一个体先后或者同时发生两个或两个以上的内分泌腺体自身免疫病,其中自身免疫性内分泌疾病多见,但也可能出现非内分泌腺的自身免疫病。其中多数表现为器官或细胞的功能减退,但也有少数表现为功能亢进(如格雷夫斯病)。由于 APS-Ⅱ、APS-Ⅲ、APS-Ⅳ型具有类似的遗传背景,合并归于 APS-Ⅱ型。因此临床上根据不同的表型分为两种临床亚型:APS-Ⅰ型和 APS-Ⅱ型。

一、APS-Ⅰ型

APS-Ⅰ型是一种常染色体隐性遗传病,发病罕见。每年患病率为 1:100 000~1:200 000。

(一)病因及发病机制

该疾病为自身免疫反应破坏多个内分泌或非内分泌组织而导致相应组织器官功能异常。其发病机制目前认为是由位于 21q22.3 的自身免疫调节(autoimmune regulator protein, AIRE)基因突变,并引起 T 淋巴细胞耐受缺损,又称自身免疫性念珠菌感染 - 多内分泌腺病 - 外胚层营养不良症(autoimmune-polyendocrinopathy candidiasis-ectodermal dystrophy, APECED)。AIRE 单个基因突变,如何引起那么多内分泌腺与非内分泌细胞自身免疫病和念珠菌感染和外皮层营养不良,其发病机制尚未清楚。

（二）临床表现

APS-Ⅰ主要组成疾病包括念珠菌感染、甲状旁腺功能减退症、肾上腺皮质功能减退。少见疾病包括①自身免疫性内分泌病：高促性腺激素性性腺功能减退症、自身免疫性甲状腺病、1型糖尿病；②自身免疫性皮肤病：白癜风、脱发、荨麻疹样红斑；③胃肠病：恶性贫血、胆石症、吸收不良综合征、慢性活动性肝炎；④外胚层器官发育不良症：指甲发育不良症、牙龈质钙化、耳鼓膜钙化；⑤其他表现：角膜结膜炎、无脾症。

（三）实验室检查及其他辅助检查

1. 内分泌功能检查　甲状旁腺功能（血清钙、磷，尿钙），肾上腺功能（血皮质醇、醛固酮、肾素活性、ACTH刺激试验），甲状腺功能（FT_3、FT_4、TSH），性腺外周及中枢激素。

2. 血清自身抗体检测　钙受体抗体、抗肾上腺皮质细胞抗体、抗胰岛细胞抗体、谷氨酸脱羧酶抗体、胰岛素抗体、IA-2抗体、黑色素细胞抗体、胃壁细胞抗体、TPOAb、TGAb等。

3. 念珠菌感染检测　皮肤及消化道念珠菌感染检测。

4. 基因检测　*AIRE*基因检测。

（四）诊断

临床上如果有下列情况之一者，可以考虑APS-Ⅰ型：

1. 三联征（念珠菌感染、甲状旁腺功能减退症、肾上腺皮质功能减退）出现两种以上。

2. 三联征中有一种疾病，但同胞中有APS-Ⅰ型患者。

3. 高度怀疑APS-Ⅰ型，*AIRE*基因有突变者。未发现*AIRE*基因突变不能排除APS-Ⅰ型。

由于APS的组成疾病可能随生存时间序贯发生，因此其诊断往往是一个动态的过程，即使诊断了APS-Ⅰ型，仍需长期监测观察有无APS-Ⅰ型的其他表现疾病发生。

（五）治疗与预后

此综合征无根治方法，目前治疗原则为对症治疗。肾上腺皮质功能减退给予糖皮质激素替代，甲状旁腺功能减退给予钙剂及维生素D补充，1型糖尿病予以胰岛素治疗为主，甲状腺功能减退使用甲状腺激素补充治疗，念珠菌感染者给予局部或口服两性霉素B或酮康唑等药物治疗。

二、APS-Ⅱ型

APS-Ⅱ型的发病率较APS-Ⅰ型高。

（一）病因与发病机制

目前认为该类疾病与人类白细胞抗原（HLA）型别有关。*HLA*基因位于6号染色体短臂，此区域内估计含有128个表达基因，其中约40%具有免疫功能。与免疫有关的*HLA*的易感和保护基因之间的连锁不平衡导致免疫功能紊乱，表现为T淋巴细胞亚群比例失调，即表达激活/记忆标志的T淋巴细胞增多而产生自身抗体和自身免疫反应性炎症。其中CD40是TNF受体家族中的成员，主要由免疫细胞和许多非免疫细胞分泌，在自身免疫性疾病的发病中起了重要作用。

由于多基因遗传病的病因复杂，各组成疾病与HLA不同类型之间的连锁不一定相同。因此，

HLA 只是 APS-Ⅱ的遗传标志,仅决定本病的易患性,而非直接病因。

(二)病理和临床的联系

APS-Ⅱ中内分泌腺的病理改变表现为自身免疫性炎症。炎症破坏受累的腺体组织,临床上表现为相应腺体或细胞的功能减低。

(三)临床表现

需重点关注下列疾病的临床症状及体征:

1. *内分泌自身免疫性疾病*　自身艾迪生病、1 型糖尿病、萎缩性甲状腺炎、慢性淋巴性甲状腺炎、格雷夫斯病、淋巴细胞性垂体炎、原发性性腺功能减退症。

2. *非内分泌腺自身免疫疾病*　毛发脱落或白癜风、浆膜炎、心肌炎、浸润性突眼、红斑狼疮、类风湿关节炎、麦胶性肠病、重症肌无力、僵人综合征、特发性血小板减少性紫癜、帕金森病等。

(四)实验室检查及其他辅助检查

包括相应内分泌腺体功能检测、相关疾病抗体检测、高位 *HLA* 基因检测、肌电图、皮肤小肠黏膜活检、X 线片、心电图、B超等检查。

(五)诊断及鉴别诊断

APS-Ⅱ型,指艾迪生病伴有自身免疫性甲状腺病(AITD)和 / 或 1 型糖尿病,但是不伴另外两项疾病(念珠菌感染和甲状旁腺功能减退症);APS-Ⅲ型是不伴有艾迪生病的,但必须有自身免疫甲状腺疾病(桥本甲状腺炎、格雷夫斯病、无症状自身免疫性甲状腺疾病等)及其他一个和多个自身免疫疾病的一组疾病;APS-Ⅳ型是出现多种自身免疫性疾病,但疾病组合不符合 APS-Ⅰ型、APS-Ⅱ型、APS-Ⅲ型的特点,则考虑 APS-Ⅳ型诊断。

在诊断过程中,需与各类非自身免疫导致的组织器官功能减退疾病相鉴别。

(六)治疗与预后

治疗原则为对症治疗,主要为激素替代治疗。当内分泌腺体功能减退时,给予生理剂量的激素补充,以达到激素在血循环中的浓度为生理水平。还可根据不同疾病给予对症治疗。如僵人综合征发作时可给予静脉注射地西泮或全身麻醉,特发性血小板减少性紫癜可输血小板缓解出血症状等。

(黄 艳)

第五节　希恩综合征

希恩综合征(Sheehan syndrome)是由于产后垂体缺血坏死导致的一部分或全腺垂体功能减退,继而引起一种或多种垂体激素分泌不足的一系列临床症候群。

一、病因和发病机制

希恩综合征常见病因多为分娩大出血或弥散性血管内凝血。腺垂体的血供主要依赖于垂体门脉系统,易受到血流量减少的影响,且妊娠期妇女的垂体呈生理性肥大,所需血供较平时增加,产后大出血等原因导致患者循环衰竭时,极易发生垂体缺血坏死。神经垂体的血液供应不依靠垂体门脉系统,一般不被累及,但如果缺血严重且持久,可累及神经垂体而引发尿崩症。

二、病理解剖和病理生理

希恩综合征患者的腺垂体坏死,往往为局灶性或累及前叶的大部分而仅剩余周边一圈活存的前叶组织。若坏死不是很广泛,临床可以无症状,或仅表现为功能不足,如促性腺激素缺乏伴产褥期不能哺乳,TSH 和 ACTH 缺乏可出现甲状腺功能减退症和肾上腺皮质功能减退症。垂体功能的丢失可在垂体坏死后数年才出现,这可能是由于周边活存的前叶细胞逐渐被瘢痕包裹而最终失去功能。坏死的腺垂体质软、苍白、缺血或出血,随着时间推移,坏死区被瘢痕代替。

三、病理和临床联系

当腺垂体组织破坏 >50% 时出现症状, >75 % 时症状较明显,达到 95% 时有严重症状。

四、临床表现

(一)与分娩相关的临床表现

因难产而出现的大出血、休克,或在分娩时合并感染。

(二)垂体前叶激素分泌不足的症状和体征

一般先出现 PRL、LH/FSH 和 GH 不足的症状,继而是 TSH 缺乏的表现,最后出现 ACTH 缺乏所致的肾上腺皮质功能不足的表现。

1. 催乳素分泌不足　产后无乳。

2. 生长激素分泌不足　患者易出现低血糖。

3. 促性腺激素分泌不足　患者往往出现闭经,性欲减退、消失,乳腺和生殖器的萎缩,阴毛、腋毛脱落。

4. 促黑素细胞激素分泌不足　患者肤色苍白,乳晕和腹中线等颜色变淡更为明显。

5. 垂体危象　是希恩综合征最严重的临床表现,在各种应激条件下,如感染、呕吐、腹泻、寒冷、心血管意外、手术、外伤、使用镇静剂或麻醉药等,均可导致垂体危象的发生。

五、实验室和其他检查

(一)常规生化检查

常规生化检查表现为低血糖和糖耐量曲线低平,其机制主要与垂体前叶激素(如生长激素、皮质醇、甲状腺激素等升糖激素）的缺乏相关。

部分患者会出现贫血,这可能由于垂体激素的减少,促红细胞生成素生成降低所致。此外,与患者基础代谢率降低,患者的生理血氧量减少也有关。

（二）垂体及其靶腺激素降低

根据垂体受到损害程度的不同,各种垂体前叶及其靶腺激素有不同程度的降低。如垂体 - 性腺轴激素（FSH、LH、雌激素或者睾酮等）,垂体 - 肾上腺皮质轴激素（ACTH、皮质醇）,垂体 - 甲状腺轴激素（TSH、FT_3、FT_4）,此外还有生长激素、催乳素等。由于生长激素分泌呈脉冲式,往往需要多次检测才能进一步明确其真实水平。

（三）垂体功能的诊断性试验

为了明确病变部分或垂体的贮备功能,临床上还需行动态试验进一步明确病情。

垂体 - 甲状腺动态试验:可肌内注射 TRH 后检测甲状腺激素的水平;或者肌内注射 TSH 后检测甲状腺的摄 ^{131}I 率,但目前临床上已经很少使用。

垂体 - 肾上腺皮质动态试验:主要的试验方法包括 CRH 兴奋试验和 ACTH 兴奋试验等,前者可区分病变部位是在下丘脑或垂体,后者用以区分是垂体病变或原发性肾上腺皮质功能减退。正常人在注射 ACTH 后,皮质醇水平可升高到 2 倍以上。原发性肾上腺皮质功能减退的患者对 ACTH 的刺激无反应。希恩综合征的患者则会出现延迟反应,此种情况下,则需连续 2d 继续给予 ACTH 后,再次检测皮质醇和 24h 尿皮质醇。

此外,可行 GnRH 兴奋实验评估垂体 - 性腺动态试验;行胰岛素低血糖实验或精氨酸实验明确是否存在生长激素的缺乏。

六、诊断和鉴别诊断

（一）诊断

对有低血糖、低血压和低血钠等临床表现的患者要高度怀疑希恩综合征,再结合相关病史（产后大出血、产后无乳、闭经、腋毛阴毛脱落等）,以及相关的检查结果,如垂体 - 靶腺的各种激素水平低下等可以诊断。

（二）鉴别诊断

1. 神经性厌食　患者有消瘦、闭经等类似于希恩综合征的临床表现,但往往没有产后大出血病史。此外,该类患者往往有不同程度的精神障碍,其激素水平变化不明显。

2. 原发性甲状腺功能减退症　该类患者黏液性水肿外貌显著,血胆固醇增高明显,通过实验室检查甲状腺功能可以明确。

3. 自身免疫性多发性内分泌腺疾病　该类患者有两种或以上的内分泌腺原发性功能减退,主要表现为靶腺激素的降低和垂体激素的升高。必要时可采用 ACTH、GnRH 等动态试验进一步明确诊断。

4. 原发性慢性肾上腺皮质功能减退症　该类患者往往有皮肤黏膜色素沉着,不伴有性腺和甲状腺功能减退。

5. 脑血管意外　垂体危象患者若出现神志不清则需要与脑血管意外相鉴别,后者有相应的体征而无激素水平的变化。

七、治疗

（一）激素替代治疗

根据患者垂体功能的损伤情况补充相应缺乏的靶腺激素。

1. 糖皮质激素　氢化可的松是肾上腺皮质功能减退症的首选,治疗剂量为 25~37.5mg/d。若氢化可的松不易购得,亦可用泼尼松替代。在激素替代过程中,可模拟正常的皮质醇分泌节律,清晨顿服或晨间药物剂量大于下午剂量。在治疗过程中,需监测激素水平、血压、电解质等,以调整替代治疗药物的用量,避免替代不足或过量。

2. 甲状腺激素　甲状腺激素切忌在糖皮质激素之前补充,以免诱发肾上腺皮质危象。甲状腺激素的使用须从小剂量开始（25μg/d）,随后根据临床表现和甲状腺功能调整药量。

3. 性激素　育龄期妇女可行人工周期治疗以补充性激素。

（二）腺垂体危象的治疗

腺垂体危象是内分泌急危重症之一。其抢救措施如下:
1. 开放静脉通道,首先补充 50% 的高糖 40~60mL,随后以葡萄糖生理盐水维持。
2. 静脉给予氢化可的松,在第一个 24h 给予 200~300mg。
3. 除去诱因,如抗感染治疗。
4. 可适量补充甲状腺素,但需在确保糖皮质激素充足的前提下进行。
5. 严密监护患者生命体征以及肝肾功能、电解质等指标。

八、预后

患者生活质量明显下降。

（包　艳）

第三章　甲状腺疾病

甲状腺是内分泌系统的重要腺体。甲状腺通过分泌甲状腺激素对神经、循环、消化等系统和代谢中起着非常重要的调节作用。甲状腺受到自身免疫、遗传、病毒感染等因素影响可出现功能异常，如甲状腺功能亢进、减退等，形态上可出现良恶性结节等。

第一节　格雷夫斯病

甲状腺功能亢进症（hyperthyroidism，以下简称甲亢）也称为甲状腺毒症（thyrotoxicosis），是指由甲状腺本身或除甲状腺以外因素异常导致体内甲状腺激素分泌过多，进入循环血中，引起以神经、循环、消化等系统兴奋性增高和代谢亢进为主要表现的一组疾病的总称。有学者认为甲亢特指甲状腺本身功能亢进所致合成、分泌甲状腺激素过多，而甲状腺毒症则包括甲状腺本身各种原因及除甲状腺外的异常所致。亚临床甲亢（subclinical hyperthyroidism）指血中 T_3、T_4 水平正常，而超敏 TSH（uTSH）水平低于正常值下限，不伴或伴有轻微甲亢症状的一种临床状态。甲亢是内分泌系统的多发病和常见病，既往文献报道发病率约为 0.5%，城市人群较农村人群发病率高。随着人们生活、工作节奏的不断加快，近年来甲亢的发病率有上升的趋势，流行病学调查显示其发病率高达 3%。

一、病因

甲亢病因众多（表 3-1-1），机制各异。临床上以格雷夫斯病（Graves disease，GD）最常见，占所有患者的 70%~85%，其他依次为甲状腺炎、毒性甲状腺腺瘤。本节主要讨论 GD。

表 3-1-1　甲亢的病因分类

病因	具体分类
甲状腺性甲亢	毒性弥漫性甲状腺肿（GD）
	多结节性毒性甲状腺肿
	毒性甲状腺腺瘤
	自主性高功能甲状腺结节
	多发性自身免疫性内分泌综合征伴甲亢
	滤泡状甲状腺癌
	新生儿甲亢
	遗传性毒性甲状腺增生症/遗传性毒性甲状腺肿
	碘甲亢

病因	具体分类
垂体性甲亢	垂体 TSH 瘤 垂体型 TH 不敏感综合征
伴瘤综合征性或 HCG 相关性甲亢	恶性肿瘤(肺、胃、肠、胰、绒毛膜等)伴甲亢(分泌 TSH 或 TSH 类似物等) HCG 相关性甲亢(绒毛膜癌、葡萄胎、侵蚀性葡萄胎、多胎妊娠等)
卵巢甲状腺肿伴甲亢	
医源性甲亢	
暂时性甲亢	亚急性甲状腺炎 亚急性肉芽肿性甲状腺炎(de Quervian 甲状腺炎) 亚急性淋巴细胞性甲状腺炎(产后甲状腺炎、干扰素 -α、白细胞介素 -2、锂盐等) 亚急性损伤性甲状腺炎(手术、活检、药物等) 亚急性放射性甲状腺炎 慢性淋巴细胞性甲状腺炎

GD 是一种伴甲状腺激素分泌增多的器官特异性自身免疫性疾病,亦称毒性弥漫性甲状腺肿,又称巴泽多(Basedow)病或帕里(Parry)病。多见于成年女性,男女比为 1:(4~6)。除甲状腺肿大和高代谢症群外,约 40% 的 GD 并发不同程度的眼病,约 5% 可有皮肤病变(如胫前黏液性水肿以及指端粗厚等)或重症肌无力。

二、发病机制

GD 的病因和发病机制尚未明确,但近年来有关研究进展显著。

(一)遗传因素

本病家族聚集现象较明显,同卵双生间的发病情况高度一致。在先证者的姐妹中发病率为 8.1%,约 15% 的 GD 患者有明显的遗传易感性,即其近亲中亦有罹患此症者;GD 患者 50% 的亲属循环血中存在甲状腺自身抗体。本病的发生与人类白细胞抗原(HLA)显著相关。在不同人种的患者中检出 HLA 的频率不尽相同,白种人与 HLA-DR3 及 B8 相关,日本人 HLA-BW35、DW12 较为突出,中国人则与 HLA-B46 明显相关。遗传易感性方面,除了 HLA 基因外,还有非 HLA 基因。

(二)环境因素

感染、应激和性腺激素等的变化均为本病的诱发因素,尤其是精神因素,强烈而突发的精神刺激常可诱发甲亢的发病。精神应激可使患者血中肾上腺皮质激素急剧升高,进而改变抑制性或辅助性 T 淋巴细胞的功能,增强免疫反应,从而导致甲亢的发生。

此外,长期饮用含碘量较高的水和摄入含碘量较多的食物等是近年甲亢发病增加的原因之一。

(三)免疫功能异常

尽管 GD 的确切病因还未完全清楚,但近年来的研究提示,本病为一种器官特异性自身免疫性疾病。其特征之一是在血清中存在具有针对甲状腺组织起抑制或刺激作用的自身抗体,此类抗体多刺激甲状腺提高其功能并引起组织增生,其作用缓慢而持久。最初这类自身免疫性物质被称为长效甲状腺刺激物(long-acting thyroid stimulator, LATS),现称为甲状腺刺激免疫球蛋白(thyroid stimulating immunoglobulin, TSI),或促甲状腺激素受体刺激性抗体(thyroid-stimulating antibody, TSAb)及 TSH 受体抗体(thyrotropin receptor antibodies, TRAb)。

TRAb 为淋巴细胞分泌的一种 IgG 型多克隆抗体,其对应的抗原为 TSH 受体或邻近甲状腺细胞胞质膜面的抗原物质。TRAb 可分为兴奋性和封闭性及中性三种类型。兴奋性 TRAb 中有一类与 TSH 受体结合后,不仅促甲状腺激素合成和释放入血,而且促进甲状腺细胞增生,称为促甲状腺激素受体刺激性抗体(TSAb),为 GD 的主要自身抗体;另一类与 TSH 受体结合后,仅促进甲状腺细胞肿大,而不促进甲状腺激素的合成和释放,称为甲状腺生长刺激免疫球蛋白(TGI)。封闭性自身抗体与 TSH 受体结合后,会阻断和抑制甲状腺功能,称为甲状腺功能抑制抗体(thyroid function inhibitory antibodies, TFIAb)和甲状腺生长封闭性抗体(thyroid growth blocking antibodies, TGBAb)。当兴奋性抗体占优势时,甲状腺功能表现为亢进,而当封闭性抗体占优时,甲状腺功能可表现为减退或正常。目前认为,自身抗体的产生主要与存在基因缺陷的抑制性 T 淋巴细胞(Ts)的功能降低有关。Ts 功能缺陷导致辅助 T 淋巴细胞(Th)的不适当致敏,并在白细胞介素 -1(IL-1)和白细胞介素 -2(IL-2)等细胞因子的参与下,使 B 细胞产生抗自身甲状腺的抗体。此外,细胞免疫介导的免疫反应也参与了 GD 的发生,主要证据是甲状腺和眼球后组织等均有明显的淋巴细胞浸润,且针对甲状腺组织的白细胞移动抑制试验呈阳性反应。具体来说,甲状腺的淋巴细胞通过细胞间黏附分子(intercellular adhesion molecule-1, ICAM-1)/白细胞功能相关抗原(leukocyte functional associated antigen-1, LFAA)介导淋巴细胞与 GD 患者甲状腺细胞相互黏附引起 GD 患者甲状腺细胞增殖,最终导致甲状腺肿。

三、病理

(一)甲状腺

GD 的甲状腺呈对称性、弥漫性增大,甲状腺内血管增生,血运丰富。滤泡细胞增生肥大,细胞呈立方状或柱状,高尔基体肥大,附近有许多囊泡,内质网发育良好,核糖体数量多,线粒体数目增多。滤泡腔内胶质减少甚至消失。甲状腺内可有淋巴细胞浸润或形成淋巴滤泡或出现淋巴组织生发中心。经治疗后甲状腺的形态结构可发生相应的变化。短期使用大剂量碘剂后,甲状腺可迅速缩小,腺泡中胶质含量增多,滤泡细胞变为立方状或扁平状,乳头状结构消失,血管数量减少。长时间使用硫脲类抗甲状腺药物后,可使甲状腺组织呈退行性改变,滤泡增大富含胶质,大部分滤泡细胞呈扁平或矮立方形,部分滤泡细胞仍肥大,或可见到上皮嵴及短小乳头状结构。此时活检标本不易与甲状腺肿鉴别。

(二)眼病

格雷夫斯眼病仅为良性时常无异常病理改变,但在浸润性突眼患者中,球后组织常有脂肪浸润,脂肪组织及纤维组织增多,黏多糖沉积与透明质酸增多,淋巴组织及浆细胞浸润;眼肌纤维增粗,纹理模糊,脂肪增多,肌纤维透明变性、断裂及破坏,肌细胞内黏多糖及透明质酸亦增多伴结膜周围淋巴细胞浸润和水肿。T 淋巴细胞仅在眼病早期起主要作用,但 HLA-DR 抗原表达发生于瘤性变化的全过程中。因此,早期的病变可能以 T 淋巴细胞作用为主,后期则以成纤维细胞的作用突出而导致纤维组织增生和纤维化。

（三）胫前黏液性水肿

光镜下病变皮肤可见黏蛋白样透明质酸沉积,伴多数带有颗粒的肥大细胞、吞噬细胞和含有增大的内质网的纤维母细胞浸润;电镜下可见大量微纤维伴糖蛋白及酸性葡糖聚糖(acid glycocaminoglycan)沉积,与重度甲减(黏液性水肿)皮下组织黏多糖浸润的组织学相似。

（四）其他

病程较长或重度甲亢患者可见肝内脂肪浸润、局灶性或弥漫性坏死、萎缩、门脉周围纤维化乃至肝硬化。同时,甲亢时破骨细胞活性增强、骨吸收多于骨形成,可引起骨质疏松。

四、病理解剖与病理生理

（一）病理解剖特征

GD 患者甲状腺通常呈匀称性肿大,表面光滑,切面呈棕红色(碘治疗后多为棕黄色)、牛肉样,质软。光镜下(图 3-1-1)见甲状腺小叶增大,增生的小滤泡密集,腔内胶质稀薄,边缘出现吸收空泡。滤泡上皮呈高柱状,并形成乳头突入滤泡腔。间质血管扩张、充血,有不同程度的淋巴细胞和浆细胞浸润,可有淋巴滤泡形成(含生发中心)。经碘治疗后,滤泡胀大并充满胶质,间质血管充血减轻。

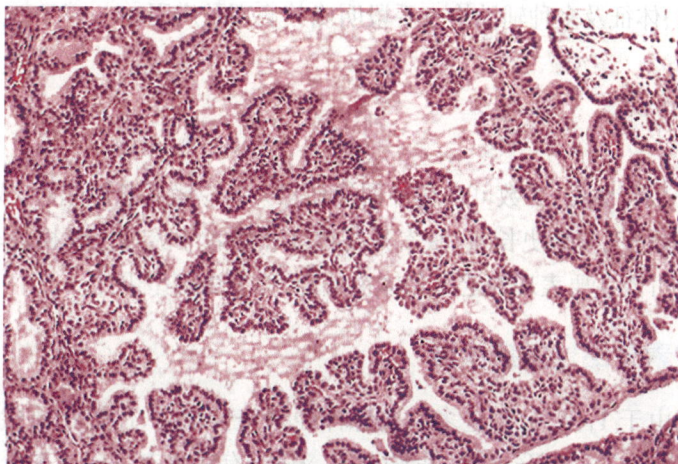

图 3-1-1 GD 甲状腺组织病理表现
光镜下见甲状腺小叶内密集的滤泡上皮增生,部分呈高柱状,并形成乳头,
滤泡腔内胶质稀薄,可见吸收空泡形成(HE 染色,×100)。

（二）病理生理特点

甲状腺激素分泌过多可导致多方面的病理生理改变。甲状腺激素可通过刺激细胞膜的 Na^+/K^+-ATP 酶而促进氧化磷酸化。Na^+/K^+-ATP 酶为一种异二聚体蛋白,存在于心、肝、肾、骨骼和脂肪细胞膜中,T_3 刺激该酶两个亚基基因的转录,并参与转录后修饰的调节,使 mRNA 增加。此酶在维持细胞内外 Na^+/K^+ 梯度的过程中,需要大量的能量以促进 Na^+ 的主动转移,以致 ATP 水解增多,从而促进线粒体氧化磷酸化反应,结果导致氧耗和产热均增加。TH 的作用虽是多方面的,但主要在于促进蛋白质的分解、促进产热作用以及儿茶酚胺样作用,从而影响各种代谢和脏器的功能。如 TH 增加基础代谢率,加速营养物质的消耗。TH 和儿茶酚胺的协同作用加强后者在神经、心血管和胃肠道等脏器的兴奋和刺激作用。此外,TH对心肌、肝脏和脂肪细胞也有直接刺激作用。如 TH 可通过激活腺苷环化酶,产生 cAMP,调节心脏 β 肾上腺素能受体基因表达。T_3 过多可降低周围血管阻力,增加心肌收缩力,加快心率。啮齿类动物暴露在寒冷环境中或过食反应时,选择性产热部位在棕色脂肪。此过程需 T_3 和细胞特异性 $β_3$ 肾上腺素能受体刺激线粒体解偶联蛋白(UCP),该蛋白能增加棕色脂肪的分解,通过氧化磷酸化解偶联,使能量以热能散发。另外,T_3 既刺激脂肪生成也刺激脂肪分解,内源性脂肪酸是 T_3 的底物,导致产热增多。T_3 诱导脂肪代谢过程许多酶的生成,包括苹果酸脱氢酶、葡萄糖 -6-磷酸脱氢酶和脂肪酸合成酶。甲状腺功能改变可引起脂蛋白代谢的变化,甲减时低密度脂蛋白胆固醇(LDL-C)和高密度脂蛋白胆固醇(HDL-C)水平会升高,而甲亢时则相反。LDL 的变化主要表现在 LDL 颗粒的清除率方面,而 LDL 颗粒的清除率又是由肝细胞表面的 LDL 受体表达变化引起的。HDL-C 的变化至少与胆固醇酯的转移有关,而决定转换率的主要因素是基因的多型性,并因此而引起个体在脂肪代谢方面的不均一性变化。

五、病理与临床联系

GD 的鉴别诊断主要从甲状腺毒症及甲亢的原因上进行临床病理分析及讨论,相似的临床症状及其疾病病理各异,如 GD 与破坏性甲状腺毒症(如亚急性甲状腺炎等)均可表现为高代谢症状及高血清甲状腺素水平;一些甲状腺结节如结节性毒性甲状腺肿及甲状腺自主高功能腺瘤等均可引起甲亢症状,都需要结合病史、体征及多种辅助检查手段明确其病理及病因。

六、临床表现

GD 伴甲亢起病一般较缓慢,少数可在精神创伤和感染等应激后急性起病,或因妊娠而诱发本病。甲亢症状和体征的严重程度与病史长短、激素升高程度和患者年龄等因素相关。老年患者临床表现可能不明显或被掩盖,可能主要表现为乏力和体重减轻,称为淡漠型甲亢。

(一)甲状腺激素分泌过多症候群

1. **高代谢症群**　由于 T_3、T_4 分泌过多和交感神经兴奋性增高,促进物质代谢和氧化加速,使产热、散热明显增多,患者常主诉多汗、怕热,皮肤潮湿、温暖,有些患者可以出现低热(危象时可出现高热);甲状腺激素促进肠道糖吸收,加速糖的氧化利用和肝糖原分解等,导致糖耐量异常或使糖尿病加重;甲状腺激素促进脂肪合成、分解及氧化,使胆固醇合成、转化及排泄均有加速,往往引起低胆固醇血症。甲状腺激素还可以加速蛋白质分解,增强负氮平衡,使体重下降,尿肌酸排出增多。

2. **精神神经症状**　患者往往精神极度活跃、神经质、易激惹,甚至表现为躁狂或焦虑抑郁,老年患者中淡漠型甲亢可被误诊为抑郁症。另外,失眠、注意力不易集中等症状亦较常见。常见的神经系统表现为手、舌细颤,反射亢进。

3. **心血管系统**　最常见的心血管表现为窦性心动过速,常伴有心悸、胸闷、气短,休息和睡眠时心率仍明显增快;心肌收缩力加强,心尖部第一心音亢进,可有 1/6~2/6 级收缩期杂音。部分患者可以出现心律失常,其中以房性期前收缩最常见,其次为阵发性或持续性房颤,也可见室性或交界性期前收缩,偶见房室传导阻滞。甲亢伴明显心律失常、心脏扩大、心力衰竭称为甲亢性心脏病,以老年甲亢和病史较长且未能良好控制者多见,其特点为甲亢完全控制后心脏功能可恢复正常。如原先患有心脏疾病者罹患甲亢时,可导致心绞痛或心力衰竭加重。另外,甲亢患者收缩压升高、舒张压下降及脉压增大,有时可以出现毛细血管搏动征、水冲脉等周围血管征。

4. 消化系统　常有食欲亢进,而体重出现反常减轻。老年患者可有食欲减退、厌食。甲状腺激素使肠蠕动增加,出现大便频数,不成形,但无黏液脓血便。甲状腺激素对肝脏也有直接毒性作用,部分患者出现肝功能异常,如转氨酶升高甚至黄疸,但明显受损者少见。

5. 血液系统　周围血液中白细胞总数减少、单核细胞百分比增加,血小板寿命缩短,有时可出现皮肤紫癜。此外由于消耗增加,营养不良和铁的利用障碍偶可引起贫血。

6. 肌肉骨骼系统　表现为肌肉软弱无力,甚至发生甲亢性肌病,包括急性肌病、慢性肌病、眼肌病、周期性麻痹和重症肌无力。周期性麻痹多见于青年男性患者,原因不明,可能与钾离子在细胞内外异常转移有关。另外,甲亢患者还可出现骨密度降低。

7. 泌尿生殖系统　女性患者常有月经稀少、周期延长甚至闭经,但部分患者仍能妊娠和生育。男性多阳痿,偶见乳腺发育。

8. 内分泌系统　早期促肾上腺皮质激素(ACTH)及皮质醇升高,继而受过高 T_3、T_4 抑制而下降,皮质醇半衰期缩短。

9. 皮肤、毛发表现　患者皮肤多温暖湿润,面部和颈部可呈红斑样改变,触之褪色,尤以男性多见。多数患者皮肤色素正常,少数可出现弥漫性色素沉着过度,以暴露部位明显,也有部分患者色素减退,出现白癜风。甲状腺功能亢进时发质可变细,弥漫性脱发发生于 40% 的患者,并在甲状腺功能恢复正常后持续数月,亦有表现为斑秃。在少数患者中尚可见指或趾甲的邻近游离边缘部分和甲床分离,称为指端粗厚(acropachy),为 GD 的特征性表现。

约 5% 的患者有典型对称性黏液性水肿,常与浸润性突眼同时或之后发生,有时不伴甲亢而单独存在。多见于小腿胫前下 1/3 部位,称为胫前黏液性水肿,对诊断 GD 与突眼有同等重要的意义。

(二)甲状腺肿

不少患者以甲状腺肿大为主诉,甲状腺呈弥漫性对称性肿大,质地软,由于甲状腺的血流量增多,故在上、下叶外侧可闻及以连续性或以收缩期为主的吹风样血管杂音,有时可扪及震颤。杂音和震颤为本病一种较特异性的体征,对诊断本病具有重要意义。极少数患者无甲状腺肿大或甲状腺位于胸骨后纵隔内,需用放射性核素扫描或 CT 方可确诊。

(三)眼部表现

大部分 GD 患者有眼部受累,突眼症状一般与甲亢同时发生,但也可于甲亢症状出现之前或甲亢药物治疗过程中,很少一部分患者仅表现为突眼而缺少其他临床表现。甲亢时引起的眼部改变大致分两大类,一类是单纯性突眼,是由于交感神经兴奋眼外肌群和上睑肌所致;另一类为 GD 所特有,为眶内和球后组织体积增加、淋巴细胞浸润和水肿所致,又称为格雷夫斯眼病。

单纯性突眼又称为良性突眼,占突眼的 90%~95%,主要表现为:①上眼睑挛缩;②眼裂增宽,即达尔林普尔征(Dalrymple sign);③下视时,上眼睑移动滞缓,即冯格雷费征(Von Graefe sign):眼睛向下看时上眼睑不能及时随眼球向下移动,可在角膜上缘看到白色巩膜;④瞬目减少,即施特尔瓦格征(Stellwag's sign);⑤惊恐眼神(staring of frightened expression);⑥上视时,前额皮肤不能皱起,即若夫鲁瓦征(Joffroy sign);⑦双眼看近物时辐辏不良,即默比厄斯征(Mobius sign)等。

格雷夫斯眼病又称浸润性突眼(infiltrating exophthalmos),后有详述。

七、实验室和辅助检查

（一）血清 TSH 和甲状腺激素测定

TSH 可反映下丘脑 - 垂体 - 甲状腺轴的功能，敏感 TSH（sTSH）目前是国际上公认的诊断甲亢的首选指标，可作为单一指标进行甲亢筛查，尤其对亚临床型甲亢和亚临床型甲减的诊断有重要意义。一般甲亢患者 TSH 低于正常值下限，而垂体性甲亢 TSH 水平处于正常值上限或超过正常值上限。

血清中 TT_3 是包含游离和结合型 T_3 的总量。血清中 T_3 与蛋白结合达 99.5% 以上，故 TT_3 亦受甲状腺结合球蛋白的影响。TT_3 水平的变化常与 TT_4 的改变平行，但在甲亢初期与复发早期，TT_3 上升往往很快，约 4 倍于正常；TT_4 上升较缓，仅为正常的 2.5 倍。故 TT_3 为早期 GD、治疗中疗效观察及停药后复发的敏感指标，亦是诊断 T_3 型甲亢的特异指标。但在老年人淡漠型甲亢或久病者 TT_3 也可能无明显升高。

血清 TT_4 是判定甲状腺功能最基本的筛选指标。血清中 99.95% 以上的 T_4 与蛋白结合，其中 80%~90% 与 TBG 结合。TT_4 是指 T_4 与蛋白结合的总量，受 TBG 等结合蛋白量和结合力变化的影响；血清游离 T_3（FT_3）、游离 T_4（FT_4）水平不受甲状腺结合球蛋白影响，较总 T_3（TT_3）、总 T_4（TT_4）水平，能更准确地反映甲状腺的功能状态。但是因为 TT_3、TT_4 指标稳定、可重复性好，故当不存在临床有影响甲状腺结合球蛋白的因素（如妊娠、雌激素治疗、肝肾疾患、低蛋白血症、使用糖皮质激素等）时仍推荐测定 TT_3、TT_4。

（二）TSH 受体抗体测定

在 TSH 受体抗体的测定中，由于测定方法较多，易出现假阴性和假阳性结果。对于未经治疗的 GD 患者，血 TRAb 阳性检出率可达 80%~100%，尤其是甲状腺刺激抗体（TSAb）为阳性，具有早期诊断意义，对判断病情活动、是否复发亦有价值，还可作为治疗后停药的重要指标；TSAb 可以通过胎盘导致新生儿甲亢，所以对新生儿甲亢有预测作用。但由于 TSAb 测定条件复杂，未在临床广泛应用，所以在甲亢的情况下，以 TRAb 阳性视为 TSAb 阳性。另外，GD 患者中有 50%~90% 的甲状腺球蛋白抗体（TGAb）和 / 或甲状腺过氧化物酶抗体（TPOAb）阳性，但其滴度不如桥本甲状腺炎高。

（三）TRH 兴奋试验

甲亢时血 T_3、T_4 增高，反馈抑制 TSH，因此 TSH 在 TRH 的刺激下不会升高。若静脉注射 TRH 200μg 后 TSH 有升高反应可排除 GD；若 TSH 不增高（无反应）则支持甲亢的诊断。本试验不良反应少，对冠心病或甲亢性心脏病患者较 T_3 抑制试验更为安全。

（四）T_3 抑制试验

T_3 抑制试验主要用于鉴别甲状腺肿伴摄 ^{131}I 率增高系由甲亢抑或非毒性甲状腺肿所致，亦可用于长期 ATD 治疗后，预测停药后复发可能性的参考。方法：先测基础摄 ^{131}I 率后，口服 T_3 20μg，每日 3 次，连续 6d（或甲状腺片 60mg，每日 3 次，连服 8d），然后再做摄 ^{131}I 率。对比两次结果，正常人及单纯甲状腺肿患者摄 ^{131}I 率下降 50% 以上；甲亢患者不能被抑制，故摄 ^{131}I 率下降 <50%。伴有冠心病、甲亢性心脏病或严重甲亢者禁用本项试验，以免诱发心律失常、心绞痛或甲亢危象。

（五）甲状腺摄 ^{131}I 率

本法诊断甲亢的符合率达 90%，缺碘性甲状腺肿也可升高，但一般无高峰前移，必要时，可作 T_3 抑制试验鉴别。由于甲状腺激素测定的普遍开展及 TSH 检测敏感度的提高，甲状腺摄 ^{131}I 率已不作为甲亢诊断的常规指标，但可用于鉴别不同病因的甲状腺毒症，如摄 ^{131}I 率降低可能为破坏性甲状腺毒症（如亚急性甲状腺炎、无痛性甲状腺炎、产后甲状腺炎等）；而 GD、多结节性甲状腺肿伴甲亢等则表现为摄 ^{131}I 率增高且摄取高峰提前。采取 ^{131}I 治疗甲亢时，计算 ^{131}I 放射剂量需要本试验。应注意本试验受多种食物及含碘药物（包括中药）的影响，如抗甲状腺药物、ACTH、皮质醇、溴剂、利血平、保泰松、对氨基水杨酸、甲苯磺丁脲等均使之降低；长期使用女性避孕药使之升高，故测定前应停用上述药物 1~2 个月。甲状腺摄 ^{131}I 率还受许多疾病的影响，如肾病综合征时增高；应激状态、吸收不良综合征、腹泻时降低。孕妇和哺乳期禁用此项检查。

（六）超声表现

GD 时，甲状腺呈弥漫性、对称性、均匀性增大，边缘多规则，内部回声多呈密集、增强光点，分布不均匀。彩色多普勒血流成像（color Doppler flow imaging，CDFI）显示患者甲状腺腺体内血流呈弥漫性分布，血流量大。

（七）CT 或 MRI 诊断

主要用于评价眼病时眼外肌受累情况，MRI 脂肪抑制序列可准确判断眼肌有无水肿。

八、诊断与鉴别诊断

（一）临床甲亢的诊断

1. 具有临床高代谢的症状和体征
2. 甲状腺体征　甲状腺肿和 / 或甲状腺结节。少数病例无甲状腺体征。
3. 血清激素　TT_4、FT_4、TT_3、FT_3 增高，TSH 降低，一般 <0.1mIU/L。T_3 型甲亢时仅有 TT_3、FT_3 升高；仅有 FT_4 或 TT_4 增高而 FT_3、TT_3 正常者为 T_4 型甲亢；血 TSH 降低，FT_3、FT_4 正常，符合亚临床型甲亢。

在临床上如果遇到不明原因体重下降、低热、腹泻、手抖、心动过速、心房纤颤、肌无力、月经紊乱、闭经等均应考虑甲亢的可能性；对疗效不满意的糖尿病、结核病、心衰、冠心病、肝脏疾病等，也要排除合并甲亢的可能性。不典型甲亢的确诊主要有赖于甲状腺功能检查和其他必要的特殊检查。

（二）GD 的诊断

1. 符合临床甲亢症状和体征。
2. 甲状腺弥漫性肿大（触诊和 B 超证实），少数病例可以无甲状腺肿大。
3. 血清 TSH 浓度降低，甲状腺激素浓度升高。
4. 眼球突出和其他浸润性眼征。
5. 胫前黏液性水肿。
6. 甲状腺 TSH 受体抗体（TRAb 或 TSAb）阳性。

以上标准中,1、2、3项为诊断必备条件,4、5、6项为诊断辅助条件。临床也存在GD引起的亚临床甲亢。

(三)鉴别诊断

1. **与其他甲亢的鉴别(病因鉴别)** 有甲状腺毒症表现而^{131}I摄取率降低是破坏性甲状腺毒症(例如亚急性甲状腺炎、安静型甲状腺炎),以及碘甲亢和伪甲亢(外源性甲状腺激素摄入过多所致甲亢)的特征。另外还应与多结节性毒性甲状腺肿、甲状腺自主高功能腺瘤、垂体TSH瘤、桥本甲状腺炎合并GD及甲状腺激素不敏感综合征等鉴别(表3-1-2)。

表 3-1-2 不同类型甲状腺功能亢进症的临床鉴别要点

疾病	临床表现	实验室检查特点	其他检查特点
GD	多见于育龄期女性;甲状腺弥漫性肿大、质地软或坚韧,可闻及血管杂音;部分患者可见浸润性突眼、胫前黏液性水肿	TRAb多为高滴度阳性,TPOAb、TgAb阳性	甲状腺^{131}I摄取率升高、前峰前移
多结节性毒性甲状腺肿	多见于中老年患者,甲亢症状一般较轻;甲状腺结节性肿大,严重肿大者可延伸至胸骨后	血清T_3和FT_3升高较T_4、FT_4升高明显,TRAb阴性	甲状腺^{131}I摄取率升高或正常;甲状腺核素显像;多发热结节或冷、热结节
甲状腺自主高功能腺瘤	甲亢症状一般较轻;甲状腺结节,直径一般 >2.5cm	特点多同多结节性毒性甲状腺肿	甲状腺^{131}I摄取率升高或正常;甲状腺核素显像;腺瘤部位热结节,其余部位显影淡或不显影
碘甲亢	有大剂量碘摄入史或服用碘酮史	TRAb阴性,尿碘显著升高	甲状腺^{131}I摄取率正常或降低
垂体TSH瘤	甲亢临床表现及垂体瘤临床表现	TRAb阴性	垂体MRI提示垂体瘤
桥本甲状腺炎合并GD	约20%的桥本甲状腺炎合并GD,临床表现基本同GD;甲状腺弥漫性肿大、质地软或坚韧,可闻及血管杂音;部分患者可见浸润性突眼、胫前黏液性水肿	TPOAb、TgAb、TRAb高滴度阳性	甲状腺^{131}I摄取率升高、前峰前移;甲状腺超声提示有网格状特征性改变
甲状腺激素不敏感综合征	多发生于青少年及儿童,起病隐匿,为一种遗传性甲状腺疾病,临床罕见,且表现多样	TPOAb、TgAb、TRAb阴性	甲状腺^{131}I摄取率升高或正常

2. **与非甲亢疾病的鉴别** 甲亢的临床表现可类似于其他疾病的某些方面,如惊恐发作、躁狂症、嗜铬细胞瘤与恶性肿瘤相关的体重减轻等。若患者TSH水平正常,则可排除甲亢的诊断。

九、治疗

甲亢的治疗包括药物治疗、^{131}I治疗及手术治疗三种,各有其优缺点。治疗前应根据患者的年龄、性别、病情轻重、病程长短、甲状腺病理、有无其他并发症或合并症,以及患者的意愿、医疗条件和医师的经验等多种因素慎重选用适当的治疗方案。抗甲状腺药物治疗可以保留甲状腺产生激素的功能，但是疗程长、治愈率低，复发率高；^{131}I 和甲状腺次全切除都是通过破坏甲状腺组织来减少甲状腺激素的合成和分泌，疗程短，治愈率高，复发率低，但是甲减的发生率显著增高。

（一）一般治疗

应注意适当休息，补充足够的热量和营养，包括糖、蛋白质和 B 族维生素等；忌碘。精神紧张、不安或失眠较重者，可给予苯二氮䓬类镇静药。抗氧化剂和营养支持治疗对甲亢患者的恢复有益。另有学者报道心理支持治疗亦非常重要，特别是在甲亢症状缓解以后。

（二）药物治疗

1. 抗甲状腺药物（ATD）治疗

（1）抗甲状腺药物种类：常用的 ATD 分为硫脲类和咪唑类两类。硫脲类有甲硫氧嘧啶（MTU）及丙硫氧嘧啶（PTU）；咪唑类有甲巯咪唑（MMI）和卡比马唑（CMZ）。其作用机制相同，都可抑制甲状腺激素合成，如抑制甲状腺过氧化物酶活性，抑制碘化物形成活性碘从而影响酪氨酸残基碘化，抑制单碘酪氨酸碘化为双碘酪氨酸及碘化酪氨酸偶联形成各种碘甲腺原氨酸。其中 PTU 还在外周组织抑制 5'- 脱碘酶而阻抑 T_4 转换成 T_3，故首选用于严重病例或甲亢危象。这些药物在甲状腺内可被浓集，并有免疫抑制作用。首先，在甲状腺细胞上可减少甲状腺抗原的表达，减少前列腺素和细胞因子从因自身免疫反应而受损的甲状腺细胞的释放。其次，硫脲类抑制氧原子团在 T 细胞中的产生，特别是表现抗原的细胞，因此可引起甲状腺自身抗体减弱。

ATD 治疗 GD 的缓解率在 30%~70% 不等，平均为 50%。适用于病情轻，甲状腺轻、中度肿大的甲亢患者，以及年龄在 20 岁以下，妊娠期甲状腺功能亢进症，年老体弱或合并严重心、肝、肾疾病不能耐受手术者均可采用药物治疗。

（2）剂量与疗程：一般情况下治疗方法为 MMI 30~45mg/d 或 PTU 300~450mg/d，分次口服，MMI 半衰期长，可以每日单次服用。当症状消失，血中甲状腺激素水平接近正常后逐渐减量。由于 T_4 的血浆半衰期为 7d，加之甲状腺内储存的甲状腺激素释放约需要两周时间，所以 ATD 开始发挥作用多在 4 周以后。减量时每 2~4 周减一次，每次 MMI 减量 5~10mg/d，PTU 50~100mg/d，减至最低有效剂量时维持治疗，MMI 为 5~10mg/d，PTU 为 50~100mg/d，总疗程一般为 1~1.5 年。起始剂量、减量速度、维持剂量和总疗程均有个体差异，需要根据临床实际掌握。治疗中应当监测甲状腺激素的水平，但是不能用 TSH 作为治疗目标，因为 TSH 的变化滞后于甲状腺激素水平 4~6 周。阻断 - 替代服药法（block-and-replace regimens）是指启动治疗时即采用足量 ATD 和左甲状腺素并用。其优点是左甲状腺素维持循环甲状腺激素的足够浓度，同时使得足量 ATD 发挥其免疫抑制作用。该疗法是否可以提高 ATD 治疗的缓解率还有争议，目前该服药法未被推荐使用。

停药时甲状腺明显缩小及 TRAb 阴性者，停药后复发率低；停药时甲状腺仍肿大或 TRAb 阳性者停药后复发率高，复发多发生在停药后 3~6 个月内。在治疗过程中出现甲状腺功能减退或甲状腺明显增大时可酌情加用左甲状腺素或甲状腺片。

（3）不良反应：发生白细胞减少（<4.0 × 10^9/L）通常不需要停药，可减少抗甲状腺药物剂量，加用一般升白细胞药物，如维生素 B_4、鲨肝醇等。注意甲亢在病情未被控制时也可以引起白细胞减少，所以应当在用药前常规检查白细胞作为对照。粒细胞缺乏症（指外周血中性粒细胞绝对计数 <0.5 × 10^9/L）是 ATD 的严重并发症，多发生在用药后 2~3 个月内或再次用药的 1~2 个月内，也可见于任何时期。患者在治疗过程中如出现发热、咽痛均要立即检查白细胞，以及时发现粒细胞缺

乏的发生。另在治疗过程中应定期复查白细胞，若外周血白细胞低于 $3 \times 10^9/L$ 或中性粒细胞低于 $1.5 \times 10^9/L$，应考虑停药，并应严密观察病情，试用粒细胞集落刺激因子（G-CSF），观察疗效。

中毒性肝炎多发生在用药后 3 周左右，表现为变态反应性肝炎，转氨酶显著升高，肝穿刺病理可见片状肝细胞坏死，其发生率为 0.1%~0.2%，而死亡率高达 25%~30%。PTU 可以引起 20%~30% 的患者转氨酶升高，升高幅度多为正常值的 1.1~1.6 倍，值得注意的是甲亢本身亦可引起转氨酶升高，故在用药前检查基础肝功能显得尤为重要，以区分肝损害是否与药物相关。还有文献报道 MMI 可导致胆汁淤积性肝损害，停药后可恢复。

PTU 偶可诱导产生抗中性粒细胞胞浆抗体（antineutrophil cytoplasm antibody，ANCA），并可导致自身免疫性血管炎，临床表现为急性肾功能异常、关节痛、皮肤溃疡、血管炎性皮疹、鼻窦炎、咯血。多数患者停药后可恢复，少数重症患者需要大剂量皮质激素、环磷酰胺或血透治疗。值得一提的是在未服药的 GD 患者中亦有 4%~5% 的 ANCA 阳性，故在用药前须检查 ANCA，长期口服 PTU 者需随访检测尿常规和 ANCA。

此外，药疹较常见，可用抗组胺药物控制，不必停药，但应严密观察，若皮疹加重，应立即停药，以免发生剥脱性皮炎。

2. 其他药物治疗

（1）复方碘溶液：碘剂的主要作用是抑制甲状腺激素从甲状腺释放，减少甲状腺充血，也抑制甲状腺激素合成和外周 T_4 向 T_3 转换，但属暂时性，于给药后 2~3 周内症状渐减轻，继而又可使甲亢症状加重，并延长 ATD 控制甲亢症状所需的时间。适应证包括：①甲状腺次全切除的准备；②甲状腺危象；③严重的甲状腺毒症心脏病；④甲亢患者接受急诊外科手术。

（2）β受体阻滞剂：阻滞β受体可抑制 T_4 转换为 T_3，用于改善甲亢初治期（如普萘洛尔 10~40mg，每日 3~4 次）的症状，近期疗效显著。此药可与碘剂合用于术前准备，也可用于 ^{131}I 治疗前后及甲亢危象时。支气管哮喘或喘息型支气管炎患者、心脏传导阻滞和充血性心力衰竭患者禁用，但是严重心动过速导致的心力衰竭可以使用，妊娠期甲亢患者慎用。

（3）锂制剂：碳酸锂（litbium carbonate）可以抑制甲状腺激素的分泌。与碘剂不同的是它不干扰甲状腺对放射碘的摄取，主要用于对 ATD 和碘剂都过敏的患者，临时控制甲状腺毒症。碳酸锂的抑制作用随时间延长而逐渐消失，剂量是 300~500mg，每 8 小时 1 次。因为锂制剂的毒副作用较大，仅适用于短期治疗。

（4）地塞米松：地塞米松（dexamethasone），2mg，每 6 小时 1 次，可以抑制甲状腺激素分泌和外周组织 T_4 转换为 T_3。PTU、饱和碘化钾溶液（SSKI）和地塞米松三者同时给予严重的甲状腺毒症患者，可以使其血清 T_4 的水平在 24~48h 内恢复正常。本药主要用于甲状腺危象的抢救。

（三）放射性 ^{131}I 治疗

放射性 ^{131}I 治疗利用甲状腺高度摄取和浓集碘的能力及 ^{131}I 释放出 β 射线对甲状腺的生物效应（β 射线在组织内的射程约 2mm，电离辐射仅限于甲状腺局部而不累及毗邻组织），破坏滤泡上皮而减少甲状腺激素的合成。另外，也抑制甲状腺内淋巴细胞的抗体生成，加强治疗效果。因而，放射性碘治疗具有迅速、简便、安全、疗效明显等优点。在美国，使用越来越广泛，甚至在儿童及青少年也有应用。一些国家将放射性碘视为 GD 伴甲亢的首选治疗方式。

2022 年中华医学会内分泌学分会、中国医师协会内分泌代谢科医师分会、中华医学会核医学分会等制订了《中国甲状腺功能亢进症和其他原因所致甲状腺毒症诊治指南》，其中包括了 ^{131}I 治疗甲亢的适应证、相对适应证和禁忌证。

1. **¹³¹I 是成人 GD 主要治疗方法之一**　尤其适用于下述情况：①ATDs 疗效差或多次复发；②ATDs 过敏或出现其他治疗不良反应；③有手术禁忌证或手术风险高；④有颈部手术或外照射史；⑤病程较长；⑥老年患者（特别是伴发心血管疾病者）；⑦合并肝功能损伤；⑧合并白细胞或血小板减少；⑨合并骨骼肌周期性瘫痪；⑩合并心房颤动；⑪计划半年后妊娠的患者。

2. **相对适应证**　①青少年和儿童甲亢，用 ATD 治疗失败、拒绝手术或有手术禁忌证；②甲亢合并肝、肾等脏器功能损害；③浸润性突眼。对轻度和稳定期的中、重度浸润性突眼可单用 ¹³¹I 治疗，对进展期患者，可在 ¹³¹I 治疗前后加用泼尼松。

3. **禁忌证**　妊娠期和哺乳期患者；确诊或可疑有甲状腺癌患者。

4. **并发症**　¹³¹I 治疗甲亢后的主要并发症是甲减，国外报告甲减的发生率每年增加 5%，5 年达到 30%，10 年达到 40%~70%。国内报告早期甲减发生率约 10%，晚期达 59.8%。核医学和内分泌学专家都一致认为甲减是 ¹³¹I 治疗甲亢难以避免的结果，选择 ¹³¹I 治疗主要是要权衡甲亢与甲减后果的利弊关系。发生甲减后可以用左甲状腺素（L-T_4）替代治疗，使患者的甲状腺功能维持正常。

5. **手术治疗**

（1）手术治疗的适应证：①中、重度甲亢长期药物治疗无效或效果不佳；②停药后复发，甲状腺较大；③结节性甲状腺肿伴甲亢；④对周围脏器有压迫或胸骨后甲状腺肿；⑤疑似与甲状腺癌并存者；⑥儿童甲亢用抗甲状腺药物治疗效果差者；⑦妊娠期甲亢药物控制不佳者，可以在妊娠中期（第 13~24 周）进行手术治疗。

手术术式主张一侧行甲状腺全切，另一侧次全切，保留 4~6g 甲状腺组织，也可行双侧甲状腺次全切除，每侧保留 2~3g 甲状腺组织。

（2）术前准备：术前必须用 ATD 充分治疗至症状控制，心率 <80 次 /min，T_3、T_4 在正常范围内。于术前 2 周开始加服复方碘溶液，每次 3~5 滴，每日 1~3 次，以减少术中出血。

（3）并发症：可发生创口出血、呼吸道梗阻、感染、甲亢危象、喉上与喉返神经损伤、甲状旁腺暂时性或永久性功能减退、甲状腺功能减退（10%~15%）及突眼恶化等。

十、GD 诊治过程中的特殊问题

（一）甲状腺危象

甲状腺危象（thyroid storm）也称为甲亢危象，表现为甲亢症状的急骤加重和恶化，病死率高，可在 20% 以上。多发生于较重甲亢未予治疗或治疗不充分的患者。常见诱因有感染、应激、不适当停用碘剂、甲亢未控制而行手术、术中挤压甲状腺等。临床表现有高热、大汗淋漓、心动过速（140 次 /min 以上）、烦躁、焦虑不安、谵妄、恶心、呕吐、腹泻，严重患者可有心力衰竭，休克及昏迷。有一部分患者的临床表现不典型，突出特点是表情淡漠、木僵、反射降低、低热、明显乏力、心率慢、脉压小及恶病质，最后陷入昏迷，甚至死亡，这种类型称为"淡漠型"甲亢危象，这种情况很少见。

甲状腺危象治疗主要有以下几点：

1. 去除诱因，保证足够热能，积极补液维持水电解质平衡，每日补充液体 3 000~6 000mL。

2. 积极降温，必要时进行人工冬眠。

3. 有心力衰竭者使用洋地黄及利尿剂。

4. 抑制甲状腺激素的合成和分泌。优先使用 PTU，因为该药同时可以阻断外周组织中 T_4 向具有生物活性的 T_3 转换。首剂 600mg 口服或经胃管注入，继之 200mg，每 8 小时 1 次；或甲巯咪唑首剂 60mg 口服,继之 20mg,每 8 小时 1 次。使用抗甲状腺药物 1 小时后使用碘剂。复方碘溶液每次 10~20 滴鼻饲,每 6 小时 1 次,病情危重时亦可用碘化钠 1g 溶于 500mL 液体中静脉滴注,2~3g/d。

5. 甲亢危象时糖皮质激素需要量增加,对有高热或休克者应加用糖皮质激素,糖皮质激素还可以抑制 T_4 向 T_3 的转换。地塞米松 2mg,或氢化可的松 50~100mg,每 6~8 小时静脉滴注一次。

6. 无心力衰竭者或者心脏泵衰竭被控制后可使用 β 受体阻滞剂,如普萘洛尔 20~40mg,每 6 小时 1 次,以抑制甲状腺激素对交感神经的作用,同时抑制 T_4 向 T_3 的转化。有心脏泵衰竭者、哮喘患者禁用。

经上述治疗病情在 1~2d 内可明显改善,1 周内恢复,此后碘剂和糖皮质激素逐渐减量,直至停药。上述常规治疗效果不满意时,可选用腹膜透析、血液透析或血浆置换等措施迅速降低血浆甲状腺激素浓度。

(二)格雷夫斯眼病

格雷夫斯眼病(Graves' ophthalmopathy,GO)也称为浸润性突眼、甲状腺相关性眼病(TAO),男性多见,可与甲亢同时出现,也可以先于甲亢出现,5% 的患者仅有明显突眼而无甲亢症状。大部分患者病情活动期持续 6~12 个月,然后进入稳定期(纤维化期),部分患者可复发。

患者自诉眼内异物感、胀痛、畏光、流泪、复视、斜视、视力下降;检查见突眼(眼球突出度超过正常值上限 4mm)、眼睑肿胀、结膜充血水肿、眼球活动受限,严重者眼球固定,眼睑闭合不全、角膜外露而形成角膜溃疡、全眼炎,甚至失明。眶周 MR 可发现眼外肌肿胀增粗。

按照 1977 年美国甲状腺学会(ATA)的 GO 征分级(表 3-1-3),需达到Ⅲ级以上可以诊断为本病。2006 年 GO 欧洲研究组(EUGOGO)提出 GO 病情严重度评估标准(表 3-1-4)。国际四个甲状腺学会还联合提出判断 GO 活动度的评分方法(clinical activity score,CAS),即以下 7 项(自发性球后胀痛感超过 4 周、眼球运动导致疼痛持续 4 周、眼睑红肿、眼睑肿胀、结膜充血、结膜水肿、泪阜水肿)表现各为 1 分,CAS 积分达到 3 分评判为眼病活动,积分越高,活动度越高(表 3-1-5)。

表 3-1-3 GO 眼征的分级标准 NOSPECS(美国甲状腺学会,1977)

级别	眼部表现	级别	眼部表现
0	无症状和体征	4	眼外肌受累
1	无症状,体征有上睑挛缩、Stellwag 征、von Graefe 征等	5	角膜受累
2	有症状和体征,软组织受累	6	视力丧失(视神经受累)
3	突眼(>22mm)		

表 3-1-4 GO 病情严重度评估标准(EUGOGO,2006)

级别	突眼度 /mm	复视	视神经受累
轻度	19~20	间歇性	视神经诱发电位或其他检测异常,视力 >9/10
中度	21~23	间断性	视力 8/10~5/10
重度	>23	持续性	视力 <5/10

注:①突眼度可由突眼计或 CT/MRI 测定;

②间歇性表示仅在疲劳时出现;间断性表示仅在双眼凝视位时出现;

③严重突眼:至少有一项重度或两项中度或一项中度＋两项轻度。

表 3-1-5　GO 临床活动性评分（CAS）

项目	每次随访	与前次随访比较	分数
自发性球后胀痛感超过 4 周	X		1
眼球运动导致疼痛持续 4 周	X		1
眼睑红肿	X		1
眼睑肿胀	X		1
结膜充血	X		1
结膜水肿	X		1
泪阜水肿	X		1
7 分法：CAS≥3 提示 GO 处于活动期			
突眼度增加≥2mm		X	1
眼球运动下降≥8°		X	1
视力减退（Snellen 视力表下降≥1 行）		X	1
10 分法：CAS≥4 提示 GO 处于活动期			

注：X 表示存在该症状算 1 分；空白表格无特殊指代。

GO 治疗需要根据其严重程度来制定方案，轻度 GO 仅需局部的支持疗法：酌情采用头高位睡姿、使用利尿剂、佩戴墨镜、使用眼药水或眼膏。此外 β 受体阻滞剂滴眼可有助于改善眼睑后缩，棱镜（prisms）可能有助于校正复视，戒烟也是必要的治疗措施。

中重度 GO 治疗效果取决于疾病的活动程度，处于活动期的病例经过强化治疗往往效果明显，首先选择一线药物治疗且治疗时机越早越好。需要注意的是，慢性稳定期的病例效果不佳，需要眼科矫正手术。另外，免疫抑制治疗的有效性在 50%~80%。一线治疗疗效不佳者，可单独或联合使用不同的二线治疗方法。

具体治疗方案如下。

1. 糖皮质激素　具有减少炎症细胞浸润、免疫调节、抑制淋巴细胞对组织的浸润、减少细胞因子等免疫介质的释放、使球后成纤维细胞合成和分泌葡聚糖减少的作用。可给予泼尼松 40~80mg/d，分次口服，持续 2~4 周，然后每 2~4 周减量 2.5~10mg/d。如果减量后症状加重，要减慢减量速度。糖皮质激素治疗需要持续 3~12 个月。静脉途径给药的治疗效果优于口服给药，局部给药途径不优于全身给药。静脉给药方法有多种，常用的方法是甲泼尼龙 500~1 000mg 加入生理盐水静滴冲击治疗，隔日 1 次，连用 3 次。但需注意已有甲泼尼龙引起严重中毒性肝损害和死亡的报道，发生率为 0.8%，可能与药物的累积剂量有关，所以激素的总剂量不超过 4.5~6.0g。早期治疗效果明显提示疾病预后良好。

2. 免疫抑制剂治疗　如果对初始一线治疗反应较差，GO 仍处于中重度活动性，再次评估后，可以考虑第 2 次激素冲击治疗，选择剂量 7.5g 方案，每周期最大累积剂量为 8g；或者选择激素联合免疫抑制剂（如环孢素或硫唑嘌呤或甲氨蝶呤）治疗。环孢素/硫唑嘌呤/甲氨蝶呤和糖皮质激素的联合应用，口服糖皮质激素联合环孢素的方案适用于单用激素抵抗以及病变持续活动需要长期干预的患者。

对于病情复杂的中重度活动期 GO，口服吗替麦考酚酯联合糖皮质激素静脉冲击治疗与单纯糖皮质激素静脉冲击治疗相比，前者有效性更高，用于合并严重眼部软组织病变、严重眼球突出或复视的病情复杂 GO，可降低中重度活动期 GO 的 CAS，改善眼睑肿胀、眼痛等症状，提高生活质量评分。

3. 眶放射治疗　主要机制是非特异性的抗炎作用。由于淋巴细胞对射线高度敏感,较低的剂量就可抑制淋巴细胞,改变 Th/Ts 细胞比值,同时放射疗法还可以使眶内成纤维细胞合成和分泌葡聚糖减少,对近期发生的软组织炎症和眼肌功能障碍效果较好。糖尿病和高血压视网膜病变者是眶放射治疗的禁忌证。本疗法可以单独应用或者与糖皮质激素联合使用,联合应用可以增加疗效。

4. 眶减压手术　目的是切除眶壁和 / 或球后纤维脂肪组织,增加眶容积。适应证包括视神经病变可能引起视力丧失、复发性眼球半脱位导致牵拉视神经可能引起视力丧失以及严重眼球突出引起角膜损伤。并发症是手术可能引起复视或者加重复视,尤其在手术切除范围扩大时。

5. 控制甲亢　对甲亢做根治性治疗(^{131}I 或者手术切除),还是应用 ATD 控制目前尚无定论。近期有 3 项临床研究证实甲亢根治性治疗可以改善 GO 的治疗效果。另外目前也允许在糖皮质激素保护下对甲状腺进行 ^{131}I 治疗。但是,甲状腺功能减退可能加重 GO,所以无论使用何种方法控制甲亢,使甲状腺功能维持正常对 GO 都是有益的。

另外,有研究显示奥曲肽可抑制 TRH、TSH、T_3、T_4 的分泌,减少葡聚糖的产生,使患者眼裂变小,眼压下降,视力改善,但这一发现还需大规模前瞻性研究证实。

（三）甲亢合并妊娠

甲亢合并妊娠并不少见,未控制的甲亢使妊娠妇女流产、早产、先兆子痫、胎盘早剥等发生率增加,早产儿、胎儿宫内生长迟缓、足月小样儿的危险性提高。GD 患者血中的 TRAb 抗体容易通过胎盘,引起新生儿甲亢。如果患者甲亢未控制,建议不要怀孕;如果患者正在接受抗甲状腺药物(ATD)治疗,血清 TT_3 或 FT_3、TT_4 或 FT_4 达到正常范围,停 ATD 或者应用 ATD 的最小剂量,可以怀孕;如果患者为妊娠期间发现甲亢,在告知妊娠及胎儿可能存在的风险后,若患者选择继续妊娠,则首选 ATD 治疗,或者在妊娠 4~6 个月期间手术治疗。妊娠期间应监测胎儿发育情况,有效地控制甲亢可以明显改善妊娠的不良结果。

PTU 与血浆蛋白结合比例高,胎盘通过率低于 MMI。另外 MMI 所致的皮肤发育不全较 PTU 多见,所以治疗妊娠期甲亢优先选择 PTU。ATD 治疗妊娠期甲亢的目标是使用最小有效剂量的 ATD,在尽可能短的时间内达到和维持血清 FT_4 在正常值的上限,避免 ATD 通过胎盘影响胎儿的脑发育。起始剂量甲巯咪唑(MMI)10~20mg,每日 1 次口服或丙硫氧嘧啶(PTU)50~100mg,每日 3 次口服,监测甲状腺功能,及时减少药物剂量。治疗初期每 2~4 周检查甲状腺功能,以后延长至 4~6 周。血清 FT_4 达到正常后数周 TSH 水平仍可处于抑制状态,因此 TSH 水平不能作为治疗时的监测指标。由于合并使用左甲状腺素($L-T_4$)后,控制甲亢 ATD 的剂量需要增加,所以妊娠期间不主张合并使用 $L-T_4$。如果 ATD 治疗效果不佳,对 ATD 过敏,或者甲状腺肿大明显,需要大剂量 ATD 才能控制甲亢时可以考虑手术治疗。手术时机一般选择在妊娠 4~6 个月,妊娠早期和晚期手术容易引起流产。β 受体阻滞剂如普萘洛尔与自发性流产有关,普萘洛尔还可以使子宫持续收缩而引起胎儿发育不良、心动过缓、早产及新生儿呼吸抑制等,故应慎用或禁用。

近期研究表明,哺乳期 ATD 的应用对于新生儿是安全的,哺乳期使用 PTU 150mg/d 或 MMI 10mg/d 对婴儿脑发育没有明显影响,但是应当监测婴儿的甲状腺功能;哺乳期应用 ATD 进行治疗的母亲,其后代未发现有粒细胞减少、肝功能损害等并发症。为确保安全,母亲应该在哺乳完毕后服用 ATD,间隔 3~4h 再进行下一次哺乳。MMI 的乳汁排泌量是 PTU 的 7 倍,所以哺乳期治疗甲亢,PTU 应当作为首选。

妊娠期和哺乳期妇女禁用 ^{131}I 治疗甲亢。育龄妇女在行 ^{131}I 治疗前一定要确定未孕。如果选择行 ^{131}I 治疗,治疗后的 6 个月内应当避免怀孕。

（四）胫前黏液性水肿的防治

轻型病例不需治疗；重者可用倍他米松软膏等局部外用，每晚 1 次，疗程 1 年左右，疗效较好，但停药后可复发。

（五）浸润性突眼的防治

选择甲亢治疗方案时应注意防治突眼恶化，严重突眼不宜行甲状腺次全切术，慎用 I 治疗。

十一、预后

甲亢患者根据病情严重程度不同，预后也会有所差别。一般情况下，患者在出现症状和体征时，及时到医院就诊，选择适合的治疗手段，经过规范治疗后可得到缓解，甚至治愈。否则，病程长且病情迁延不愈会导致甲亢性心脏病、GO、甲亢性肌病、甲亢肝损害、血细胞减少、甲状腺危象等风险增加。

（罗登 袁静萍）

第二节 甲状腺炎

甲状腺组织发生变性、坏死、增生、渗出等炎症病理改变而引起的一系列临床表现称为甲状腺炎。按病因和病程可分为以下四类：急性化脓性甲状腺炎、亚急性甲状腺炎、慢性淋巴细胞性甲状腺炎、产后甲状腺炎。

一、急性化脓性甲状腺炎

急性化脓性甲状腺炎少见。病因是由化脓性细菌血行播散或邻近组织感染扩散蔓延到甲状腺所致。临床表现为骤起寒战、高热和甲状腺部位红、肿、热、痛，如脓肿形成可触及波动感；白细胞总数及中性粒细胞比例增高。治疗方法包括使用抗菌药物、穿刺或手术切开引流等。

二、亚急性甲状腺炎

亚急性甲状腺炎（subacute thyroiditis）又称肉芽肿性甲状腺炎（granulomatous thyroiditis）、巨细胞性甲状腺炎（giant cell thyroiditis）等。

（一）病因

1. **与病毒感染有关** 因患者起病前 1~3 周常有上呼吸道感染，血清中某些病毒的抗体滴度增高，少数患者的甲状腺组织中培养出腮腺炎病毒；感染期间，血中无白细胞增高，疾病过程呈自限性。

2. **自身免疫性疾病** 少数患者血清中出现 TSH 受体抗体、甲状腺过氧化物酶抗体（TPOAb）、甲状腺球蛋白抗体（TGAb），但这些抗体滴度水平低于其他自身免疫甲状腺炎，且呈一过性，疾病缓解后抗体消失。

（二）发病机制

尚未完全阐明，一般认为和病毒感染有关。证据有：发病前患者常有上呼吸道感染史，发病常随季节变动且具有一定的流行性。

患者血中有病毒抗体存在（抗体的效价高度和病期相一致），最常见的是柯萨奇病毒抗体，其次是腺病毒抗体、流行性感冒病毒抗体、腮腺炎病毒抗体等。虽然已有报告，从亚急性甲状腺炎患者的甲状腺组织中分离出腮腺炎病毒，但亚急性甲状腺炎的原因是病毒的确实证据尚未找到。

另外，中国人、日本人的亚急性甲状腺炎与 *HLA-Bw35* 基因型有关联，提示对病毒的易感染性具有遗传因素，但也有患者与 *HLA-Bw35* 基因型无关。

（三）病理生理

肉眼观：甲状腺呈不均匀结节状，轻、中度增大，质实，橡皮样。切面病变呈灰白或淡黄色，可见坏死或瘢痕，常与周围组织有粘连。镜下：病变呈灶性分布，范围大小不一，发展不一致，部分滤泡被破坏，胶质外溢，形成类似结核结节的肉芽肿，并有多量的中性粒细胞及不等量的嗜酸性粒细胞、淋巴细胞和浆细胞浸润，可形成微小脓肿，伴异物巨细胞反应，但无干酪样坏死。恢复期巨噬细胞消失，滤泡上皮细胞再生、间质纤维化、瘢痕形成。

甲状腺轻、中度弥漫性肿大，可出现结节、质地坚硬，镜下可见明显淋巴细胞、浆细胞浸润和纤维化，可有淋巴滤泡形成或伴有生发中心。亚急性肉芽肿性甲状腺炎甲状腺不规则性增大，与周围组织轻度粘连，边缘不清。光镜下，亚急性肉芽肿性甲状腺炎（图 3-2-1）甲状腺滤泡腔内含有脱落上皮、单核细胞和多核巨细胞（多为异物型），单核细胞和多核巨细胞吞噬包围胶质，进而一些滤泡被破坏，形成由单核细胞、上皮样细胞和多核巨细胞构成的肉芽肿，纤维组织增生，破坏最严重处可以有广泛的瘢痕形成，间质内可见多量淋巴细胞、浆细胞、单核细胞、中性粒细胞浸润。

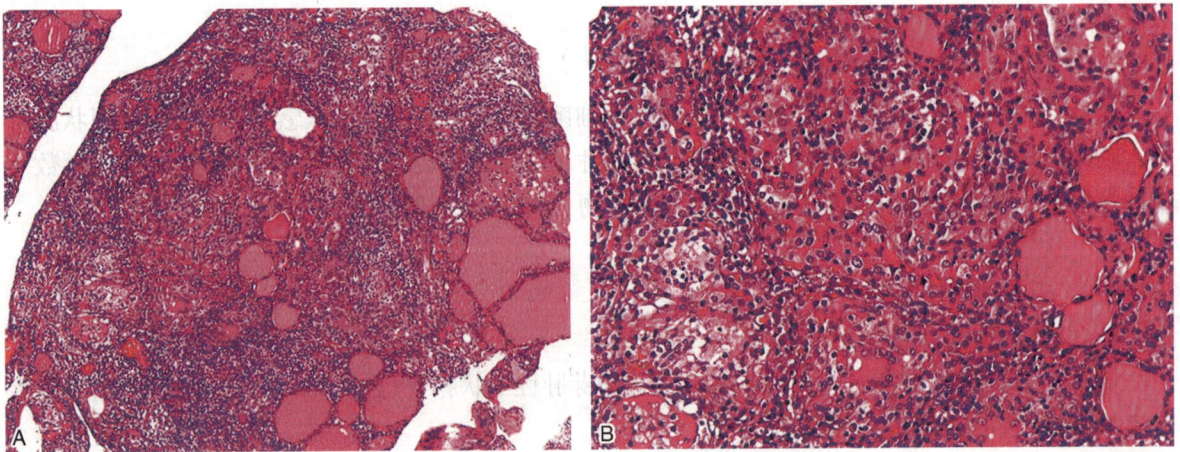

图 3-2-1 亚急性肉芽肿性甲状腺炎

A. 甲状腺不规则性增大，与周围组织轻度粘连，边缘不清，光镜下甲状腺滤泡腔内含有脱落上皮、单核细胞和多核巨细胞（多为异物型）（HE 染色，×40）；B. 单核细胞和多核巨细胞吞噬包围胶质，进而一些滤泡被破坏，形成由单核细胞、上皮样细胞和多核巨细胞构成的肉芽肿，纤维组织增生（HE 染色，×100）。

（四）病理与临床联系

甲状腺炎按临床病程可分为急性、亚急性及慢性，按病因可分为感染性和非感染性，确定其病理类型依赖临床症状及多种辅助检查。病理检查在甲状腺炎患者中并不是常规检查项目,临床实践中有时如亚急性肉芽肿性甲状腺炎及桥本甲状腺炎引起的结节性改变与甲状腺癌相似,此时病理检查可鉴别。

（五）临床表现

1. 以妇女最为多见。
2. 起病前有上呼吸道感染的症状。
3. 特征性表现是甲状腺部位疼痛和压痛,并向下颌、耳根和枕部放射。
4. 可有一过性甲亢的症状,一般不超过 2 周,后期部分患者可能出现一过性甲减。
5. 体检甲状腺轻度肿大,有结节,压痛明显,疼痛可呈游走性。

（六）实验室检查

病程的不同阶段实验结果不同。
1. 早期,甲状腺吸碘率降低,而 T_3、T_4 增高,呈"分离现象"。
2. 随病程进展,T_3、T_4 增高、吸碘率降低逐渐好转,最后均可恢复正常。
3. 早期血沉明显增快。

（七）诊断与鉴别诊断

1. 诊断依据
（1）发病前有上呼吸道感染史。
（2）甲状腺肿大、结节和压痛。
（3）全身有一过性甲亢症状。
（4）T_3、T_4 与吸碘率呈分离现象。
（5）血沉明显加快。
（6）皮质激素治疗疼痛明显好转。

2. 鉴别诊断
主要与上呼吸道感染、甲状腺腺瘤内突然出血、慢性淋巴细胞性甲状腺炎、急性化脓性甲状腺炎、甲状腺癌相鉴别。

（八）治疗

1. **糖皮质类固醇激素**　强的松片 30mg/d × 14d,20mg/d × 14d,10mg/d × 14d,5mg/d × 14d。用药 2~3d 内发热和甲状腺疼痛常迅速缓解,1 周后甲状腺常显著缩小。停药后若复发,可重复治疗。如果病情没有好转,应该考虑其他疾病:淋巴腺炎、细菌性甲状腺炎（罕见）。
2. 病情轻的患者可以用非甾体抗炎药（NSAIDs）,如阿司匹林、吲哚美辛等。
3. 如果出现甲亢症状,用 β 受体阻滞剂。
4. 上呼吸道感染的治疗。
5. 定期复查（3、6、12 个月）血 TSH 和 FT_4,病程早期出现的甲减一般是一过性,很少需要替代治疗,如果甲减持续 4~6 个月,可能是永久性甲减,应该用甲状腺素替代治疗。不一定都需要终身替代治疗。

（九）预后

亚急性甲状腺炎多为自限性疾病,对症治疗即可缓解。也可能反复发作。

三、慢性淋巴细胞性甲状腺炎

慢性淋巴细胞性甲状腺炎（chronic lymphocytic thyroiditis）包括甲状腺肿型即桥本甲状腺炎（Hashimoto thyroiditis，HT）和甲状腺萎缩型即萎缩性甲状腺炎（arophic thyroiditis，AT）。

（一）病因与发病机制

慢性淋巴细胞性甲状腺炎是一种器官特异性自身免疫疾病，患者血清中有高滴度的 TPOAb、TGAb，部分患者有 TSBAb，具体免疫发病机制未完全阐明；该疾病具有遗传倾向，有家族聚集现象；近年来研究发现碘的摄入增多可能是其发病重要的环境因素。

（二）病理生理

AT 可见甲状腺萎缩、广泛的纤维化和淋巴细胞浸润。

桥本甲状腺炎甲状腺呈对称性肿大，表面光滑或结节状，橡皮样硬韧，很少与周围组织粘连。桥本甲状腺炎（图 3-2-2）甲状腺滤泡见不同程度的萎缩、破坏，滤泡上皮部分嗜酸性变（特征性病变），部分呈柱状并可形成小乳头突入滤泡腔，间质密集大量淋巴细胞、浆细胞，淋巴滤泡形成（含生发中心）。

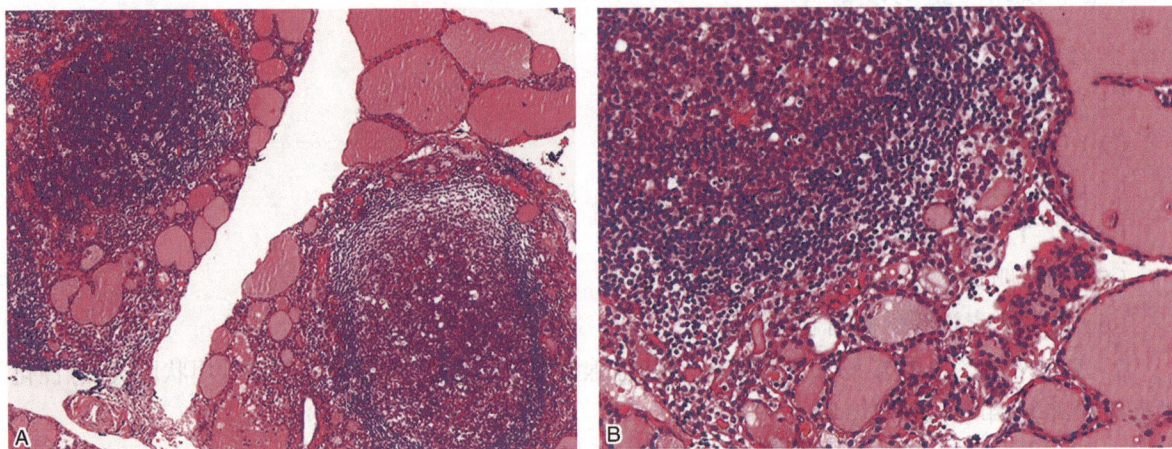

图 3-2-2　桥本甲状腺炎

A. 甲状腺滤泡不同程度萎缩、破坏，滤泡上皮部分嗜酸性变（特征性病变），部分呈柱状并可形成小乳头突入滤泡腔，间质密集大量淋巴胞、浆细胞，淋巴滤泡形成（含生发中心）（HE 染色，×40）；B. 大量淋巴细胞浸润并形成淋巴滤泡，可见生发中心形成（HE 染色，×100）

（三）病理与临床联系

根据病变中淋巴细胞浸润与纤维组织增生比例的不同，可分为三种类型：

1. **淋巴样型**　以淋巴细胞浸润为主，纤维组织增生不明显，特点为广泛淋巴细胞取代甲状腺实质，仅有少数滤泡残留。退行性变的甲状腺滤泡也比较少，故甲状腺的体积多较大而质软，亦表现为甲状腺功能障碍。此型儿童和青年人多见。

2. **纤维型**　以结缔组织增生为主，由致密结缔组织广泛取代甲状腺实质，纤维组织继发玻璃样变，淋巴细胞浸润不明显，滤泡萎缩或鳞化，此型占所有病例的 12.5%，主要发生于中年人，有甲状腺功能减退的症状。

3. 纤维-淋巴样型　淋巴组织与结缔组织均增生。典型的桥本甲状腺炎镜下呈弥散性改变，但也有表现为明显结节状生长的病例。结节状的上皮性成分呈增生性改变。桥本甲状腺炎的另一种形态改变是完全由嗜酸性细胞组成的一个或多个明显的增生结节，嗜酸性细胞形成滤泡或呈实性排列。

临床上，患者可表现为甲亢、甲减或甲状腺功能正常，不同甲状腺功能的改变因疾病的进程以及淋巴细胞浸润与纤维组织增生比例的不同而不同。

（四）临床表现

90%见于女性，各年龄均可发病，30~50岁多见。早期临床症状缺如，异常体征不多。HT的首发症状为甲状腺肿大，呈弥漫性、轻中度肿大，质地坚硬，发展缓慢，最终约50%HT发展为甲减。AT的首发症状是甲减。

特殊类型的临床表现包括以下三种。

1. 桥本甲亢　又称桥本甲状腺毒症（Hashitoxicosis），HT与GD共存。

2. 桥本假性甲亢或桥本一过性甲亢　由甲状腺滤泡破坏所致。

3. 浸润性突眼　甲状腺功能可正常、减退或亢进。

（五）实验室检查

1. 甲状腺功能检查　早期正常，大部分患者最终发生甲减，在不同的阶段分别表现为正常、亚临床甲减、甲减。

2. 抗体测定　TPOAb、TGAb滴度明显升高，部分患者TSBAb阳性。

3. 甲状腺^{131}I摄取率　晚期减低。

4. 甲状腺核素扫描　分布不均，可见冷结节。

5. 甲状腺细针穿刺活检　镜下见广泛性淋巴细胞、浆细胞和巨噬细胞浸润。

（六）诊断

1. 中年女性有质地坚硬的甲状腺肿，特别是伴峡部锥体叶肿大，都应怀疑HT，若TPOAb、TGAb显著增高，则诊断成立。

2. 有甲亢表现者，TPOAb、TGAb显著增高半年以上，应怀疑合并有桥本甲状腺炎。

（七）鉴别诊断

1. 甲状腺癌　慢性淋巴细胞性甲状腺炎的患者甲状腺可出现多个结节，质地较硬，同位素扫描示冷结节，应与甲状腺癌相鉴别。后者甲状腺结节增大较快，形态不规则活动性差，伴有质硬的颈部淋巴结肿大，甲状腺抗体多阴性，组织活检有利于明确诊断。

2. 亚急性甲状腺炎　少数慢性淋巴细胞性甲状腺炎患者，可出现颈部疼痛，血沉增快，易误诊为亚急性甲状腺炎。后者常自行缓解，甲状腺摄碘率常明显降低，激素治疗效果良好；甲状腺抗体检测有利于鉴别。

（八）治疗

根据不同功能情况进行治疗：功能正常者一般不治疗；甲亢患者，采取抗甲亢药物治疗，不采取手术和放射碘治疗；甲状腺功能减退者需要替代治疗；甲状腺迅速肿大、伴局部压迫症状者，为了缩小甲状腺的体积,可考虑甲状腺素治疗,开始 50μg/d,服用 1~2 周,逐渐加量,直到 100~150μg/d,压迫症状明显,药物治疗不缓解者手术治疗。如果患者甲状腺体积没有缩小或甲状腺结节没有减小,应该做甲状腺 B 超和甲状腺细针穿刺检查,明确是否存在肿瘤。

（九）预后

伴有甲减的患者,长期甲状腺素替代治疗,预后可。

四、产后甲状腺炎

产后甲状腺炎(postpartum thyroiditis, PPT),是产后一年所发生的甲状腺功能异常综合征,可以为暂时性的也可以是永久性的。其病理基础是甲状腺自身免疫性炎症,是最常见而又最具有特征的产后自身免疫性甲状腺炎。妊娠 5~20 周流产后也可发生该病。产后甲状腺炎曾有多种命名,如亚急性自身免疫性甲状腺炎、亚急性淋巴细胞性甲状腺炎、无痛性甲状腺炎(painless thyroiditis)。

（一）病因与发病机制

产后甲状腺炎的发病与自身免疫性炎症有关,主要依据如下:

1. 甲状腺组织有淋巴细胞浸润。
2. 患者血清中存在 TPOAb,阳性率高达 80%。
3. 合并其他自身免疫性疾病。
4. 有自身免疫性甲状腺病史。
5. 通常发生在产后 6 周,处于产后免疫抑制被解除的反跳阶段。
6. 50% 的患者有自身免疫性甲状腺病的家族史。

同时研究表明,本病具有 HLA 抗原多态性。该病位点与 HLA 位点连锁不平衡。也可能是 HLA 在疾病过程中起直接作用。HLA 的多态性可能是对抗原呈递细胞呈递特殊系列抗原肽能力的一种影响因素,因而可调节疾病的易感性。

碘过量可诱发产后甲状腺炎。甲状腺功能减退最容易发生在日摄碘量高于其日需要量的有本病病史的妇女。

（二）临床表现

典型的病例经历 3 个阶段。

1. **甲亢期**　一般持续 2~4 个月。
2. **甲减期**　一般持续 1~3 个月。
3. **恢复期**　甲状腺功能多可恢复正常,少数发展为永久性甲减。

（三）实验室检查

1. 甲状腺吸碘率降低,而 T_3、T_4 增高,呈"分离现象"。
2. 多数患者 TPOAb 阳性。

（四）诊断与鉴别诊断

1. 妊娠前和妊娠中无甲状腺功能异常史。

2. 产后 1 年内发生甲状腺功能异常。

3. 甲亢期甲状腺吸碘率降低。

4. TRAb 阴性。

（五）鉴别诊断

1. **产后 GD**　患者吸碘率增高,血清 TRAb 阳性。

2. **亚急性肉芽肿性甲状腺炎**　发病前有上呼吸道感染症状,病毒抗体滴度升高,甲状腺疼痛明显伴有压痛,血沉明显加快,细胞学检查为肉芽肿性病变。

（六）治疗

甲亢期具有自限性,一般不需要治疗。甲亢症状严重者可用 β 受体阻滞剂对症治疗;甲减期给予甲状腺激素替代治疗,甲减缓解后减量至停用;永久性甲减患者需终身替代治疗。

（七）预后

若出现甲减,给予甲状腺激素替代治疗,预后尚可。

（周　芬　袁静萍）

第三节　甲状腺结节

甲状腺结节是甲状腺细胞在局部异常生长所引起的散在病变,临床上极为常见。女性发病率高于男性,现常用高分辨率超声对甲状腺进行检测,甲状腺结节的检出率高达 50%,甚至更多。绝大部分甲状腺结节为良性或囊肿,有 5%~10% 的甲状腺结节为恶性,极少部分患者出现甲状腺功能异常。

一、病因及发病机制

甲状腺结节的病因复杂,发病机制尚不明确,可能与放射性接触、自身免疫、遗传因素及碘摄入的含量等相关。放射性接触是甲状腺癌的重要致病因子;自身免疫性甲状腺炎易诱发甲状腺结节;除甲状腺髓样癌外,约 7% 的甲状腺癌有家族遗传倾向;碘摄入过少可引起地方性甲状腺肿,过多可引起甲状腺功能异常及甲状腺结节。

二、病理解剖和病理生理

（一）结节性甲状腺肿

甲状腺单结节或多结节性肿大,小结节直径 1~2cm,大者 >10cm,无完整包膜;切面灰白、棕褐或紫褐色,常伴出血、囊性变、纤维化和钙化。光镜下见甲状腺肿形成大小不等的多发性腺瘤样增生结节(少数单发性结节),有或无纤维包膜(多不完整),结节内结构常不一致(单纯滤泡性、嗜酸细胞性、大滤泡性等)。较大结节常继发出血、坏死、囊性变、纤维化、钙化、瘢痕形成等(图 3-3-1)。

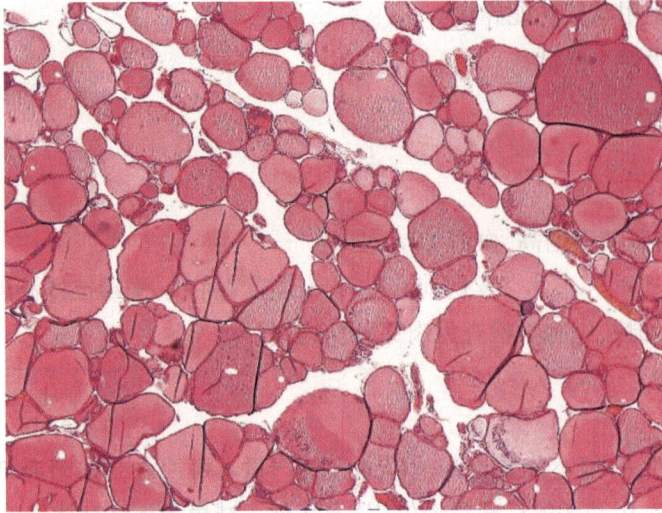

图 3-3-1 结节性甲状腺肿

有或无纤维包膜（多不完整），结节内结构常不一致（单纯滤泡性、嗜酸细胞、大滤泡性等）（HE 染色，×40）。

（二）甲状腺滤泡性腺瘤

甲状腺滤泡性腺瘤为圆形或结节状肿物，直径 2~6cm（可达 10cm），包膜完整，较硬，有弹性；切面实性，灰白、浅棕或棕红色，常继发出血、坏死、囊性变、纤维化、钙化或骨化。光镜下见腺瘤被以较厚的纤维性包膜，包膜外甲状腺组织受压萎缩，可继发出血、小囊形成、纤维组织增生、钙化等（图 3-3-2）。

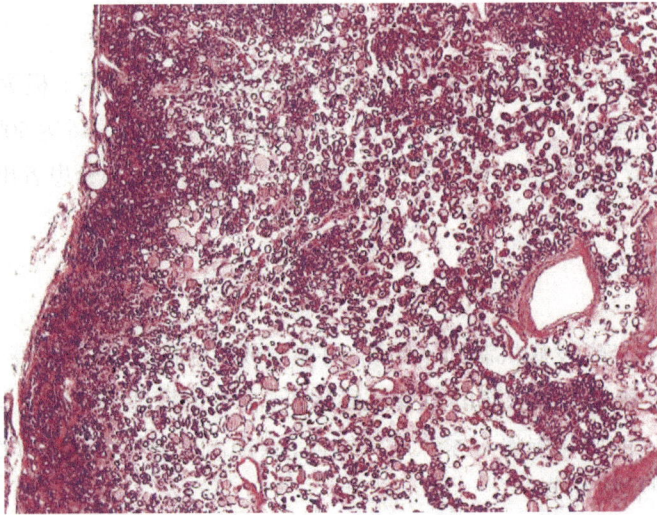

图 3-3-2 甲状腺滤泡性腺瘤

腺瘤被以较厚的纤维性包膜，包膜外甲状腺组织受压萎缩，可继发出血、小囊形成、纤维组织增生、钙化等（HE 染色，×20）。

（三）甲状腺乳头状癌

甲状腺乳头状癌多数为甲状腺内灰白色结节，平均直径约 3.1cm，质实，常位于甲状腺被膜下，常为多中心性。大肿瘤可呈囊性或部分囊性。切面呈灰白色，可见乳头状物、钙化灶，或似瘢痕。光镜下见瘤细胞形成细长、多分支的乳头状结构。被覆乳头的滤泡上皮细胞半数以上呈毛玻璃样核，常见核沟、核内假包涵体，核重叠、极向紊乱，核分裂象罕见。40%~50% 的病例见砂粒体和鳞状上皮化生（图 3-3-3）。

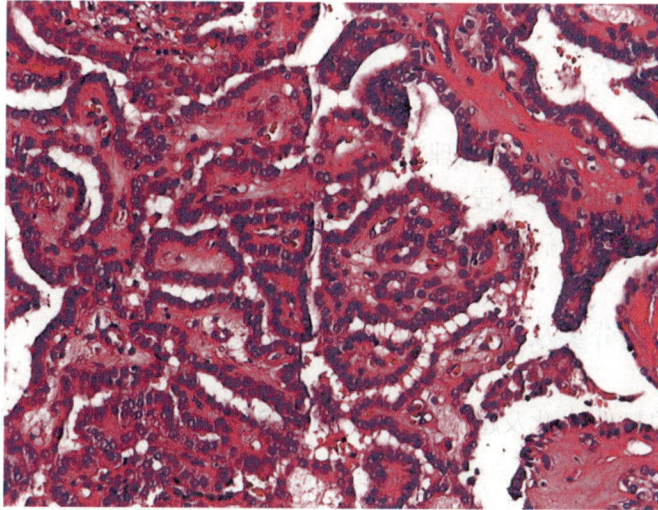

图 3-3-3 甲状腺乳头状癌

被覆乳头的滤泡上皮细胞半数以上呈毛玻璃样核,常见核沟,可见核内假包涵体,核重叠、极向紊乱,
核分裂象罕见。40%~50% 的病例见砂粒体和鳞状上皮化生(HE 染色, × 200)。

(四)甲状腺滤泡癌

甲状腺滤泡癌常为孤立性结节,类圆形或分叶状。肿瘤直径多为 2~4cm(局限于腺内者)或 >5cm
(侵犯腺外者),小肿物包膜可完整,大肿物无完整包膜。包膜较腺瘤的包膜厚(常 >1cm),且不规则,
厚薄不均。切面灰白或灰褐色,实性,质软,可见出血、坏死和囊变小区。光镜下见肿瘤由各种不同分
化程度的滤泡构成,一般滤泡较小,排列紧密,形似滤泡型腺瘤。癌细胞圆形或立方形,核不同程度异
型(核质比大,深染等)。最主要诊断依据为瘤细胞侵犯包膜、血管。根据肿瘤浸润范围分为如下型。
①微小侵袭型(仅有包膜侵犯)滤泡癌:肿瘤较小,常限于腺叶内,包膜完整,不见肉眼侵犯。②有包
膜的血管侵犯性滤泡癌:生物学行为上比仅有包膜侵犯的微小侵袭性滤泡癌更具侵袭性。而且,血管
侵犯的范围对预后有影响。受累及的包膜内不足 4 个血管侵犯的滤泡癌比广泛血管侵犯的滤泡癌预
后好。③广泛侵袭型:肿瘤较大,无完整包膜,广泛侵及腺外(图 3-3-4)。

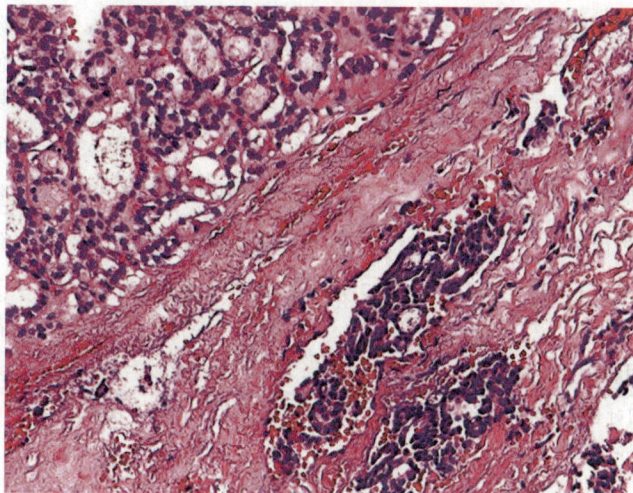

图 3-3-4 甲状腺滤泡癌

肿瘤由各种不同分化程度的滤泡构成,一般滤泡较小,排列紧密,形似滤泡型腺瘤。癌细胞圆形或立方形,
核伴不同程度的异型(核质比大,深染等)。最主要诊断依据为瘤细胞侵犯包膜、血管(HE 染色, × 100)。

三、病理与临床联系

以甲状腺结节为主诉就诊的患者病理类型各异,从良性的结节性甲状腺肿或腺瘤到恶性的甲状腺癌及其各种亚型,最重要的确诊手段为病理检查,对于怀疑恶性的甲状腺结节,甲状腺穿刺细胞学可进一步明确结节性质,并根据病理类型的不同采取不同的治疗手段。

四、甲状腺结节的分类及分级

根据甲状腺结节的起源、分化及超声特点可将甲状腺结节进行不同的分类和分级。

(一)甲状腺结节分类

良性结节包括结节性甲状腺肿、囊肿、淋巴细胞性甲状腺肿、滤泡性腺瘤、许特莱细胞腺瘤(Hurthle cell adenoma)、甲状腺炎等。恶性结节多为甲状腺乳头状癌,少数甲状腺滤泡状癌、甲状腺髓样癌、甲状腺未分化癌、原发性甲状腺淋巴瘤等,极少数由转移性甲状腺癌引起。

(二)甲状腺结节分级

根据 2017 版 ACR 甲状腺影像报告和数据系统(TI-RADS)对甲状腺结节进行超声形态恶性风险评估及处理如表 3-3-1。

表 3-3-1　根据超声特点对甲状腺结节进行评分、评估恶性程度指导临床处理

分类	超声表现	评分	恶性程度	处理意见
1	甲状腺实质正常,无结节	0 分	恶性风险 =0	不需要干预
2	以囊性或实性为主、形态规则、边界清楚或有蛋壳样粗大钙化的良性结节	2 分	恶性风险 =0	观察
3	以实性为主,等回声、边界尚清	3 分	恶性风险 <5%	建议 1 年后随访
4	恶性征象:实质性、低回声/极低回声、微钙化、边界模糊/微分叶、纵横比 >1	4~6 分	恶性风险 5%~85%	建议穿刺活检或手术,即使细胞学阴性,仍然需定期随访
4a	具有一定恶性征象		恶性风险 5%~10%	6 个月后随访
4b	具有两种恶性征象		恶性风险 5%~50%	建议活检
4c	具有三、四种恶性征象		恶性风险 50%~85%	建议活检或手术
5	具有四种以上恶性征象,尤其是有微钙化和分叶者	≥7 分	恶性风险 >85%	无论穿刺结果如何都手术
6	经病理证实的甲状腺恶性病变			

注:甲状腺可疑恶性结节同时合并颈部的转移淋巴结,TI-RADS 定位 5 类。

五、临床表现

大多数患者无临床症状,多在查体或超声检查时发现,或经颈部检测[如肺部 CT、颈椎 MRI 或正

电子发射及 X 射线计算机断层成像（PET/CT）］时无意中发现。少数较大的甲状腺结节可有局部食管、气管压迫症状，食管受压可出现吞咽不适甚至吞咽困难；气管受压可出现咳嗽等不适。若为炎症所致的甲状腺结节可出现疼痛。患者甲状腺功能一般正常，少数可有甲亢或甲减症状。

六、实验室检查和其他辅助检查

（一）实验室检查

绝大多数结节患者的甲状腺功能正常。若血清 TSH 低于正常，则应进行甲状腺核素显像以明确结节是否为高功能结节，此类结节几乎都是良性。若血清 TSH 水平正常或增高，则应检测甲状腺过氧化物酶（TPO）、甲状腺球蛋白（Tg）抗体滴度以帮助判断患者是否存在自身免疫性甲状腺炎，血清降钙素测定有助于早期检出甲状腺髓样癌，若血清降钙素 >100pg/mL，高度提示可能存在甲状腺髓样癌，并注意排除多发性内分泌肿瘤 2 型（MEN2）家族史的可能，Tg 对甲状腺结节良恶性鉴别意义不大。

（二）超声检查

甲状腺超声检查是确诊甲状腺结节重要的检查，其对结节良恶性的鉴别价值优于 CT 或 MRI。高分辨率超声即可准确判断结节的大小、形态、数目、回声情况，以及包膜的完整性、囊实性，又可以显示结节内外血流情况、结节与周围组织结构关系及颈部淋巴结肿大情况等，有利于对结节进行良恶性危险分层，并指导下一步处理：如是否需要进行超声引导下甲状腺细针抽吸细胞学检查（FNAC）等。

（三）放射性核素检查

放射性核素（^{131}I、^{125}I、^{99m}Tc）可反映甲状腺结节的位置、大小、形态和功能，用于甲状腺的动态或静态显像，对甲状腺结节良恶性的鉴别诊断价值不大。CT 或 MRI 对明确甲状腺结节与周围组织的关系及是否向胸骨后延伸的情况有帮助。

（四）超声引导下穿刺活检

FNAC 是目前评估甲状腺结节性质最准确、最经济的方法。其与手术病理结果符合率达 90%，敏感性和特异性均高达 90%。

七、诊断和鉴别诊断

甲状腺结节的诊断临床上主要依据病史、临床表现、实验室检查、甲状腺超声、FNAC、术中快速冰冻切片和手术后常规病理检查等综合判断进行诊断。诊断目的在于明确结节的性质。超声引导下 FNAC 能对结节的良恶性进行有效和准确的评估，对于 FNAC 不确定的结节，可对穿刺样本进行甲状腺癌相关突变基因的检测进一步明确诊断。

（一）提示结节恶性的危险因素

1. 儿童、年龄 <30 岁或 >70 岁的男性。
2. 儿童期接受过放射线照射史、放射性暴露史或全身放射治疗史。

3. 甲状腺癌或 MEN2 型家族史。

4. 短期内结节迅速增大。

5. 伴有声音嘶哑、呼吸困难、吞咽困难。

6. 颈部淋巴结肿大。

提示结节恶性的征象包括：结节低回声、结节微钙化、纵横比 >1。

超声引导下 FNAC 对结节的良恶性进行有效和准确的评估，通常根据 Bethesda 报告系统进行病理诊断。

（二）根据甲状腺细胞病理学 Bethesda 报告系统推荐的诊断总体分类

1. Ⅰ类　标本不满意或无法诊断。

2. Ⅱ类　良性病变：良性滤泡性结节（包括腺瘤样结节、胶质结节），慢性淋巴细胞性甲状腺炎、肉芽肿性（亚急性）甲状腺炎。

3. Ⅲ类　不确定（包括意义不明的不典型增生以及滤泡样病变或滤泡样肿瘤）。

4. Ⅳ类　滤泡性肿瘤或可疑滤泡性肿瘤，如嗜酸性（Hurthle）细胞型，需注明。

5. Ⅴ类　可疑恶性肿瘤：可疑甲状腺乳头状癌、可疑甲状腺髓样癌、可疑转移癌、可疑淋巴瘤或其他。

6. Ⅵ类　恶性肿瘤：甲状腺乳头状癌、甲状腺髓样癌、甲状腺未分化癌、转移癌等。

（三）分子诊断

对于细胞学结果不确定或可疑恶性的结节，可对穿刺组织进行分子诊断分析，以提高诊断的敏感性和阳性预测值。在细胞学不确定的病例中，RAS、$BRAF$、RET/PTC、$PAX8/PPARg$ 基因的突变都与恶性病变相关，可将 FNAC 检查的阳性预测值提高至近 100%，总体敏感性和特异性提高至 80% 和 100%。因此分子学检测联合细胞学检测有助于减少细胞学结果不确定的患者不必要手术。但是，并非所有的甲状腺癌都有可检测的基因突变，阴性结果并不足以排除恶性。目前还没有足够的数据验证这一诊断方法，所以不作为常规检查。

八、治疗

对于临床判断为良性的结节可定期行甲状腺超声检查以监测其变化，若临床或超声出现可疑恶性征象或结节体积增大超过 50%，可重复超声引导下 FNAC。对于结节出现局部压迫症状，尤其是胸骨后或纵隔内甲状腺肿应考虑手术治疗。对于临床上高度疑似恶性或 FNAC 确定为可疑恶性或恶性的结节需行手术治疗。绝大部分甲状腺恶性肿瘤应首选手术治疗，对于恶性程度高的髓样癌及未分化癌由于易发生远处转移，单纯手术难以达到彻底治疗的目的，应采用综合治疗。在甲状腺全切除术后如无残留并出现以下任一指征者：①腺外扩散；②原发瘤 >4cm；③术后 6~12 周行血 Tg 值测定，如术后刺激性血 Tg 值为 5~10ng/mL，应行放射性碘（Radioactive iodine）治疗。

TSH 抑制治疗：其目的是通过补充小剂量非外源性 L-T_4 抑制患者 TSH 水平，使结节缩小；对于术后需长期进行 TSH 抑制以减少肿瘤的复发。最佳的 TSH 抑制水平需因人而异，遵循个体化的 TSH 抑制目标。对于复发风险高者，TSH 尽量维持在 0.1mU/L 以下，中低危者可放宽在 0.1~0.5mU/L。

甲状腺结节热消融治疗是一种体内原位灭活肿瘤以达到局部根治（热切除）的技术手段，近年来在部分甲状腺良性结节、部分低危甲状腺微小乳头状癌及颈部转移性淋巴结非外科手术治疗中已有所开展。FNAC 明确结节性质后,对于符合消融条件的患者可选择结节消融术,创伤小,但远期疗效缺乏足够的循证医学证据,也没有足够的证据证明热消融对原发性甲状腺微小乳头状癌治疗的有效性,故不推荐将热消融治疗作为甲状腺微小癌治疗的常规手段。对于 FNAC 病理结果为良性或Ⅱ类的无放射史的拒绝外科手术及临床观察的患者,在充分知情情况下要求热消融治疗的可以选择热消融治疗。但需要注意的是,巨大胸骨后甲状腺结节、对侧声带功能障碍、严重凝血功能障碍、重要脏器功能不全为热消融禁忌证。

九、预后

绝大部分甲状腺结节预后良好,良性结节可 12~24 个月进行一次甲状腺超声检测。甲状腺癌复发或转移者预后相对较差,需终身随访。随访内容包括长期检测颈部超声、血清肿瘤标志物,必要时可行 PET/CT 等检查。

(余爱林 万 荔 袁静萍)

第四章　甲状旁腺疾病

正常人体甲状腺背面有四个甲状旁腺，它们通过分泌甲状旁腺激素（parathyroid hormone，PTH）在钙、磷代谢与骨代谢中起到非常重要的调节作用。PTH 与降钙素及维生素 D 通过骨骼、肾脏、肠道等靶器官，共同构成了人体的钙、磷调节系统，维持血钙和血磷的稳定。因此 PTH 分泌异常或功能异常，就会出现钙、磷代谢异常的相关临床表现。

第一节　甲状旁腺功能亢进症

甲状旁腺功能亢进症（hyperparathyroidism）简称甲旁亢，可分为原发性、继发性和三发性三种。原发性甲状旁腺功能亢进症（primary hyperparathyroidism，PHPT）是甲状旁腺自身病变（如肿瘤或增生）引起的 PTH 合成与分泌过多，导致的一组临床症候群，包括高钙血症、肾钙重吸收增加、尿磷排泄增加、肾结石、肾钙质沉着症和骨吸收增加等。继发性甲旁亢是由于各种原因所致的低钙血症，刺激甲状旁腺代偿性分泌过多的 PTH，常见于肾功能不全、骨软化症、肠吸收不良综合征、维生素 D 缺乏与羟化障碍等。三发性甲旁亢是在继发性甲旁亢的基础上，由于腺体受到持久和强烈的刺激，部分增生组织转变为腺瘤，自主地分泌过多 PTH，主要见于肾衰竭患者。本章主要介绍原发性甲旁亢。资料显示，PHPT 的发病率为 1/1 000~1/500，发病高峰在 60 岁左右，女性多见，女性与男性比例约为 3∶1，且多为散发性。但在某些患者中，它是家族性疾病的一部分，许多遗传性甲旁亢是多发性内分泌肿瘤（MEN）的主要特征。

一、病因和发病机制

大多数原发性甲旁亢为散发性。甲状旁腺腺瘤或腺癌多为单克隆性新生物，由某一个甲状旁腺细胞中原癌和/或抑癌基因发生改变所致，但其原因并不完全清楚，少数患者在发病前数十年有颈部外照射史或锂剂使用史。部分腺瘤细胞中存在染色体 1p-pter、6q、15q 以及 11q 的缺失。细胞周期蛋白 D1（Cyclin D1）基因是最早被确认的甲状旁腺原癌基因，位于人类染色体 11q13。20%~40% 的甲状旁腺腺瘤中存在 Cyclin D1 的过度表达，可能与 DNA 重排有关。此外，部分腺瘤组织中发现了抑癌基因 MEN1 的体细胞突变。抑癌基因 HRPT2 的突变参与了散发性甲状旁腺癌的发生。

少数原发性甲旁亢为家族性或某些遗传性综合征的表现之一，多为单基因病变，由抑癌基因失活或原癌基因活化引起。

二、病理解剖

原发性甲旁亢是由甲状旁腺腺瘤、增生或腺癌引起的 PTH 分泌过多。

（一）腺瘤

腺瘤约占总数的 85%，绝大多数为单个腺瘤，且多位于下方的甲状旁腺。6%~10% 的甲状旁腺腺瘤可位于胸腺、心包或食管后。腺瘤体积一般较小，重 0.5~5.0g，但也可大至 10~20g。有薄而完整的包膜，切面均质、肉样（图 4-1-1）。

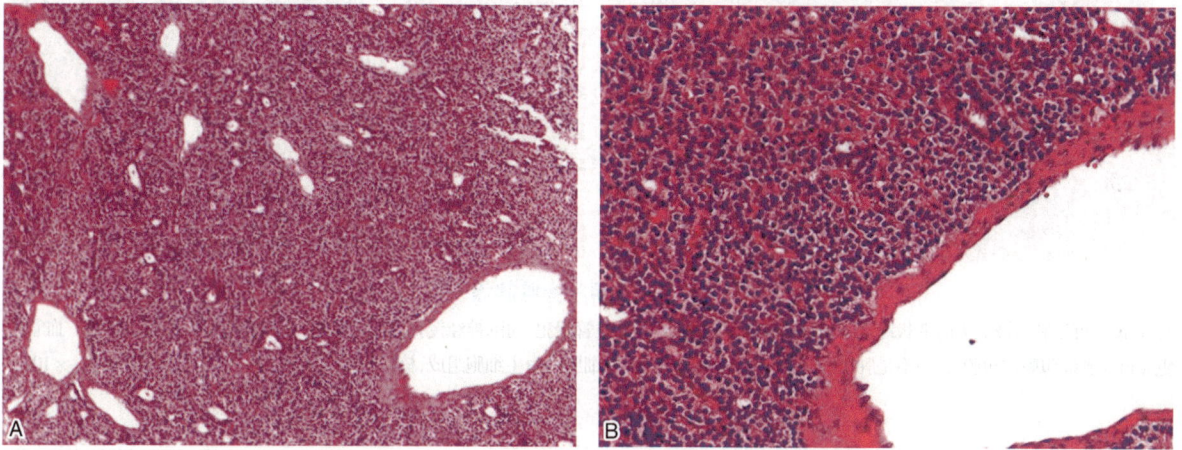

图 4-1-1　甲状旁腺腺瘤

A. 光镜下见以不同时期的主细胞增生为主，围绕血管呈栅栏状排列（HE 染色，×40）；B. 瘤细胞通常稍大，局灶可见梭形细胞区域，胞质弱嗜酸性。少数情况下腺瘤完全由嗜酸性细胞或水样透明细胞构成（HE 染色，×200）。

（二）增生

约 10% 的病例为甲状旁腺增生，常累及所有腺体（4 个或更多）伴部分或全部细胞增生，外形不规则，单个腺体重量 0.15~10g，亦有报道重 15g 甚至 20g，增生的腺体呈黄褐色至红褐色，包膜较薄，与周围组织无粘连，切面呈分叶状，可含大小不等的囊腔（图 4-1-2）。

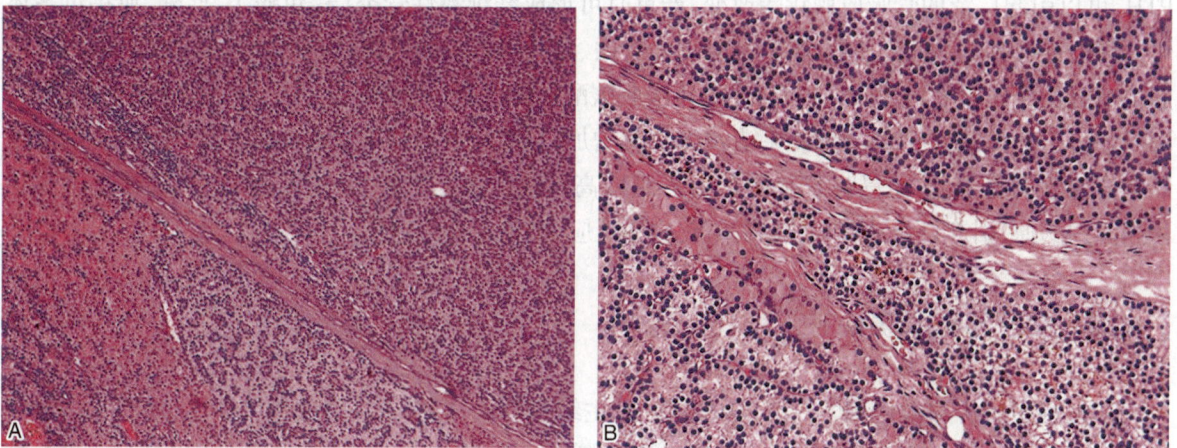

图 4-1-2　甲状旁腺增生

A. 光镜下见病变多以主细胞或水样透明细胞增生为主，其他类型细胞散在或成群地混杂其中（HE 染色，×40）；B. 增生细胞呈条索状、巢状或片状排列，并由纤细的纤维血管分隔，偶呈腺泡样排列。间质内散在不等量的脂肪细胞（HE 染色，×200）。

（三）腺癌

甲状旁腺癌较少见。肿瘤一般体积较大,通常包膜不完整,与周围软组织或甲状腺粘连,切面呈淡粉色,质硬,厚的纤维分隔可使其呈结节状(图 4-1-3)。

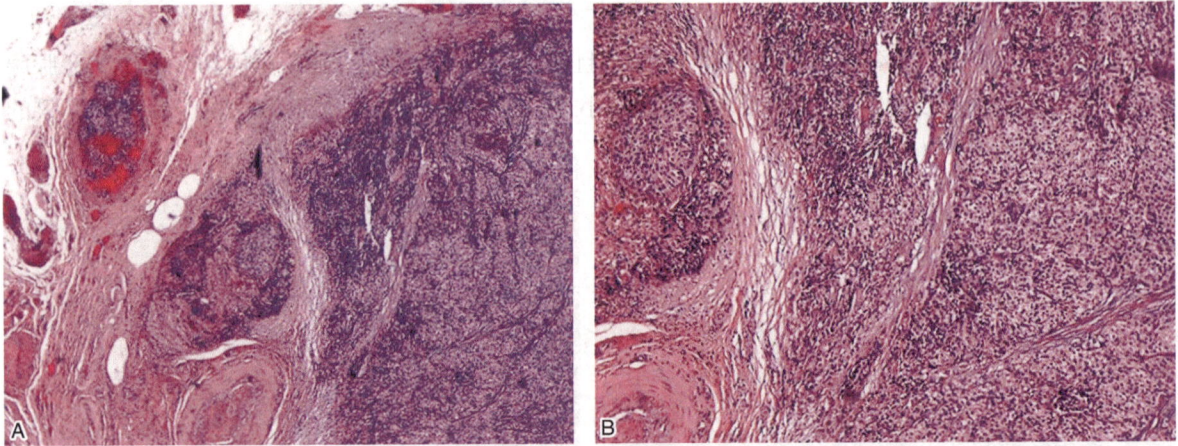

图 4-1-3　甲状旁腺腺癌

A. 光镜下可见肿瘤被宽大的带状纤维间隔分隔成结节状,肿瘤可见血管侵犯、周围神经侵犯、穿透包膜并在邻近组织中生长或转移。血管侵犯应该在肿瘤包膜或包膜外,而不是肿瘤内部(HE 染色,×40);B. 癌细胞多由主细胞组成,核圆形,核染色质深,核仁明显(HE 染色,×100)。

三、病理生理机制

由于甲状旁腺大量分泌 PTH,使骨钙溶解并释放入血,引起高钙血症。PTH 还可在肾促进 25- 羟维生素 D_3[25-(OH) D_3]转化为活性更高的 1, 25- 二羟维生素 D_3[1, 25-(OH) $_2D_3$],后者促进肠道钙的吸收,进一步加重高钙血症。同时,肾小管对无机磷的再吸收减少,尿磷排出增多,血磷降低。由于肿瘤的自主性,血钙过高不能抑制甲状旁腺 PTH 的分泌,故血钙持续增高。若肾功能完好,尿钙排泄量随之增加出现高尿钙。PTH 还会促进骨基质分解,使黏蛋白、经脯氨酸等代谢产物自尿排泄增多,形成尿路结石或肾钙盐沉着症,加重肾脏负荷,影响肾功能,甚至发展为肾功能不全。持续增多的PTH,可以引起广泛的骨吸收脱钙等改变,严重时可形成纤维囊性骨炎(棕色瘤)。此外,血钙过高还可导致迁徙性钙化,如肺、胸膜、胃肠黏膜下血管内、皮肤等部位的钙化,如果发生在肌腱与软骨,可引起关节部位疼痛。PTH 还可以抑制肾小管重吸收碳酸氢盐,使尿液呈碱性,进一步促使肾结石的形成,同时还可引起高氯血症性酸中毒,后者使游离钙增加,从而加重高钙血症的症状。高浓度的钙离子可刺激胃泌素的分泌,增加胃壁细胞分泌胃酸,形成高胃酸性多发性胃十二指肠溃疡;同时激活胰腺管内胰蛋白酶原,引起自身消化和胰腺的氧化应激反应,发生急性胰腺炎。

四、病理与临床联系

原发性甲状旁腺的病理学改变可以是腺瘤、主细胞增生、癌或水样透明细胞增生,但绝大多数原发性甲状旁腺功能亢进是由腺瘤或主细胞增生引起的,且临床症状并无明显差异,难以区分。诊断的前提为甲状旁腺未受到预先存在的慢性肾疾病或肠道疾病的刺激。明确诊断后,外科手术往往是最有效的治疗方法。

五、临床表现

原发性甲旁亢可累及机体多个系统,其临床表现主要包括高血钙、骨骼病变及泌尿系统病变等。非特异性症状包括乏力、易疲劳、体重减轻和食欲减退等。本病的主要临床表现可归纳为以下几方面。

(一)高钙血症

许多血钙轻度升高的原发性甲旁亢患者常无明显的临床表现。高钙血症的表现与血钙升高的程度、升高的速度、持续时间及患者的忍耐性有关。血钙水平升高引起的症状可影响多个系统。神经肌肉系统的表现包括淡漠、嗜睡、性格改变、智力迟钝、记忆力减退、肌张力减低、易疲劳、四肢肌肉软弱等。消化系统方面,高血钙使胃肠道平滑肌张力减低,胃肠蠕动减慢,表现为食欲不振、恶心、呕吐、腹胀腹痛、便秘、反酸等;高血钙刺激胃泌素分泌,胃酸分泌增多,可引起消化性溃疡;此外,高血钙可激活胰蛋白酶,引起胰腺炎。

(二)高钙危象

甲旁亢在某些因素促发下可发生高血钙危象,如脱水、服用过量维生素 D 或钙剂、手术、外伤、精神刺激等。临床症状的严重程度与血钙水平呈正相关,与脱水的程度也密切相关。主要症状有:恶心、呕吐、腹痛、脱水、嗜睡或烦躁,并逐渐出现神志不清、昏迷,脱水严重者可能出现氮质血症,甚至死于循环衰竭或心律失常。

(三)骨骼系统

患者早期可出现骨痛,主要发生于腰背部、髋部、肋骨与四肢,局部有压痛。后期主要表现为典型的纤维囊性骨炎,常发生于远端指(趾)骨和颅骨,表现为骨膜下骨皮质吸收、骨囊肿、长骨棕色瘤、骨质疏松和病理性骨折,可出现骨骼畸形、行走困难,甚至卧床不起。

(四)泌尿系统

肾结石是甲旁亢常见的并发症,约见于 20% 的患者。长期高血钙可影响肾小管的浓缩功能,导致患者出现多尿、夜尿、口渴等症状,还可出现肾实质钙化及反复发作的肾绞痛与血尿。结石可诱发尿路感染或引起尿路梗阻,或进一步发展成慢性肾盂肾炎,影响肾功能。肾钙质沉着症可导致肾功能逐渐减退,最后可引起肾功能不全。肾小管重吸收碳酸氢盐减少可表现为高氯性酸中毒(肾小管酸中毒)。个别患者可因长期患间质性肾炎而发生慢性肾功能不全。

(五)神经肌肉系统

神经肌肉系统可出现记忆力减退、情绪不稳定、淡漠以及性格改变,有时由于症状缺乏特异性,患者可被误诊为神经症。还可出现倦怠,肌无力,以近端肌肉为甚,长期可出现肌萎缩,常伴有肌电图异常。当血清钙超过 3mmol/L 时,患者容易出现明显的精神症状,如幻觉、狂躁,甚至昏迷。

(六)消化系统

可表现为食欲减退、腹胀、腹痛、消化不良、便秘、恶心、呕吐。约 5% 的患者伴有急性或慢性胰腺炎发作。临床上慢性胰腺炎为甲旁亢的一个重要诊断线索,一般胰腺炎时血钙会降低,如果患者血钙正常或增高,应考虑甲旁亢存在的可能性。甲旁亢也可引起顽固性多发性消化性溃疡,同时合并消化性溃疡的机会也较多,其机制尚不清楚。如果患者出现反复性溃疡病、胃酸浓度很高,需排除胃泌素瘤。如果同时合并胃泌素瘤,则要考虑为多发性内分泌肿瘤 1 型(MEN1)。

(七)心血管系统

高钙血症可以促进血管平滑肌收缩和血管钙化,引起血压升高。高血压是原发性甲旁亢最常见的心血管系统表现,在原发性甲旁亢治愈后,高血压可得以改善。少数患者可以出现心动过速或过缓、ST 段缩短或消失以及 Q-T 间期缩短,严重高钙血症者可出现明显的心律失常。

(八)精神心理异常

患者可出现倦怠、嗜睡、情绪抑郁、神经质以及社会交往能力下降,甚至出现认知障碍等心理异常的表现。在原发性甲旁亢治愈后,心理异常的表现可以明显改善。

(九)血液系统

部分原发性甲旁亢患者可以合并贫血,尤其是病程较长的原发性甲旁亢患者或甲状旁腺癌患者。

(十)其他

软组织钙化影响肌腱、软骨等部位,可引起非特异性关节痛。皮肤钙盐沉积可引起皮肤瘙痒。甲旁亢患者可有家族史,常为 MEN 的一部分,为常染色体显性遗传。此外,甲旁亢可与垂体瘤及胰岛细胞瘤同时存在,即 MEN1 型。也可与嗜铬细胞瘤及甲状腺髓样癌同时存在,即 MEN2A 型,该型中甲旁亢通常较轻,发生率也较低。另外约 1/3 的患者属于无症状型甲旁亢,或仅有一些非本病特有的症状,经检查血钙而发现。部分患者可以伴有糖代谢异常,表现为糖耐量异常、糖尿病或高胰岛素血症,出现相应临床症状。

六、实验室检查和其他检查

原发性甲旁亢特征性实验室检查是高钙血症、低磷血症、高钙尿症、高磷尿症和高 PTH 血症。常用的辅助检查项目如下。

(一)血清 PTH 测定

测定血清 PTH 可直接了解甲状旁腺功能。全分子 PTH(1~84)的测定是原发性甲旁亢的主要诊断依据。如果血清 PTH 存在异常,则需要进一步测定离子钙以明确甲旁亢的诊断。血 PTH 水平增高并结合血清钙水平综合分析有利于鉴别原发性和继发性甲旁亢。当患者存在高钙血症伴有血 PTH 水平高于正常或在正常范围偏高的水平,则需考虑原发性甲旁亢的诊断。肿瘤所致的非甲旁亢引起的高钙血症,此时 PTH 分泌受抑制,血 PTH 水平低于正常或测不到。

(二)血清钙

高钙血症是甲旁亢的一个主要生化改变,绝大部分的甲旁亢都有高钙血症。血清钙(总钙)中约 50% 为离子钙,其余与血清蛋白和阴离子结合。若多次总钙超过 2.75mmol/L 或血清游离钙超过

1.28mmol/L 应视为疑似病例。血游离钙测定不受白蛋白水平的影响，其结果较血总钙测定对诊断高钙血症更为敏感。

（三）血清磷

甲旁亢患者血磷多低于 3.0mg/dL，诊断意义不如高血钙。在伴有肾功能不全时磷排泄障碍，血磷不降低。

（四）血清碱性磷酸酶

血清碱性磷酸酶（AKP）的水平与骨病变的程度有关。血 AKP 水平愈高，提示骨病变愈严重或并存佝偻病 / 骨软化症；无症状或仅有肾结石者 AKP 可在正常范围；有骨病变者血 AKP 几乎均升高。

（五）血氯与 pH

PTH 作用于肾小管可产生代谢性酸中毒和血氯升高，而由非甲旁亢引起的高钙血症时血氯浓度不升高，且甲旁亢时血磷浓度下降。因此，甲旁亢时血 Cl/PO_4^{2-} 比值增高。有人提出血 Cl/PO_4^{2-} 比值 >33 可作为一个诊断条件。

（六）24h 尿钙及 24h 尿磷

血钙升高时，尿钙常增加。但由于 PTH 可增加肾小管对钙的重吸收，当血清钙升高不明显时，尿钙增加可能不明显。尿磷也常增高，但由于受饮食等因素的影响，诊断意义不如尿钙增多。轻度甲旁亢患者尿羟脯氨酸排出量可以正常，有骨病变者排泄量增高。

（七）血维生素 D

原发性甲旁亢患者易出现维生素 D 缺乏，合并佝偻病 / 骨软化症时可能伴有严重的维生素 D 缺乏，血 25 羟维生素 D［25（OH）D］水平低于 20ng/mL。而由于过多 PTH 的作用，血液中的 1,25- 二羟维生素 D_3［1,25-（OH）$_2D_3$］的水平则可能高于正常。

（八）X 线检查

X 线表现与病变的严重程度和病程相关。典型表现为普遍性骨质疏松，弥漫性脱钙；头颅相显示毛玻璃样或颗粒状改变，少见局限性透亮区；由于骨皮质对 PTH 更加敏感，指（趾）有骨膜下骨皮质吸收，皮质外缘呈花边样改变；牙周膜下牙槽骨硬板消失；纤维性囊性骨炎在骨的局部形成大小不等的透亮区，长骨骨干多见。腹部平片显示肾或输尿管结石、肾钙化。

（九）骨密度测定

甲旁亢是引起继发性骨质疏松的重要原因之一，部分甲旁亢患者可能仅有骨密度的减低。常用的骨密度测量方法有单光子吸收法、双能 X 线吸收法、定量计算机控制断层扫描测量法等。

七、诊断及鉴别诊断

（一）定性诊断

患者如有反复发作的尿路结石、骨痛，骨骼 X 线摄片有骨膜下皮质吸收、囊肿样变化、多发性骨折或畸形等症状；实验室检查有高血钙、低血磷、AKP 增高、24h 尿钙增高，诊断基本上可以确定。血离子钙测定更具诊断价值，需做多次血钙测定，对间歇性或轻度高钙血症更应多次检测。为了明确诊断还需做血清 PTH 测定，并结合血清钙测定。特别对于早期、无症状患者，血清 PTH 增高的同时伴有高钙血症是原发性甲旁亢的重要诊断依据。其他原因所致的血钙增高时，PTH 分泌被抑制，血清 PTH 常降低。

特殊类型甲旁亢为无症状性甲旁亢，特点为 PTH 水平升高，或与高血钙不相符的正常 PTH 水平，但患者无与较严重甲旁亢相关的典型症状和体征。无症状性甲旁亢患者的血钙、PTH、24h 尿钙一般低于有症状者。

（二）定位诊断

在确诊为甲旁亢之后，为了正确有效地治疗，需对甲状旁腺病变进行定位检查。如颈部超声检查、超声引导甲状旁腺病灶穿刺液 PTH 测定、放射性核素检查（如 ^{99m}Tc-MIBI 甲状旁腺扫描）、颈部和纵隔 CT 及 MR 扫描、选择性甲状腺静脉取血测 PTH 等定位诊断，这对手术治疗十分重要。

（三）鉴别诊断

主要包括与其他类型甲旁亢的鉴别及临床表现鉴别。

1. 与其他类型甲旁亢的鉴别

（1）继发性甲旁亢：是指甲状旁腺受到低血钙刺激而分泌过量的 PTH 以提高血钙的一种慢性代偿性临床综合征，其血钙水平为低或正常。常见的原因有慢性肾功能不全、维生素 D 缺乏、肠吸收不良综合征、妊娠和哺乳等。

（2）三发性甲旁亢：是在长期继发性甲旁亢的基础上，受到强烈和持久刺激的甲状旁腺组织已发展为功能自主的增生或腺瘤，血钙水平超出正常，常需要手术治疗。

（3）异位甲旁亢：指由某些非甲状旁腺肿瘤自主分泌过多的 PTH 所引起的甲旁亢。导致异位甲旁亢的肿瘤有肺癌、卵巢癌、胰腺癌、肝癌、甲状腺乳头状癌等。

2. 临床表现的鉴别

（1）高钙血症的鉴别诊断：首先，若血白蛋白水平异常则需通过公式计算校正后的血总钙或通过游离钙的测定确定高钙血症的诊断。其次，根据同时测定的血 PTH 水平初步判断高钙血症的病因：若 PTH 降低，考虑恶性肿瘤、结节病、甲状腺功能亢进症和维生素 D 中毒等原因；若 PTH 正常或升高，需排除与噻嗪类利尿剂或锂制剂使用相关的高钙血症。还可进一步测定钙清除率 / 肌酐清除率比值，若比值 >0.01，可初步明确原发性甲旁亢的诊断；若比值 <0.01 需考虑家族性低尿钙高钙血症的可能性。

值得注意的是，PTH 相关蛋白（PTHrP）与恶性肿瘤性高钙血症的发生相关。正常情况下，许多组织、细胞可分泌 PTHrP，包括脑、胰腺、乳腺、心脏、肺脏、胎盘、血管内皮细胞及平滑肌。正常成人中 PTHrP 对钙稳态影响较小。但对于恶性肿瘤患者，尤其是鳞状细胞癌及肾癌患者，PTHrP 会过量产生并导致高钙血症。

（2）骨骼病变的鉴别诊断：有骨痛、骨折或骨畸形表现的患者需要与原发性骨质疏松症、佝偻病 / 骨软化症、肾性骨营养不良、骨纤维异常增殖症等疾病鉴别，主要根据病史、体征、X 线的表现，以及实验室检查。

（3）泌尿系结石的鉴别诊断：本病常以反复发作的单侧或双侧泌尿系结石起病，可通过详细的病史询问、体格检查、血生化及尿液检验、影像学诊断、结石成分的分析与其他导致泌尿系结石的疾病进行鉴别。

八、治疗

（一）手术治疗

手术切除腺瘤是该病的最佳治疗方法。手术指征包括：

1. 有症状的原发性甲旁亢患者。

2. 无症状的原发性甲旁亢患者合并以下任一情况。①高钙血症，血钙高于正常值上限 0.25mmol/L（1mg/dL）；②肾脏损害，肌酐清除率低于 60mL/min；③任何部位骨密度值低于峰值骨量 2.5 个标准差（T 值 <-2.5），和 / 或出现脆性骨折；④年龄小于 50 岁；⑤患者不能接受常规随访。

3. 无手术禁忌证，病变定位明确者不符合上述手术指征的原发性甲旁亢患者，是否需要手术治疗存在争议，手术干预需要依据个体化原则，可依据患者年龄、预期寿命、手术风险、手术意愿和靶器官损害风险等因素综合考虑。

术后监测和随访：病变甲状旁腺成功切除后，血钙及 PTH 在术后短期内降至正常，甚至出现低钙血症。术后定期复查的时间为 3~6 个月 1 次，病情稳定者可逐渐延长至每年 1 次。随访观察的内容包括症状、体征、血钙、血磷、骨转换指标、PTH、肌酐、尿钙和骨密度等。术后低钙血症者只需给予高钙饮食或口服钙剂进行治疗。如果血清钙持续降低，可有手足搐搦，需给予钙剂和维生素 D 制剂。甲状旁腺手术的并发症包括喉返神经损伤和永久性甲状旁腺功能减退症。骨饥饿综合征（hungry bone syndrome，HBS）多见于术前骨骼受累严重者，术后随着钙、磷大量沉积于骨组织，出现低钙血症、低磷血症，导致手足搐搦，甚至危及生命。严重低钙血症者需要补充大量钙剂并定期监测血清钙水平，避免发生高钙血症。

（二）药物治疗

药物治疗适用于不能手术或不接受手术的患者，旨在控制高钙血症、减少甲旁亢相关并发症，应适当多饮水，避免高钙饮食，尽量避免使用锂剂、噻嗪类利尿剂。治疗药物包括双膦酸盐、雌激素、选择性雌激素受体调节剂及拟钙化合物。双膦酸盐能够抑制骨吸收，减少骨丢失。雌激素能够抑制骨转换，减少骨丢失。雷洛昔芬是一种选择性雌激素受体调节剂，主要用于治疗绝经后骨质疏松症。西那卡塞是一种拟钙化合物，能激活甲状旁腺上的钙敏感受体，从而抑制 PTH 分泌，降低血钙。

（三）高钙危象处理

甲旁亢患者血清钙 >3.75mmol/L 时，可严重威胁生命，临床上称高钙危象，应予以紧急处理。①补水是高钙危象治疗的第一步，可大量滴注生理盐水，根据失水情况每日给予 4~6L。大量生理盐水一方面可纠正失水，另一方面因多量钠从尿中排出而促使钙从尿中排出。补水时应严密监测电解质和心功能情况。②双膦酸盐，如帕米膦酸钠 60mg，静脉输注 1 次。应用时以 10mL 注射用水稀释，加入 1 000mL 液体（生理盐水或 5% 葡萄糖液）中。也可用唑来膦酸钠 4mg 静脉输注 15~30min，用 1 次后，约 90% 的患者 3~5d 血钙达到正常，可持续 32d。③呋塞米 40~60mg 静脉注射，促使尿钙排出，但同时可导致镁与钾的丧失，应适当补充，并避免使用噻嗪类利尿剂。④降钙素可抑制骨质吸收，2~8U/（kg·d）皮下或肌内注射，但在 24~48h 后降钙素会出现快速耐受。⑤血液透析或腹膜透析降低血钙，疗效显著。当血清钙降至 3.25mmol/L 以下时，则相对安全。⑥糖皮质激素（氢化可的松或地塞米松）静脉滴注或静脉注射。⑦盐酸西那卡塞可提高甲状旁腺主细胞上的钙敏感受体对细胞外钙的敏感性,降低 PTH 水平,从而使血钙浓度降低。

九、预后

手术切除病变的甲状旁腺后高钙血症及高 PTH 血症即被纠正,骨吸收指标的水平迅速下降。术后 1~2 周骨痛开始减轻,6~12 个月明显改善。多数术前活动受限者于术后 1~2 年可以正常活动并恢复工作。骨密度在术后显著增加,以术后第 1 年内增加最为明显。术后泌尿系统结石的发生率可降低 90%。已形成的结石不易消失,已造成的肾功能损害也不易恢复,部分患者高血压程度可能较前减轻或恢复正常。

（徐子辉　袁静萍）

第二节　甲状旁腺功能减退症

甲状旁腺功能减退症(hypoparathyroidism,HP),简称甲旁减,是指甲状旁腺素(PTH)分泌减少和/或效应不足所导致的一种临床综合征。甲旁减在临床上分为特发性甲旁减、继发性甲旁减、低血镁性甲旁减、新生儿甲旁减、假性甲旁减、假-假性甲旁减。临床特点为手足搐搦、惊厥、精神状态改变等,生化表现为低钙血症和高磷血症。

甲状旁腺功能减退症为少见病,多数国家和地区缺乏患病率资料。在美国,估计患病率为 37/10 万人;在丹麦,患病率约为 22/10 万人,发病率约为 0.8/100 万人年。其最常见的病因是术后甲状旁腺功能减退症,其次是自身免疫性疾病和罕见的遗传性疾病,更罕见的病因包括甲状旁腺浸润性疾病、外照射治疗和放射性碘治疗甲状腺疾病。

虽然我国缺少甲状旁腺功能减退症流行病学资料,但临床上由于甲状腺肿瘤手术患者增多,术后甲状旁腺功能减退症患者亦逐渐增多,已经成为甲状腺、甲状旁腺和头颈外科手术面临的主要临床问题之一。

一、病因和发病机制

甲旁减的病因包括以下四类:PTH 生成减少、PTH 分泌受到抑制、PTH 作用障碍以及影响 PTH 合成和甲状旁腺发育的遗传性疾病。

（一）PTH 生成减少

1. 甲状腺术后　甲状腺术后引起的甲旁减是最常见的继发性甲旁减病因,可在术后立即出现症状,也可在数年后出现症状。

2. 自身免疫性甲旁减　自身免疫性甲旁减可为孤立性的甲旁减,或者是多内分泌腺体减退的临床表现之一。以儿童多见,也可见于成人。本病从症状发生到诊断可历时 5 年左右,容易误诊。

3. 辐射诱导的甲状旁腺组织破坏　辐射诱导的甲状旁腺组织破坏可为 ^{131}I 治疗甲状腺疾病的并发症,极为罕见。

4. 肿瘤转移浸润甲状旁腺　已证实有数例甲旁减病例是由于各种肿瘤转移至甲状旁腺所致。

（二）PTH 分泌受抑制

1. 镁缺乏或过多　镁是 PTH 分泌和 PTH 受体激活所必需的。严重的细胞内缺镁干扰 PTH 的正常分泌机制以及外周组织对 PTH 的正常反应。在低镁血症患者中，当存在轻度低血钙时，PTH 水平可与血钙不相适应的降低或者在正常低限，这可能是甲状旁腺不能分泌足量的 PTH，以及肾脏和骨骼对 PTH 的反应性降低所致。而在那些由于肠道外给镁或者肾功能不全所致血镁升高的患者中，PTH 的分泌也是受到抑制的。这可能是由于镁和钙均能激活钙敏感受体，抑制 PTH 的释放。血镁纠正后，PTH 的分泌以及对 PTH 的反应均恢复正常。

2. 新生儿甲旁减　高钙血症孕妇的新生儿因甲状旁腺功能被抑制导致 PTH 分泌受抑制而出现低钙血症。早产儿甲状旁腺未发育成熟，也可合并低钙血症。

3. 甲状旁腺术后　长期被高钙抑制的甲状旁腺功能未立刻恢复而有暂时性的甲旁减。

（三）PTH 作用障碍

假性甲旁减是一种具有甲旁减症状和体征的遗传性疾病，主要是由于 *GNAS1* 基因突变所致。典型患者尚有独特的骨骼、发育缺陷，即 Albright 遗传性骨营养不良症（Albright hereditary osteodystrophy，AHO），体征包括圆脸、智力低下、颌隆起、身材矮小、肥胖、短趾等，周围器官对 PTH 无反应，从而导致甲状旁腺增生，PTH 分泌增多。

（四）影响 PTH 合成和甲状旁腺发育的遗传性疾病

1. *PTH* 基因突变　*PTH* 基因突变可导致孤立的甲旁减。

2. 转录因子和其他调节物的突变和缺失　甲状旁腺发育中的转录因子和其他调节物的突变和缺失可表现为孤立的甲旁减（*GCMB*、*GCM2* 基因突变），或遗传综合征的一部分（甲状旁腺功能减退、生长迟缓、智力低下及畸形综合征，DiGeorge 综合征以及甲状旁腺功能减退、耳聋和肾功能异常综合征）。

3. 线粒体 DNA 突变　线粒体 DNA 突变引起的甲旁减可表现为甲旁减伴其他代谢紊乱和先天异常。

二、病理生理

PTH 缺乏，肾小管重吸收磷增多，重吸收钙减少；抑制骨钙动员；肠钙吸收减少导致高血磷，低血钙。而高血磷能进一步促进钙沉积入骨基质中，加重低血钙。血钙降低进一步导致尿钙偏低。

血清钙离子降低引起神经肌肉兴奋性增高，可出现手足搐搦。长期的低血钙还可引起白内障、基底节钙化，皮肤、毛发、指甲等外胚层病变，小儿患者可出现牙齿发育不全。

三、病理与临床联系

甲状旁腺功能减退症的 PTH 生成减少有特发性和继发性两种原因，特发性儿童常见，病因未明。继发性因素主要是由于既往的颈部手术误伤或误切甲状旁腺所致。因此在进行甲状腺或甲状旁腺等颈部手术时，应避免损伤甲状旁腺，预防继发性甲状旁腺功能减退症的发生。

四、临床表现

甲旁减的临床表现主要与低钙血症有关。PTH 缺乏不论是遗传性还是继发性,其所致的甲旁减均有一些共同的临床表现,但各自有其特征。如遗传性甲旁减起病缓慢,而继发性甲旁减无发育缺陷。症状的轻重程度与低钙血症的程度及发展速度有关。长期慢性的低钙血症可能无症状。

(一)神经肌肉症状

低钙血症首先可出现指端或嘴部麻木和刺痛,手足与面部肌肉痉挛,随即出现手足搐搦,可被很多微小的刺激所诱发,如寒冷、情绪激动等。典型的表现为手足肌肉呈强直性收缩,双侧拇指强烈内收,其他手指并拢,掌指关节屈曲,指间关节伸展,腕关节屈曲(助产士手)。有时双足也呈强直性伸展。严重者可影响自主神经功能,引起平滑肌痉挛、喉痉挛、肠痉挛等。儿童可出现惊厥或癫痫样全身抽搐。患者症状消失的顺序为最先出现的症状最后缓解。有些轻症患者或者久病者并不一定出现手足搐搦,可给予下列刺激证明神经肌肉兴奋性增高。

1. 低钙击面征(Chvostek sign)　手指叩击耳前 2~3cm 或者颧弓下相当于面神经分支处,可引起同侧面肌抽动为阳性反应。

2. 低钙束臂征(Trousseau sign)　维持血压计充气袖带于收缩压上 10mmHg 处 2~3min。如出现手足搐搦即为阳性。Trousseau 征是由于压迫处缺血导致局部神经的缺钙更明显而兴奋神经所致。

(二)精神症状

患者于发作时常出现不安、焦虑、抑郁、定向失常、记忆力减退等症状,精神症状可能与脑基底节功能异常有关。

(三)外胚层组织营养变形

患者常出现皮肤粗糙、色素沉着、毛发脱落、指甲脆软萎缩。白内障在本病中较为常见,纠正低钙后可使白内障不再发展。眼底检查可有视盘水肿。病起于儿童期者可有牙齿钙化不全,牙釉质发育障碍,呈黄点、横纹、小孔等。

(四)其他

1. 心脏　长期的低血钙可引起顽固性的心力衰竭,对洋地黄类药物不敏感。典型低钙的心电图表现为 Q-T 间期延长,T 波可有非特异性变化。

2. 大细胞性贫血　主要由于维生素 B_{12} 与内因子结合欠佳所致。

3. 转移性钙化　多见于基底节区(苍白球、壳核和尾状核),常呈对称性分布。脑电图检查可有癫痫样波,血钙纠正后癫痫样波可消失。

五、诊断

本病常有反复发作的手足搐搦病史,且低钙击面征及低钙束臂征阳性。实验室检查可有血钙降低,血磷增高,并且能排除肾功能减退。结合患者血 PTH 减低或者检测不出,则诊断可以肯定。结合患者年龄、家族史、手术史以及其他疾病史等可作出甲旁减的病因诊断。若患者 PTH 升高,伴有或不伴有明显的 Albright 遗传性骨营养不良症体型需考虑假性甲旁减的可能。对于一些特殊病例或者不典型病例可进一步行相关试验，必要时可开展基因检查以明确诊断。

六、鉴别诊断

（一）低钙血症性手足搐搦

1. 维生素 D 缺乏　该病血磷降低，X 线可有骨软化表现。

2. 肾性骨病　肾功能不全患者虽有低血钙，高血磷，但此类患者同时伴有肌酐升高和代谢性酸中毒。肾小管酸中毒患者的血钙降低，但血磷多正常。肾性骨病患者虽有低钙血症，但很少发生手足搐搦，可能是由于酸血症，使离子钙维持在正常水平。

3. 其他原因所致的低钙血症　如脂肪泻、饮食含钙低等。

（二）正常血钙性手足搐搦

主要与呼吸性碱中毒，代谢性碱中毒所致的手足搐搦相鉴别。

（三）癫痫发作的鉴别

癫痫患者一般无低血钙、高血磷的生化表现，而且 Chvostek 征及 Trousseau 征阴性。

（四）甲旁减的病因鉴别

1. 假性甲旁减　假性甲旁减（pseudohypoparathyroidism，PHP）是一种以低钙血症和高磷血症为特征的显性遗传病，典型患者可伴有发育异常、智力低下、体型矮胖、圆脸，掌骨缩短，特别是对称性第4、第 5 掌骨缩短。该病由于 PTH 受体或受体后缺陷所致，表现为周围器官对 PTH 无反应。生化有低血钙、高 PTH 血症的表现。

假-假性甲旁减患者的 PTH、钙、磷水平正常，仅合并 Albright 遗传性骨营养不良。

2. 多发性内分泌腺体病　多发性内分泌腺体病是由自身免疫因素所致的同时或先后发生两种或两种以上的内分泌疾病。除甲状腺功能可能亢进外，其余腺体为功能减退。病理表现为受损的内分泌腺体可有淋巴细胞浸润及纤维化。有条件者可查血液抗甲状旁腺抗体，以辅助鉴别诊断。

七、治疗

早期诊断并早期治疗可消除低钙造成的神经精神症状，同时能够延缓各种病变的发展，预防低钙所致的白内障和基底节钙化。

（一）急性低钙血症的处理

出现严重症状（如惊厥、喉痉挛、支气管痉挛、心衰等）时必须静脉给予钙剂。应缓慢推注 10%葡酸钙或氯化钙 10~20mL，必要时可于 1~2h 后重复给药，每 4 小时检测 1 次血钙。但应注意患者是否最近服用过洋地黄类强心药物，如果患者近期服用过此类药物，应将血钙保持于正常值低限，因为高钙血症能使心脏对洋地黄更敏感，易导致心律失常。若发生严重抽搐和痉挛可短期辅以地西泮或苯妥英钠以控制。

（二）慢性低钙血症的治疗

1. **钙剂**　甲旁减患者每日需应用元素钙 1~1.5g，分 3~4 次口服，相当于葡萄糖酸钙 6~12g，乳酸钙 4~8g。氯化钙虽然容易吸收，但对胃肠道有刺激作用，建议加水稀释后口服。碳酸钙在小肠内转化为可溶性钙方可被吸收，易导致便秘，且长期服用后可能导致碱中毒，从而加重低钙血症。孕妇、乳母、小儿应适当增加钙量，血钙上升后，尿磷排出增多，血磷多能随之下降，无需特殊处理。

2. **维生素 D 及其衍生物**　轻症甲旁减患者经补钙后，血清钙可基本维持正常。单纯钙剂无效者可加用维生素 D。较为常用的维生素 D 制剂为维生素 D_2，可从小剂量开始，每日口服 2 万 U，以后逐渐增加，一般需要 4 万 ~12 万 U。如果维生素 D_2 效果不佳可予以骨化三醇[1,25(OH)$_2$D$_3$]，即活性维生素 D，初始剂量为 0.5μg/d，以后按需调整，每次增加 0.25μg/d，每日剂量一般不超过 2.0μg，直至手足搐搦减轻、消失。甲旁减患者常用 25 羟维生素 D_3 剂量为 25~200μg/d。阿法骨化醇（1 羟维生素 D_3）在体内通过肝脏 25 羟化酶，成为活性维生素 D，初始剂量 1μg，每次增加 0.25~0.5μg/d，最大剂量不超过 4μg/d。此外还有双氢速固醇（AT10），一般从小剂量开始，如 0.3mg/d（9 滴），以后按需调整，最大剂量不超过 1mg/d。若尿钙排量 >8.75mmol/24h，可加服氢氯噻嗪。

维生素 D 和钙剂可相互调节。增加维生素 D 剂量可加速肠道钙的吸收，钙剂可相应减少。甲旁减用钙剂和维生素 D 的目标是减轻和控制临床症状，甲旁减时肾小管重吸收钙减少，在血钙正常的条件下，尿钙即明显增高。因此血钙应保持于 2.0~2.12mmol/L 之间，24h 尿钙低于 300mg。

3. **补镁**　对血钙已纠正至正常，但仍有手足搐搦者应考虑低镁血症的可能，应根据血镁情况，适当静脉注射或深部肌内注射硫酸镁补镁，并监测血镁浓度。

4. **PTH 替代治疗**　尽管使用大剂量钙剂和活性维生素 D 治疗，部分甲状旁腺功能减退症患者的血钙仍然不能提升到目标水平。并且长期使用大剂量钙剂和活性维生素 D 有可能引起高尿钙、肾结石、肾钙质沉着症和异位钙化。此外，用钙剂和维生素 D 治疗并不能解决由于 PTH 缺乏所致的骨转换降低的问题。而使用 PTH 替代治疗的明显优势是 PTH 在纠正低钙血症的同时显著降低了尿钙水平，因此 PTH 替代治疗与常规治疗相比不会发生高尿钙、肾结石和肾钙质沉着症，并且能纠正常规治疗不能纠正的骨代谢异常，基因重组 PTH 国外已经上市。

5. **甲状旁腺移植**　对药物治疗无效或出现严重并发症的患者可考虑同种异体甲状旁腺移植，但寻找供体困难，移植后的存活也面临挑战。

八、预后

甲旁减往往需要终生补钙及促进钙吸收药物治疗。

（叶迎春）

第五章　肾上腺疾病

肾上腺是人体重要的内分泌器官,位于两侧肾脏的上方,左右各一。根据来源及功能的不同,肾上腺可为皮质及髓质两部分。肾上腺皮质合成的激素主要有皮质醇、醛固酮及雄激素。肾上腺髓质由高度分化的嗜铬细胞组成,是分泌和储存肾上腺素和去甲肾上腺素的场所。肾上腺皮质或髓质可由于增生或肿瘤而分泌过多的激素;也可由于肿瘤或其他疾病导致激素分泌下降,出现相应的肾上腺功能亢进或减退。

第一节　库欣综合征

库欣综合征(Cushing syndrome, CS)又称皮质醇增多症,是以高皮质醇血症及其引起的代谢异常为特征的综合征。多种原因可导致 CS,其中库欣病特指由垂体疾病导致的 CS。

一、病因及发病机制

临床上根据病因将 CS 分为依赖 ACTH 的 CS 和不依赖 ACTH 的 CS。如表 5-1-1 所示。

表 5-1-1　CS 分类

分类	具体分类	分类	具体分类
依赖 ACTH 的 CS	下丘脑 CRH 分泌过多 垂体 CS(Cushing 病) 异位 ACTH 综合征 异位 CRH 综合征	特殊类型 CS	医源性 周期性 异位肾上腺肿瘤 儿童性 CS 糖皮质激素受体病
不依赖 ACTH 的 CS	肾上腺肿瘤(肾上腺皮质腺瘤、肾上腺皮质腺癌、原发性肾上腺皮质增生) 结节性肾上腺增生	假性 CS	酒精中毒 抑郁症 肥胖

依赖 ACTH 的 CS 患者体内皮质醇增多是因为体内 ACTH 分泌过多,刺激肾上腺皮质网状带及束状带增生,使皮质醇、雄激素及去氧皮质酮分泌增多,进一步产生相应的病理生理改变。垂体及下丘脑是刺激及合成 ACTH 的主要组织器官,当它们发生病变时,就可能导致依赖 ACTH 的 CS。其中垂体肿瘤导致垂体分泌 ACTH 分泌过多(即 Cushing 病),是 CS 的主要类型。除中枢外,有些肿瘤

组织比如小细胞肺癌、胸腺癌、胰腺癌、消化道肿瘤等也能分泌 CRH 或 ACTH 或 ACTH 类似物。临床上将这些由垂体外肿瘤产生 CRH 或 ACTH 而引起的 CS 称为异位 CRH 综合征及异位 ACTH 综合征。

不依赖 ACTH 的 CS 为肾上腺肿瘤或增生导致,其特点是肾上腺自主分泌过量的皮质醇并且不受下丘脑 - 垂体轴的调节。

医源性 CS 是因为大量使用糖皮质激素治疗而引发本病。患者自身下丘脑 - 垂体 - 肾上腺轴因被外源皮质醇长期抑制而功能低下,甚至出现肾上腺萎缩。

二、病理

（一）依赖 ACTH 的库欣综合征

1. **垂体性库欣综合征**　引起 CS 的垂体病变主要为垂体腺瘤（图 5-1-1）,肿瘤类型包括嗜碱性细胞瘤、嗜酸性细胞瘤、混合性细胞瘤和嫌色细胞瘤,最常见的为垂体嗜碱性细胞小腺瘤,位于垂体前叶的中心部位,主要由促肾上腺皮质激素细胞构成。垂体病变导致 ACTH 或皮质激素释放因子分泌过多,血清中 ACTH 增高,从而引起双侧肾上腺皮质束状带增生。手术切除增生的肾上腺每侧重量多数 <8g,但尸检肾上腺每侧可 >10g。双侧重量基本相等。双侧弥漫性增生的肾上腺边缘钝圆、黄色,切面皮质明显增宽,光镜下见以网状带增宽为主,占皮质的内 1/2 或更多,外层为稍增宽的束状带。CS 的肾上腺皮质改变与 ACTH 作用的时间和量有关。在过多的 ACTH 作用下,与网状带交界处的束状带细胞脂质消失,变成网状带的致密细胞。CS 患者尸检的肾上腺常见整个皮质除灶性分布的正常球状带外全部为一致的致密细胞,这是在长期大量 ACTH 作用下的改变。

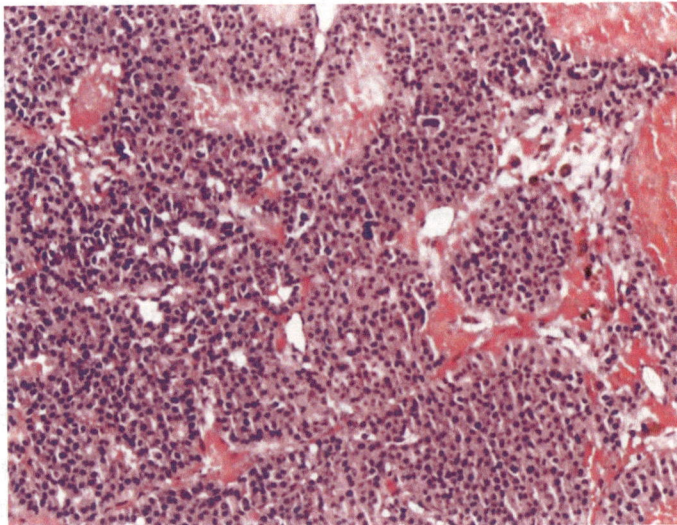

图 5-1-1　垂体腺瘤
光镜下见瘤细胞弥漫成片,间质富于血管（HE 染色, ×100 ）。

2. **异位 ACTH 综合征**　由垂体外肿瘤异位分泌 ACTH 而引起 CS 的肾上腺增生要比垂体性肾上腺增生严重得多。一侧肾上腺的重量常超过 12g,甚至可达 20g,切面皮质明显增厚,光镜下由肥大的致密细胞构成,致密细胞排列成长索状一直伸展到包膜下。有时可见脂质帽,更多见的是孤立的大透明细胞小岛散在分布于致密细胞带中。

（二）不依赖 ACTH 的库欣综合征

1. **肾上腺皮质腺瘤** 肿瘤重 10~70g。圆形、有包膜，切面黄色间红，略呈分叶状。光镜下见不同比例的透明细胞和致密细胞混合而成，瘤细胞排列成索、巢或腺泡状，核有轻度异型性但无核分裂（图 5-1-2）。电镜下皮质结节状增生的结节和腺瘤形态相同，特点是毛细血管壁与皮质细胞之间有多量胶原纤维，细胞内有成堆的光面内质网排列成板层状、直管或漩涡状。线粒体大小形态不一、基质丰富或空泡状，有成堆管状嵴，基底膜增厚。腺瘤中如含大量脂褐素则成为黑色腺瘤，腺瘤旁的肾上腺皮质和对侧肾上腺皮质萎缩。

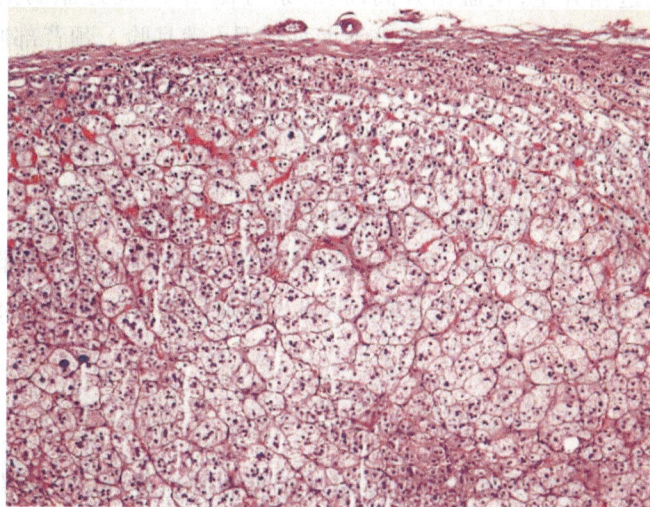

图 5-1-2　肾上腺皮质腺瘤
光镜下见不同比例的透明细胞和致密细胞混合而成，瘤细胞排列成索、巢状（HE 染色，×40）。

2. **肾上腺皮质癌** 肿瘤体积一般较大，重量常超过 100g，有的甚至达数千克。表面有不完整的包膜，切面灰白或黄色，有出血、坏死、囊性变和钙化。癌细胞异型性明显，核分裂象多少不等，可见凝固性坏死（图 5-1-3）。电镜下见光面内质网较少，有大量线粒体。细胞内腔及核内假包涵体多见，基底膜破裂和不完整。癌易侵犯淋巴管和血管，转移至局部淋巴结及远处器官如肺等。

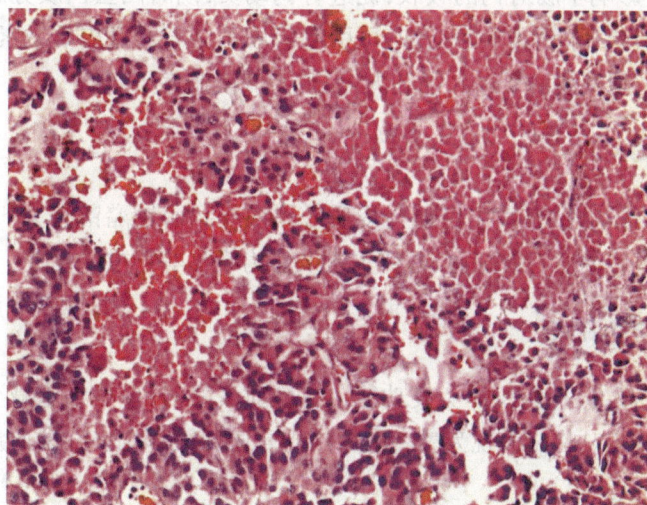

图 5-1-3　肾上腺皮质癌
光镜下见肿瘤细胞异型性明显，伴凝固性坏死（HE 染色，×200）。

三、病理生理和临床表现

CS 的临床表现主要是由于长期血皮质醇浓度升高所引起的脂肪、蛋白质、糖、电解质代谢严重紊乱，同时干扰了多种其他内分泌激素的分泌，降低了机体对感染的抵抗力。

（一）脂代谢障碍

过量的皮质醇一方面促进脂肪动员，使甘油三酯分解，阻止葡萄糖进入脂肪细胞，抑制脂肪的合成；另一方面又促进糖异生，使血糖升高，胰岛素分泌增多，促进脂肪的合成，使脂肪重新分配。临床表现为面部和躯干肥胖（向心性肥胖），面如满月（满月脸），颈背部脂肪增厚（水牛背）的特点。

（二）蛋白质代谢障碍

大量的皮质醇促进蛋白质分解，抑制蛋白质合成，机体处于氮负平衡状态，临床上出现蛋白质过度消耗的现象。临床表现为：皮肤菲薄，毛细血管脆性增加，易产生瘀斑；臀部、大腿根部下腹部、腋下因脂肪沉积、皮肤弹力纤维断裂，透过菲薄的皮肤可见微血管的紫红色，临床称为紫纹；病程久者还会出现肌无力、肌萎缩等。

（三）糖代谢障碍

皮质醇有促进糖异生及抑制糖利用的作用，从而引发高胰岛素血症以及胰岛素抵抗。临床表现为葡萄糖耐量降低，部分患者可能出现糖尿病，临床称为类固醇性糖尿病。

（四）电解质紊乱

高皮质醇血症有较弱的保钠排钾作用。不同病因导致的 CS 皮质醇升高程度不一样，因此电解质改变的程度也不一样。一般肾上腺腺瘤较少引起明显的低钾血症，而肾上腺皮质癌、异位 ACTH 综合征可出现明显的低钾血症。低血钾可引起肾脏浓缩功能障碍，临床表现为乏力、夜尿增多和尿比重低。高皮质醇血症还可影响小肠对钙的吸收，促进骨钙动员，同时因蛋白质分解加速而骨基质减少，使骨质疏松加重，血钙升高，尿钙排泄率增加，可引起泌尿系结石。糖皮质激素发挥盐皮质激素样作用还可使肾排镁增加，细胞外镁离子进入细胞内，表现为低镁血症。

（五）心血管影响

高血压是常见的临床表现，其发生可能与皮质醇增多导致水钠潴留有关。长期高血压还可能影响心脏结构及功能，甚至可继发心肌缺血、心律失常及心力衰竭等严重并发症。

（六）对感染抵抗力降低

长期皮质醇水平升高，会抑制机体免疫功能。在应对炎症时，单核细胞减少、巨噬细胞吞噬及杀伤力减弱，抗体形成亦减少。临床表现为患者容易出现真菌感染、败血症、菌血症等。

（七）血液高凝状态

CS 患者高凝状态的产生有多种病理生理机制。主要包括血小板释放、活化和聚集增多，血管性血友病因子（vWF）与Ⅷ因子水平增高，凝血调控因子水平升高及纤溶系统受抑。临床表现为静脉血栓栓塞症，动脉血栓事件与心血管事件的发病风险明显增高。

（八）性功能障碍

肾上腺分泌过多的雄激素及皮质醇抑制垂体促性腺激素的分泌，从而在女性中引起月经减少、不规则或闭经以及轻度多毛和痤疮。在男性中表现为性欲减退、阳痿等。

四、病理与临床联系

CS是在过量糖皮质激素的作用下出现的一系列相关临床症状和体征的综合征，当怀疑CS时应结合影像学寻找可能的原发病灶，如最常见的垂体瘤或肾上腺皮质肿瘤应手术切除并送病理检查确诊，另外垂体以外的肿瘤异位分泌性病因也应该考虑到并排查，如肺小细胞癌、胰岛细胞瘤、恶性胸腺瘤等。

五、实验室检查和其他检查

（一）血浆皮质醇测定

正常人的血浆皮质醇有明显的昼夜节律，以早晨6~8时最高，平均值为（10±2.1）μg/dL；下午4时平均值为（4.7±1.9）μg/dL，至午夜12时最低，平均值为（3.5±1.2）μg/dL。血浆皮质醇浓度的升高及昼夜节律消失均有临床意义。

（二）尿游离皮质醇测定

该指标间接反映血浆皮质醇水平。CS患者大多明显高于正常值。

（三）尿17-羟皮质类固醇测定

尿17-羟皮质类固醇是肾上腺皮质激素的代谢产物。其水平高低可反映肾上腺皮质功能状态。CS患者的尿17-羟皮质类固醇（17-OHCS）排泄量往往大于69μmol/24h。

（四）血浆ACTH测定

血浆ACTH测定对CS的病因诊断有重要作用。肾上腺增生患者ACTH多轻度升高；异位ACTH综合征则升高明显。

（五）小剂量地塞米松抑制试验

常用于CS及单纯性肥胖的鉴别。

1. **1mg地塞米松抑制试验**　午夜口服地塞米松1mg，次日早晨8点测血皮质醇。服药后血清皮质醇≥1.8μg/dL（500nmol）为不抑制。对诊断CS的敏感性>95%、特异性约为80%。

2. **2mg地塞米松抑制试验**　口服地塞米松片0.5mg/次，每日4次或0.75mg/次，每日3次，连服2d。分别测定服药后的血游离皮质醇和24h尿游离皮质醇。若正常人抑制率未能超过50%提示CS的可能。

（六）大剂量地塞米松抑制试验

服用地塞米松片 2mg/次，每日 4 次，连续 2d。测定服药后的血游离皮质醇和 24h 尿游离皮质醇，常用于辅助 CS 的病因诊断。多数 Cushing 病患者在服药后血游离皮质醇或 24h 尿游离皮质醇，优选 24h 尿游离皮质醇可抑制到服药前水平的 50%，而肾上腺肿瘤或异位 ACTH 综合征则不能被抑制。

（七）CRH 兴奋试验

静脉推注 CRH 100μg/kg，然后分别于注射前后 0min、15min、30min、60min 采血，测定 ACTH 和皮质醇水平。患者基础 ACTH 较高，且可被 CRH 兴奋，注射 CRH 后 ACTH 升高超过 50%。异位 ACTH 综合征 ACTH 基础值较高，不受 CRH 影响。肾上腺腺瘤患者因自主分泌大量皮质醇，反馈抑制垂体，故 ACTH 基础值低于正常人，注射 CRH 后升高小于 50%。双侧岩下窦采血联合 CRH 兴奋试验是 CRH/ACTH 依赖性 CS 诊断的"金标准"。岩下窦与外周血浆 ACTH 比值在基线状态 ≥2 和 CRH 刺激后 >3 则提示库欣病，反之则为异位 ACTH 综合征。

（八）血电解质和血气分析

明显的低血钾性碱中毒，常见于肾上腺腺癌和异位 ACTH 综合征患者。

（九）库欣综合征定位检查

1. **肾上腺影像学检查**　肾上腺影像学包括 B 超、CT、MRI 检查，对诊断不依赖 ACTH 的 CS 患者的肿瘤定位有很重要的意义。

2. **鞍区磁共振显像（MRI）**　推荐对所有 ACTH 依赖性 CS 患者进行垂体增强 MRI 或垂体动态增强 MRI。

3. **双侧岩下窦插管取血（bilateral inferior petrosal sinus sampling，BIPSS）**　BIPSS 是创伤性介入检查。经股静脉、下腔静脉插管至双侧岩下窦后，取血检测 ACTH 水平。依赖 ACTH 的 CS 患者如临床、生化、影像学检查结果不一致或难以鉴别库欣病或异位 ACTH 综合征时，建议行 BIPSS 以鉴别 ACTH 来源。

六、诊断和鉴别诊断

当患者出现前述典型的外貌改变、高血压伴低钾、久治不愈皮肤感染等症状体征时，要注意筛查 CS。

CS 的诊断分为两个层次，首先是功能诊断即确定肾上腺皮质功能是否亢进，当确诊为皮质醇增多症后，进一步行病因和定位诊断，以制定合理的治疗方案。

（一）功能诊断

初步检查：对怀疑 CS 的患者，应同时进行 24h 尿游离皮质醇测定、午夜唾液皮质醇测定、血清皮质醇昼夜节律检测中的至少两项试验，以确诊为高皮质醇血症。

进一步检查：当初步检查结果异常时，则应行小剂量地塞米松抑制试验确诊 CS，以排除单纯性肥胖。

（二）病因和定位诊断

当确认存在 CS 后，可根据患者的具体情况选择下列若干检查明确病变部位（图 5-1-4）。

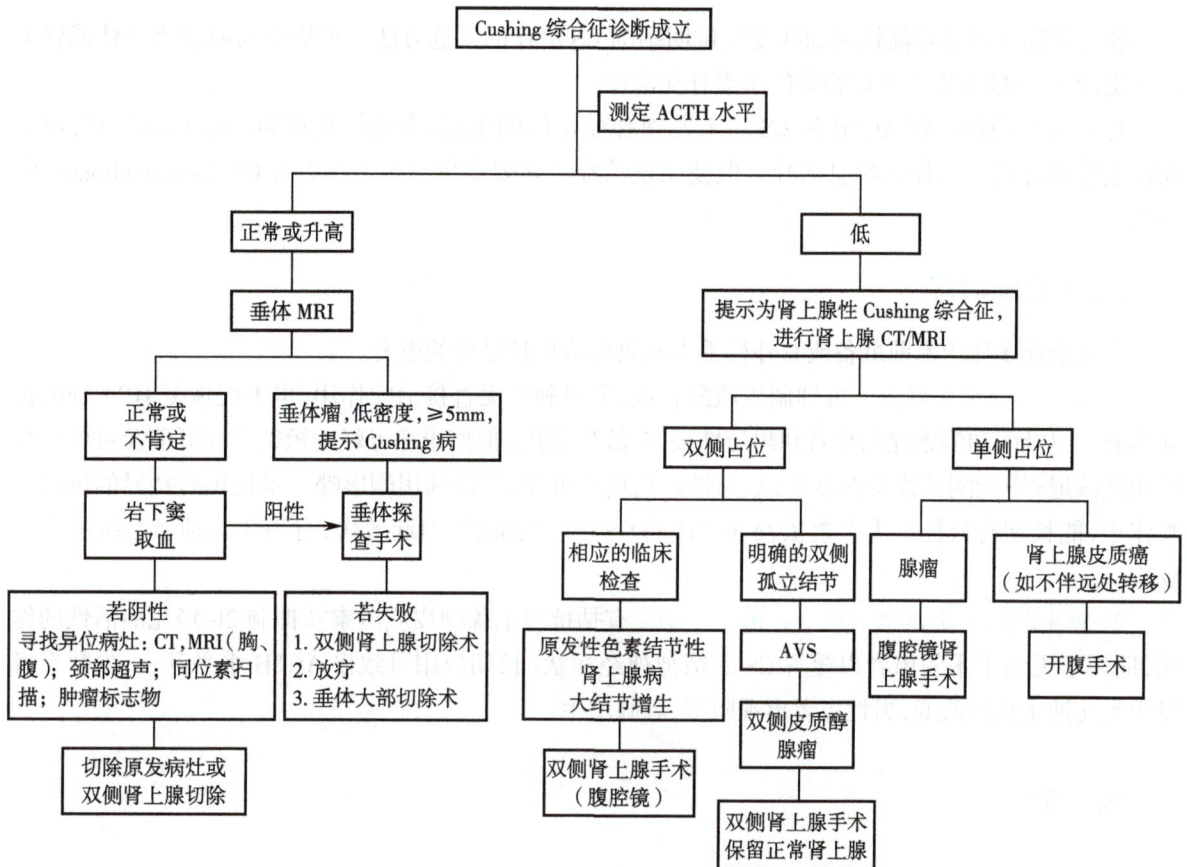

图 5-1-4 CS 诊断流程图

1. **血 ACTH 测定** 测定 ACTH 可用于 CS 患者的病因诊断，即鉴别是依赖 ACTH 还是不依赖 ACTH 的 CS。ACTH 水平降低提示为不依赖 ACTH 的 CS，ACTH 升高则提示为依赖 ACTH 的 CS。

2. **大剂量地塞米松抑制试验** 该检查主要用于鉴别库欣病和异位 ACTH 综合征，如用药后 24h 尿游离皮质醇（UFC）或血皮质醇水平被抑制超过对照值的 50% 以下为大剂量地塞米松抑制试验（dexamethasone suppression test，DST）被抑制，支持库欣病的诊断。该试验鉴别库欣病和异位 ACTH 综合征的敏感性为 60%~80%，特异性 80%~90%。

3. **促肾上腺皮质激素释放激素（CRH）兴奋试验** 用于判断库欣病、异位 CS 及肾上腺性 CS。

4. **岩下窦取血** 可用于 ACTH 来源的鉴别诊断。

5. **影像学检查** 辅助肿瘤性病变的定位。

七、治疗

治疗目标：患者症状和体征改善、激素水平及生化指标恢复正常或接近正常、下丘脑 - 垂体 - 肾上腺轴（HPA 轴）恢复正常、长期控制防止复发。

治疗原则：如果肿瘤定位明确，首选手术治疗；如果肿瘤已转移或难以定位、症状严重或首次手术失败的患者可行双侧肾上腺切除术或以药物阻断皮质醇合成,并同时对症治疗及纠正低钾血症等生化紊乱。

（一）手术治疗

肿瘤切除手术是功能性肿瘤病变定位明确的 CS 治疗的首选方法。术后应及时检查垂体或肾上腺功能,若有功能减退要予以相应的激素补充治疗。

对于某些确诊依赖 ACTH 的 CS 却未发现肿瘤定位的患者,为缓解高皮质醇血症的症状,可采取肾上腺部分切除术作为姑息治疗。但使用该治疗方式要警惕纳尔逊综合征（Nelson syndrome）的发生。

（二）药物治疗

药物治疗多作为术前准备或有外科手术及放射治疗禁忌证的患者。

1. 类固醇合成抑制剂　可抑制皮质醇合成,但对肿瘤无直接治疗作用,也不能恢复 HPA 轴的正常功能。甲吡酮和酮康唑的疗效和耐受性较好,故较常用;但酮康唑可轻度短暂升高肝酶及可致男性性功能减退;甲吡酮可致女性多毛;故男性可选用甲吡酮,女性选用酮康唑。米托坦有特异的抗肾上腺作用,能长期有效控制大多数依赖 ACTH 的 CS 患者的症状,但起效慢,有消化和神经系统的不良反应。

2. 糖皮质激素受体拮抗剂——米非司酮　有拮抗肾上腺糖皮质激素及抑制 21- 羟化酶活性的作用,适用于无法手术的患者以缓解 CS 的精神神经症状;长期应用可致血 ACTH 水平升高,少数患者发生类艾迪生病样改变,男性患者出现阳痿、乳腺增生。

八、预后

不同病因导致的 CS 预后不同。定位明确的腺瘤若经有效手术后,预后良好,向心性肥胖、电解质紊乱等症状可在数月内逐渐好转。癌症患者的治疗效果则取决于是否早期发现及是否能完全切除。肿瘤手术切除后还需定期随访评估是否有周围内分泌腺体功能损伤,以便及时补充相应激素。

（黄艳 管枫）

第二节　原发性醛固酮增多症

原发性醛固酮增多症（primary aldosteronism, PA）简称原醛症,指肾上腺皮质病变导致醛固酮分泌过量及肾素 - 血管紧张素系统受抑制,致体内潴钠排钾,血容量增多,临床主要表现为高血压伴或不伴低血钾的综合征。原醛症是继发性高血压最常见的病因。过去一直认为原醛症是一种少见病,在高血压人群中占比不到 1%。随着诊断技术的提高,近年来国外报道,在高血压 1 级、2 级和 3 级患者中原醛症的患病率分别为 1.99%、8.02% 和 13.2%;而在难治性高血压患者中,其患病率为 17%~23%;在亚洲普通高血压人群中,其患病率约为 5%。2010 年由中华医学会内分泌分会牵头在全国 11 个省 19 个中心对 1 656 例难治性高血压患者进行了原醛症的筛查,首次报道其患病率为 7.1%。

一、病因

原醛症包括临床常见的醛固酮瘤（aldosterone-producing adenoma, APA）、特发性醛固酮增多症（idiopathic hyperaldosteronism, IHA）和少见的原发性肾上腺皮质增生（primary adrenal hyperplasia, PAH）、家族性醛固酮增多症（familial hyperaldosteronism, FH）、分泌醛固酮的肾上腺皮质癌（aldosterone-producing adrenocortical carcinoma, APC）及异位醛固酮分泌瘤或癌（ectopic aldosterone-producing adenoma or carcinoma）（表5-2-1）。

表5-2-1 原发性醛固酮增多症的病因分类及构成

病因	构成	病因	构成
醛固酮瘤（APA）	35%	FH-Ⅱ（CLCN2）	<6%
特发性醛固酮增多症（IHA）	60%	FH-Ⅲ（KCNJ5）	<1%
原发性肾上腺皮质增生（PAH）	2%	FH-Ⅳ（CACNA1H）	<1%
家族性醛固酮增多症（FH）		分泌醛固酮的肾上腺皮质癌（APC）	<1%
FH-I（糖皮质激素可治性醛固酮增多症，GRA）	<1%	异位醛固酮分泌瘤或癌	<0.1%

二、发病机制

原醛症是一组异质性疾病。近年来，随着基因组测序技术和转基因小鼠模型的应用，科研人员尽管就本病的发病机制开展了大量的研究工作，取得了不少新进展，但仍然难以阐明其确切的发病机制。目前研究发现其发病机制涉及11β 羟化酶（*CYP11β1*）/醛固酮合成酶（*CYP11β2*）嵌合基因的产生、*CYP11β2* 基因多态性的改变、肾上腺异位受体的表达及 *7p21-22* 基因的改变等。

三、病理解剖和病理生理

（一）病理解剖特征

1. 醛固酮腺瘤（APA） 最常见为单侧孤立性腺瘤，偶尔为双侧性。腺瘤体积小，最大径通常小于2cm，重量通常低于4g。肿瘤突出于肾上腺表面或完全埋于腺体内（图5-2-1）。突至肾上腺表面的部分有包膜，埋在皮质内部分无包膜但界限清楚。切面金黄色或黄棕色。光镜下见肿瘤细胞类似于肾上腺球状带细胞、束状带细胞及介于两者之间所谓的"杂交细胞"。瘤细胞排列成短索或腺泡状，间以含毛细血管的纤维组织。核异型性明显但无核分裂（图5-2-2）。电镜下见瘤细胞胞质内有不等量的脂滴。

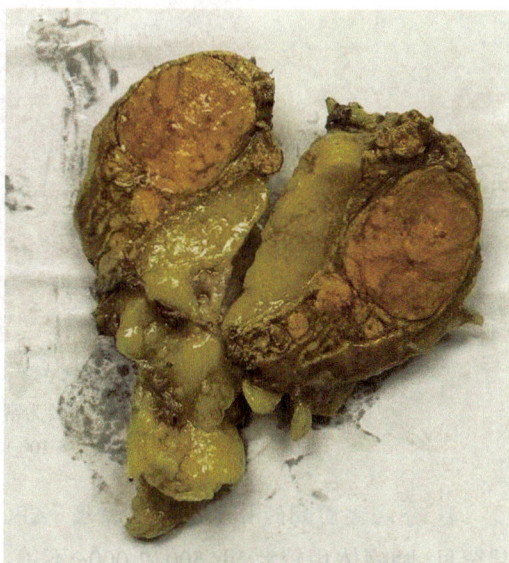

图 5-2-1 醛固酮腺瘤

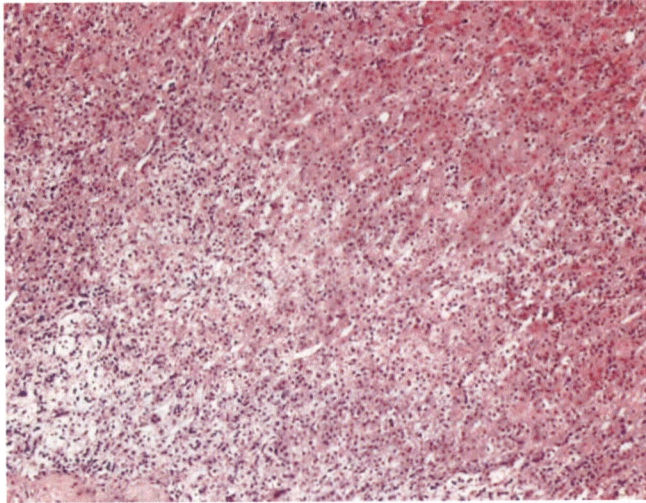

图 5-2-2　醛固酮腺瘤

光镜下肿瘤细胞类似于肾上腺球状带细胞、束状带细胞及介于两者之间
所谓的"杂交细胞"（HE 染色，×40）。

2. 特发性醛固酮增多症（IHA）　为双侧肾上腺球状带增生，增生的皮质伴或不伴结节。

3. 原发性肾上腺皮质增生（PAH）　不同于腺瘤，肾上腺皮质增生多数为双侧性，偶尔为单侧性，一侧肾上腺重 5~8g，可以为结节状增生或弥漫性增生。光镜下见增生的细胞主要为富含脂质的透明细胞，夹杂成堆的致密细胞。球状带弥漫性或灶性增宽（图 5-2-3）。电镜下增生细胞内有成堆排列的光面和粗面内质网，线粒体嵴为管泡状。青少年皮质增生以男性为多见，血压常为恶性高血压。中老年患者则以女性多见，血压较青少年组为低。

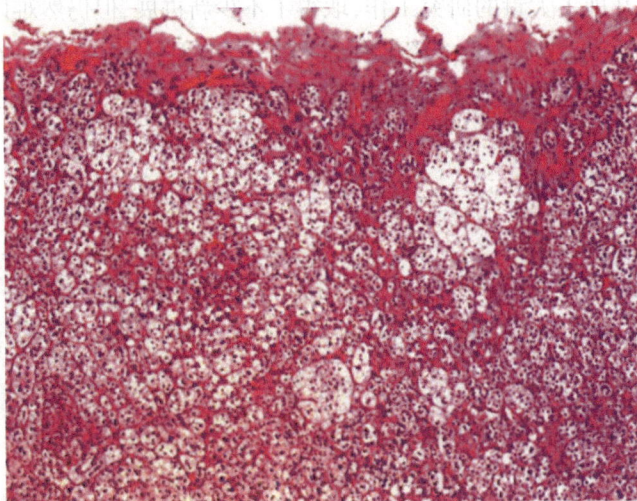

图 5-2-3　原发性肾上腺皮质增生

镜下见增生的细胞主要为富含脂质的透明细胞，夹杂成堆致密细胞。球
状带增宽（HE 染色，×100）。

4. 分泌醛固酮的肾上腺皮质腺癌（APC）　是肾上腺皮质腺癌的一种类型。癌引起的原醛症极其罕见，肿瘤体积较大，重 500~2 000g 不等。可有包膜，切面呈黄白或灰红色、有软而易碎的瘤内结节，常见出血坏死。光镜下见肿瘤的分化程度不等，从难以与腺瘤鉴别的高分化癌到细胞异型性明显的完全未分化癌，均可有灶性或大片凝固性坏死。

（二）病理生理特点

1. 醛固酮分泌增多所致钠、水潴留 醛固酮的主要生理作用是促进肾脏远曲小管和集合管对钠离子的重吸收及对钾离子的排泄。原发性醛固酮增多症可分泌大量醛固酮，使体内钠潴留，继而导致细胞外液增多和血容量增多。细胞外液中钠离子浓度增高后，钠离子向细胞内转移。血管壁细胞内的高浓度钠离子可使管壁对血中去甲肾上腺素等加压物质的反应增强，动脉血管壁平滑肌细胞内的高浓度钠离子可导致细胞内钠水潴留、血管壁肿胀、管腔狭窄、外周阻力增加。上述因素的综合作用，最终导致血压顽固性升高，若按原发性高血压治疗，应用非醛固酮拮抗剂类降压药物不能将患者的血压控制于目标水平。

2. 心房利尿钠肽（atrial natriuretic peptide，ANP）代偿性增高 当机体水钠潴留达到一定程度时，心房内压力感受器受到刺激，心房肌分泌 ANP。ANP 是一种排钠、利尿、降血压的循环激素，它的分泌增多继而抑制肾近曲小管对钠的重吸收，使达到远曲小管的钠离子浓度增加，超过醛固酮作用下远曲小管对钠的重吸收能力，尿钠排泄增加，从而代偿了大量醛固酮的钠潴留作用（盐皮质激素的"脱逸"现象），以此减少细胞外液进一步扩张所致的恶性高血压、水肿、心力衰竭等的发生。此外，ANP 还可以抑制肾小球旁细胞肾素的分泌及肾上腺皮质醛固酮的分泌，并能对抗血管紧张素Ⅱ的缩血管作用。

3. 醛固酮所致排钾作用 醛固酮的排钾作用与其钠重吸收的作用密切相关。醛固酮促进肾远曲小管排钾作用，受到远曲小管钠离子浓度的影响，远曲小管内钠离子含量越高，尿中钾离子排除越多，反之亦然。所以原醛症患者由于大量醛固酮促进远曲小管的钠重吸收增加，故钾排泄亦增加，尿中大量失钾，导致机体严重缺钾，出现一系列因低血钾症而引起的神经、肌肉、心脏、肾脏及胰岛的功能障碍。而且，由于 ANP 只作用于近曲小管，故钾的排泄无"脱逸"现象，因此患者高血钠不明显，但低血钾却非常普遍。以前由于原醛症的诊断较晚，患者低血钾的发生率较高。近年来随着诊断水平的提高，原醛症的诊断时间明显提前，低血钾的发生率明显降低，大约 50% 的醛固酮瘤和 17% 的特发性醛固酮增多症患者出现低血钾。

四、病理与临床联系

原发性醛固酮增多症是过量的醛固酮分泌而引起的一系列症状及体征，过量的醛固酮分泌一般由原发于肾上腺的病因引起，包括肾上腺皮质小结节或大结节性增生，分泌醛固酮的肾上腺皮质腺瘤、皮质腺癌及少见的由非内分泌肿瘤如卵巢肿瘤引起的醛固酮增多。醛固酮过量分泌促进远曲小管重吸收钠，进而引起钠、水潴留，细胞间液体增多、高血压和血中肾素低。钠潴留的同时钾从肾排出增多，导致低钾血症、失钾性肾病、神经肌肉症状、心血管症状和碱中毒等。

原发于肾上腺的病因常需鉴别肾上腺皮质腺瘤与皮质增生，结合临床资料及实验室指标通常可将腺瘤与皮质增生区分开，从而给予相应的临床处理。但少数情况下，可出现一种组织形态学特征伴有另一种病变的生化特征，如曾有报道家族性原发性醛固酮增多症同时有肾上腺皮质腺瘤和皮质增生。

经过螺内酯治疗过的皮质腺瘤患者，肿瘤组织病理学上可出现特征性的"螺内酯小体"，光镜下表现为同心圆性层状嗜酸性结构，是一种旋涡状的多层性膜集合体，被认为是从光面内质网衍生而来。

五、临床表现

（一）高血压

高血压为原醛症患者最常见的症状,血压多为中度升高,部分患者可呈难治性高血压,少数患者的血压在正常范围内。患者诉头昏、头痛,长期高血压可导致各种靶器官如心、脑、肾的损害。另外,有报道指出患者长期血压未被控制引起冠状动脉瘤和主动脉夹层动脉瘤。原醛症引起的继发性高血压,一般降压药物治疗疗效差。因而临床上难治性高血压患者应怀疑原醛症的可能并作必要的筛查试验。

（二）低血钾

研究发现低血钾和严重钾丢失是原醛症的后期表现。近年来随着诊断水平的提高,原醛症的确诊时间明显提前,因而低血钾发生率明显降低。低血钾时患者通常表现为肌无力及周期性瘫痪,严重时累及四肢引起肢端麻木、手足搐搦,甚至出现呼吸困难。长期低钾可累及心脏,心电图表现为 U 波明显、ST-T 变化、Q-T 延长、T 波增宽,T、U 波相连成驼峰状。

（三）肾脏表现

长期大量失钾、慢性低血钾可致肾小管上皮细胞呈空泡样变性,浓缩功能减退,患者表现为多尿,尤其是夜尿增多,继发口渴、多饮、尿比重低且对抗利尿激素不敏感。长期继发性高血压则可导致肾动脉硬化引起蛋白尿和肾功能不全。

（四）心血管系统表现

原醛症患者较原发性高血压患者更容易引起左心室肥厚,使左心室舒张期充盈受限,心肌灌注减退。低血钾可引起程度不一的心律失常,如期前收缩、阵发性室上性心动过速,严重者可诱发心室颤动。许多体内、体外试验结果提示,醛固酮还促进心肌纤维化,最终引起心脏扩大和顽固性心力衰竭。

（五）内分泌系统表现

醛固酮增高可通过胰岛素受体及受体后作用阻断胰岛素信号转导通路导致患者糖代谢紊乱。原醛症患者尿钙排泄增多,为了维持正常血钙水平,PTH 分泌可增多。另外,儿童患者由于长期缺钾,可出现生长发育迟缓。

六、实验室检查和其他检查

（一）血、尿生化检查

1. 低血钾　疾病早期患者血钾可正常,低血钾一般呈现持续性,也可以间歇性。
2. 碱中毒　严重低钾,患者血 pH 和 CO_2 结合力可略高于正常。
3. 高尿钾　在低血钾时,患者尿钾仍高于 $25mmol/24h$。

（二）醛固酮、肾素、血管紧张素Ⅱ测定

血浆醛固酮浓度受体位及钠摄入量的影响,严重低血钾也抑制醛固酮的分泌,不同实验室和试

剂盒测定的正常范围也不一样。原醛症患者肾素、血管紧张素Ⅱ水平降低,特发性原醛症更显著。因此,血浆醛固酮浓度(ng/dL)/血浆肾素活性(ng·mL^{-1}·h^{-1})的比值(ARR)作为原醛症的首选筛查指标。

七、诊断和鉴别诊断

(一)原醛症筛查

1. 筛查对象 高血压伴低血钾曾被认为是原醛症最典型的临床表现,最新研究表明,只有9%~37%的原醛症患者存在低血钾,如仅从低血钾患者中进行原醛症筛查可能漏诊大量患者,如从所有高血压患者进行筛查,又会增加医疗成本。2020年《中国原发性醛固酮增多症诊断治疗的专家共识》推荐以下人群进行原醛症筛查。

(1)持续性血压(>150/100mmHg)者、联合使用3种降压药物(包括利尿剂)无法控制血压(>140/90mmHg)的患者、使用4种及以上降压药物才能控制血压(<140/90mmHg)的患者、新诊断的高血压患者。

(2)高血压合并自发性或利尿剂所致的低钾血症的患者。

(3)高血压合并肾上腺意外瘤的患者。

(4)早发性高血压家族史或早发(<40岁)脑血管意外家族史的高血压患者。

(5)原醛症患者中存在高血压的一级亲属。

(6)高血压合并阻塞性呼吸睡眠暂停的患者。

2. 筛查方法 目前ARR(醛固酮ng/dL,肾素活性ng·mL^{-1}·h^{-1})是原醛症的首选初筛指标,最常用的ARR切点为30。当检测的肾素浓度和醛固酮浓度单位分别是mU/L和ng/dL时,最常用的ARR切点为3.7(表5-2-2)。

表5-2-2 经不同单位醛固酮、PRA、DRC计算而得的ARR常用切点

醛固酮	PRA		DRC	
	ng·mL^{-1}·h^{-1}	pmol·L^{-1}·min^{-1}	mU/L	ng/L
ng/dL	20	1.6	2.4	3.8
	30	2.5	3.7	5.7
	40	3.1	4.9	7.7
pmmol/L	750	60	91	144
	1 000	80	122	192

注:PRA—血浆肾素活性;DRC—直接肾素浓度;ARR—血浆醛固酮与肾素活性。

3. 筛查前准备

(1)将血钾纠正在正常范围。

(2)维持正常钠盐摄入。

(3)影响醛固酮和/或肾素活性药物的调整,如表5-2-3。

(4)血压控制不佳,建议使用的降压药物,如表5-2-4。

表 5-2-3　原发性醛固酮增多症的筛查前准备

药物分类	具体药物
以下对 ARR 有显著影响的药物需停用至少 4 周	a. 螺内酯、依普利酮、阿米洛利、氨苯蝶啶 b. 排钾利尿剂 c. 甘草制剂
以下药物可导致 ARR 假阴性至少停用 2 周	a. 血管紧张素转换酶抑制剂（ACEI） b. 血管紧张素受体拮抗剂（ARB） c. 钙通道阻滞剂（CCB）
以下药物可导致 ARR 假阳性至少停用 2 周	a. β 受体阻滞剂 b. 中枢 α_2 受体阻滞剂（可乐定或甲基多巴） c. 非甾体抗炎药
口服避孕药及人工激素替代治疗可能会降低直接肾素浓度（DRC），一般无需停服	

表 5-2-4　在筛查及确诊试验中可用于控制血压且对肾素血管紧张素系统影响较小的药物

药物名称	分类	常用剂量	注意事项
维拉帕米缓释片	非二氢吡啶类	90~120mg，2 次 /d	可单用或与此表中其他药联用
肼屈嗪	血管扩张剂	10~12.5mg，2 次 /d	小剂量开始
哌唑嗪	α 受体阻滞剂	0.5~1mg，2 次 /d 或 3 次 /d	注意体位性低血压
多沙唑嗪	α 受体阻滞剂	1~2mg，1 次 /d	注意体位性低血压
特拉唑嗪	α 受体阻滞剂	1~2mg，1 次 /d	注意体位性低血压

4. 采血条件

（1）清晨起床后保持非卧位状态（可以坐位、站立或者行走）至少 2h，静坐 5~15min 后采血。

（2）采血需小心，尽量避免溶血。

（3）送血过程需保持室温（不要将采血管置于冰上，这样会使无活性肾素转换为活性肾素），离心后即刻将血浆冷冻保存。

（二）原醛症确诊

ARR 检查具有一定的假阳性，经初步筛查后，需选择 1~2 种确诊试验以确诊。目前主要有 4 种原醛症确诊试验，即生理盐水试验、卡托普利抑制试验、口服高钠饮食试验及氟氢可的松抑制试验，如表 5-2-5。4 项试验各有优缺点，医生可根据患者实际情况进行选择。

表 5-2-5　原醛症确诊试验

试验	方法	结果判断	点评
生理盐水试验	试验前卧床休息 1h，4h 静脉滴注 2L 0.9% 生理盐水，试验在早上 8：00 至 9：00 开始，整个过程需监测血压和心率变化，在输注前及输注后分别采血测血浆肾素活性、血醛固酮、皮质醇及血钾	生理盐水试验后血醛固酮 >10ng/dL 原醛症诊断明确，<5ng/dL 排除原醛症	目前国内比较常用的原醛症确诊试验，对于血压难以控制、心功能不全及低钾血症的患者不应进行此项检查

续表

试验	方法	结果判断	点评
卡托普利抑制试验	坐位或站位 1h 后口服 50mg 卡托普利,服药前及服用后 1h、2h 测定血浆肾素活性、醛固酮、皮质醇,试验期间患者需始终保持坐位或站位	正常人卡托普利抑制试验后血醛固酮浓度下降大于30%,而原醛症患者血醛固酮不受抑制	安全性好,与每日摄盐水平无关,对时间及花费要求少,可行性好,可以在门诊患者中进行,但敏感性及特异性较低,并存在一定的假阴性
口服高钠饮食试验	3d 内将每日钠盐摄入量提高至 >200mmol(相当于氯化钠 6g),同时补钾治疗使血钾维持在正常范围,收集第 3d 至第 4d 24h 的尿液测定尿醛固酮	尿醛固酮 <10μg/24h 排除原醛症,>12μg/24h(梅奥医学中心)或 14μg/24h(克里夫兰医学中心)则原醛症诊断明确	不宜在以下人群中进行:严重高血压,肾功能不全,心功能不全,心律失常,严重低钾血症
氟氢可的松试验	氟氢可的松 0.1mg q6h × 4d,同时补钾治疗(血钾达到 4mmol/L)、高钠饮食(每日三餐分别补充 30mmol,每日尿钠排出至少 3mmol/kg),第 4d 上午 10:00 采血测血浆醛固酮、血浆肾素活性,上午 7:00 及 10:00 采血测血皮质醇	第 4d 上午 10:00 血浆醛固酮 >6ng/dL 原醛症诊断明确	确诊原醛症最敏感的试验,但由于操作繁琐、准备时间较长,国内无药等原因,目前在临床很少开展

(三)原醛症分型诊断

原醛症的分型诊断一直是临床上的难点,在很大程度上影响了治疗方案的选择。临床医生应根据影像学表现、结合生化指标及双侧肾上腺静脉采血(AVS)结果综合分析。

1. 肾上腺计算机断层扫描(CT) 所有确诊原醛症患者必须行肾上腺 CT 以排除肾上腺巨大肿瘤。CT 显像的敏感性和特异性分别不超过 87% 和 71%。若影像学检查未能发现明显占位,或病灶较小不能区分肾上腺腺瘤和增生,可选择双侧 AVS 进行原醛症的分型诊断,进一步明确病变的侧别、数目和性质。磁共振成像(MRI)在原醛症分型诊断上并不优于肾上腺 CT,MRI 价格稍贵,空间分辨率低于肾上腺 CT。

2. 双侧肾上腺静脉采血(adrenal venous sampling, AVS)分别测定醛固酮 AVS 是目前公认的原发性醛固酮增多症分型诊断的"金标准",其灵敏度和特异度均可达到 95% 和 100%。若一侧肾上腺静脉血醛固酮水平较对侧高 10 倍以上,则高的一侧为腺瘤。若两侧血醛固酮水平都升高,相差仅 20%~50% 则可诊断特发性醛固酮增多症。根据 2014 年《双侧肾上腺静脉采血专家共识》,以下患者可不必行 AVS 检查:①年龄小于 40 岁,肾上腺 CT 显示"单侧腺瘤",且对侧肾上腺正常的患者;②肾上腺手术高风险患者;③怀疑为肾上腺皮质癌的患者;④已证实患者为 FH-I 型或 FH-III 型。

(四)原醛症的基因分型诊断

建议年龄在 20 岁以下的原醛症患者,或有原醛症或早发脑卒中家族史的患者,应做基因检测以确诊或排除 GRA。对于发病年龄很轻的原醛症患者,建议行 KCNJ5 基因检测排除 FH-III。

(五)鉴别诊断

1. 原发性高血压 原发性高血压患者应用排钾利尿剂治疗或伴腹泻、呕吐等情况时,可出现低血钾,尤其是低肾素型高血压患者应注意鉴别。但本病患者无血、尿醛固酮升高,普通降压药治疗有效,结合前述一些特殊检查可以鉴别。

2. 肾性高血压 肾动脉狭窄性高血压、恶性高血压,均由于肾缺血,刺激肾素 - 血管紧张素系统,导致继发性醛固酮增多而合并低血钾。但本病患者血压呈进行性升高,短时间内即出现视网膜损害和肾功能损害。肾动脉狭窄者在肾区可听到血管杂音,静脉肾盂造影,放射性肾图等可发现一侧肾功能减退,而肾动脉造影可确诊。另外根据患者肾素 - 血管紧张素系统活动增高,可与原醛症鉴别。

3. 肾脏疾病 慢性肾脏疾病如慢性肾炎、慢性肾盂肾炎可导致肾髓质高渗状态受损,肾脏潴钠功能障碍,引起低血钠和低血容量,继而引起继发性醛固酮增多。这类疾病肾功能损害较严重,尿钠排泄增高,常伴脱水或酸中毒的症状,螺内酯试验不能改善低钾血症和高血压。肾素 - 血管紧张素系统活性增高可与原醛症鉴别。

4. 肾素分泌瘤 该肿瘤起源于肾小球旁细胞,可分泌大量肾素引起高血压、低钾血症,发病年龄轻,高血压症状严重,血浆肾素活性很高。

5. 其他继发性醛固酮增多症 在充血性心力衰竭、肝硬化失代偿期、肾病综合征等疾病状态下,有效血容量不足,刺激肾素 - 血管紧张素 - 醛固酮系统和 / 或醛固酮代谢清除减慢,产生继发性醛固酮增多。可根据基础疾病的存在、肾素 - 血管紧张素系统兴奋,以及肾上腺影像学检查正常等与原醛症鉴别。

八、治疗

(一)治疗原则

治疗方案取决于原醛症的病因和患者对药物的反应。原醛症的治疗有手术和药物两种方法。醛固酮瘤及单侧肾上腺增生首选手术治疗,若患者不愿手术或不能手术,可予以药物治疗。而特发性醛固酮增多症及 GRA 患者首选药物治疗。分泌醛固酮的肾上腺皮质癌发展迅速且转移较早,应尽早切除原发肿瘤。如果已有局部转移,应尽可能切除原发病灶和转移灶,术后加用米托坦治疗。如果临床难以判定病因类型则可行手术探查,或先用药物治疗并追踪病情发展,根据最后诊断决定治疗方案。

(二)手术治疗

手术治疗对肾上腺醛固酮腺瘤具有良好的疗效,曾有报道治愈率达 90%,但也有报道远期治愈率仅为 69%。醛固酮瘤或单侧肾上腺增生行单侧肾上腺切除的患者,在术后早期由于对侧肾上腺的抑制作用尚未解除,建议高钠饮食。如果有明显的低醛固酮血症表现,需暂时服用氟氢可的松行替代治疗。对于药物治疗的患者,需定期复查肾功能、电解质并监测血压,根据血钾、血压等指标调整药物剂量。

(三)药物治疗

凡确诊特发性醛固酮增多症、GRA,以及手术治疗疗效不佳的患者宜采用药物治疗,而不愿手术或不能耐受手术的醛固酮腺瘤患者亦可用药物治疗,使症状得到控制。

1. 醛固酮拮抗剂

(1)螺内酯:螺内酯是特发性醛固酮增多症的首选治疗药物,初始剂量从小剂量开始,一般 20mg/d,根据病情需要可增加到最大剂量 100mg/d。当血钾恢复正常,血压下降后,剂量可逐渐减少;

有些患者仅需 40mg/d 即可维持疗效,但双侧肾上腺增生的患者控制高血压常需加用其他降压药。为了避免高钾血症的发生,肾功能不全的患者慎用。螺内酯因可阻断睾酮合成及雄激素的外周作用,可引起女性月经紊乱和男性乳腺发育、阳痿、性欲减退等副作用。

（2）依普利酮: 依普利酮是一种新型的无抗雄激素和孕激素作用的选择性醛固酮受体拮抗剂,不会导致严重的内分泌紊乱。依普利酮的起始剂量为 25mg/d,最大剂量为 100mg/d,使用依普利酮时需要监测血钾和肌酐。

2. **阿米洛利** 阿米洛利阻断肾远曲小管的钠通道,具有排钠保钾作用。初始剂量为 10~20mg/d,必要时可增至 40mg/d,分次口服。服药后多能使血钾恢复正常,但对特发性醛固酮增多症患者难以良好控制血压,常需与其他降压药联合使用。

3. **钙通道阻滞剂** 由于钙离子为多种调节因素刺激醛固酮产生的最后共同通道,钙通道阻滞剂是原醛症药物治疗的一种合理途径,能有效改善原醛症的临床表现。

4. **血管紧张素转换酶抑制剂** 可使特发性醛固酮增多症患者醛固酮分泌减少,改善钾平衡和控制血压,常用药物包括卡托普利、依那普利等。

5. **地塞米松** 用于治疗 GRA 患者,起始剂量为 2mg/d,即睡前服 1.5mg,清晨服 0.5mg,待症状及生化改变恢复正常后逐渐减量至 0.5mg/d,并长期维持治疗。

6. **阻断醛固酮合成药** 酮康唑大剂量时可阻断几种细胞色素 P450 酶,干扰肾上腺皮质 11β- 羟化酶和胆固醇侧链裂解酶活性,可用于治疗原醛症。氨鲁米特（aminoglutethimide）,可阻断胆固醇转变为孕烯醇酮,使肾上腺皮质激素合成受抑,亦可用于治疗原醛症,但两药均有较大副作用,长期应用的疗效尚待观察。

九、预后

醛固酮癌预后不良。

（陈小琳　管　枫）

第三节　嗜铬细胞瘤

嗜铬细胞瘤（pheochromocytoma, PCC）是起源于肾上腺髓质、交感神经节或其他部位的嗜铬组织肿瘤,持续或间断地合成和分泌大量儿茶酚胺（catecholamine, CA）,如去甲肾上腺素（norepinephrine, NE）、肾上腺素（epinephrine, E）及多巴胺（dopamine, DA）,引起持续性或阵发性高血压和多器官功能及代谢紊乱等一系列临床症候群。嗜铬细胞瘤是一种少见的内分泌疾病,国内尚缺乏发病率的数据,国外报道在普通高血压门诊中嗜铬细胞瘤的患病率为 0.2%~0.6%。嗜铬细胞瘤是肾上腺髓质中最常见的肿瘤,80%~90% 发生于肾上腺髓质,其中 80% 为单侧单发,10% 位于肾上腺外组织。根据肿瘤性质分类可分为良性嗜铬细胞瘤和恶性嗜铬细胞瘤。本病发病高峰年龄为 30~50 岁,男女发病率无差异。嗜铬细胞瘤大部分位于腹部内,如腹腔、肠系膜上和肠系膜下神经节。约 10% 位于胸部,1% 位于膀胱内,<3% 位于颈部。嗜铬细胞瘤偶为遗传性,可为多发性内分泌肿瘤（MEN 2A, MEN 2B）、希佩尔 - 林道病（von Hippel-Lindau disease）等常染色体显性遗传病的一部分。

一、病因

嗜铬细胞瘤的具体病因尚不清楚,约 50% 的患者可能存在致病基因的种系突变。目前已知有 17 个致病基因与嗜铬细胞瘤有关。根据基因突变涉及细胞内不同信号传导通路,可将这些基因分为两类,第一类(cluster1)与缺氧通路有关,通过激活缺氧诱导因子,促进与缺氧有关的生长因子表达,从而刺激肿瘤生长,包括 *VHL*、*SDHx*(*SDHA*、*SDHB*、*SDHC*、*SDHD*、*SDHAF2*)、*HIF2A*、*FH*、*PHD1*、*PHD2*、*HRAS*、*MDH2* 和 *KIF1Bβ* 等基因;第二类(cluster 2)通过激活 MAPK 和 / 或 mTOR 信号转导通路促进肿瘤生长,包括 *NF1*、*RET*、*MAX* 和 *TMEM127* 等基因。约 50% 的嗜铬细胞瘤存在上述基因突变,其中 35%~40% 为胚系突变,表现为家族遗传性,并作为某些遗传性综合征的表现之一。部分散发性的嗜铬细胞瘤发病机制尚不完全清楚。

二、发病机制

嗜铬细胞瘤 90% 以上为良性肿瘤。肿瘤切面呈棕黄色,血管丰富,间质很少,常有出血。肿瘤细胞较大,为不规则多角形,胞质中颗粒较多;细胞可被铬盐染色,因此称为嗜铬细胞瘤。据统计,80%~90% 嗜铬细胞瘤发生于肾上腺髓质嗜铬质细胞,其中 90% 左右为单侧单个病变;多发肿瘤,包括发生于双侧肾上腺者,约占 10%。起源肾上腺以外的交感神经链并具有激素分泌功能的神经内分泌肿瘤称为副神经节瘤(paraganglioma,PGL)约占 10%。恶性嗜铬细胞瘤占 5%~10%,可造成淋巴结、肝、骨、肺等部位的转移。少数嗜铬细胞瘤可同时有多发性皮下神经纤维瘤,其中大约 25% 与 von Hippel-Lindau 综合征(VHL 综合征)联锁。嗜铬细胞瘤也是 2 型多发性内分泌肿瘤(MEN2)的主要病变。MEN2 型发病呈家族性,属常染色体显性遗传,占嗜铬细胞瘤发病的 5%~10%;对于双侧肾上腺嗜铬细胞瘤患者,尤其应当警惕 MEN2 型的存在。

嗜铬细胞瘤能自主分泌儿茶酚胺,包括肾上腺素、去甲肾上腺素以及多巴胺。肾上腺素和去甲肾上腺素作用于肾上腺素能受体,如 α 和 β 受体,影响相应的组织器官,引起一系列临床表现。嗜铬细胞瘤患者的所有病理生理基础,均与肿瘤的分泌功能有直接的关系。

三、病理解剖和病理生理

(一)病理解剖特征

肾上腺嗜铬细胞瘤右侧多见,家族性嗜铬细胞瘤左侧较多见,约 10% 的嗜铬细胞瘤为双侧性。肾上腺外嗜铬细胞瘤最常见的部位为沿后颈部到盆底的交感神经链,主要是腹膜后和后纵隔,30%~50% 发生在 Zuckerkandl 小体(位于从主动脉分叉到下肠系膜动脉根部之间的腹主动脉腹侧面的嗜铬组织),10% 来自膀胱,其他少见部位有肝门、肾门、下腔静脉背侧、肛门、阴道、睾丸和尾骶部等。

嗜铬细胞瘤重量从几克到超过 2kg,平均约为 100g,肿瘤最大径可从 1cm 至 10cm,多数肿瘤界限清楚,有完整包膜。位于肾上腺内的小肿瘤有一层薄的纤维性包膜或由周围被压迫的肾上腺组织构成的假包膜。膀胱的嗜铬细胞瘤位于膀胱肌层内,可突入膀胱腔,界限清楚,但无包膜。新鲜标本切面呈灰白或灰红色,经甲醛溶液固定后呈棕黄色或棕黑色。大肿瘤常伴有出血、坏死、囊性变及钙化等改变(图 5-3-1)。

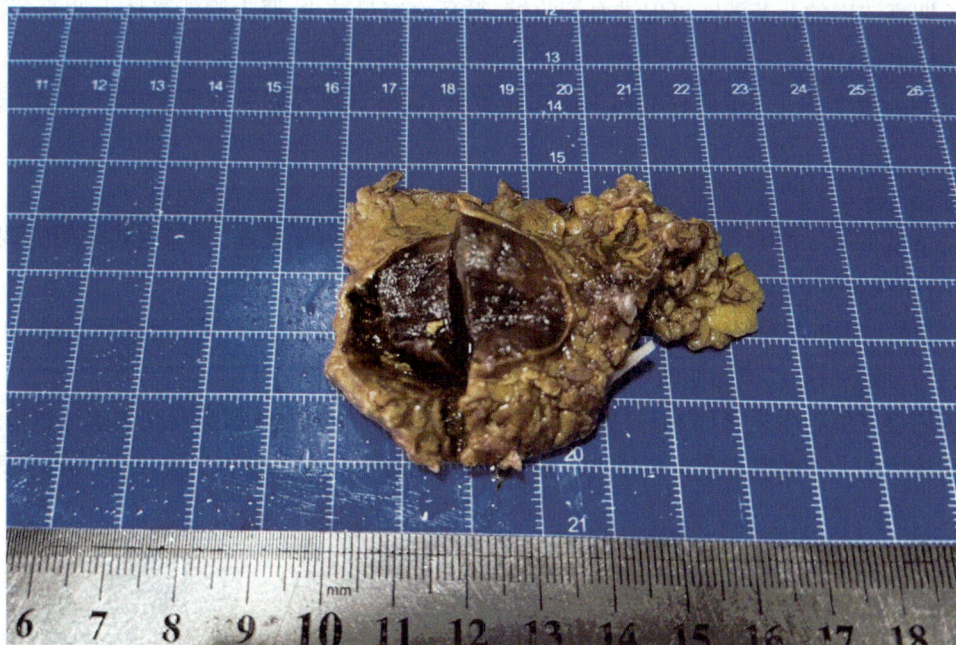

图 5-3-1　肾上腺嗜铬细胞瘤大体

　　光镜下见肿瘤排列成分叶状或巢团状结构,由包膜向肿瘤中心插入的纤细纤维血管性间质所分隔。瘤细胞呈多角形、梭形或柱状,瘤细胞胞质丰富,细颗粒状,呈嗜碱性或嗜双色性。瘤细胞核呈圆形或卵圆形,核仁明显,核异型性多见,可见巨核及奇异核,但核分裂象少或无。有些肿瘤中可见到像神经母细胞样的小细胞,有些则可见成熟的神经节细胞(图 5-3-2)。

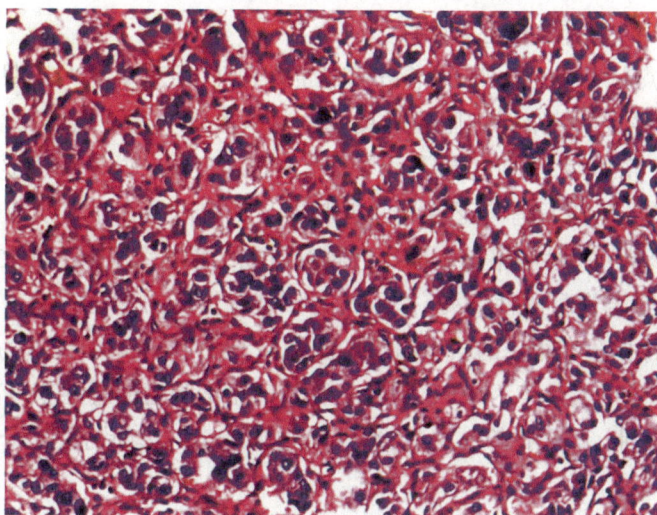

图 5-3-2　肾上腺嗜铬细胞瘤
光镜下肿瘤排列成巢团状结构。瘤细胞呈多角形,胞质丰富,细颗粒状,呈嗜碱性或嗜双色性(HE 染色,×200)。

(二)病理生理特点

1. 心血管损伤

(1)由于嗜铬细胞瘤分泌不同种类的儿茶酚胺(如肾上腺素和去甲肾上腺素),高血压的表现方式各异。长期高浓度的儿茶酚胺可促进血管收缩、循环血容量减少、肾上腺能受体下调等多种因素而导致直立性低血压。

（2）长期高浓度的儿茶酚胺使心肌细胞出现变性、局灶坏死及心肌纤维化从而引起儿茶酚胺心肌病。

2. 代谢紊乱

（1）高浓度的肾上腺素作用于中枢神经系统，尤其是交感神经系统，参与生热作用的调节，并通过 β- 受体增加耗氧量，引起基础代谢率增高。

（2）儿茶酚胺促进肝糖原分解，抑制胰岛素分泌，导致糖异生增加，综合引起糖耐量受损、血糖升高。

（3）脂肪分解加速，游离脂肪酸水平升高。

（4）分泌促红细胞生成素（EPO）样物质，刺激骨髓，引起外周血白细胞及红细胞计数增多。

（5）高浓度的儿茶酚胺促使钾离子进入细胞内，加之肾素及醛固酮的分泌，继而引起低钾血症。

四、病理与临床联系

功能性的嗜铬细胞瘤由于具有激素活性，其临床症状和体征是因为肿瘤合成和分泌去甲肾上腺素和 / 或肾上腺素，对 α- 或 β- 肾上腺素能受体的相关刺激引起。临床上通过测量尿中的儿茶酚胺或其代谢产物 VMA 和 3- 甲氧基肾上腺素的总量，通常可确定诊断。少数嗜铬细胞瘤只分泌多巴胺，这种病例临床上无高血压，与肾上腺皮质肿瘤、软组织腺泡状肉瘤、肾细胞癌等鉴别时会有一定困难，依赖于病理学检查相鉴别，同时光镜下的组织形态学结合电镜及免疫组化有一定帮助。嗜铬细胞瘤电镜下有典型的神经分泌颗粒，免疫组化显示 CgA 强阳性，Syn、NSE 阳性。皮质肿瘤 Syn、Dll、a-inhibin 和 melan A 阳性，NSE 部分阳性；肾细胞癌 CK、EMA 和 Vim 阳性；软组织腺泡状肉瘤 PAS 染色胞质内有晶状体样物，肌源性标记为阳性。

另外，虽然以往观点认为只有 10% 的嗜铬细胞瘤为恶性，但对成年人长期随访的回顾性研究表明，真正的恶性率要高得多。但嗜铬细胞瘤的良恶性单从形态学上不能鉴别，良性嗜铬细胞瘤中常见具有显著异型性的肿瘤细胞，也有包膜浸润或侵入血管的表现。而另一些形态学上非常温和良善的肿瘤却可以发生转移。所以只有广泛浸润邻近脏器与组织以及在正常没有嗜铬组织的器官或组织内发生转移瘤才能诊断为恶性嗜铬细胞瘤。近年有研究结果认为 Ki-67 指数 >3%，非整倍体，核分裂 >1/10HPF 伴或不伴融合性凝固性坏死，提示这类肿瘤有很高的恶性潜能。由于嗜铬细胞瘤可多发，且这些多发瘤可在体内分布很广的嗜铬组织和副神经节发生，所以要确诊为转移瘤一定要先排除多发瘤。恶性嗜铬细胞瘤的发生率为 10%，但肾上腺外嗜铬细胞瘤的恶性率可高达 30% 或更高。常见的转移部位为淋巴结、肝、肺和骨等。总之，恶性嗜铬细胞瘤的诊断需要充分结合临床资料与病理学检查。

五、临床表现

（一）心血管系统表现

由于大量的儿茶酚胺间歇地进入血液循环，使血管收缩、末梢阻力增加、心率加快以及心排出量增加，导致血压阵发性、急剧升高，收缩压可达 200mmHg 以上，舒张压也明显升高。发作时可伴有心悸、气短、胸闷、头痛、面色苍白、大量出汗、视物模糊等症状，严重者可出现脑出血或肺水肿等高血压危象。发作缓解后患者极度疲劳、衰弱,可出现面部等皮肤潮红。发作可由体位突然改变、情绪激动、剧烈运动、咳嗽及大小便等活动引发。高血压发作时伴有头痛、心悸、多汗三联征,此临床表现对嗜铬细胞瘤的诊断特异性及灵敏性均在 90% 以上。

约 60% 的患者表现为持续性高血压。据报道,约 90% 的儿童患者表现为持续性高血压,成人也有 50% 左右表现为持续性高血压。另外 40% 的患者仅在疾病发作时才发生血压升高,程度通常很严重,偶尔呈恶性发展,且使用常规抗高血压药物治疗可能无效。少数患者可出现发作性低血压、休克等,这可能与肿瘤坏死、瘤内出血,使儿茶酚胺释放骤停,或发生严重心脏意外等有关。

(二)代谢紊乱表现

儿茶酚胺刺激胰岛 α- 受体,使胰岛素分泌下降,同时作用于肝脏 α、β- 受体及肌肉 β- 受体,使糖异生及糖原分解增加,周围组织利用糖减少,可有血糖升高或糖耐量下降。儿茶酚胺还能促进垂体 TSH 及 ACTH 的分泌增加,使甲状腺素及肾上腺皮质激素分泌增加,导致基础代谢率增高,患者代谢亢进,可出现发热、消瘦。少数患者可出现低钾血症或高钙血症。

(三)消化系统表现

嗜铬细胞瘤释放大量儿茶酚胺,使肠蠕动及肠张力减弱,故可引起便秘,甚至肠扩张。此外,儿茶酚胺还可使肠腔壁内血管发生增殖性和闭塞性动脉内膜炎,严重时可造成肠坏死、出血、穿孔。本病患者胆石症发生率高,这与儿茶酚胺使胆囊收缩减弱、奥狄括约肌张力增强引起胆汁潴留有关。

(四)其他临床表现

持续严重的高血压可致肾衰竭。膀胱内副神经节瘤患者排尿时,可诱发血压升高。在大量肾上腺素的作用下血细胞会发生重新分布,使外周血中白细胞计数增多,有时红细胞也可增多。此外,本病可为Ⅱ型多发性内分泌腺瘤综合征的一部分,可伴发甲状腺髓样癌、甲状旁腺腺瘤或增生、肾上腺腺瘤或增生。

六、实验室检查及其他检查

实验室检查主要包括血浆 CA 和尿 CA 代谢产物的测定。血浆 CA 的测定包括 E、NE 和少量 DA。尿 CA 代谢产物的测定包括 VMA、甲氧基肾上腺素(metanephrine,MN)和甲氧基去肾上腺素(normetanephrine,NMN)。

影像学检查主要用于嗜铬细胞瘤的定位检查。B 超对直径 1cm 以上的肾上腺肿瘤阳性率较高;CT 扫描可准确定位 90% 以上的肿瘤;MRI 可显示肿瘤与周围组织的关系,有助于鉴别嗜铬细胞瘤和肾上腺皮质肿瘤;放射性核素标记的间碘苄胍(MIBG)适用于转移灶、复发性或肾上腺外肿瘤;奥曲肽闪烁显像也有助于定位诊断。

七、诊断和鉴别诊断

(一)嗜铬细胞瘤筛查

1. **筛查对象** 嗜铬细胞瘤占高血压患者的 0.2%~0.6%,因此不是所有高血压患者都需要进行嗜铬细胞瘤的筛查。对于下述患者则高度怀疑嗜铬细胞瘤,需要进行进一步的检查。

（1）伴有典型的头痛、出汗、心悸三联征。

（2）不稳定性或难治性高血压（经药物控制效果不佳）。

（3）体位性低血压。

（4）特发性扩张性心肌病。

（5）肾上腺意外瘤。

（6）具有 Von Hippel-Lindau 综合征（VHLS）或多发性内分泌肿瘤 2 型（MEN2）家族史。

2. 筛查方法　生化检查中血浆及 24h 尿的 MN 和去甲肾上腺素具有高敏性,正常可排除嗜铬细胞瘤和副神经节瘤（PPGLs）;当用液相色谱质谱法进行检测时,血浆及 24h 尿检的结果无显著差异。需卧位 30min 后抽血,当血的 MN 和去甲肾上腺素 > 正常值 3 倍有诊断意义。

（二）嗜铬细胞瘤确诊

1. 定性诊断

（1）激发试验:胰高糖素试验（胰高糖素可刺激瘤体分泌 CA）,一次性注射胰高糖素 0.5~1mg,注射前和注射后 3min 测 CA,注射后 CA 为注射前 3 倍以上或 >2 000pg/mL,可确诊。

（2）抑制试验:用于持续血压升高,特别是血压 >170/100mmHg 的患者,采用酚妥拉明实验,5mg 缓慢静脉注射,若注射后 2min,血压迅速下降,幅度超过 35mmHg 并持续 3~5min,可判断阳性。

2. 定位诊断

（1）CT 扫描:为首选。嗜铬细胞瘤在 CT 上多表现为类圆形肿块,密度不均匀,出血区或钙化灶呈高密度,增强扫描时肿瘤实质明显强化,而坏死区无或略有强化。CT 诊断肾上腺内嗜铬细胞瘤的敏感性达到 93%~100%,但特异性不高,只有 70%。做 CT 检查时,由于体位改变或注射静脉造影剂可诱发高血压发作,应先用 α- 肾上腺素能受体阻断剂控制高血压,并在扫描过程中随时准备酚妥拉明以备急需。

（2）磁共振显像（MRI）:优势在于三维成像,有利于观察肿瘤与周围器官与血管的解剖关系。

（3）B 超:可以检出肾上腺内直径 >2cm 的肿瘤,一般瘤体有包膜,边缘回声增强,内部为低回声均质。如肿瘤较大,生长快时内部有出血、坏死或囊性变,超声表现为无回声区。但其灵敏度不如 CT 和 MRI,不易发现较小的肿瘤,可用作初步筛查、定位的手段。

（4）同位素 [131]I 标记 MIBG 扫描:MIBG 是去甲肾上腺素的生理类似物,可被摄取和贮存于嗜铬细胞瘤内,经同位素 [131]I 标记后,能显示瘤体。

（5）生长抑素受体显像:生长抑素（奥曲肽）TCT 与 ECT 融合显像对 ^{131}I-MIBG 显示阴性的嗜铬细胞瘤进行互补检查而协助诊断。

（6）[18]F- 脱氧葡萄糖 - 正电子发射断层扫描（[18]F-FDG-PET）:[18]F-FDG-PET 显像效果好,能准确定位,灵敏度和特异性很高,恶性比良性的检出率高。

（三）鉴别诊断

1. 高血压

（1）原发性高血压:若患者伴有交感神经功能亢进的特征,如心悸、多汗、焦虑和心输出量增加,或某些原发性高血压患者血压波动较大,都应与早期嗜铬细胞瘤鉴别。可通过测定血尿的 CA 及代谢产物,若患者血和尿 CA 水平升高,应做可乐定试验,一般高血压交感神经兴奋所致的 CA 增高可被可乐定抑制,嗜铬细胞瘤所致的 CA 增高则不被抑制。

（2）肾原性高血压:一般有蛋白尿、血尿、水肿以及肾功能障碍等肾脏损害的症状,并可有继发性贫血。肾血管性高血压在患者腹部可闻及血管杂音，动脉多普勒检查和肾动脉造影可发现狭窄的肾动脉。肾性高血压患者一般无明显的交感兴奋表现，血尿 CA 及代谢产物正常。

（3）皮质醇增多症和原发性醛固酮增多症：均可引起高血压，但皮质醇增多症患者多有向心性肥胖、满月脸、水牛背、皮肤紫纹及痤疮等；尿 17- 羟皮质类固醇及血、尿皮质醇均增加，并不被小剂量地塞米松抑制。原发性醛固酮增多症患者有低钾血症、高钠血症、水肿、碱血症、多尿等水、电解质酸碱平衡紊乱的表现，血醛固酮增高，而尿 CA 及代谢产物水平正常。可与嗜铬细胞瘤鉴别。

2. **体重减轻**　嗜铬细胞瘤患者基础代谢率上升，可出现怕热、多汗、体重下降等高代谢症群，应与甲亢鉴别，少数嗜铬细胞瘤患者在高血压发作时可因甲状腺充血致甲状腺增大而误诊为甲亢。可测定 FT_3、FT_4、TSH、TSAb 以及血与尿的 CA 与代谢产物等以鉴别。

3. **精神性疾病**　精神患者在焦虑发作时，常伴有过度换气，特别是伴有高血压的患者易与嗜铬细胞瘤混淆，这时应多次收集 24h 尿液测定 CA 及其代谢产物，以帮助鉴别诊断。

4. **更年期综合征**　更年期妇女在绝经前后常有心悸、多汗、发热、焦虑、血压波动等类似嗜铬细胞瘤的症状，可仔细询问病史，特别是月经史，血压高时查血和尿 CA 及代谢产物水平，必要时可借药理试验鉴别。

5. **肾上腺"意外瘤"**　意大利的内分泌学会在全国开展了一项肾上腺瘤的回顾性调查。1980—1995 年间，在 26 个医疗中心共发现 1 096 例意外瘤患者，85% 无激素分泌功能，9.2% 为亚临床型 CS，4.2% 为轻型嗜铬细胞瘤，1.6% 为轻型醛固酮瘤。其中 380 例接受手术，198 例为皮质腺瘤（52%），47 例为皮质癌（12%），42 例为嗜铬细胞瘤（11%），肿瘤直径 ≥4.0cm 者绝大多数为恶性（93%）。在这些嗜铬细胞瘤患者中，仅 43% 的患者有高血压，86% 的患者尿 CA 增加。以上资料表明，凡发现肾上腺意外瘤的患者，不论有无高血压症状，都必须考虑嗜铬细胞瘤可能。

6. **糖尿病**　嗜铬细胞瘤可并发高血糖症，有的需用胰岛素治疗，如嗜铬细胞瘤为肾上腺外，尤其在颈、胸部，常规肾上腺影像检查阴性时，可长期误诊为糖尿病。

八、治疗

（一）药物治疗

长效 α 受体阻滞药，包括酚苄明和哌唑嗪。酚苄明常用于术前准备，合并高血压急症时也可静脉给以酚妥拉明。钙通道阻滞剂可用于术前联合治疗，常用药物为硝苯地平；硝普钠主要用于嗜铬细胞瘤患者的高血压危象发作或手术中血压持续升高者。

（二）手术治疗

手术切除嗜铬细胞瘤是最有效的治疗方法，但有一定的危险性。麻醉和手术当中对肿瘤的挤压，极易造成血压波动；肿瘤血运丰富，与大的血管贴近，容易引起大量出血。因此，术前、术中及术后的正确处理极为重要。通常可能需等患者恢复到最适健康状态再进行手术，可结合应用 α 受体和 β 受体阻滞剂（苯氧苄胺 40~60mg/d 和普萘洛尔 30~60mg/d，分次口服）。术前和术中的高血压危象可静脉滴注樟磺咪芬或硝普钠。当使用肾上腺能阻滞剂时，应首先采用 α 受体阻滞剂。

（三）^{131}I-MIBG 治疗

主要用于恶性及手术不能切除的嗜铬细胞瘤患者。

（四）术后处理

在肿瘤切除后，患者血压很快下降。若术后仍存在持续性高血压，可能是肿瘤未切除干净或已伴有原发性高血压或肾性高血压。儿茶酚胺在手术后 7~10d 即可恢复正常水平。因此，在术后 1 周时要测定儿茶酚胺或其代谢物以明确肿瘤是否完全切除。对于不能手术的患者或者恶性肿瘤扩散的患者，可以长期药物治疗。

九、预后

恶性嗜铬细胞瘤对放疗和化疗不敏感，预后不佳。

（陈小琳 管 枫）

第四节 先天性肾上腺皮质增生症

先天性肾上腺皮质增生症（congenital adrenal hyperplasia，CAH）为常染色体隐性遗传代谢病。肾上腺皮质激素的合成从胆固醇开始，由于类固醇激素合成过程中某种酶的编码基因突变导致肾上腺皮质激素合成障碍，继发下丘脑促肾上腺皮质激素释放激素（CRH）和垂体促肾上腺皮质激素（ACTH）代偿性分泌增加，导致肾上腺皮质增生，从而产生以皮质醇、醛固酮合成减少，肾上腺来源的性类固醇激素产生增多为主要特征的一类疾病。临床上，以 21- 羟化酶（CYP21）缺乏症（21-OHD）最常见，占 90% 以上，11β- 羟化酶（CYP11β）缺乏症（11β-OHD）次之，占 5%~8%；其次是 17α- 羟化酶（CYP17）缺乏症（17α-OHD）；3β- 羟类固醇脱氢酶（3β-HSD）缺乏症和类固醇激素急性调节蛋白（steroid acute regulatory protein，StAR）缺乏症非常罕见。

一、病因与发病机制

肾上腺皮质激素的前体物质为胆固醇，从胆固醇到皮质醇的生物合成需要 CYP21、CYP11β、3β-HSD 和 CYP17 的参与。这些酶除了 3β-HSD 外，都属于细胞色素氧化酶 P450（cytochrome P450，CYP）系。编码这些酶基因中的任何一个发生突变都可导致酶活性缺陷，临床上引起不同类型的 CAH。

（一）21- 羟化酶缺乏症

21-OHD 是 CAH 的最常见类型，是由于 *CYP21* 基因突变致 CYP21 功能缺陷。经典型 21-OHD 的发病率约 1.1/10 万，非经典型 21-OHD 的发病率远较经典型 21-OHD 高。人类有两个 *CYP21* 基因，即活性 *CYP21B* 基因和无活性的 *CYP21A* 假基因（CYP pseudogene）。*CYP21B* 和 *CYP21A* 基因之间有高度同源性，呈串联排列于 HLA-Ⅲ型区域的 *C4A/C4B*、*XA/XB*、*YA/YB* 基因之间，定位于第 6 号染色体短臂（6p21.3）。在失盐型（salt-wasting，SW）患者中有 56% 的等位基因外显子Ⅲ5′ 端上游内含子Ⅱ第 13 个碱基有点突变（C → G）；32% 有等位基因大片段缺失或基因易位。单纯男性化型（simple virilizing）21-OHD 患者最常见的等位基因突变（35%）为 Ile172Asn 置换，其次为内含子Ⅱ点突变（27%）。在症状较轻的非经典型 21-OHD 患者中以 Val281Leu 突变最常见（39%）。89% 的

21-OHD 的基因型与临床表型相符，其余 11% 的患者由于基因分型方法不标准或临床分型不确定致二者不符。基因分析对 21-OHD 患者基因型诊断、胎儿产前患病危险率估计和 CAH 类型鉴别均有重要意义。

在 21-OHD 患者中，由于 CYP21 活性降低或丧失，孕酮和 17-羟孕酮（17-OHP）不能被转化为去氧皮质酮（DOC）和 11-去氧皮质醇，导致皮质醇合成减少，对下丘脑和腺垂体的反馈抑制作用减弱，ACTH 分泌增加，刺激肾上腺皮质（主要为束状带）增生，产生过量的 11-去氧皮质酮和 11-去氧皮质醇，一部分通过 17-OHP/17、20-裂解酶转而进入雄激素合成途径。若 CYP21 完全缺乏，则皮质醇分泌绝对不足；若缺陷不完全，则可通过 ACTH 分泌增加，代偿性使皮质醇的分泌达正常水平，但在应激时多出现缺乏症状。

（二）11β-羟化酶缺乏症

11β-OHD 由 *CYP11β1* 基因突变引起，一般占所有 CAH 病例的 5%~8%。人类的 CYP11β 有两种同工酶，即 CYP11β1（11β-羟化酶）和 CYP11β2（醛固酮合成酶），由第 8 号染色体长臂（8q21~q22）上的两个基因（7kb）编码，两个基因具有高度同源性（外显子序列达 95%，内含子序列约 90%）。

在正常肾上腺内，*CYP11β2* 基因的表达水平低，而 *CYP11β1* 基因的表达水平高，*CYP11β1* 基因的转录受 cAMP 的调节。*CYP11β1* 基因突变导致皮质醇合成障碍，DOC 的堆积而引起高血压；*CYP11β2* 基因突变导致醛固酮（ALD）合成障碍。*CYP11β* 基因异常使 11-去氧皮质醇和 11-去氧化皮质酮不能转化为皮质醇和皮质酮，ACTH 分泌增加刺激肾上腺皮质的束状带增生，产生过量的皮质酮和皮质醇的前体物质。前体物质中的一部分通过 17α-羟化酶进入肾上腺性激素合成途径，合成过多雄激素。DHEA、雄烯二酮和睾酮水平升高，使女性患者表现男性化。过多的 11-去氧皮质酮（11-DOC）具有盐皮质激素作用，引起钠潴留和血容量增加，可导致高血压和低钾血症。

（三）17α-羟化酶缺乏症

17α-OHD 极少见，由编码该酶的 *CYP17* 基因突变而引起。*CYP17* 基因位于第 10 号染色体长臂（10q24~25），有 8 个外显子和 7 个内含子。*CYP17α* 基因突变致 17α-OHD，引起肾上腺皮质醇合成不足，ACTH 分泌增多，盐皮质激素特别是皮质酮和 11-DOC 合成增加（可为正常的 30~60 倍）。17α-OHD 患者一般没有肾上腺皮质功能减退的表现，因为皮质酮分泌大量增加，而皮质酮本身具有一定程度的糖皮质激素（GC）活性。

二、病理解剖和病理生理

（一）病理解剖特征

先天性肾上腺皮质增生症多数发生在婴幼儿和儿童，大体上肾上腺皮质呈弥漫性或结节状增生。增生的肾上腺一侧平均重 15g。肾上腺表面呈脑回状或结节状，切面呈棕色。光镜下形态类似 CS 的肾上腺，表现为皮质区弥漫性增生，尤其是网状带。由于血内高水平的 ACTH，束状带和网状带可融合成一致密细胞带，此致密细胞带可伸展到球状带之下，但常常有薄层索状带与球状带分隔。球状带呈不同程度增生，CYP21 部分缺乏的病例球状带可 2~4 倍于正常；CYP21 完全缺乏的病例则球状带厚度变异较大，从增生到完全消失都有可能。

（二）病理生理特点

正常肾上腺以胆固醇为原料合成糖皮质激素、盐皮质激素及性激素的过程中需要一系列酶的催化。而在先天性肾上腺增生时，上述激素合成过程中某些酶的缺乏使糖皮质激素和 / 或盐皮质激素合成受阻，缺陷部位以前的各种中间产物在体内堆积，导致大量性激素的合成。由于皮质醇的合成受阻或缺乏，其对垂体的负反馈作用减弱，垂体分泌大量 ACTH，导致肾上腺皮质增生，并使雄激素和一些中间代谢产物增多。由于 ALD 合成和分泌也常受到影响，导致血浆肾素活性增高，从而产生各种临床症状。

CAH 为常染色体隐性遗传。最常见的缺陷类型为 CYP21 缺乏和 CYP11β 缺乏，占先天性肾上腺增生的 95%~98%。不同类型的酶缺乏及缺乏程度不同，其相应的临床症状也不一致。CYP21 部分缺乏主要影响皮质醇的合成，导致雄激素分泌过多，临床表现为单纯性男性化综合征；CYP21 严重或完全缺乏，则皮质醇和醛固酮合成均受阻，临床除了多毛男性化外还伴低钠血症、高钾血症、脱水和呕吐等症状。CYP11β 的缺乏不仅造成雄激素的分泌过多，而且因 11- 脱氧皮质酮不能转化为皮质酮，使11- 脱氧皮质酮过多而出现高血压。CYP17 缺乏型罕见，由于糖皮质激素及性激素合成均受阻，从而造成盐皮质激素合成过多，临床表现类似原发性醛固酮增多症；同时由于雄激素缺乏，男孩因性器官分化不良而出现假两性畸形，女性如不治疗则出现性幼稚。3β- 羟类固醇脱氢酶缺乏亦罕见，该酶缺乏时三种皮质激素合成均受阻，导致男孩出现假两性畸形，由于脱氢表雄烯酮合成过多，女孩仍可出现男性化（图 5-4-1 ）。

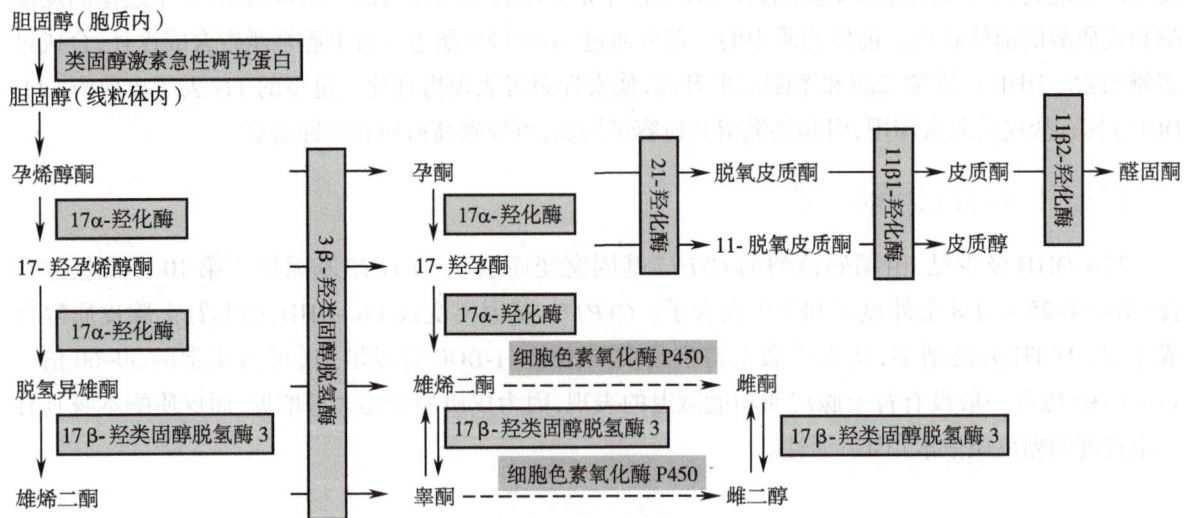

图 5-4-1　肾上腺皮质激素合成途径

三、病理与临床联系

CAH 作为一种先天性的代谢异常，是出生后第一年内发生肾上腺生殖综合征的常见原因。这种代谢缺陷可发生在皮质激素合成所必须的五个酶促反应的任何阶段，从而引起不同的临床综合征，但所有类型的病理改变均表现为弥漫性皮质细胞增生。治疗上应包括皮质醇替代疗法及外生殖器官的外科矫正。

另外，虽然肾上腺性腺异常综合征的最常见病因是 CAH，但如果有肾上腺肿瘤的存在，则大多数病例为皮质腺癌。特别是在成年女性,肾上腺病因所致的男性化症状通常继发于肿瘤分泌的脱氢表雄烯酮和脱氢表雄烯酮硫酸盐。临床上应注意鉴别引起男性化的肾上腺肿瘤与肾上腺增生。

四、临床表现及实验室检查

（一）21-羟化酶缺乏症

21-OHD 的临床表现特征为皮质醇缺乏症群,伴或不伴有 ALD 缺乏和继发性 ACTH 增加而刺激肾上腺皮质增生致雄激素、孕酮和 17-OHP 合成增多。雄激素分泌过多导致女性假两性畸形。根据临床表现的严重程度可分为极度严重经典型、中度严重型及轻度型三种,前两种又合称为经典型,轻度型称为非经典型。

1. **极度严重经典型（失盐型）** 21-OHD 是由皮质醇和 ALD 缺乏和胎儿早期雄激素分泌过多所致。在妊娠期胎儿即开始起病,出生后表现为皮质醇缺乏症群,女性新生儿的外生殖器男性化,并伴失盐症群。由于肾小管潴钠和排钾功能丧失可出现低钠血症、高钾血症、代谢性酸中毒,某些患者由于皮质醇缺乏可出现低血糖症,甚至肾上腺皮质功能减低危象。新生儿肾上腺危象症状和体征表现为拒食、昏睡、呕吐、腹泻、脱水、低血压、体重锐减等,若不积极治疗,可进一步发展为循环衰竭,直至死亡。ALD 缺乏可随年龄的增长而逐渐好转,肾脏保钠能力增强,血钠逐渐升高,但仍低于正常。未经治疗的失盐型 21-OHD,血清 ALD 低于正常（为 50~250ng/dL）,伴血浆肾素活性增高。

2. **中度严重型（单纯男性化型）** 21-OHD 一般在妊娠胎儿期即开始起病,出生后表现为皮质醇缺乏症群,女性新生儿患者外生殖器男性化。由于 ALD 合成基本不受影响,患者无失盐表现,可出现轻度 PRA 增高。外生殖器的分化过程对雄激素非常敏感,胚胎期生成的大量睾酮可使女性胎儿男性化,生殖结节扩大致阴蒂肥大,严重时与正常男性的阴茎难以区分;阴唇、阴囊皱襞可部分或完全融合。虽然女性性生殖器发育有不同程度的畸形,但性腺和内生殖器发育正常,无睾丸,故此类患者为女性假两性畸形。男性患儿在出生时外生殖器一般无异常,少数仅在会阴部有轻度色素及阴茎稍大,其内生殖器发育正常。出生后,女性患者外生殖器的男性化程度进一步加重,而男性患者则可出现男性假性性早熟,表现为阴毛提早出现,阴茎增大,可有勃起,但睾丸很小。

在儿童期的早期,患儿生长加速,明显高于同年龄儿童,肌肉较发达,骨骼成熟加速,骨龄超前,骨骺提前融合,但最终身高却不及正常成人,一般不出现正常的青春期发育。女性患者可出现月经稀发、不规则或闭经,多数患者不育,肌肉亦较发达,嗓音变粗,出现痤疮、喉结、多毛甚至胡须,阴、腋毛提早出现;男性患者通常存在小睾丸和生精障碍而致不育,少数患者有正常的睾丸发育和生育能力。

在青春期前及青春期,垂体促性腺激素对 GnRH 的反应可正常。经正确治疗的经典型女性患者60% 有生育能力,失盐型女性患者一般生育力下降。由于 ACTH 过度分泌,21-OHD 患者可有色素沉着、肤色加深。

3. **轻度型** 无失盐症群。女性患者出生时外生殖器正常,往往在童年期、成年期因有轻度雄激素过多症状和体征而被诊断。童年期可有性毛早现、痤疮、生长轻度加速、阴蒂轻度肥大,至青春期或成年期可有多毛症、囊性痤疮、月经紊乱和不育等。男性患者可无症状或症状较轻,可出现青春期发育提前、性毛早现、痤疮、生长轻度加速,但成年后身材较矮。雄激素过多分泌可引起垂体促性腺激素释放抑制而致生精障碍和生育能力下降。

所有 21-OHD 患者均有血 17-OHP、21- 去氧皮质醇和尿 17-OHP 代谢产物孕三醇的基础值或 ACTH 兴奋试验后增高。GC 治疗使 17-OHP、21- 去氧皮质醇或尿孕三醇降低。出生 5.5 个月以上至青春前期的经典型 21-OHD 患者血清睾酮水平增高。男性患者在婴儿期（出生至 5.5 个月）、青春期和成年期，睾酮水平正常。

（二）11β- 羟化酶缺乏症

1. **高血压** 11β-OHD 患者体内 DOC 的代谢产物增加，引起钠潴留和血容量增加，可导致高血压和低钾血症。大约 2/3 的经典型 11β-OHD 患者有高血压，是 11β-OHD 的特征性表现。

2. **失盐** 少数患者在婴幼儿期可出现高钾血症、低钠血症和低血容量等盐皮质激素缺乏的症状。这些症状可由于应用 GC 治疗所引起，即 GC 治疗很快抑制了束状带 DOC 的过量分泌，而球状带的功能在治疗前已长时期被过量分泌的 DOC 所抑制，难以迅速恢复，因而不能通过迅速增加 ALD 的分泌来代偿 DOC 的突然减少，故而出现失盐的表现。

3. **女性男性化** 经典型 11β-OHD 的女性男性化表现及其发生机制与 21-OHD 类似。

4. **非经典型的表现** 非经典型（既往称为迟发型、轻型等）11β-OHD 患者的血压往往正常，或仅有轻度升高，其他临床表现则与非经典型 21-OHD 相似。患者出生时外生殖器一般正常。女性患者可在青春期前后出现轻度阴蒂肥大等雄激素分泌过多的症状，有些成年妇女可仅有多毛及月经稀发等表现。

实验室检查可发现皮质醇低，血浆 DOC 基础值和 ACTH 兴奋后均增高。血浆肾上腺雄激素（雄烯二酮、DHEAS）基础值水平增高。经典型患者血浆与尿四氢 -11- 去氧皮质醇增高。通过测定羊水四氢 -11- 去氧皮质醇可于产前作出 11β-OHD 诊断。

（三）17α- 羟化酶缺乏症

患者一般无肾上腺皮质功能减退的表现。17α-OHD 患者多数有高血压，其高血压症状可在儿童期即有表现。患者还可有低血钾和碱中毒等表现。男性患者多表现为完全的假两性畸形，即外生殖器为幼稚女性型，有盲端阴道，而内生殖器为男性型，睾丸小且发育不良，可位于腹腔内、腹股沟区或阴唇阴囊皱襞中。男性患者在青春期还可有乳腺发育。而女性患者出生时正常，出生后则表现为第二性征不发育和原发性闭经。男、女患者几乎均无阴毛和腋毛生长。青春期后，FSH 和 LH 水平均明显升高。由于骨龄落后，骨骺融合延迟，患者在达成人年龄后身高仍可持续而缓慢生长。

实验室检查血 ACTH 水平升高，患者的 17α- 羟化类固醇，包括雄激素、雌激素、皮质醇、11- 去氧皮质醇和 17-OHP 等水平极低或测不到，24h 尿中 17- 酮类固醇（17-KS）和 17-OHCS 排泄量极少，血浆孕烯醇酮、孕酮、DOC、皮质酮及其 18- 羟产物水平升高等升高，可被 GC 抑制。PRA 和 ALD 水平极低。8- 羟皮质酮 /ALD 比值高具有较大的诊断意义。生化检查还可发现低血钾和碱中毒。

五、诊断和鉴别诊断

（一）21- 羟化酶缺乏症的诊断

筛查：新生儿 CAH 筛查主要用于典型 21-OHD 的筛查。筛查的目的是防止新生儿发生肾上腺皮质功能减退危象、后遗症的产生和死亡及女性新生儿男性化的后果。通过 17-OHP 测定，可以诊断

70% 的典型 21-OHD,对另外 30% 的病例也有诊断意义。

    1. **筛查方法**　有 RIA 及 ELISA 法,RIA 法只需 <20μL 的血液,其标本可于出生后第 3~5 天从足跟穿刺而得。

    2. **诊断及诊断依据**

（1）临床表现特点:皮质醇和 / 或 ALD 分泌不足引起的表现,雄激素分泌过多引起的表现,因 ACTH 分泌过多引起皮肤黏膜色素沉着。

（2）实验室激素改变。

（3）HLA 分型和 *CYP21B* 基因分析。

（二）11β- 羟化酶缺乏症的诊断

无论是新生儿、儿童,还是成人,如果他们有雄激素分泌过多的表现,同时又伴有高血压,则要考虑 11β-OHD 的可能。

诊断及诊断依据:

1. 诊断和诊断依据与 21-OHD 相似。

2. 两者鉴别要点是否有高血压。

（三）17α- 羟化酶缺乏症的诊断

17α-OHD 患者的典型临床表现为女性以及外表为女性的患者有第二性征不发育、原发闭经和低肾素性高血压的表现,或者外生殖器性别难辨的患者有低肾素性高血压、低血钾和碱中毒的表现。

诊断及诊断依据:

1. 性腺发育不良,不论是 46,XX 还是 46,XY,社会性别都是女性。

2. 原发闭经,第二性征不发育,高身材,骨龄落后,骨质疏松。

3. 高血压、低血钾。

4. 实验室激素改变。

5. HLA 分型和 *CYP17α* 基因分析。

（四）CAH 各种类型间的鉴别诊断

CAH 各种类型的临床表现和实验室检查分别见表 5-4-1、表 5-4-2。

表 5-4-1　CAH 各类型的临床表现鉴别

	失盐症群	高血压	女性男性化（雄激素过多症群）	男性女性化
21-OHD	3/4 典型者有 1/4 无,轻度者无	无	几乎所有典型女性患者出生时即有,生长加速,青春期提前,多毛;轻型者无月经紊乱	无
11β-OHD	几乎无	几乎所有典型者有,某些典型者或轻度者无	所有典型女性出生时即有;青春期提前,多毛;轻型者有月经紊乱	无
17α-OHD	无	无	无	男性（46,XY）

表 5-4-2　CAH 各类型实验室检查鉴别

酶缺陷类型	血液								尿液		
	Na	K	PRA	ALD	17-OHP	DHEA	DOC	T	17-OHCS	17-KS	孕三醇
CYP21											
失盐型	↓	↑	↑↑	↓↓	↑↑	↑	↓	↑↑	↓	↑↑	↑↑
单纯男性化型	N	N	N↑	↓	↑↑	N↑	N↓	↑↑	↓	↑↑	↑↑
CYP11β	↑	↓	↓	↓		N↑	↑↑	↑↑	↓	↑↑	↑
CYP17	↑	↓	N↓	↓		↓↓	↑↑	↓↓	↓	↓	↓↓

注：Na—钠；K—钾；PRA—肾素活性；ALD—醛固酮；17-OHP—17- 羟孕酮；DHEA—去氢异雄酮；DOC—11- 去氧皮质酮；T—睾酮；17-OHCS—17- 羟皮质类固醇；17-KS—17- 酮皮质类固醇。N：正常；↑：升高；↑↑：升高明显。

（五）女性假两性畸形的鉴别

CAH 是女性假两性畸形最常见的病因，其他较少见病因为肾上腺肿瘤或母亲于妊娠早期使用雄激素所致。CAH 和肾上腺肿瘤均有尿 17-KS 增高，若明显升高则肾上腺肿瘤的可能性大。地塞米松抑制试验示血浆 17-OHP 或 17-KS 水平不能被抑制，而 CAH 则可被抑制。

（六）男性假两性畸形的鉴别

非 CAH 所致的男性假两性畸形主要见于雄激素抵抗综合征、5α- 还原酶缺陷、混合性性腺发育不良、克兰费尔特综合征（Klinefelter syndrome）和母亲于妊娠期使用雌激素等。

（七）多毛的鉴别

多囊卵巢综合征（PCOS）、CS、卵巢肿瘤、高催乳素血症、特发性多毛症和肾上腺肿瘤等可导致患者多毛。多囊卵巢综合征的发病高峰在 20~40 岁。一般初潮正常，起病后闭经或月经失调、不孕和肥胖，其中多毛症占 69%，与成年型轻型 CAH 一定要注意鉴别。CS 一般都有明显的皮质醇增多症状和血皮质醇水平增高。高催乳素血症伴 DHEAS 增多，有泌乳及闭经，偶有多毛，体格检查乳房可挤出乳汁；血 PRL 增高，LH、FSH 正常或升高，溴隐亭治疗效果良好。特发性多毛症病因不明，有多毛症、肥胖，除月经紊乱外不伴有其他男性化症状，血中各种雄激素及其相关联的中间代谢产物正常或稍升高，睾酮 $/E_2$ 比值升高。

六、治疗

（一）激素替代治疗

1. 糖皮质激素（glucocorticoids，GC）替代治疗　GC 为各种类型 CAH 的主要治疗手段。在 21-OHD 和 11β-OHD 中，GC 治疗可通过抑制 ACTH 的过量分泌而减少雄激素的产生，患者过快的生长速度和超前的骨龄可逐渐恢复正常。对于 11β-OHD 和 17α-OHD，GC 治疗则可通过抑制 ACTH 的过量分泌而使 DOC 的分泌下降到正常，通常可使高血压症状得到缓解。对于所有类型的 CAH，临床上以选用生理性氢化可的松（hydrocortisone）口服为宜，GC 的用量必须适当，可根据血 ACTH 和 17KS 水平调整剂量，原则上先大后小。

2. **盐皮质激素替代治疗**　对于失盐型 21-OHD,除 GC 外,还需要适当补充盐皮质激素进行替代治疗,比较常用的盐皮质激素为 9α- 氟氢可的松(9α-fluorohydrocortisone, 9α-FF),其常用替代剂量为 0.05~0.15mg/d,可不考虑患者的体重和年龄。同时要增加每日食盐的摄入量,因盐皮质激素的作用必须要以充分的钠摄入为基础,婴幼儿可口服食盐 1~2g/d。

(二)性分化异常的治疗

性分化异常是 CAH 的主要临床表现,必须进行合理而审慎的治疗。大量的心理学研究表明,在人类成长过程中的社会性别作用远远超过激素的作用。社会看到的是表现型而不是基因型。在确定一个假两性畸形的患者应该选择何种社会性别时,需要更多地考虑外生殖器的生理学和解剖学特点、将来可能的发育和功能情况,以及患者的心理、社会环境等因素。

七、预后

诊断越早,预后越好。

(陈小琳)

第五节　肾上腺皮质功能减退

肾上腺皮质功能减退按病因可分为原发性和继发性。原发性又称为艾迪生病,是由于自身免疫、结核、感染、肿瘤等原因导致两侧肾上腺大部分被破坏,出现皮质激素不足。继发性指垂体、下丘脑等病变导致 ACTH 不足所致,其中继发于下丘脑 CRH 和其他促 ACTH 释放因子不足者也称为三发性肾上腺皮质功能减退。

一、病因和发病机制

(一)原发性肾上腺皮质功能减退

其病理机制包括肾上腺皮质激素分泌不足和 ACTH 反馈性分泌增多。其病因包括:

1. **自身免疫性肾上腺炎**　其病理改变为肾上腺皮质萎缩呈广泛透明样变性,常伴有大量淋巴细胞、浆细胞、单核细胞浸润。约半数的患者血清中有抗肾上腺皮质细胞的自身抗体,常伴有其他脏器和内分泌腺体的自身免疫性疾病;约有 50% 的自身免疫肾上腺皮质功能减退者有一种以上的自身免疫性疾病。

2. **肾上腺结核**　在结核病发病率高的地区,肾上腺结核仍为原发性肾上腺皮质功能减退的重要原因。该病可导致双侧肾上腺组织包括皮质和髓质破坏严重,常超过 90%。肾上腺皮质结构消失,代以大片干酪样坏死,结核性肉芽肿和结核结节。

3. **深部真菌感染**　尸检发现,死于组织包浆的患者 1/3 有肾上腺真菌感染。

4. **其他**　包括获得性免疫缺陷综合征、转移癌、脱髓鞘疾病、类固醇 21- 羟化酶缺乏症、家族性糖皮质激素缺乏症、胆固醇代谢缺陷症。

（二）继发性肾上腺皮质功能减退症

继发性肾上腺皮质功能减退症可分为垂体性肾上腺皮质功能减退（包括全垂体肾上腺皮质功能减退症、单一性 ACTH 缺乏、急性垂体性肾上腺皮质功能衰竭）、下丘脑 CRH 分泌功能减退、长期大量应用外源糖皮质激素所致的功能减退。

二、病理解剖和病理生理

（一）病理解剖特征

1. 肾上腺萎缩　肾上腺组织萎缩变形、呈薄饼样，皮质呈毁损性破坏，髓质结构尚存。两侧共重仅 2.5g 或更轻。光镜下见肾上腺皮质萎缩或不连续，以散在的皮质细胞小结节代之，有淋巴细胞、浆细胞浸润，可伴淋巴滤泡形成及纤维化，髓质结构基本分化尚好。

2. 肾上腺结核　肾上腺组织被上皮样肉芽肿和干酪样坏死所替代，继而出现明显的纤维化及炎细胞浸润（图 5-5-1），皮质及髓质均可受累，肾上腺体积增大，常可伴有钙化。

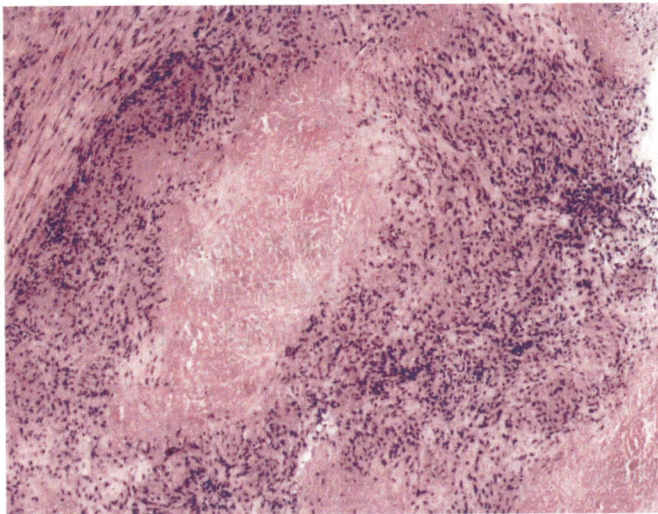

图 5-5-1　肾上腺结核
光镜下见肾上腺组织被上皮样肉芽肿和干酪样坏死所替代，伴纤维化及炎细胞浸润（HE 染色，×40）。

（二）病理生理特点

1. 醛固酮缺乏

（1）醛固酮减少导致保钠保水作用降低，钠排出增加引起机体血容量不足、脱水，继而引起心排出量和肾血流量减少，患者出现氮质血症、乏力、消瘦。同时，血管壁细胞内的钠离子减低，可使管壁对血中儿茶酚胺类升压物质的反应减弱，患者出现直立性低血压，重者可晕厥、休克。

（2）钾排出减少可致高钾血症及轻度的代谢性酸中毒。

2. 皮质醇缺乏

（1）肾上腺皮质醇减少使其对垂体的负反馈减弱，促使具有黑色素细胞刺激活性的垂体 ACTH、黑素细胞刺激素（MSH）及促脂素（β-LPH）分泌增加，促进黑色素细胞制造黑色素，临床表现为皮肤及黏膜黑色素沉着。

（2）促进抗利尿激素（ADH）分泌，肾排水能力减弱，如大量饮水可引起稀释性低血钠。

（3）抑制糖异生，肝糖原损耗，继而引起空腹低血糖。

三、病理与临床联系

结核曾一度是引起原发性慢性肾上腺皮质功能减退症（Addison 病）的主要原因，现已退居于特发性肾上腺萎缩之后。特发性肾上腺炎 / 萎缩是一种自身免疫性疾病，60%~75% 的患者血内可找到自身抗体如抗肾上腺皮质细胞微粒体和线粒体抗体。由于肾上腺皮质激素缺乏所继发的一系列病理生理改变，这种自身免疫性 Addison 病常合并恶性贫血、胰岛素依赖性糖尿病、慢性黏膜皮肤念珠菌病、甲状旁腺功能减退，性功能减退和自身免疫性甲状腺疾病。

四、临床表现

该病发病缓慢，可能在多年后才被发现。原发性肾上腺皮质功能减退症典型表现为皮肤和黏膜色素沉着，多为弥漫性，以经常摩擦部位、瘢痕，乳晕，外生殖器，结膜，口腔黏膜为明显。而继发性肾上腺皮质功能减退无此表现。由于皮质激素缺乏，患者多有乏力，程度和病情平行。消化道症状如食欲缺乏、恶心、呕吐、腹痛多见于病程久，病情严重者。另外患者还可有低血糖、精神症状、阴毛和腋毛脱落、月经失调甚至闭经、对感染外伤等应激反应抵抗力减退。

肾上腺危象为本病急骤加重的表现。常发生于感染、创伤、手术、分娩、过度劳累、腹泻或中断肾上腺皮质激素治疗等应激情况。表现为恶心、呕吐、腹痛、腹泻、严重脱水、血压降低、心率增快和精神失常，常有高热、低血糖和低钠血症。如不及时抢救，可发展为休克和昏迷。

五、实验室检查及其他检查

（一）一般检查

可有低血钠、高血钾，脱水严重时低血钠可不明显；高血钾一般不严重。

（二）血糖及糖耐量试验

可有空腹低血糖，空腹糖耐量试验示低平曲线。

（三）心电图

提示低电压，T 波低平或倒置，P-R 间期与 Q-T 时间可延长。

（四）影像学检查

肾上腺结核导致的肾上腺皮质功能减退在其肾上腺 X 片及 CT 检查可提示肾上腺增大及钙化，下丘脑和垂体病变可行蝶鞍 CT 和 MRI，B 超或 CT 引导下肾上腺细针穿刺有助于肾上腺病因诊断。

（五）激素测定

1. **血浆皮质醇**　血浆总皮质醇基础值≤3μg/dL 可确诊为肾上腺皮质功能减退，≥20μg/dL 可排除本症。

2. **血浆 ACTH**　原发性肾上腺皮质功能减退症血浆 ACTH 常升高。血浆 ACTH 正常可排除原发性肾上腺皮质功能减退症，但不可排除轻度继发性肾上腺皮质功能减退症。

3. **血或尿醛固酮**　血和尿醛固酮水平在原发性肾上腺皮质功能减退症中可能为低值或正常下限，血浆肾素活性或浓度升高；而在继发性肾上腺皮质功能减退中则血或尿醛固酮水平正常。

4. **ACTH 兴奋试验**　此试验为检查肾上腺皮质的储备功能。可发现轻度慢性肾上腺皮质功能减退及鉴别原发性肾上腺皮质功能减退与继发性慢性肾上腺皮质功能减退。

六、诊断

根据患者有皮肤色素沉着、虚弱、头晕、低血压和腋毛阴毛稀少脱落等症状考虑本病。典型的实验室检查有低血钠、高血钾、低血糖、血浆皮质醇及 24h 尿游离皮质醇降低。同时 ACTH 水平增高，ACTH 兴奋试验无明显反应。结核菌素试验，肾上腺 CT、MRI 及垂体 MRI 等可用于定位诊断。

七、治疗

（一）糖皮质激素替代治疗

患者需要终生使用肾上腺皮质激素。医生会根据患者的身高、体重、年龄等确定合适的基础量，宜模拟生理性激素分泌的昼夜节律，在清晨服用全日量的 2/3，下午 4 点服用余下 1/3。一般成年人，每日剂量开始为氢化可的松 20~30mg 或可的松 25~37.5mg，之后逐渐减量，氢化可的松 15~20mg 或相应量的可的松，在有感染或其他应激时适当加量。

（二）食盐和盐皮质激素

食盐的摄入量要充分，每日至少 8~10g，如有大汗、腹泻时应酌情加量。大部分患者在服用氢化可的松和充分摄盐下可获得满意效果。若患者仍有头晕乏力则需要加盐皮质激素，可每日口服 9α-氟氢可的松，于上午 8 点一次口服 0.05~0.1mg。若有水肿、高血压、低血钾则减量。

（三）病因治疗

若有活动性结核，应给予抗结核治疗。

（四）肾上腺危象

1. **积极抢救**

（1）补液：典型的危象液体损失量约为细胞外液的 1/5，治疗第一、二天应补充生理盐水 2 000~3 000mL。对于糖皮质激素缺乏为主、脱水不严重者补液量应适当减少。同时补充葡萄糖液以避免低血糖。

（2）糖皮质激素：立即静脉注射氢化可的松100mg，使血皮质醇浓度达到正常人在发生严重应激时的水平。之后每6小时加入补液中静滴100mg，第二、三天可减为300mg，分次静脉滴注。

2. 病情好转，逐渐减量为100mg。进食后可换为口服。

3. 积极抗感染及对症支持治疗。

八、预后

该疾病经及时适量激素替代治疗，预后良好。

（黄艳　管枫）

第六章 糖尿病

糖尿病（diabetes mellitus，DM）是一组以长期高血糖为主要特征的代谢综合征，由于胰岛素缺乏和/或胰岛素生物作用障碍导致糖代谢紊乱，同时伴有脂肪、蛋白质、水、电解质等代谢障碍，可并发眼、肾、神经、心血管等多脏器的慢性损害。1997 年美国糖尿病学会（ADA）将糖尿病分为四类：即 1 型糖尿病（T1DM）、2 型糖尿病（T2DM）、其他类型糖尿病及妊娠糖尿病。2019 年世界卫生组织（WHO）将糖尿病分为 T1DM、T2DM、妊娠期间高血糖糖尿病、其他特殊类型糖尿病、混合型糖尿病及未分类糖尿病六类。但是 ADA 2022 年版糖尿病指南仍沿用 1999 年分类标准，中华医学会糖尿病分会（CDS）2020 年版糖尿病指南亦沿用 1999 年 ADA 分类标准，故本书亦按照 ADA 1999 年标准对糖尿病分类。

第一节 糖尿病的诊断与分型

一、病因与发病机制

（一）1 型糖尿病

T1DM 的病因与发病机制主要是以易感人群为背景的病毒感染、化学物质所致的胰岛 B 细胞自身免疫性炎症导致 B 细胞破坏和功能损害，引起胰岛素分泌缺乏。

1. **易感基因** 通过基因组筛选，已发现 12 个 T1DM 的易感基因。根据易感基因的强弱、效应主次，将 *T1DM1* 基因（即 *HLA* 基因，定位于 6p21）定为 T1DM 的主效基因，其余皆为次效基因。*T1DM* 基因主要为 HLA-Ⅱ 中 DQ 和 DR 的编码基因。其中 *DQA1*0301-B1*0302*（*DQ8*）和 *DQA1*0501-B1*0201*（*DQ2*）与 T1DM 的易感性相关；*DQA2*0102-B1*0602*（*DQ6*）与 T1DM 的保护性相关。

2. **病毒感染与胰岛 B 细胞自身免疫性损伤** 进入体内的病毒立即被巨噬细胞吞饮，病毒蛋白残体和Ⅰ类抗原均在巨噬细胞表面表达，故巨噬细胞就成为抗原呈递细胞。这种表达是致敏淋巴细胞识别的标记，T 淋巴细胞被激活。

3. **牛奶中的免疫原性物质** Porch 和 Johnson 等报道缺乏母乳喂养，食入过多牛奶与 T1DM 的发病率增高有关。Karjalainen 等测定新发病的 T1DM（142 例）儿童血清中抗牛血清白蛋白（BSA）抗体增高。具有免疫原性的 BSA 抗体，只对具有 *HLA-DR* 或 *HLA-DQ* 特异性抗原易感基因的患者敏感，引发胰岛 B 细胞抗原抗体反应，致 B 细胞受损而引发 T1DM。迄今为止，有关牛奶蛋白作为 T1DM 的始发因素仍存在争论。

4. B 细胞凋亡 细胞凋亡在正常组织死亡和一系列疾病中均起作用。在体外分离的大鼠和人类胰岛细胞肿瘤诱发的 B 细胞株中有细胞凋亡的形态学改变。杀鼠药（rodenticide）造成的糖尿病模型可检测到 B 细胞的凋亡。对 T1DM 动物模型非肥胖性糖尿病（NOD）小鼠的 B 细胞凋亡研究发现，在雌性 NOD 小鼠（3 周龄）即可检测到凋亡的 B 细胞，是最早的和唯一的细胞死亡方式，先于胰岛的淋巴细胞浸润，这表明 B 细胞凋亡在自发或诱发的 T1DM 中起着一定的作用，且可以用来解释临床显性糖尿病前有很长的糖尿病前期阶段。

5. 其他因素 糖尿病母亲分娩的婴儿，其发生糖尿病的概率为正常婴儿的 2~3 倍，此可能与体内的花生四烯酸、肌醇（内消旋型）和前列腺素代谢失常等有关。这些代谢紊乱使进入胎儿体内的葡萄糖增多，产生氧自由基，导致胎儿胰岛的发育障碍。

（二）2 型糖尿病

T2DM 有明显的遗传异质性，并受到多种环境因素的影响，其发病与胰岛素抵抗和胰岛素分泌的相对性缺乏有关，两者均呈不均一性。家系调查发现 T2DM 38% 的兄妹和 33.3% 的后代有糖尿病或糖耐量异常。对 T2DM 双胞胎研究发现 58% 患有糖尿病，追踪 10 年发现其余大部分人也发生糖尿病。单卵双生的发病率可能是 70%~80%。目前研究认为 T2DM 是一种异质性、多基因遗传病。与 T2DM 有关的遗传基因有：胰岛素受体底物 -1 基因、解偶联蛋白 2 基因、胰高糖素受体基因、β3 肾上腺素受体（AR）基因、葡萄糖转运蛋白基因突变、糖原合成酶基因等。

1. 胰岛素受体底物 -1（IRS-1） IRS-1 基因是胰岛素信号转导分子，组织细胞内 IRS-1 蛋白水平的高低、IRS-1 的结构和功能状态、酪氨酸磷酸化是胰岛素信号转导的基础，胰岛素与胰岛素受体结合后，磷酸化的胰岛素受体 β 亚基与细胞质内的 IRS-1 相互结合，促使 IRS-1 的酪氨酸磷酸化，IRS-1 再与含有 SH2 结构的分子（如 PI3K）结合，向多个方向传递信息，当 IRS-1 浓度减低到一定程度或 IRS-1 结构与活性异常时，胰岛素信号在胞内传导即受阻滞。IRS-1 表达下降也是引起胰岛素抵抗的原因之一。

2. 糖原合成酶基因 糖原合成酶（GS）是糖原合成的限速酶，研究发现 T2DM 早期及血糖正常的 T2DM 患者一级家属中，该酶的合成和水解异常，这种障碍反映在胰岛素对 GS 的活性缺陷上。1995 年，Orho 等克隆分离出来了人肌肉糖原合成酶基因，整个基因包括 16 个外显子，全长 27kb，在人基因组中以单拷贝形式存在。该基因定位于染色体 19q13.3，包括所有的磷酸化位点的负电荷区域均由第一或最后一个外显子编码。

3. 解偶联蛋白 2（UCP2 基因） UCP2 基因定位于 11q，该区域与高胰岛素血症及肥胖相连锁，在人类的许多组织及器官中广泛表达，包括骨骼肌、脂肪、肺、心、肾、胎盘、胃及胰腺。解偶联蛋白是位于线粒体内膜上的质子转运体，正常情况下可产生质子漏（proton leak），从而使质子电化学梯度消失，呼吸链与 ATP 产生过程解偶联，能量则以产热形式消耗，而不以 ATP 形式储存，从而参与机体能量平衡的调控。

4. 胰高糖素受体及其基因 胰高糖素在机体的糖代谢中起重要作用，它与在肝、胰岛 B 细胞等组织内表达的胰高糖素受体（GCGR）结合后，可促进肝糖原分解、肝糖原异生及 B 细胞分泌胰岛素。国外有报道在某些人种中发现胰高糖素受体基因（染色体 17q25）40 号密码子的错义突变（Gly 40 Ser）与 T2DM 相关。

5. 肥胖 肥胖致胰岛素抵抗和糖尿病的发病过程和致病作用具有明显的遗传背景，那些幼儿时期生活在贫困地区的人们，在较富裕的生活环境中特别易于发生肥胖和糖耐量减退。近年用一种称为"节约基因型（thrifty genotype）"的假说来解释这种现象。例如，以野猎方式生活的人群具有一种良好的本能（生存素质），在贫困和强体力劳动（野猎）的条件下，当营养充足时，体内的营养物以脂肪方式贮存而节约下来，以备在饥荒时利用。但当这些人进入现代社会后，由于体力活动减少，热卡供应充足或过剩，节约基因便成为肥胖和 T2DM 的易感基因［如密克罗尼西亚（Micronesians）人、波利尼西亚人（Polynesians）人、澳大利亚的土著人和美洲的原住民等］。

6. **体力活动不足** 流行病学调查发现强体力劳动者发生 T2DM 的概率远低于轻体力劳动者或脑力劳动者。运动可改善胰岛素敏感性，用胰岛素钳夹技术研究表明，即使不伴体重下降，血浆胰岛素水平和胰岛素释放面积也减低，葡萄糖清除率增加。运动使胰岛素与其受体的结合增加，改善了胰岛素抵抗和胰岛素作用的敏感性，而且适当的运动还有利于减轻体重，改善脂质代谢。

7. **胰岛素抵抗（insulin resistance，IR）** IR 是 T2DM 的特征之一，它是指亚细胞、细胞、组织或机体的一种病理生理状态，本意指需要超过正常量的胰岛素始能在胰岛素的效应器官产生正常的生理效应，现代的 IR 概念则泛指胰岛素在周围组织摄取和清除葡萄糖的作用减低。胰岛素的主要效应器官是肝脏、骨骼肌及脂肪组织。胰岛素主要的生理效应包括其介导的葡萄糖的摄取及处置（糖的氧化及贮存），促进蛋白质合成，促进脂肪合成，抑制糖异生，抑制脂肪分解及酮体生成等。IR 可能发生在胰岛素受体前、受体及受体后三个不同的环节。

（三）特殊类型糖尿病

特殊类型糖尿病共有八类：①胰岛 B 细胞功能缺陷；②胰岛素作用的遗传缺陷；③胰岛外分泌疾病；④内分泌疾病；⑤药物或化学物诱导；⑥感染；⑦免疫介导伴糖尿病的其他遗传综合征；⑧合并有糖尿病的其他遗传综合征。

1. **胰岛 B 细胞功能缺陷为单基因缺陷所致胰岛 B 细胞分泌胰岛素不足** 1991 年，Bell 等在 1 个庞大的 MODY 家系中定位了 20 号染色体长臂的致病基因位点，命名为 MODY1，这为发现肝细胞核因子 4α（hepatic nuclear factor 4α，*HNF4A*）基因为 MODY1 的致病基因奠定了基础。1992 年，Froguel 等发现了 7 号染色体短臂上的第 2 个 MODY 基因位点，并确认为葡萄糖激酶（glucokinase，*GCK*）基因，即 MODY2。之后又确认了 MODY1 基因为 *HNF4A*，并陆续确认了肝细胞核因子 1α（hepatic nuclear factor 1α，*HNF1A*）、胰十二指肠同源盒因子（pancreatic duodenal homeoboxfactor-1，*PDX-1*）基因等其他 MODY 基因，迄今已报道有 14 种 MODY 类型。

2. **线粒体基因突变** 线粒体 DNA 常见的突变为 tRNA Leu（*UUR*）基因 nt3243 突变（A → G）。

3. **胰岛素作用的遗传缺陷** 此型呈明显的高胰岛素血症和胰岛素抵抗，有 A 型胰岛素抵抗、多诺霍综合征、Rabson-Mendenhall 综合征、脂肪萎缩性糖尿病（如 Seip-Lawrence 综合征，Berardineli 综合征）等。

（四）妊娠糖尿病

妊娠糖尿病（gestational diabetes mellitus，GDM）是指妊娠期间首次发生的糖代谢异常，但血糖未达到显性糖尿病水平。GDM 不等于妊娠期高血糖，后者包括孕前患有糖尿病合并妊娠（PGDM）、妊娠期发现的糖尿病（妊娠期显性糖尿病）和 GDM，其中 GDM 占 80%~90%。糖尿病合并妊娠和妊娠糖尿病两者对母婴的健康都可造成严重危害。其危害程度与糖尿病病情及妊娠期血糖控制与否有密切关系。

IDF（1997 年）建议的糖尿病分型方案见表 6-1-1。

表 6-1-1　IDF（1997 年）建议的糖尿病分型方案

糖尿病分型	病因		分类	
T1DM	胰岛 B 细胞破坏导致胰岛素绝对缺乏		A. 免疫性 急性发病 缓慢发病 B. 特发性	
T2DM	胰岛素抵抗为主体的胰岛素相对性缺乏，或胰岛素分泌受损为主体的胰岛素抵抗			
其他特异型	A. B 细胞功能基因缺陷			
		第 12 号染色体,肝细胞因子 HNF1alpha（MODY3） 第 7 号染色体,葡萄糖激酶（MODY2） 第 20 号染色体,肝细胞核因子 HNF4 alpha（MODY1） 线粒体 DNA 其他		
	B. 胰岛素作用的基因异常			
		A 型胰岛素抵抗 多诺霍综合征 Rabson-Mendenhall 综合征	脂肪萎缩性糖尿病 其他	
	C. 胰腺外分泌疾病			
		胰腺炎 外伤或胰腺切除 肿瘤 囊性纤维化	血色病 纤维钙化性胰腺病 其他	
	D. 内分泌疾病			
		肢端肥大症 库欣综合征 胰高血糖素瘤 嗜铬细胞瘤	甲状腺功能亢进症 生长抑素瘤 醛固酮瘤 其他	
	E. 药物或化学制剂所致的糖尿病			
		Vacor（N-3- 吡啶甲基 N-P- 硝基苯尿素） Pentamidine（喷他脒） 烟草酸 糖皮质激素 甲状腺激素 diazoxide（二氮嗪）	β- 肾上腺素能激动剂 噻嗪类利尿剂 苯妥英钠 干扰素 α 治疗后 其他	
	F. 感染			
		先天性疹　巨细胞病毒	其他	
	G. 非常见的免疫介导的糖尿病			
		僵人综合征 胰岛素自身免疫综合征	抗胰岛素受体抗体 其他	

续表

糖尿病分型	病因	分类
	H. 合并有糖尿病的其他遗传综合征	
	唐氏综合征	劳 - 穆 - 比综合征
	克兰费尔特综合征	强直性肌营养不良
	特纳综合征	卟啉病
	Wolfram 综合征	普拉德 - 威利综合征
	弗里德赖希共济失调	其他
	亨廷顿舞蹈症	
妊娠糖尿病		

二、病理解剖和病理生理

胰腺是内外分泌混合腺,其中外分泌部占腺体的绝大部分,属于消化腺,分泌胰液(图 6-1-1)。内分泌部是由散在分布于外分泌部之间的胰岛所构成。胰岛由内分泌细胞组成,为球形细胞团,包括 α(A)细胞、β(B)细胞、δ(D)细胞和 PP 细胞,近年又发现了 ε 细胞。胰岛 B 细胞约占胰岛细胞总数的 70%,主要位于胰岛中央部,能分泌胰岛素,起调节血糖含量的作用。胰岛细胞间有丰富的有孔毛细血管,细胞分泌的激素借此直接入血。胰岛素来源于胰岛素原的裂解,胰岛素分子由两条多肽链组成,分别称为 A 链和 B 链,两条肽链由两个二硫键连接。在 A 链内部还有一个二硫键,将第 6 位和第 11 位氨基酸残基连接起来。A 链含有 21 个氨基酸残基,而 B 链则有 30 个。胰岛素原的分子结构见图 6-1-2。葡萄糖是胰岛素释放的单一且最重要的刺激物。机制包括以下系列过程:在 GLUT2 的作用下,进入细胞内的葡萄糖随即被葡萄糖激酶磷酸化,成为 6- 磷酸葡萄糖。6- 磷酸葡萄糖逐步代谢氧化,可使 ATP 生成增加,ATP/ADP 比率升高,使胰岛 B 细胞 ATP 敏感 K^+ 通道(KATP)关闭,导致细胞膜去极化,进而激活电压门控 L- 型通道,Ca^{2+} 内流增加,通过兴奋 - 分泌耦联机制引起胰岛素释放(图 6-1-3)。

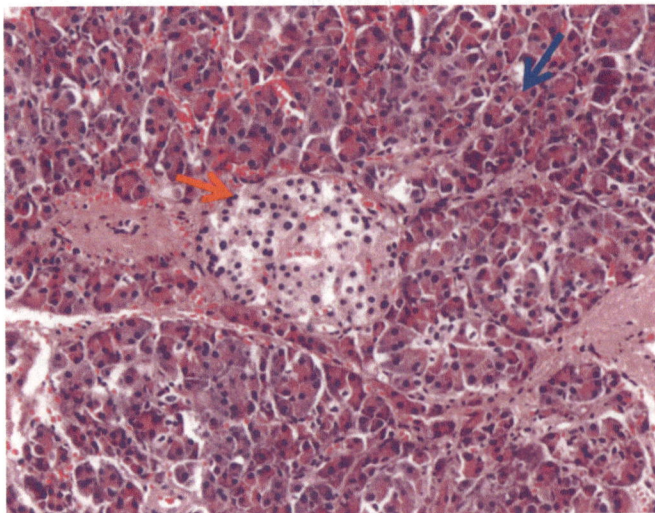

图 6-1-1　胰腺组织
可见外分泌部的腺泡(蓝色箭头)和内分泌部的胰岛(红色箭头)。

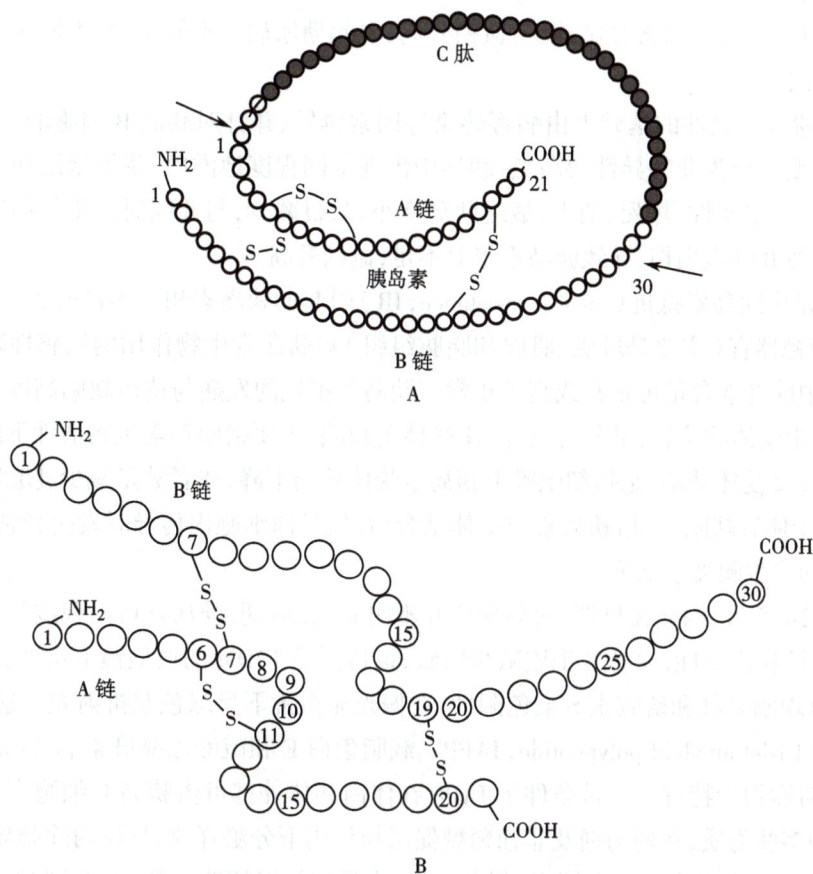

图 6-1-2　胰岛素原及胰岛素的分子结构
A. 胰岛素原；B. 胰岛素（胰岛素原可分解为 C- 肽和胰岛素）。

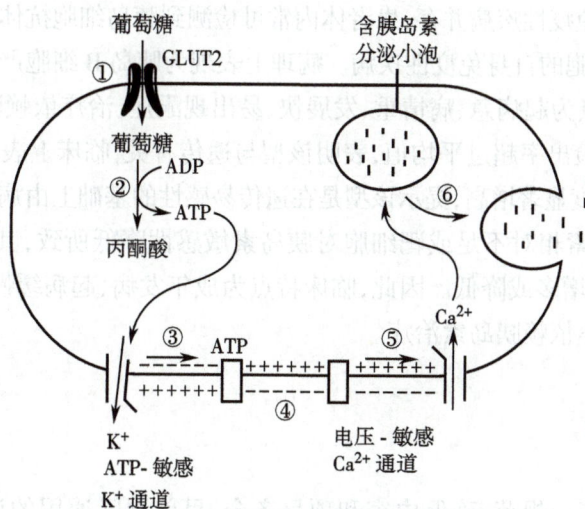

图 6-1-3　葡萄糖刺激胰岛素分泌示意图
GLUT2：葡萄糖转运子 2。

（一）糖尿病时胰岛病变

当胰岛发生病变时，胰岛素分泌减少，血糖升高，引起糖尿病。不同类型、不同时期的糖尿病，其胰岛病变有所不同。

T1DM 是在遗传易感性的基础上由病毒感染等因素诱发、并针对胰岛 B 细胞的一种自身免疫性疾病。其早期病变表现为非特异性胰岛炎，胰岛中出现不同程度地淋巴、浆细胞浸润，继而胰岛 B 细胞发生颗粒脱失、空泡变性、坏死、消失，最终胰岛变小，数目减少，与此同时纤维组织增生，玻璃样变性。其结果是胰岛 B 细胞损伤，导致胰岛素绝对不足，血糖升高。

T2DM 主要是由胰岛素抵抗（insulin resistance，IR）引起的胰岛素相对不足所致。IR 是指胰岛素作用的靶组织和靶器官（主要是肝脏、肌肉和脂肪组织）对胰岛素生物作用的敏感性降低，可引起高血糖症，而血液中胰岛素含量可正常或高于正常。胰岛素抵抗的发病与遗传缺陷高度相关，根据这种缺陷相对于胰岛素受体的位置，可分为三种：①受体前缺陷，主要指胰岛素生物活性下降，失去对受体的正常生物作用；②受体缺陷，是指细胞膜上胰岛素受体功能下降，或者数量减少，胰岛素不能与其受体正常结合；③受体后缺陷，是指胰岛素与受体结合后，信号向细胞内传导时发生异常所引起的一系列代谢过程，从而产生胰岛素抵抗。

T2DM 是由 IR 所致，因此在早期，胰岛病变并不明显；在后期，胰岛素可出现进行性分泌不足，其原因是胰岛发生淀粉样变性，胰岛 B 细胞减少所致，该特征是 T2DM 的典型镜下病理表现。沉积在胰岛的淀粉样物呈现刚果红和硫胺素 S 染色阳性，在偏光显微镜下呈绿色双折射光。这些淀粉样物由胰岛淀粉样多肽（islet amyloid polypeptide，IAPP）、载脂蛋白 E 和硫酸乙酰肝素 perlecan 等构成，其中 IAPP 为胰岛淀粉样物所特有。正常条件下 IAPP 在体内和体外都可由胰岛 B 细胞产生，是与胰岛素协同分泌的一种多肽物质，在葡萄糖及非葡萄糖促泌物作用下分泌释放，是体内除胰岛素外的另一种降糖激素。T2DM 时，患者出现高血糖症，刺激 IAPP 大量释放以调节血糖；与此同时，IAPP 大量沉积于胰岛，形成淀粉样物，取代胰岛 B 细胞。因此与 T1DM 不同，胰岛 B 细胞减少是血糖升高的结果而不是原因，临床上表现为胰岛素抵抗为主，同时可伴有胰岛素进行性分泌不足。

（二）病理与临床联系

T1DM 常与其他自身免疫性疾病并存，患者体内常可检测到胰岛细胞抗体和细胞表面抗体，这表明该型是一种针对胰岛 B 细胞的自身免疫性疾病。病理上表现为胰岛 B 细胞严重受损，胰岛素分泌绝对不足。因此，该型临床特点为起病急、病情重、发展快、易出现酮症、治疗依赖胰岛素。T1DM 患者血中 HLA-DR3 和 HLA-DR4 的检出率超过平均值，表明该型与遗传有关，临床上表现为青少年发病。此外，患者血清中抗病毒抗体滴度显著增高，提示该型是在遗传易感性的基础上由病毒感染等诱发所致。

T2DM 是由体内胰岛素相对不足或靶细胞对胰岛素敏感性降低所致，其胰岛数目正常或轻度减少，而血中胰岛素可正常、增多或降低。因此，临床特点为成年发病、起病缓慢、病情较轻、发展较慢和不易出现酮症，一般可以不依赖胰岛素治疗。

三、糖尿病的诊断

糖尿病的诊断必须统一规范，确保内容和项目齐全，目前国际通用的诊断标准和分类是 WHO（1999 年）标准，见表 6-1-2 和表 6-1-3。糖尿病的临床诊断应依据静脉血浆血糖而不是毛细血管血糖检测结果。

表 6-1-2 糖代谢状态分类

（WHO 糖尿病专家委员会报告，1999）

糖代谢分类	静脉血浆葡萄糖 /（mmol/l）	
	空腹血糖	糖负荷后 2h 血糖
正常血糖（NGR）	<6.1	<7.8
空腹血糖受损（IFG）	6.1~<7.0	<7.8
糖耐量异常（IGT）	<6.1	7.8~<11.1
糖尿病（DM）	≥7.0	≥11.0

注：IFG 和 IGT 统称为糖调节受损，也称糖尿病前期；2003 年 11 月 WHO 糖尿病专家委员会建议将 IFG 的界限值修订为 5.6~6.9mmol/L。

表 6-1-3 糖尿病的诊断标准

诊断标准	静脉血浆葡萄糖 /（mmol/l）
典型糖尿病症状（烦渴多饮、多尿、多食、不明原因体重下降）加上随机血糖	≥11.1
或：空腹血糖	≥7.0
或：葡萄糖负荷后 2h 血糖	≥11.1
或：糖化血红蛋白	≥6.5%

注：空腹状态指至少 8h 没有进食热量；随机血糖指不考虑上次用餐时间，一天中任意时间的血糖，不能用来诊断空腹血糖异常或糖耐量异常；无典型症状者需择日复查异常血糖（空腹或 / 和葡萄糖负荷后 2h 血糖、糖化血红蛋白）

空腹血浆葡萄糖或 75g OGTT 后的 2h 血浆葡萄糖值可单独用于流行病学调查或人群筛查。但仅查空腹血糖时糖尿病的漏诊率较高，理想的调查是同时检查空腹血糖及 OGTT 后 2h 血糖值。OGTT 其他时间点血糖不作为诊断标准。建议已达到糖调节受损的人群，应行 OGTT 检查，以提高糖尿病的诊断率。

急性感染、创伤或其他应激情况下可出现暂时性血糖增高，若没有明确的糖尿病病史，就临床诊断而言不能以此时的血糖值诊断糖尿病，须在应激消除后复查血糖值，再确定糖代谢状态，检测糖化血红蛋白（HbA1c）有助于诊断。

2011 年 WHO 建议在条件具备的国家和地区采用 HbA1c 诊断糖尿病，诊断切点为 HbA1c≥6.5%。我国 2010 年开始进行"中国糖化血红蛋白教育计划"，随后国家食品药品监督管理局发布了《糖化血红蛋白分析仪》的行业标准，国家卫生和计划生育委员会（卫计委）临床检验中心发布了《糖化血红蛋白实验室检测指南》，并实行了国家临床检验中心组织的室间质量评价计划，我国的 HbA1c 检测标准化程度逐步提高，但各地区差别仍较大。因此，《糖化血红蛋白实验室检测指南》推荐，对于采用标准化检测方法并有严格质量控制的医院，可以开展用 HbA1c 作为糖尿病诊断及诊断标准的探索研究。国内一些研究结果显示，在中国成人中 HbA1c 诊断糖尿病的最佳切点为 6.2%~6.4%，以 6.3% 的证据为多。2020 年版 CDS 指南推荐在有严格质量控制的实验室，采用标准化检测方法测定的 HbA1c 可以作为糖尿病的补充诊断标准，诊断切点为 6.5%。

四、各种类型糖尿病的鉴别要点

（一）1 型糖尿病和 2 型糖尿病的主要鉴别点

血糖水平不能作为区分 T1DM 还是 T2DM 的依据。即使是被视为 T1DM 典型特征的糖尿病酮症酸中毒在 T2DM 患者中也会出现。因此在患者起病初期进行分类有时的确很困难。目前诊断 T1DM 主要根据临床特征。

T1DM 具有以下特点：发病年龄通常小于 30 岁、三多一少症状明显、以酮症或酮症酸中毒起病、体型非肥胖、空腹或餐后的血清 C 肽浓度明显降低、出现自身免疫标记［如谷氨酸脱羧酶抗体（GADA）、胰岛细胞抗体（ICA）、人胰岛细胞抗原 2 抗体（IA-2A）、锌转运体 8 抗体（ZnT8A）等］。如果不确定分类诊断，可先做一个临时性分类用于指导治疗。然后依据患者对治疗的反应以及随访观察其临床表现，再重新评估和分型。在 T1DM 中，有一种缓慢进展的亚型，即成人隐匿性自身免疫糖尿病（LADA），在起病早期与 T2DM 的临床表现类似，需要依靠 GADA 以及其他胰岛自身抗体的检测才能明确诊断。

（二）胰岛 B 细胞功能遗传性缺陷所致特殊类型糖尿病

1. **线粒体 DNA 突变糖尿病** 线粒体基因突变糖尿病是最为多见的单基因突变糖尿病，占中国成人糖尿病的 0.6%。绝大多数线粒体基因突变糖尿病是由线粒体亮氨酸转运 RNA 基因［tRNALeu（UUR）］上的线粒体核苷酸序位 3243 上的 A → G（A3243G）突变所致。最为常见的临床表现为母系遗传、糖尿病或伴耳聋。对具有下列一种尤其是多种情况者应疑及线粒体基因突变糖尿病：①在家系内糖尿病的传递符合母系遗传。②起病早伴病程中胰岛 B 细胞分泌功能明显进行性减低或尚伴体重指数低且胰岛自身抗体检测阴性的糖尿病者。③伴神经性耳聋的糖尿病者。④伴中枢神经系统、骨骼肌表现、心肌病、视网膜色素变性、眼外肌麻痹或乳酸性酸中毒的糖尿病患者或家族中有上述表现者。对疑似者首先应行 tRNALeu（UUR）A3243G 突变检测。

2. **青少年的成人起病型糖尿病（MODY）** MODY 是一种以常染色体显性遗传方式在家系内传递的早发但临床表现类似 T2DM 的疾病。目前通用的 MODY 诊断标准是三点：①家系内至少三代直系亲属内均有糖尿病患者，且其传递符合常染色体显性遗传规律。②家系内至少有一个糖尿病患者的诊断年龄在 25 岁或以前。③糖尿病确诊后至少在两年内不需使用胰岛素以控制血糖。目前，国际上已发现了 14 种 MODY 类型。

（三）妊娠糖尿病

妊娠糖尿病（gestational diabetes mellitus，GDM）是指妊娠期间首次发生的糖代谢异常，但血糖未达到显性糖尿病水平，不包含孕前已经存在的 T1DM 或 T2DM。妊娠期产前检查发现血糖升高的程度已经达到非孕期糖尿病的标准，应诊断为妊娠期显性糖尿病（ODM）而非 GDM。

1. **妊娠糖尿病** 指妊娠期间发生的不同程度的糖代谢异常，但血糖未达到显性糖尿病的水平：孕期进行 75g 葡萄糖耐量试验（OGTT），空腹血糖 ≥5.1mmol/L，OGTT 1h 血糖 ≥10.0mmol/L，OGTT 2h 血糖 ≥8.5mmol/L，符合上述任何一项标准即可诊断 GDM。

2. **妊娠期显性糖尿病（overt diabetes mellitus，ODM）** 孕期任何时间发现且达到非孕人群糖尿病诊断标准：空腹血糖 ≥7.0mmol/L 或糖负荷后 2h 血糖 ≥11.1mmol/L，或随机血糖 ≥11.1mmol/L。

（李 新 曾 智）

第二节　糖尿病急性并发症

糖尿病急性并发症是指由于短时间内胰岛素缺乏、严重感染、降糖药物使用不当,导致血糖过高或过低而出现的急性代谢紊乱,主要包括糖尿病酮症酸中毒(diabetic ketoacidosis, DKA)、高血糖高渗状态(hyperglycemic hyperosmolar state, HHS)、糖尿病乳酸性酸中毒(diabetic lactic acidosis, DLA)和低血糖症(hypoglycemia)。

一、糖尿病酮症酸中毒

糖尿病酮症酸中毒是由于体内胰岛素不足和升糖激素不适当升高引起的糖、脂肪和蛋白代谢严重紊乱综合征,临床以高血糖、高血酮和代谢性酸中毒为主要表现。糖尿病酮症酸中毒是最常见的糖尿病急性并发症。

(一)病因及诱因

T1DM患者有自发糖尿病酮症酸中毒倾向,部分T1DM以糖尿病酮症酸中毒起病。

T2DM患者在一定诱因作用下也可发生糖尿病酮症酸中毒,常见诱因有感染、降糖药物治疗中断或不适当减量,过量摄入高糖高脂饮食或饮酒,各种应激如创伤、手术、妊娠和分娩等,有时无明显诱因。

(二)发病机制

胰岛素缺乏是糖尿病酮症酸中毒发病的基础。机体内胰岛素缺乏时,机体不能很好地利用血液中的葡萄糖,导致各组织细胞处于糖和能量的饥饿状态,可引起脂肪分解加速,伴随升糖激素(如儿茶酚胺、胰高糖素、糖皮质激素等)的不适当分泌增加,导致肝、肾葡萄糖生成增多和外周组织利用葡萄糖障碍,脂肪分解增加,大量游离脂肪酸释放入血液循环,在肝脏氧化分解产生酮体,超过了酮体的利用能力,大量酮体堆积在体内形成酮症,发展为酮症酸中毒和高钾血症。

(三)病理生理

1. **酸中毒**　酮血症和尿酮统称酮症。酮体中的乙酰乙酸和β羟丁酸属于有机酸性化合物,在机体代偿过程中可消耗体内碱储备。

2. **严重失水**　血糖、血酮升高→血浆渗透压升高→细胞内液向细胞外转移→细胞脱水伴渗透性利尿;蛋白质、脂肪分解增加→代谢产物排泄(经肾、肺)带出水分;酸中毒失代偿→厌食、恶心、呕吐→水摄入减少,丢失增加。

3. **电解质平衡紊乱**　渗透性利尿、呕吐及摄入减少、细胞内外水分及电解质转移、血液浓缩。

4. **循环衰竭和肾衰竭**　血容量减少,酸中毒→周围循环衰竭→低血容量性休克。失水→血容量减少→血压下降→肾灌注量减少→少尿、无尿→肾衰竭。

5. **中枢神经功能障碍**　严重失水→血液黏稠、血浆渗透压升高、循环衰竭、脑细胞缺氧等→神经元自由基增多、信号传递途径障碍→意识障碍,脑水肿。

（四）临床表现

1. **糖尿病症状加重**　极度烦渴、多尿，明显脱水、极度乏力。

2. **消化道症状**　食欲低下甚至恶心、呕吐，少数患者表现为全腹不固定疼痛，有时较剧烈，似外科急腹症，但无腹肌紧张和仅有轻压痛。

3. **呼吸系统症状**　严重代谢性酸中毒刺激呼吸中枢，出现深大呼吸（Kussmaul 呼吸），部分患者呼气有烂苹果味。

4. **神经系统症状**　头痛、精神萎靡或烦躁、神志渐恍惚，最后嗜睡、昏迷。

5. **脱水和休克症状**　脱水程度不一，双眼球凹陷，皮肤弹性差，脉快，血压低或偏低，舌干程度是脱水程度估计的重要而敏感的体征。

（五）实验室检查和其他检查

1. **血糖、尿糖过高**　血糖多为 16.7~33.3mmol/L，有时可达 55mmol/L 以上；尿糖呈强阳性。

2. **酮体**　血酮体 >1mmol/L，尿酮体阳性。需要注意丙酮无肾阈，若酮体产生过多而肾功能无障碍时，尿酮虽然阳性，但血酮并不高，临床上无酮血症。

3. **肾功能**　尿素氮、肌酐可升高。

4. **酸碱度**　血浆 CO_2 结合力降低 30 容积，或 90% 以下，血浆 pH<7.35。

5. **电解质**　代谢紊乱。

6. **血气分析**　标准碳酸氢、缓冲碱低于正常，碱剩余负值增大，阴离子隙 >16。

7. **外周血象**　有血液浓缩的表现。

（六）诊断和鉴别诊断

早期诊断是决定治疗成败的关键，临床上对原因不明的恶心呕吐、酸中毒、失水、休克、昏迷的患者，尤其是呼吸有烂苹果味、血压低而尿量多者，无论有无糖尿病史，均应高度怀疑此症。

鉴别诊断包括：

1. **其他类型的糖尿病昏迷**　低血糖昏迷，高血糖高渗状态，乳酸性酸中毒。

2. **其他疾病所致昏迷**　脑膜炎、尿毒症、脑血管意外等。部分患者以糖尿病酮症酸中毒作为糖尿病的首发表现，某些病例因其他疾病或诱发因素为主诉，有些患者糖尿病酮症酸中毒与尿毒症或脑卒中共存等使病情更为复杂，应注意鉴别。

（七）治疗

尽快补液以恢复血容量。纠正失水状态，降低血糖，纠正电解质及酸碱平衡失调，同时积极寻找和消除诱因，防治并发症，降低病死率。

1. **补液**　对重症糖尿病酮症酸中毒尤为重要，不但有利于脱水的纠正，且有助于血糖的下降和酮体的消除。

（1）补液总量：一般按患者体重（kg）的 10% 估算，成人糖尿病酮症酸中毒一般失水为 4~6L。

（2）补液种类：开始以生理盐水为主，若开始输液时血糖不是严重升高或治疗后血糖下降至 13.9mmol/L，应输入 5% 葡萄糖或糖盐水，以利消除酮症。

（3）补液速度：按先快后慢为原则。原则上前 4h 输入总失水量的 1/3~1/2，在前 12h 内输入量 4 000mL 左右，达输液总量的 2/3。其余部分于 24~28h 内补足。

2. **胰岛素治疗** 小剂量胰岛素疗法,输注胰岛素 0.1U/(kg·h),即可对酮体生成产生最大的抑制效应,并能有效地降低血糖。用药过程中要严密监测血糖,若血糖不降或下降不明显,尤其是合并感染或原有胰岛素抵抗的患者,需特别注意。

3. **纠正电解质及酸碱平衡失调** 一般经补液和胰岛素治疗后,酮体水平会下降,酸中毒可自行纠正,一般不必补碱。补碱指征为血 pH<7.1,HCO_3^-<5mmol/L。应采用等渗碳酸氢钠溶液,补碱不宜过多过快。

补钾应根据血钾和尿量:治疗前血钾低于正常,立即开始补钾,前 2~4h 通过静脉输液每小时补钾 13~20mmol/L;血钾正常、尿量 >40mL/h,也立即开始补钾;血钾正常、尿量小于 30mL/h,暂缓补钾,待尿量增加后再开始补钾;血钾高于正常,暂缓补钾。治疗过程中定时检测血钾和尿量,调整补钾量和速度。病情恢复后仍应继续口服钾盐数天。

4. **对症治疗** 针对感染、心衰、心律失常等的治疗。

（八）预后

糖尿病酮症酸中毒经过及时的抢救治疗,其预后多属良好,对于 T1DM 酮症酸中毒患者要特别慎重,要积极采取治疗措施。倘若并发肾衰、心衰或多系统多器官衰竭,其预后将根据衰竭的器官数目而定。衰竭的器官数量越多,预后越不佳。如果酮症酸中毒不予以及时治疗,其预后多属不良。

二、高血糖高渗性综合征

高血糖高渗性综合征(hyperosmolar hyperglycemic syndrome,HHS)是糖尿病的严重急性并发症之一,临床以严重高血糖而无明显酮症酸中毒、血浆渗透压显著升高、脱水和意识障碍为特征。HHS 的发生率低于糖尿病酮症酸中毒,且多见于老年 T2DM 患者。

（一）病因及诱因

在胰岛素相对缺乏的基础上,一些常见的因素可诱发 HHS,这些因素包括:

1. **应激与感染** 感染最常见。

2. **饮水不足** 多见于口渴中枢敏感性下降的老年人,精神失常、生活不能自理或昏迷的患者,以及不能主动摄水的幼儿。

3. **失水过多** 如发热、严重呕吐、腹泻及大面积烧伤患者,神经内科脑卒中脱水治疗,肾脏科透析治疗。

4. **高糖摄入** 饮大量高糖饮料或静脉输入高糖等。

5. **药物** 大量服用影响糖代谢的药物,如:肾上腺皮质激素、利尿剂、普萘洛尔、苯妥英钠、利培酮、氯丙嗪、甲氰咪胍、甘油、硫唑嘌呤等。这些药物均可导致或加重机体的胰岛素抵抗而升高血糖,加重脱水,而诱发高血糖高渗状态。

（二）发病机制及病理生理

本症以胰岛素相对不足为前提,加上某种诱因的存在而导致的。血糖升高导致渗透性利尿,机体丢失水分和电解质如钾、钠,且失水大于失钠和失钾;与此同时,血液浓缩,导致肾血流量减少,血糖及钠排出减少,促进血糖、血钠进一步升高,引起恶性循环,结果出现严重脱水。由于血容量不足,大部分患者有血压降低、心跳加速的症状，少数患者呈休克状态，伴有感染时尤为常见。脱水严重甚至导致无尿。由于脑细胞脱水、低血容量性休克等导致脑细胞受损、脑部缺血缺氧，甚至引发脑血栓形成及脑梗死，患者可发生不同程度的意识障碍。有效血浆渗透压（mmol/L）=2×［（血钾＋血钠）（mmol/L）］+血糖（mmol/L）。

（三）临床表现

患者多为老年人，男女患病率大致相等。约50%患者无明确的糖尿病病史。本症临床表现可分为以下两个阶段或两个时期：

1. **前驱期**　本症起病较慢，在出现神经症状和昏迷前，主要表现为糖尿病症状，如口渴、多尿和倦怠乏力等加重，以及反应迟钝、表情淡漠等。前驱期可持续数日至数周。

2. **典型症状期**　主要表现为脱水和神经系统两组症状和体征。

（1）与糖尿病酮症酸中毒相比，HHS失水更为严重，患者体重明显下降、皮肤黏膜干燥、唇舌干裂、眼窝凹陷；血压下降、可能出现直立性低血压；心跳加快，甚则休克，休克时可无冷汗。

（2）神经系统症群：表现为神志淡漠、迟钝甚而木僵，并逐渐出现意识障碍，其意识障碍与否及程度主要取决于血浆渗透压升高的程度及速度，与血糖的高低有一定关系。

（3）运动神经可受累，常见者有卒中、不同程度的偏瘫，全身性或局灶性运动神经发作性表现，包括失语、偏瘫、眼球震颤和斜视，以及局灶性或全身性癫痫发作等，反射常亢进或消失。

（四）实验室检查和其他检查

1. **血常规**　表现为血液浓缩。

2. **尿常规**　尿糖呈强阳性，患者可因脱水及肾功能损伤而导致尿糖不太高，但尿糖呈阴性者少见。尿酮体多阴性或弱阳性。

3. **血糖**　常高达33.3~66.6mmol/L或更高，血酮体多正常。另外，因血糖每升高5.6mmol/L，血钠下降1.6mmol/L左右，HHS存在严重高血糖时可造成血钠假性降低。

4. **肾功能**　血尿素氮和肌酐常显著升高，反映患者存在严重脱水和肾功能不全，有效治疗后可下降。如果BUN与Cr进行性升高，常提示患者预后不良。

5. **血浆渗透压**　多显著升高，多超过350mOsm/L，有效渗透压超过320mOsm/L。血浆渗透压可以直接测定，也可以根据血糖及电解质水平计算，公式为：血浆有效渗透压（mOsm/L）=2×［（Na^++K^+）（mmol/L）］+血糖（mmol/L）。

6. **电解质**　血Na^+升高>145mmol/L，亦可以正常或降低。血K^+正常或降低，有时也会升高。不管血浆水平如何，总体上来说钾、钠、氯都是丢失的；此外还有钙、镁和磷的丢失。

7. **酸碱平衡**　约半数患者有轻、中度代谢性酸中毒，pH多高于7.3，HCO_3^-常高于15mmol/L。

（五）诊断

中老年患者有以下情况时，无论有无糖尿病病史，均要考虑HHS的可能：①明显脱水伴进行性意识障碍；②在合并感染、心肌梗死、手术等应激情况下出现多尿，或在大量摄入糖、静脉输注糖溶液或应用糖皮质激素、苯妥英钠、普萘洛尔等可致血糖升高的药物时，出现多尿和意识障碍；③无其他原因可解释的中枢神经受损症状与体征，如反应迟钝、表情淡漠、癫痫样抽搐和病理反射征等；④利尿、脱水及透析治疗者已有失水，但水的摄入明显不足。对上述可疑者，应立即作相应的实验室检查（如血糖、血电解质、血尿素氮和肌酐、血气分析、尿糖、尿酮体、心电图等）。

HHS 的实验室诊断参考标准是：血糖≥33.3mmol/L；有效血浆渗透压≥320mOsm/L；血清碳酸氢根≥18mmol/L 或动脉血 pH≥7.30；尿糖呈强阳性，而尿酮为阴性或弱阳性。

（六）鉴别诊断

1. **糖尿病酮症酸中毒**　可与高渗性昏迷并存。此时，不仅血糖高、血钠高和血浆渗透压高，而且血酮也高，血 pH 和 CO_2 结合力降低，尿酮体强阳性。

2. **低血糖昏迷**　老年人口服降糖药物，尤其格列本脲（或中药消渴丸），易发生低血糖昏迷。该病发病突然，从发病到昏迷时间短，血糖低于正常，尿糖阴性；血浆渗透压正常。

3. **糖尿病乳酸性酸中毒**　一般发生在服用大量苯乙双胍或饮酒后，也常见于合并缺氧性疾病，如心功能不全、呼吸衰竭、重症感染，或者肝肾功能不全患者。糖尿病乳酸性酸中毒的患者血 pH 降低，血乳酸增加，大于 7mmol/L，但血糖无明显升高，血浆渗透压正常。

4. **脑血管意外**　一般糖尿病并发脑血栓形成者以较小动脉受影响多，可有肢体功能障碍表现，但较少发生意识障碍和昏迷。脑血管意外的发病较突然，患者可很快进入昏迷状态，血糖可升高，但低于 33mmol/L。脑出血者血压明显升高，脑梗死者血压可正常，而 HHS 常有血压偏低。此外，脑血管意外者，血浆渗透压是正常的。

（七）治疗

治疗的总原则基本上与糖尿病酮症酸中毒相同，包括寻找并去除诱因，治疗关键是纠正严重脱水、扩容以稳定血压、纠正高渗状态和改善循环。治疗包括补液、使用胰岛素，纠正酸碱、电解质紊乱。

1. **补液**　补液是治疗的重点。补液不仅降低血糖，而且可降低血浆渗透液，减轻脑细胞内水肿。补液途径包括静脉滴注及口服。昏迷且无禁忌者可给予鼻饲补水。一般 HHS 患者平均机体缺水 10L。

（1）补液性质：目前主张静脉输注生理盐水，优点是大量等渗液不会引起溶血，有利于恢复血容量和防止因血渗透压下降过快导致的脑水肿。

（2）补液剂量：一般按患者的失水量相当其体重的 10%~12% 估计。估计患者失水量约为：病前体重（kg）× 0.6 × 0.25 × 1 000= 失水毫升数。

（3）补液速度：按先快后慢的原则，在 24~48h 内纠正脱水。老年患者以及有冠心病者可根据中心静脉压补液，不宜过快过多，避免肺水肿的发生。

2. **胰岛素治疗**　根据患者对胰岛素敏感程度调节胰岛素的用量而达到个体化治疗。在胰岛素治疗期间，当血糖降至 16.7mmol/L 时，应加用 5% 的葡萄糖混合静滴，以避免低血糖的危险。急性期恢复后，应调整胰岛素剂量，改为皮下注射。

3. **纠正电解质紊乱**　HHS 患者由于高渗和渗透性利尿导致体内钾离子随尿丢失严重，部分患者合并酸中毒，细胞内钾转移至细胞外。在补液过程中，患者往往合并低钾血症。如果血钾正常，尿量充足，治疗开始时即应进行补钾治疗，并加强监测。

4. **对症治疗**

（1）包括去除诱因，给氧，加强监护生命体征。

（2）昏迷者应留置导尿管记录出入量，给予适当抗生素预防呼吸道、泌尿道、皮肤感染，少尿者给予利尿剂治疗。

（3）保护心、脑、肾、肝、胃肠道功能的相应治疗。

（八）预后

本病的预后不佳,死亡率高于糖尿病酮症酸中毒。年龄越大死亡率越高,特别是 60 岁以上者。发病前有糖尿病慢性并发症者死亡率高,包括糖尿病肾病、冠心病、脑梗死、高血压、肝胆病、慢性支气管炎、肺气肿等。昏迷时间越长,死亡率越高。由严重感染、心肌梗死、脑血管意外等诱发的高渗性昏迷死亡率更高。未及时就医者或发病达 4~6h 就医者死亡率高。早期诊断是抢救成功的关键因素。

三、乳酸性酸中毒

由各种原因引起血乳酸水平升高而导致的酸中毒称为乳酸性酸中毒(lactic acidosis,LA)。乳酸性酸中毒是糖尿病患者一种较少见但严重的并发症,一旦发生,病死率高。

（一）病因

1. 糖尿病控制不佳。

2. 糖尿病其他急性并发症　如感染、酮症酸中毒、糖尿病非酮症高渗综合征,都可成为糖尿病乳酸性酸中毒的诱因。

3. 其他重要脏器的疾病　如脑血管意外、心肌梗死等,可加重组织器官血液灌注不良,导致低氧血症和乳酸性酸中毒。

4. 大量服用苯乙双胍　双胍类药物尤其是苯乙双胍能增强无氧酵解,抑制肝脏及肌肉对乳酸的摄取,抑制糖异生作用,故有致乳酸性酸中毒的作用,近年来随着苯乙双胍的淘汰,临床乳酸性酸中毒已相对少见。

5. 其他　如酗酒、一氧化碳中毒、水杨酸、乳糖摄入过量时也可诱发乳酸性酸中毒。

（二）发病机制和病理生理

乳酸是葡萄糖代谢过程中的中间产物。葡萄糖的分解分为有氧氧化和无氧酵解两种途径。有氧氧化是指体内糖分解产生能量的主要途径。葡萄糖在无氧条件下分解成为乳酸,这虽然不是产生能量的主要途径,但是具有重要的病理和生理意义。在正常情况下,糖酵解所产生的丙酮酸,在脂肪、肌肉、脑等组织内大部分通过三羧酸循环氧化,而少部分在丙酮酸羧化酶(PC)的催化下经草酰乙酸而进入糖原异生,在肝及肾再生成糖。丙酮酸进入三羧酸循环需丙酮酸脱氢酶(PDH)及辅酶(NAD)催化,糖尿病和饥饿时 PDH 受抑制,NAD 也不足,则丙酮酸还原为乳酸增多;加之 ATP 不足,丙酮酸羧化酶(PC)催化受限,故糖原异生也减少,则丙酮酸转化为乳酸,以致血乳酸浓度急剧上升。

双胍类药物和乳酸性酸中毒:许多药物可引起乳酸性酸中毒,其中最常见于双胍类药物(苯乙双胍和二甲双胍),尤其是苯乙双胍。苯乙双胍可促进外周组织对葡萄糖的利用和葡萄糖向乳酸转变,其导致乳酸性酸中毒的原因与使用剂量过大,或同时合并疾病如严重肝肾功能衰竭、心衰及休克等有关。二甲双胍是又一双胍类药物,其致乳酸性酸中毒的机会较苯乙双胍明显减少(约为其 1/50),治疗剂量一般不会导致乳酸性酸中毒。

（三）临床表现

糖尿病乳酸性酸中毒发病急,但症状与体征无特异性。

轻症:可仅有乏力、恶心、食欲降低、头昏、嗜睡、呼吸稍深快。

中至重度:可有恶心、呕吐、头痛、头昏、全身酸软、口唇发绀、呼吸深大,但无酮味、血压下降、脉弱、心率增快,还可有脱水表现,意识障碍、四肢反射减弱、肌张力下降、瞳孔扩大、深度昏迷或出现休克。

(四)实验室检查和其他检查

1. 血丙酮酸　相应增高,达 0.2~1.5mmol/L,乳酸 / 丙酮酸≥30mmol/L。

2. 血浆渗透压　正常范围。

3. 血 pH 值　明显降低;二氧化碳结合力(CO_2CP)下降,可低于 10mmol/L;阴离子间隙扩大,可达 20~40mmol/L。

4. 血乳酸水平　显著增高,多超过 5mmol/L,是诊断本症的关键所在,其结果高低与预后有关。

5. 血酮体　不增高或轻度增高。

6. 其他辅助检查　约 80% 的患者白细胞 >10×10^9/L,这可能与应激和循环血容量不足有关。

(五)诊断和鉴别诊断

1. 诊断

(1)病史及症状:常见于服用大量双胍类药物的糖尿病患者,合并感染、脓毒血症及严重心、肺、肝、肾慢性疾病者,也易于引起乳酸生成增加、代谢障碍;主要症状为恶心、呕吐、腹泻等。

(2)体检发现:体温低、深而大的呼吸、皮肤潮红、血压下降、休克、意识障碍。

(3)辅助检查:血乳酸增高(>5mmol/L)、血 pH<7.35、阴离子间隙 >18mmol/L、HCO_3^-<10mmol/L。

2. 鉴别诊断

(1)DKA 或者 DKA 合并 DLA:DKA 患者临床表现为脱水、呼气中有烂苹果气味,查血糖高,血酮体高,而血乳酸 <5mmol/L;另一方面,DKA 可合并 DLA,当 DKA 经积极治疗后酮体转阴,而血 pH 仍低,需静滴 DLA 合并存在。

(2)低血糖症:低血糖症患者可有神志障碍,但患者往往应用降糖药物、进食少或不及时,出现明显饥饿感和出冷汗、心慌等症状,血糖≤2.8mmol/L,进食或输注葡萄糖注射液后好转,血乳酸不高。

(六)治疗

乳酸性酸中毒现尚缺乏有效的治疗,一旦发生死亡率极高。因此早期发现和积极治疗至关重要。

1. 应预防为主,及时发现并治疗,必要时吸氧。

2. 补液扩容可改善组织灌注,纠正休克,利尿排酸。建议用生理盐水,避免使用含乳酸的制剂。

3. 补碱　5% 的碳酸氢钠 100~200mL 静脉滴注,当 pH>7.2 时停止输碱,以免发生碱中毒。

4. 胰岛素　胰岛素加入葡萄糖静滴,以减少糖类的无氧酵解,利于血乳酸的消除。

5. 血液透析　常用于水钠潴留不能耐受的患者。

6. 给氧　必要时作气管切开或用人工呼吸机。

7. 纠正电解质紊乱　根据酸中毒情况,血糖、血钾水平,酌情补钾。

8. 对症治疗,去除诱因　如控制感染,停止使用引起乳酸酸中毒的药物等。

(七)预后

糖尿病最严重的并发症之一,病死率高达 50% 以上。血乳酸水平 >9mmol/L,死亡率高达 80%,应积极预防诱因。

四、低血糖症

糖尿病患者血糖值≤3.9mmol/L 即可诊断为低血糖,临床上以交感神经兴奋和脑细胞缺氧为主要特点的综合征。低血糖的症状通常表现为出汗、饥饿、心慌、颤抖、面色苍白等,严重者还可出现精神不集中、躁动、易怒甚至昏迷等。

(一)病因

糖尿病低血糖可由多种病因造成。

1. 降糖药物　最常见的低血糖原因为胰岛素治疗和磺酰脲类药物,尤其是第一代磺酰脲类药物氯磺丙脲最易引起低血糖。

2. 迟发性餐后低血糖　T2DM 患者早期胰岛素释放障碍,导致餐后早期高血糖,胰岛素释放的高峰时间延迟,而常在餐后 3~5h 出现反应性低血糖,又称迟发性餐后低血糖。

3. 其他　乙醇可抑制肝脏的糖异生作用,因此,糖尿病患者尽可能避免饮酒,尤其应避免在空腹情况下饮酒。水杨酸盐类药物、血管紧张素转换酶抑制剂、单胺氧化酶抑制剂、苯妥英钠、三环类抗抑郁药物、磺胺类药物和四环素等与降血糖药物联合应用也可能导致糖尿病患者低血糖发生的机会增加。

(二)发病机制和病理生理

低血糖症是指血糖水平低于正常并出现相应症状及体征,是多种原因引起的血葡萄糖浓度过低综合征。糖尿病自主神经病变导致交感神经对低血糖的反应性降低,激发拮抗低血糖机制的血糖阈值也降低,有反复低血糖和未察觉低血糖病史的患者更容易出现升糖激素的抗低血糖机制障碍,增加了严重低血糖的风险。

(三)临床表现

1. 交感神经兴奋的症状和体征　临床上可表现为出汗、心悸、饥饿、面色苍白、肢体震颤等。血糖下降速度越快,交感神经兴奋的症状越明显。

2. 神经性低血糖症状　最初表现为注意力不集中,反应迟钝和思维混乱。继之出现以中枢神经功能抑制为主的神经精神症状,临床可表现为视物模糊、嗜睡、意识模糊、行为怪异、运动失调、语言含糊、头痛和木僵等,一些患者可表现为抽搐、癫痫样发作或肢体偏瘫等不典型表现,最后严重时可出现昏迷和呼吸循环衰竭等。

(四)实验室检查和其他检查

1. 糖尿病患者血糖 <3.9mmol/L。
2. 检测肝肾功能、血清皮质醇、胰岛素、甲状腺功能,排查相关疾病。

(五)诊断和鉴别诊断

1. 诊断　糖尿病患者,或有降糖药物应用史,有低血糖临床症状,血糖多数情况下低于 3.9mmol/L,但也可不低。

2. 鉴别诊断

(1)胰岛素瘤:因胰岛 B 细胞瘤或 β 细胞增生造成胰岛素分泌过多,进而引起低血糖症;其胰岛素分泌不受低血糖抑制；血糖降低时抽血查静脉血糖、胰岛素、胰岛素原、C肽；经腹部超声、内镜超声、胰腺灌注CT、奥曲肽显像，必要时进行选择性动脉造影。

（2）胰岛素自身免疫综合征：患者体内出现针对胰岛素的抗体。抗胰岛素抗体可逆性地结合大量胰岛素，与抗体结合的胰岛素可逐渐解离出来发挥其生物活性，引起严重的低血糖症。部分患者体内出现胰岛素受体抗体，具有模拟胰岛素样作用，比胰岛素的降血糖作用强，引起严重低血糖症。尽管患者从未接受过胰岛素治疗，但血中可检测出抗胰岛素抗体，且活性增强。

（3）原发或继发性肾上腺皮质功能减退症：本病时糖皮质激素不足，患者对胰岛素敏感，肝糖异生不足，在饥饿、胃肠道功能紊乱、感染或应用胰岛素时，极易发生低血糖症。此外有明显乏力、食欲差、消瘦等症状，血、尿皮质醇低于正常。

（4）胰外肿瘤性低血糖症：能引起低血糖症的胰外肿瘤细胞是多种多样的，老年人多见。空腹或餐后2~3h均可发生低血糖症。引起低血糖症的机制不明，可能有：①肿瘤组织利用糖过多；②肿瘤产生某种抑制胰高糖素释放的物质；③肿瘤产生胰岛素作用样物质。诊断依据：原发病（肿瘤）的症状及体征；血浆胰岛素、C肽测定（本症时水平不高，与胰岛素瘤不同）。

（六）治疗

糖尿病低血糖的诊断成立后，应暂时停用降糖药。

1. 根据病情，口服补糖，或者快速静脉葡萄糖输注。
2. 必要时氢化可的松加入5%葡萄糖盐水中静脉滴入。

（黄　琦）

第三节　糖尿病慢性并发症

糖尿病慢性并发症是指糖尿病慢性发展过程中，在长期的异常状态下机体的免疫机制紊乱，体内碳水化合物、脂肪、蛋白质等物质水平失调，极易引起各器官功能病变或退化，引发多种慢性并发症。这些并发症主要为大血管病变（如心脑血管、高血压及下肢血管病变）和微血管病变[如糖尿病肾病（diabetic kidney nephropathy，DKD）、糖尿病视网膜病变（diabetic retinopathy，DR）和糖尿病神经病变（diabetic neuropathy）等]。

病因和发病机制：糖尿病慢性并发症可累及全身各重要器官，可单独出现或以不同组合同时或先后出现，发病机制极其复杂，尚未完全阐明，被认为与遗传易感性、胰岛素抵抗、高血糖、氧化应激等多方面因素的相互影响有关。高血糖引起的氧化应激是重要的共同机制，进一步引起多元醇途径激活、非酶糖化、蛋白激酶C（PKC）激活以及己糖胺途径激活，导致组织损伤。此外，直接或间接参与各种慢性并发症的发生、发展的有关因素尚包括：胰岛素、性激素、生长激素、儿茶酚胺等多种激素水平异常，脂代谢异常、脂肪细胞的内分泌和旁分泌功能变化，低度炎症状态、血管内皮细胞功能紊乱、血液凝固及纤维蛋白溶解系统活性异常等。

病理解剖和病理生理：高血糖长期持续的状态一方面导致血红蛋白发生糖基化，进而生成糖化终产物；另一方面导致组织蛋白发生非酶糖化，继而刺激糖、脂、蛋白质及自由基生成增多，生物膜脂质过氧化增强、细胞结构蛋白和酶的巯基氧化形成二硫键，引起核酸碱基发生改变、DNA断裂或染色体畸变，最终引起血管内皮损伤、细胞间基质增加等一系列变化，表现为长期高血糖患者的心、肾、眼、神经等组织器官发生并发症。此外,高血糖长期持续的状态还会引起相关蛋白等变性,结果表现为晶体混浊变性、血管基底膜增厚和神经病变等一系列病理变化,引起对应组织结构损伤,是各个相应系统脏器损害的病理基础。

一、糖尿病肾病

糖尿病肾病是指由糖尿病所致的慢性肾脏病,为糖尿病常见的慢性并发症之一,主要表现为尿白蛋白/肌酐比值(urinary albumin-to-creatinine ratio, UACR)≥30mg/g 和/或估算的肾小球滤过率(estimated glomerular filtration rage, eGFR)<60mL·min^{-1}·(1.73m^2)$^{-1}$,且持续超过 3 个月。最新横断面研究显示,我国 32.5% 的 2 型糖尿病患者合并慢性肾病;而由糖尿病引起的终末期肾病(end-stage renal disease, ESRD)患病人数也显著增加,ESRD 的 5 年生存率一般小于 20%。与糖尿病有关的肾脏病变包括糖尿病性肾小球硬化症,肾小管上皮细胞变性、动脉 - 微小动脉硬化症、肾盂肾炎及肾乳头坏死等。DKD 已成为糖尿病人群中终末期肾衰的主要病因,也是糖尿病致命的主要原因。

(一)病因与发病机制

糖尿病肾病的发病机制仍未阐明,但近期的研究认为主要表现在以下五个方面:①糖尿病肾病存在遗传易感基因和因素;②肾小球硬化症与血流动力学有关,与肾入球小动脉扩张使肾小球压力升高有密切关系;③糖代谢异常;④炎症氧化应激;⑤细胞或生长因子紊乱等。有些为独立因素,有些则否,且各因素之间可具有协同或交互作用。

(二)病理解剖与病理生理

糖尿病肾病不仅是肾小球病变,而且是一种全肾的病变。肉眼可见肾脏体积增大,肾脏表面长期保持光滑,终末期可呈颗粒状肾萎缩表现。组织学基本病变是基底膜样物质增多,并累及系膜细胞,同时有毛细血管基底膜增厚。肾小球的病理改变有三种类型,包括结节性肾小球硬化、弥漫性肾小球硬化、渗出性病变,其中以结节性肾小球硬化最具特征性,又称毛细血管间肾小球硬化或 Kimmelstiel-Wilson 结节(K-W 结节)。在不同的肾小球中,其数量、大小不一。结节外周可见同心圆形排列的系膜细胞核。肾小管及间质也可发生病理改变,远端肾小管细胞普遍肿胀,上皮细胞空泡变性,基膜增厚,间质病变主要表现为间质纤维化,晚期可见肾小管萎缩,基膜增厚和管腔扩张。

对于人体内的生理代谢,肾脏有一项比较重要的生理功能称为球管平衡,它对流经肾脏的血液形成尿液后,不论流经血液多少,滤出的尿液多少,都能够维持一定的比例进行重吸收,临床上该重吸收率在 65%~70% 之间。其生理意义是使尿液排出的溶质和水分不至于因肾小球、肾小管功能障碍使滤过率有大幅增减的情况而导致尿液排出的过多或过少,因此能维持机体稳态,使机体内环境始终处于相对比较安全的一个生理状态。但在比较严重的病理状态时,球管平衡将被打破,导致出现急性肾脏病变及各大系统出现不可逆的功能丧失,进入肾脏失代偿期。因此 DKD 肾脏病变过程可有以下情况:

1. **肾脏体积增大**　糖尿病早期肾血流量增加,肾小球滤过率增高,导致肾脏体积增大,为可逆性病变,通过治疗可恢复正常。

2. **结节性肾小球硬化**　表现为肾小球系膜内玻璃样物质沉积,呈结节状,沉积到一定程度可使毛细血管腔阻塞。

3. **弥漫性肾小球硬化**　可见于大约 75% 的患者,表现为肾小球内弥漫分布的玻璃样物质沉积

（图 6-3-1），主要损害肾小球毛细血管壁和系膜；另外，肾小球基底膜普遍增厚，毛细血管腔变窄甚至完全闭塞，导致肾小球慢性缺血甚至玻璃样变性。

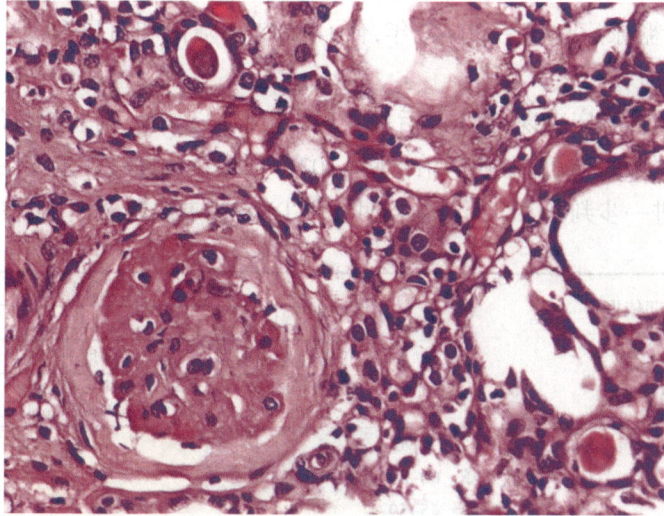

图 6-3-1　弥漫性肾小球硬化
左下角可见肾小球内弥漫分布的玻璃样物质沉积

4. 肾小管 - 间质性损害　肾小管发生退行性变，上皮细胞出现颗粒样和空泡样变性，晚期肾小管萎缩。肾间质病变则表现为纤维化、水肿和白细胞浸润。

5. 血管损害　主要累及肾动脉，可引起动脉硬化，尤其是入球和出球小动脉硬化。糖尿病患者肾动脉及其主要分支的动脉粥样硬化的发生比同龄的非糖尿病患者常见，且出现的时间更早。

6. 肾乳头坏死　肾乳头坏死的主要原因是缺血并感染，常见于糖尿病患者合并急性肾盂肾炎。

（三）筛查、诊断、鉴别诊断、临床表现

推荐病程 5 年以上的 T1DM 及 T2DM 患者在确诊时就应进行 UACR 检测和 eGFR 评估以早期发现 DKD，以后每年应至少筛查 1 次。筛查指标包括尿白蛋白、eGFR 及其他（如胱抑素 C、β2- 微球蛋白、α1- 微球蛋白、视黄醇结合蛋白、中性粒细胞明胶酶相关脂质运载蛋白、肾损伤分子 1 等，注意排除影响因素）。DKD 的诊断标准为在明确糖尿病作为肾损害的病因并排除其他原因引起 CKD 的情况下，至少具备下列一项者可诊断为 DKD：①排除干扰因素情况下，在 3~6 个月内的 3 次检测中至少 2 次 UACR≥30mg/g 或 UAER≥30mg/24h（≥20μg/min）；②eGFR<60mL·min^{-1}·(1.73m^2)$^{-1}$ 持续 3 个月以上；③肾活检符合 DKD 的病理改变。

1. DKD 的分期　DKD 可分为五个阶段（五期）。

（1）Ⅰ期：肾小球滤过率（GFR）增加（30%~40%），存在超滤状态，是由于肾小球高灌注和肥大所致，此期可无临床表现。经胰岛素控制高血糖后，GFR 可下降。此期肾脏结构正常。

（2）Ⅱ期：发生在糖尿病起病后 2~3 年，病理学表现为肾小球系膜细胞增生，肾小球硬化和基底膜增厚，但无明显临床表现，仅在运动后可出现微量白蛋白尿，超滤状态仍存在。

（3）Ⅲ期：发生在糖尿病起病后 5~7 年，尿中白蛋白排泄增多，微量白蛋白尿是肾病的最早证据，在明显蛋白尿的 5~8 年前就可发生。尿中白蛋白排泄率（AER）在 30mg/24h（20μg/min）以下为正常白蛋白尿，在 30~300mg/24h（20μg/min）为微量白蛋白尿，>300mg/d（200μg/min）为临床白蛋白尿，在这一阶段 GFR 常常是正常的或轻度升高，干预治疗能逆转白蛋白尿和阻止或延缓肾病的进展。

（4）Ⅳ期：为显性肾病，以蛋白尿为特征，可伴高血压、水肿，甚至肾病综合征样表现，GFR正常或轻微降低。干预治疗能延缓但不能逆转肾功能衰竭的进展，不给予干预治疗，肾功能（GFR）每月可下降1mL。若伴有高血压或吸烟，肾功能下降率会更快。

（5）Ⅴ期：发生在糖尿病起病后20~40年，伴GFR持续降低和血压升高，10~18年内50%~75%的患者进入终末期肾病。

第Ⅰ~Ⅲ期一般无明显临床表现，第Ⅳ期后可表现为蛋白尿、水肿、高血压、肾功能减退及肾小球滤过率改变等。近年《中国糖尿病肾脏病防治指南（2021年版）》也进一步建议在确诊DKD后，应根据GFR及尿白蛋白水平进一步判断CKD分期，同时评估DKD进展风险及明确复查频率（图6-3-2）。

CKD 分期依据： 病因（C） GFR（G） 白蛋白尿（A）			白蛋白尿分级	
		A1 正常至轻度升高 <30mg/g <3mg/mmol	A2 中度升高 30~299mg/g 3~29mg/mmol	A3 重度升高 ≥300mg/g ≥30mg/mmol
GFR 分级 [ml·min^{-1}·(1.73m^2)$^{-1}$] G1 正常 ≥90		1（如有 CKD）	1	2
G2 轻度下降 60~89		1（如有 CKD）	1	2
G3a 轻中度下降 45~59		1	2	3
G3b 中重度下降 30~44		2	3	3
G4 重度下降 15~29		3	3	4
G5 肾衰竭 <15		4	4	4

注：GFR为肾小球滤过率；UACR为尿白蛋白/肌酐比值；CKD为慢性肾脏病；表格中的数字为建议每年复查的次数；背景颜色代表CKD进展的风险：绿色为低风险，黄色为中风险，橙色为高风险，红色为极高风险

图 6-3-2 按 GFR 和 UACR 分级的 CKD 进展风险及就诊频率

2. **鉴别诊断** 糖尿病患者除可发生肾脏微血管病变外，也常合并高血压、血脂异常、动脉粥样硬化及其他慢性肾脏病变，这些因素共同促进了DKD的发生和发展，且多数DKD的发病涉及多个因素，临床很难截然区别。病理检查在慢性肾损害病因鉴别中具有重要价值，临床鉴别困难时可行肾穿刺病理检查以协助判断。

（1）急性肾小球肾炎：以急性肾炎综合征为主要临床表现，如血尿、蛋白尿、高血压和水肿为特征，可伴一过性肾功能损害，多见于链球菌感染后肾小球肾炎，主要发生于儿童。尿检大都有血尿，尿沉渣可见白细胞、小管上皮细胞，并可有管型，患者也常有蛋白尿，但多少于500mg/d，急性链球菌感染后肾小球肾炎可自咽部或皮肤感染灶培养出A组链球菌感染，查ASO滴度升高明显，且伴血清C_3的典型动态变化。肾活检可见中性及单个核细胞浸润，Masson染色可见上皮下免疫复合物沉积，电镜可见上皮细胞下"驼峰状"电子致密物沉积。

（2）系膜增生性肾小球肾炎（分为IgA肾病和非IgA系膜增生性肾小球肾炎）：潜伏期短，多见于前驱感染后1~2d内出现血尿等急性肾炎综合征症状，但患者血清C_3多正常。IgA肾病患者血尿发作常与上呼吸道感染有关。

（3）膜增生性肾小球肾炎（又称系膜毛细血管性肾小球肾炎）：临床表现类似急性肾炎综合征，但蛋白尿明显，血清补体水平持续低下，8周内不恢复，病变持续发作，无自愈倾向，需行肾活检。

（4）急进性肾小球肾炎：临床表现及发病过程与急性肾炎类似，但临床症状较重，出现少尿或无尿，肾功能持续进行性下降，肾活检典型病理改变为肾小球内广泛新月体形成，早期通常为细胞性新月体，其后逐渐发展为细胞纤维性新月体或纤维性新月体，最后发生肾小球硬化。免疫病理检查主要特征性改变是Ⅰ型RPGN免疫球蛋白沿基底膜线样沉积，Ⅱ型IgG和C_3在系膜区或沿毛细血管壁颗粒状沉积，Ⅲ型肾小球内无或仅有微量免疫复合物沉积。电镜检查可见Ⅱ型系膜区和内皮下电子致密

物沉积,Ⅰ型和Ⅲ型无电子致密物沉积。

（5）慢性肾盂肾炎:多有反复发作的尿路感染病史,尿细菌检查常阳性,泌尿系 B 超及静脉肾盂造影提示双侧肾脏不对称缩小更可以明确诊断。

（6）狼疮性肾炎:好发于女性,有多系统和器官损害的表现,肾活检可见免疫复合物广泛沉积于肾小球各部位,免疫病理检查呈"满堂亮"表现。

（7）高血压肾损害:患者多有较长时间的高血压病史,其后才出现肾损害表现。肾小管功能损害（如尿浓缩功能减退、比重降低和夜尿增多）早于肾小球功能损害,尿液改变较轻（蛋白尿常 <2.0g/24h,以中、小分子蛋白为主）,同时多伴有高血压及其他靶器官损害。

（8）急性肾小管间质性肾炎:临床表现为少尿或非少尿性急性肾功能不全,伴恶心、呕吐、消瘦、乏力、发热、皮疹及关节痛等,可出现糖尿、氨基酸尿及近端肾小管酸中毒,也可有肾小管性蛋白尿及水电解质酸碱紊乱。实验室检查常见血尿,蛋白尿多为小分子、轻度（<2.0g/24h）,血常规嗜酸性粒细胞增多。肾活检近端肾小管和髓袢降支粗段较远端肾小管损伤严重,可见刷状缘脱落,肾小管形态完整但可出现基底膜局部丧失,肾小球和肾小血管正常,特征性改变为肾小管间质有明显的细胞浸润和肾间质水肿,少许肾间质纤维化,肾小管上皮细胞为损伤、变性。

（9）慢性肾小管间质性肾炎:患者可由不明原因的肌酐、尿素氮和尿酸升高或电解质酸碱平衡异常就诊,一般无水肿和高血压,而出现与慢性肾功能不全程度不成比例的严重贫血为其临床特点。肾小管功能损伤是其特征性改变,临床表现为糖尿、氨基酸尿、小分子蛋白尿、磷酸盐尿、碱性尿及电解质异常、肾小管酸中毒。病理检查肾间质纤维化,肾脏缩小,片状分布的肾小管萎缩和扩张是其主要特征,晚期可合并肾小球周围纤维化和肾小球硬化及肾血管硬化,原发性 TIN 免疫荧光检查多为阴性。

3. 实验室检查　尿蛋白增加是 DKD 的临床特征之一,也是 DKD 的主要诊断依据。根据其蛋白排出量可将 DKD 分为早期肾病期和临床肾病期。早期肾病期又称微量白蛋白尿期,24h 尿或白天短期收集的尿白蛋白排泄率在 30~300mg/24h 之间。如果 6 个月内连续尿液检查有两次尿白蛋白排泄（UAE）在 30~300mg/24h 之间,并排除其他可能引起 UAE 增加的原因,如酮症酸中毒、泌尿系感染、运动、原发性高血压、心衰等,即可诊断为早期 DKD。如常规方法测定尿蛋白持续阳性,尿蛋白定量 >0.5g/24h,尿中白蛋白排出量 >300mg/24h,或白蛋白的排泄率 >200μg/min,排除其他可能的肾脏疾病后,可确定为临床显性 DKD。计算尿白蛋白 / 肌酐比值（UACR）较单纯白蛋白测定更具早期诊断价值。肾活检病理学诊断具有早期诊断意义,即使在尿检正常的 DKD 患者其肾脏可能已存在着组织学改变,光镜下可见具特征性的 K-W 结节样病变,电镜下系膜细胞增殖,毛细血管基底膜增厚。但由于肾活检是一种创伤性检查,不易被患者所接受。肾小球滤过率及肾脏体积测量对 DKD 的早期诊断也有一定价值,早期肾体积增大,GFR 升高,后期 GFR 下降,肾体积与慢性肾小球肾炎不一样,无明显缩小。同位素测定肾血浆流量和 GFR,可以反映早期的肾小球高滤过状态,肌酐清除率、血肌酐、尿素氮浓度测定可反映肾功能,但尿素氮、血肌酐不是肾功能检测的敏感指标。

（四）治疗

DKD 的治疗应是综合性的,包含不良生活方式调整、危险因素（高血糖、高血压、脂代谢紊乱等）的控制及糖尿病教育在内的综合管理,以降低糖尿病患者的肾脏不良事件和死亡风险。若进展到终末期有效的治疗方法主要有三种:①血液透析;②门诊者连续腹膜透析（CAPD）;③肾移植。但对 DKD 患者来说,单独的肾移植效果较差,最理想的是胰 - 肾联合移植或胰岛 - 肾联合移植。

1. **饮食治疗及生活方式调整** 一旦发生蛋白尿，蛋白质摄入应限制在 $0.8g \cdot kg^{-1} \cdot d^{-1}$。如有发生 DKD 的危险因素（如高血压、肾病家族史）则应尽早限制蛋白摄入；而透析患者常存在营养不良，可适当增加蛋白质摄入量至 $1.0\sim1.2g \cdot kg^{-1} \cdot d^{-1}$，以优质蛋白质为主。DKD 患者钠摄入量应低于 2.3g/d；而合并高钾血症的 DKD 患者还应严格限制含钾饮食，并采取治疗措施。戒烟或减少吸烟是预防或延缓其发病的重要手段。DKD 患者可进行每周 150min 与心肺功能相匹配的运动，制定个体化运动方案，适量规律运动。超重或肥胖的患者还需进行体重控制及管理。

2. **控制血糖** 研究表明，良好的血糖控制对于 DKD 的早期病理改变是可逆的，可降低增加的 GFR，使增大的肾脏缩小，减少微量白蛋白尿。DKD 降糖药物的选择，以不加重肾损害的药物为主。在 DKD 早期和肾功能尚可时，T1DM 患者选用胰岛素治疗，可适当加用 α 葡萄糖苷酶抑制剂，T2DM 可选用 SGLT-2 抑制剂、GLP-1RA、格列喹酮、非磺酰脲类胰岛素促泌剂（那格列奈、瑞格列奈）、α- 葡萄糖苷酶抑制剂、胰岛素增敏剂和 DPP-4 酶抑制剂。《中国 2 型糖尿病防治指南（2020 年版）》指出：合并 CKD 的 T2DM 患者不论其糖化血红蛋白是否达标，只要没有禁忌证都应在二甲双胍的基础上加用 SGLT-2 抑制剂 $[eGFR \geq 45mL \cdot min^{-1} \cdot (1.73m^2)^{-1}]$，合并 CKD 的 T2DM 患者，如不能使用 SGLT-2 抑制剂可考虑选用具有延缓 DKD 进展证据的 GLP-1RA。SGLT-2 抑制剂可通过抑制肾脏对葡萄糖的重吸收降低肾糖阈从而促进尿糖的排出，其在一系列肾脏结局的研究中都显示了肾脏的获益，如 CRENDENCE 研究显示卡格列净降低肾脏主要终点（终末期肾病、血清肌酐倍增、肾脏或心血管死亡）风险达 30%；DAPA-CKD 研究显示达格列净使主要终点（eGFR 下降 ≥50%、终末期肾病或因肾衰竭死亡）风险降低 39%。GLP-1RA 可有效降低血糖，部分恢复胰岛 B 细胞功能，降低体重，改善血脂谱及降低血压，全球 56 004 例患者的 7 项大型临床研究荟萃分析显示，GLP-1RA 可减少肾脏复合终点（新发大量蛋白尿、肾小球滤过率下降 30%、进展至终末期肾病或肾脏疾病导致死亡）17%。DKD 发生后应选择对肾脏影响较小的降糖药物，肾功能不全或血糖高患者使用上述药物控制不佳时，则应换用胰岛素。由于肾功能受损，胰岛素的降解和排泄均减少，易产生蓄积作用，发生低血糖，因此胰岛素应从小剂量开始，最好选用半衰期短的速效或短效制剂。根据《中国 2 型糖尿病防治指南（2020 年版）》一般控制糖化血红蛋白小于 7%，但同时考虑到强化降糖的肾脏保护作用需要较长时间才能出现，因此在制定 DKD 患者血糖控制目标时，应根据年龄、糖尿病病程、预期寿命、合并症、并发症、低血糖风险等制定个体化控制目标。

3. **降压治疗** 高血压可导致 DKD 的发生并促使肾功能损害的加重，DKD 伴高血压患者推荐首选 ACEI 或 ARB，钙通道阻滞剂、β 受体阻滞剂等也可选用。降压标准见表 6-3-1。

表 6-3-1 糖尿病降压治疗的标准

国内外指南 / 专家共识	血压水平（开始治疗水平）	血压水平（控制达到水平）
WHO（1993）	≥140/90mmHg 如有心血管危险因素	<130/85mmHg
	>140/90mmHg 伴有其他危险因素时	<120~130/80mmHg
美国糖尿病协会（ADA）	≥140/90mmHg	<130/85mmHg
中国 2 型糖尿病防治指南（CDS 2020）	≥140/90mmHg	≥18 岁的非妊娠糖尿病患者 <130/80mmHg，糖尿病孕妇合并高血压 ≤135/85mmHg，老年或伴有严重冠心病的患者 <140/90mmHg

降压药物的选择:

（1）ACEI 或 ARB:对糖尿病伴高血压且 UACR>300mg/g 或 eGFR<60mL·min^{-1}·（1.73m^2）$^{-1}$ 的患者,强烈推荐 ACEI 或 ARB 类药物治疗,可延缓肾病进展及 ESRD 发生,也可减少心血管事件。在糖尿病合并高血压且 UACR 为 30~300mg/g 的患者中使用 ACEI 或 ARB 类药物,可延缓尿白蛋白进展并减少心血管事件。对不伴有高血压但 UACR≥30mg/g 的糖尿病患者,ACEI 或 ARB 类药物可延缓蛋白尿进展,但无肾脏终点事件获益。而根据临床研究结果,在不合并高血压的糖尿病人群中则不推荐 ACEI 或 ARB 类药物作为 DKD 的一级预防,因其可能增加心血管风险。另外不推荐联合使用 ACEI 和 ARB 类药物,因其会增加高钾血症和 eGFR 短期迅速下降风险。ACEI 或 ARB 类药物可安全用于血清肌酐≤265μmol/L（3.0mg/dL）的患者,而高于该值的患者使用该类药物是否有肾脏获益尚存争议。在使用 ACEI 或 ARB 类药物期间,需定期监测 UACR、血清肌酐及血钾情况,及时调整方案。

（2）盐皮质激素受体拮抗剂（MRA）:目前常用的有螺内酯（第一代）和依普利酮（第二代）。在 RAAS 阻断剂基础上加用 MRA 可有效控制血压并降低白蛋白尿,但需注意高钾血症、AKI 及男性乳房发育风险。

（3）其他种类降压药物:DKD 患者若采取上述血压仍未达标,可加用钙通道阻滞剂（CCB）或利尿剂,在难治性高血压（使用≥3 种包括利尿剂在内的降压药血压仍无法达标）患者中也可使用 α 受体阻滞剂,但需警惕体位性低血压风险。而 β1 受体阻滞剂可能掩盖低血糖症状一般不作为 DKD 患者一线降压药物。单药使用 CCB 或利尿剂对 DKD 患者的 CVD 及肾脏病相关事件（尿白蛋白减少、肌酐倍增）无影响。

4. 调脂治疗　推荐低密度脂蛋白胆固醇（LDL-C）作为 DKD 患者血脂控制的主要目标,非高密度脂蛋白胆固醇（HDL-C）为次要目标。首选他汀类药物治疗,他汀类药物一般无肾脏损伤作用,在起始治疗时应选用中等强度的他汀,并根据患者疗效及耐受情况进行剂量调整。随着肾功能下降他汀类药物的清除能力下降,易引起肌病,因此应根据肾功能水平进行药物选择和剂量调整。不推荐透析患者起始使用他汀类药物治疗,对于之前正在持续治疗的患者可谨慎使用。若使用他汀类药物出现不良反应,可减少他汀类药物用量并联合使用依折麦布,肾功能不全者不需要调整剂量,但不推荐单独使用依折麦布。若联用依折麦布后 4~6 周仍不达标可加用 PCSK9（前蛋白转化酶枯草溶菌素 9）抑制剂,可进一步降低血脂及 CVD 风险。若 DKD 患者的甘油三酯 >5.6mmol/L 时应首选贝特类药物降低甘油三酯水平,以减少急性胰腺炎发生的风险。目前常用的如非诺贝特等,在轻中度肾功能不全时可减量使用,严重肾功能不全时禁用。应避免在老年、严重肝肾功能不全及甲状腺功能减退等患者中联合使用他汀类及贝特类药物。推荐 DKD 患者的 LDL-C 目标值 <2.6mmol/L,其中动脉粥样硬化性心血管疾病（ASCVD）极高危患者的 LDL-C 应 <1.8mmol/L。

5. 降低尿白蛋白的治疗　尿白蛋白不仅是 DKD 筛查、诊断、分期的重要依据,也影响 DKD 患者的预后。荟萃分析显示前列腺素 E1 或前列环素衍生物（如贝前列腺素等）可减少 DKD 患者的尿白蛋白。其他国内外研究显示,在使用 RAAS 系统阻断剂基础上加用选择性内皮素受体 A 拮抗剂阿曲生坦可减少复合肾脏终点事件;加用己酮可可碱可减少 eGFR 的下降、减少尿白蛋白排泄;加用维生素 D 受体激动剂帕里骨化三醇可降低 DKD 患者 UACR。近期的 FIDELITY 研究也显示了非甾体类盐皮质激素受体拮抗剂非奈利酮可显著降低 T2DM 合并 CKD 成人患者肾脏复合终点风险（肾衰竭、至少 4 周 eGFR 较基线持续下降≥57%、肾脏死亡）23%,用药 4 个月降低尿白蛋白 / 肌酐比值可达 32%。

6. 肾功能不全的治疗　其治疗方案与其他原因所致的慢性肾功能不全相似。对终末期 DKD 患者,只能接受透析治疗,以延长生命。透析时机的选择:无论是血透还是腹透,终末期 DKD 的透析时机应稍早于非糖尿病的慢性肾衰竭。当肌酐清除率在 20mL/min 时,应考虑透析治疗或肾移植。血透治疗 3 年存活率 50%, 5 年存活率 30%, 9 年存活率仅 10% 左右。肾移植 5 年存活率可高达 65%, 10 年存活率可达 45% 左右。因此肾移植是较有效的治疗方法,但单纯肾移植的缺点是不能防止 DKD 的再发生,也不能使糖尿病并发症和合并症改善。移植后使用免疫抑制剂对糖尿病患者有种种不利影响。因此,胰 - 肾联合移植为目前最理想的方法。

7. 避免肾损伤药物 目前临床常见的肾毒性药物包括某些抗生素(氨基糖苷类、青霉素类、头孢菌素类、两性霉素 B、抗结核类、磺胺类药物等)、非甾体抗炎药、抗肿瘤药物、对比剂、某些中草药(马兜铃酸、木通等)。对于 DKD 患者,应尽量避免使用此类药物,如因疾病需要必须使用时应严格掌握用药剂量及疗程,避免滥用及联用上述药物,同时加强肾功能监测。DKD 患者在使用对比剂的影像诊疗时应注意对比剂肾病的防治,后者是指应用对比剂后 48~72h 内血肌酐值升高至少 44.2μmol/L(0.5mg/dL)或超过基础值 25%。DKD 是对比剂肾病的危险因素,对于 eGFR<30mL · min^{-1} · (1.73m^2)$^{-1}$ 的未透析患者应采用预防措施,主要是采用生理盐水进行水化,即造影前 3~4h 至造影后 4~6h 每小时静滴生理盐水 1mL/kg,但应结合患者的具体情况,避免引起心力衰竭。

总之,对 DKD 目前尚无特效治疗,重在预防,定期监测,早期发现,早期治疗,控制血糖及血压在理想水平。

(五)预后

DKD 一旦形成,治疗是困难的,所以治疗原则应该是重在预防。DKD 预防可分为三级:

1. 一级预防 是指阻止早期 DKD 的发生。

2. 二级预防 是指阻止早期 DKD 向临床 DKD 发展。

3. 三级预防 是指阻止已确定为临床 DKD 的患者向终末期肾衰竭发展。其具体措施有:①持久而良好地控制血糖在理想范围内,是防治 DKD 发生发展的关键。②持续良好地控制血压,是保护肾脏并阻止 DKD 进展的重要因素;血压最好控制在正常范围或接近 130/80mmHg。③定期监测、及时发现微量白蛋白尿,是早期诊断和逆转 DKD 的重要标志。④系统教育、系统监测、系统治疗糖尿病是科学规范地防治 DKD 的可靠途径。⑤适时透析及肾或胰 - 肾联合移植可延长患者的生命,减少患者的早逝。

二、糖尿病视网膜病变

糖尿病视网膜病变(diabetic retinopathy, DR)是糖尿病微血管病变中最常见的表现,是成人后天性致盲的主要原因之一。在失明的糖尿病患者中 85% 左右是由 DR 引起,DR 的发生与病程相关,T1DM(30 岁以前发病)和病程 15 年或更长的糖尿病患者,视网膜病变的患病率为 98%,其中 1/3 左右有黄斑水肿,1/3 有增殖性病变。T2DM(30 岁以后发病),病程 15 年或更长者视网膜病变的危险性达 78%,其中 1/3 左右有黄斑水肿,1/6 左右有增殖性病变。DR 致盲的直接原因主要是玻璃体积血,占盲眼总数的 80.5%。其他尚有黄斑区大的脂质斑块和牵拉性视网膜脱离等。而造成视力轻、中度损害的最主要原因是黄斑部水肿(占 63.4%),其次为新生血管形成和毛细血管闭塞等。

(一)病因与发病机制

DR 发病机制尚不完全清楚,一般认为本病是由于视网膜微血管系统受损所致。DR 的主要危险因素包括糖尿病病程、糖代谢紊乱、高血压、血脂紊乱,其他相关危险因素还包括糖尿病合并妊娠、缺乏及时眼底筛查、吸烟、青春期发育、亚临床甲减等。

（二）病理解剖与病理生理

视网膜毛细血管由内皮细胞、基底膜、周细胞三部分组成，DR病理主要可分为非增殖性和增殖性视网膜病变。非增殖性DR（NPDR）以视网膜血管（主要是微血管）的结构异常，表现为视网膜微血管瘤（毛细血管壁外膨）、视网膜水肿、脂质渗出、视网膜内出血（图6-3-3~图6-3-5）。微血管瘤是DR病变早期的特征性病理改变。增殖性DR（PDR）在上述表现基础上，在虹膜、视网膜出现新生血管，新生血管内含血管和纤维组织，新生的血管可引起视网膜前和玻璃体积血，纤维组织收缩可引起视网膜剥离（图6-3-6）。单纯型和增殖型最主要的区别是：单纯型无新生血管，新生血管的形成是增殖型病变的主要特征。当眼底出现棉絮状渗出物时，表示视网膜缺血的开始，而视网膜缺血被认为是糖尿病视网膜病变进展至增殖期的基本病变。

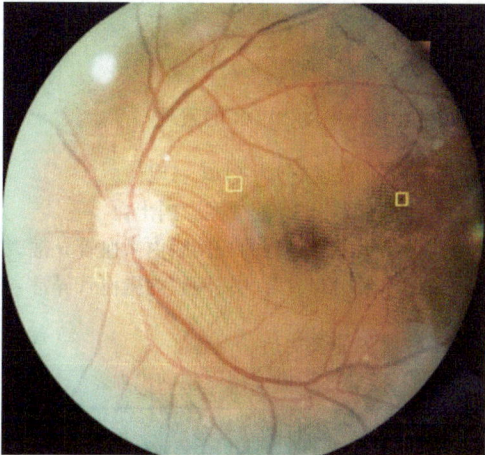

图 6-3-3　视网膜微血管瘤

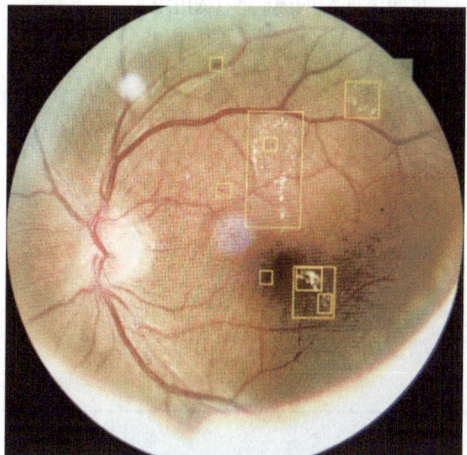

图 6-3-4　视网膜微血管瘤、棉絮状渗出

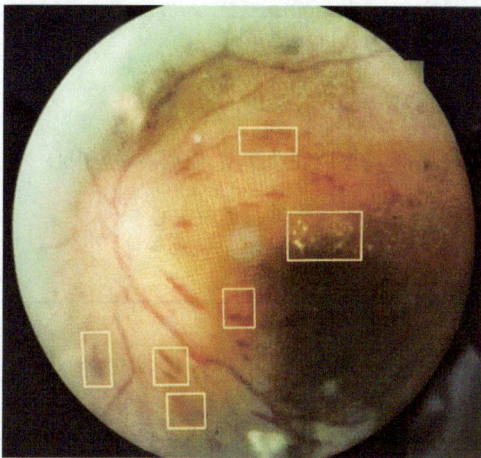

图 6-3-5　视网膜出血、硬性渗出、黄斑水肿

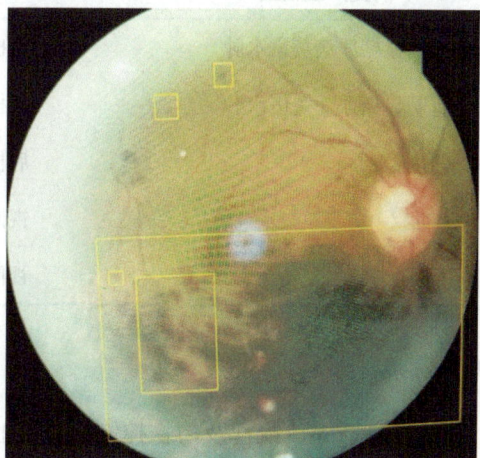

图 6-3-6　视网膜微血管瘤、玻璃体积血、纤维增殖

（三）临床表现、诊断、鉴别诊断

DR的患者常可能无明显临床症状，因此定期做眼底检查尤为重要，而眼底检查的方法除了经典的早期治疗DR研究组（ETDRS）标准7视野眼底照相、光相干断层扫描（OCT）、荧光素眼底血管造影（FFA）等外，近年还推出了超广角眼底成像和眼底相干光层析血管成像术（OCTA）等多种新型

眼底影像检查技术,在 DR 的早期诊断、治疗和随访中提供了更好的帮助。眼底筛查中 DR 病理主要可分为非增殖性和增殖性视网膜病变。而视网膜病变可分为六期,分属两大类。Ⅰ期:微血管瘤、小出血点。Ⅱ期:出现硬性渗出。Ⅲ期:出现棉絮状软性渗出以上。Ⅳ期:新生血管形成、玻璃体积血。Ⅴ期:纤维血管增殖、玻璃体机化。Ⅵ期:牵拉性视网膜脱离、失明。Ⅰ-Ⅲ期为非增殖性视网膜病变(NPDR),Ⅳ~Ⅵ期为增殖性视网膜病变(PDR)。(表 6-3-2、表 6-3-3)且当临床上出现 PDR 时,常伴有 DKD 及神经病变的症状或实验室变化。

表 6-3-2　DR 国际临床分级(2002 年版)

病变严重程度	散瞳眼底检查所见
无明显视网膜病变	无异常
非增殖期视网膜病变(NPDR)	
轻度	仅有微动脉瘤
中度	微动脉瘤,存在轻于中度 NPDR 的表现
重度	出现下列任何一个改变,但无 PDR 表现: ①在 4 个象限都有多于 20 处视网膜内出血 ②在 2 个以上象限中有显著的视网膜内微血管异常 ③在 1 个以上象限中有显著的视网膜内微血管异常
增殖期视网膜病变(PDR)	出现以下 1 种或多种改变: 新生血管形成、玻璃体积血或视网膜前出血

表 6-3-3　糖尿病黄斑水肿国际临床分级(2002 年版)

病变严重程度	眼底检查所见
无明显糖尿病黄斑水肿	后极部无明显视网膜增厚或硬性渗出
有明显糖尿病黄斑水肿	后极部有明显视网膜增厚或硬性渗出
轻度	后极部存在部分视网膜增厚或硬性渗出,但远离黄斑中心
中度	视网膜增厚或硬性渗出接近但未涉及黄斑中心
重度	视网膜增厚或硬性渗出涉及黄斑中心

(四)治疗

1. 预防与筛查　饮食及药物控制血糖、血压在正常范围,力求降低视网膜病变的危险性;定期筛查眼底、视力等(图 6-3-7)。

2. 治疗

(1)药物治疗

1)控制血糖、降压、调脂:良好的控制血糖、血压、血脂可预防或延缓 DR 的进展。

2)改善视网膜微循环治疗:2,5- 二羟基苯磺酸钙、胰激肽原酶、递法明、前列腺素 E、改善血流黏滞度,减少毛细血管通透性的药物(小剂量阿司匹林、维生素 C)、抗血栓药物(DT-TX300)、其他(抗氧化剂、抗血小板聚集药、改善红细胞变形能力的药物)等改善微循环,缓解视网膜缺氧。

```
                    糖尿病
                      │
                   眼底筛查
                      │
                    初筛
        ┌─────────────┼─────────────┐
    1型糖尿病      2型糖尿病      糖尿病合并妊娠
        │             │             │
┌────────────────┐  确诊时   ┌──────────────────┐
│（1）12岁之前发病，│         │（1）妊娠或第1次产检时筛查│
│自12岁起每年筛查  │         │（2）妊娠后每3个月时筛查 │
│（2）12岁之后发病，│         │（3）产后1年时筛查    │
│起病5年内筛查    │         └──────────────────┘
└────────────────┘
                      │
                   筛查结果
    ┌──────┬──────┬──────┬──────┬──────┐
  无DR  轻度NPDR  中度NPDR  重度NPDR  PDR
    │      │      │        │      │
           ┌──────┴──────┐
        不伴有DME      伴有DME
                          │
                    3个月内至眼科检查
    │      │      │        │      │
 每1~2年  每6~12个月  每3~6个月  随访频率  每月随访
  复查    复查      复查    小于3个月
```

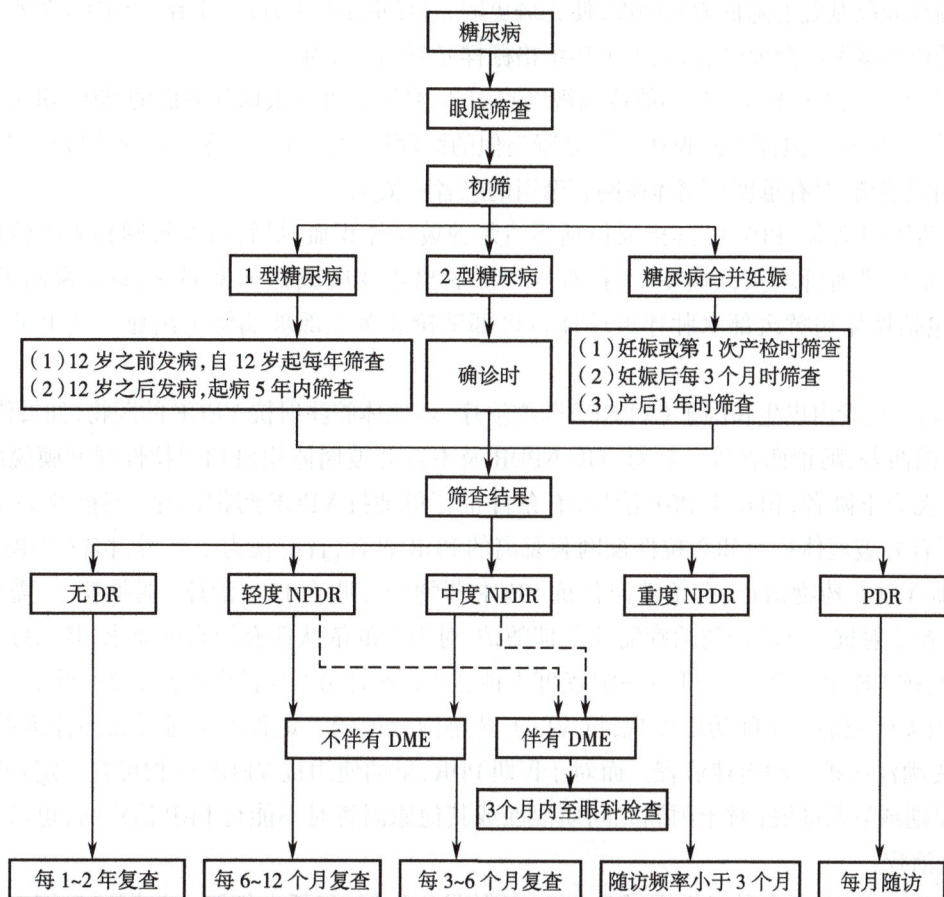

图 6-3-7 糖尿病眼底筛查

DR—糖尿病视网膜病变；NPDR—非增殖期视网膜病变；PDR—增殖期视网膜病变；DME—糖尿病黄斑水肿。

3）ACEI/ARB：有研究显示体外实验中ACEI可通过降低视网膜细胞对葡萄糖摄取减轻高糖所致视网膜细胞水肿，延缓或终止细胞死亡，有助于改善DR。体外研究也显示了ARB、组胺受体拮抗剂、上皮细胞增殖抑制剂、整合素、醛糖还原酶抑制剂（ARI）、自由基清除剂（维生素E、SOD、PKC-β抑制剂CY333531）对DR的防治有一定帮助。

4）针对病因治疗的药物：醛糖还原酶抑制剂（ARI）、AGEs抑制剂、β型PKC抑制剂、细胞因子阻断剂（VEGF阻断剂、生长抑素）、基质金属蛋白酶（MMPs）抑制剂、促进视神经功能恢复的药物、碘制剂、糖尿病性黄斑水肿的治疗、中医药治疗等。但需注意，突发失明或视网膜脱离患者需立即转眼科治疗。

（2）局部手术治疗进展性视网膜病变或已经进展为增殖期糖尿病视网膜病变，单用全身治疗难以改善眼底情况，应考虑眼的局部治疗。

1）激光光凝治疗：应用激光凝固治疗，封闭视网膜新生血管和微血管瘤，以及有病变的毛细血管和小血管，以制止玻璃体积血及视网膜水肿的发生。全视网膜激光光凝（PRP）被认为是有效降低重度NPDR和PDR患者严重视力损伤的主要治疗方法。在我国目前情况下，PRP在控制DR、减少致盲上具有非常重要的作用，仍应作为重度NPDR和PDR患者，尤其是疾病进行性进展的患者临床治疗中的首要方法和"金标准"。分别有局灶光凝：主要用于治疗合并硬性渗出的毛细血管囊（毛细血管瘤）。传统格栅样光凝：主要用于治疗视网膜无灌注区、视网膜内微血管异常（IRMA）和弥漫渗漏的毛细血管床，但晚期可能出现激光斑融合、增生导致视野缩小、视力下降等并发症。改良格栅样光凝：

在传统格栅样光凝基础上降低激光强度,使光斑更弱、直径更小(50μm),且治疗范围仅为水肿区内的无灌注区域以及渗漏的微血管囊,减少了传统格栅样光凝的并发症。

2)冷凝治疗:由于光凝治疗不能达到视网膜前部,必要时可在眼球前表面的结膜、巩膜或巩膜表面作冷凝治疗,可对周边部视网膜达到与光凝类似的治疗目的。但广泛冷凝可导致玻璃体收缩引起出血或视网膜脱离,对有重度玻璃体视网膜牵引的患者应慎用。

3)玻璃体切割术(PPV):其指征包括不清楚的玻璃体积血,尽管行全视网膜光凝治疗仍出现进展性、严重纤维血管增殖性病变,牵拉性视网膜脱离累及或威胁黄斑部,孔源性视网膜脱离等。新的指征包括糖尿病黄斑部水肿伴玻璃体黄斑部牵拉和黄斑部玻璃体下出血。其手术成功率为50%~70%。

4)抗新生血管内皮生长因子(VEGF)药物治疗:玻璃体腔注射抗VEGF的药物,如贝伐单抗、雷珠单抗、康柏西普、阿柏西普等。针对重度NPDR及不合并玻璃体积血和牵拉性视网膜脱离的PDR患者,且有视力下降者,相较于PRP治疗,有条件推荐单纯抗VEGF药物治疗(弱推荐);针对重度NPDR及不合并玻璃体积血和牵拉性视网膜脱离的PDR患者,且有视力下降者,相较于单纯PRP治疗或单纯抗VEGF药物治疗,有条件推荐抗VEGF药物治疗联合PRP治疗(弱推荐)。需要注意的是,玻璃体腔注射抗VEGF药物治疗需要长期随访,对患者的依从性有较高的要求,且治疗费用相对较高。虽然抗VEGF药物治疗可在一定程度上改善DRSS评分(减轻出血点、微动脉瘤、渗出等病变),但在相关研究的2年随访中发现,抗VEGF药物治疗虽能一定程度上延缓无灌注区的进展,但无法逆转无灌注区扩大的自然病程。而对于IV期PDR,早期使用抗VEGF药物可在一定程度上减缓病变向着V期或VI期进展;对于因屈光间质混浊或其他原因暂时不能行PRP治疗时,也可先进行抗VEGF药物治疗。

5)激素治疗:考虑多种炎性因子参与DME的发生发展,包括白细胞在视网膜毛细血管表面产生活性氧以及炎性因子,增加血管通透性以及BRB的分解等。而皮质类固醇可通过多种机制产生抗炎作用,帮助修复视网膜屏障并减少渗出。因此临床上目前用于玻璃体腔内注射的激素类药物包括:地塞米松玻璃体内植入剂(Ozurdex)以及曲安奈德(TA),后者为超适应证使用。主要针对抗VEGF药物治疗应答不良或无应答的糖尿病性黄斑水肿(DME)患者,相较于继续抗VEGF药物治疗,有条件推荐更换眼内注射激素治疗(弱推荐)。对于人工晶体(IOL)眼或具有全身心血管病高危因素的DME患者,可考虑一线使用眼内注射激素治疗。激素治疗在DME患者的治疗中占据重要地位,但主要作为第二选择。IOL眼或计划接受白内障手术眼、玻璃体切割术(PPV)眼,以及近期有重大心脑血管事件的患者,激素可考虑作为一线治疗方法。有证据显示更换眼内激素在视力获益、水肿改善和注射次数上有一定获益。对于抗VEGF药物治疗应答不良或无应答的DME患者,或定期给药治疗期间患者依从性不高,相较于继续抗VEGF药物治疗,有条件推荐更换眼内注射激素治疗(弱推荐)。但激素药物本身也存在一定的风险,副作用包括眼压升高和白内障等。玻璃体腔应用激素治疗应注意监测眼压,发现眼压升高给予降眼压药物,对于眼压升高药物不能控制者可进行选择性小梁激光成型手术或其他青光眼手术等。

(五)预后

糖尿病对眼部的影响除视网膜外,尚可引起白内障、虹膜新生血管、脉络膜炎、全葡萄膜炎、青光眼、角膜水肿、玻璃体积血、混浊等表现。遇有上述眼部情况时,应常规查血糖、尿糖,在治疗眼部局部病变时,一定要注意全身情况,控制好血糖、血压、血脂等代谢紊乱情况。

三、糖尿病神经病变

糖尿病神经病变（diabetic neuropathy）是糖尿病最常见的慢性并发症之一，病变可累及中枢神经及周围神经，后者尤为常见。由于诊断标准和检测方法的不同，糖尿病神经病变的发生率报道不一，10%~96% 不等。

（一）病因与发病机制

糖尿病神经病变的病因及发病机制目前尚不完全清楚，有研究认为病因是多因素性的，糖尿病病程、代谢紊乱、遗传因素、生活习惯等均是影响神经病变的重要原因，其发生与以上因素有关。

（二）病理解剖与病理生理

糖尿病神经病变的病理改变广泛，主要可累及周围神经、自主神经、脑神经，脑及脊髓也可受累。早期表现为神经纤维脱髓鞘和轴突变性。有时糖尿病神经病变的临床资料和电生理检查提示为慢性炎症性脱髓鞘性多神经病变（chronic inflammatory demyelinating polyneuropathy, CIDP），其主要改变是炎性浸润、脱髓鞘和轴突丧失。自主神经受累时，主要表现为内脏自主神经及交感神经节细胞的变性。微血管受累的表现主要是内皮细胞增生肥大，血管壁增厚、管腔变窄、透明变性，毛细血管数目减少，严重者可发生小血管闭塞。脊髓病变以后索损害为主，主要为变性改变。

（三）临床表现

1. 分型及临床表现

（1）弥漫性神经病变：①远端对称性多发性神经病变（DSPN），即双侧远端对称性肢体疼痛、麻木、感觉异常等，最常见类型为大神经纤维和小神经纤维同时受累，部分可分为以大神经纤维或小神经纤维受累为主的临床表现。②自主神经病变：可累及心血管、消化、泌尿生殖等系统，还可出现体温调节、排汗异常及低血糖无感知、瞳孔功能异常等。

（2）单神经病变：可累及单脑神经或周围神经。脑神经损伤以上睑下垂（动眼神经）最常见，其他包括面瘫（面神经）、眼球固定（展神经）、面部疼痛（三叉神经）及听力损害（听神经）等。单发周围神经损伤包括尺神经、正中神经、股神经和腓总神经等。

（3）神经根神经丛病变：最常见为腰段多发神经根神经丛病变，常表现为单侧，以肢体近端为主的剧烈疼痛，伴有单侧、近端肌无力、肌萎缩。

2. 症状和体征

（1）糖尿病病史：可有多尿、多饮、多食、肥胖或体重减轻病史，部分患者可无典型糖尿病史而以神经病变症状为首发表现前来就诊。

（2）周围多神经病变：以下肢对称性病变多见，病情隐匿，进展缓慢，表现为感觉障碍，如对称性肢体麻木、疼痛，感觉异常（蚁走感、烧热感），感觉过敏（手套或袜套样感觉），后期可表现为感觉减退甚至消失。少数患者的肢体疼痛剧烈难忍，严重影响工作和休息。若为单一神经受累，则呈片状感觉障碍，但少见。也可表现运动障碍、肌无力、肌萎缩，以近端肌受累多见。糖尿病痛性多神经病变（PDN）的临床疼痛性质多为烧灼样、电击样、针刺样或钝性疼痛，多数在夜间疲劳或兴奋时加重，甚者影响睡眠或工作。有明显的遗传倾向和家族发病倾向。

（3）自主神经病变：主要表现为消化道、泌尿道、心血管等的神经支配功能障碍。

1）胃肠道最常见，表现为便秘、上腹饱胀、胃部不适等，严重者可有顽固性便秘或腹泻，或便秘、腹泻交替，甚至大便失禁。食管功能障碍表现为食管蠕动减少，食物通过时间延长，并因此引起胸部不适、吞咽困难、呃逆等症状。肛门直肠功能紊乱常见的症状为局部不适、大便不净、异物感、痒痛、便秘或失控性"腹泻"等，严重者可伴下腹或骶部胀痛。

2）泌尿生殖系统排尿障碍，尿潴留、残余尿多，无张力性膀胱，有时尿失禁，易并发尿路感染。用尿道流量计、膀胱测压、神经传导速度和国际前列腺症状计分（IPSS）来评价尿道 - 膀胱的自主神经功能可发现异常。生殖系统表现为男性性欲减退、阳痿。女性可表现为月经紊乱。

3）心血管自主神经症状表现为安静时心动过速，少数可有固定心率，即心率的变化不容易受刺激的影响，也不易被 β 受体阻滞剂纠正。可发生体位性低血压，严重者可晕厥。心脏自主神经病变还可引起冠脉阻力血管的舒缩功能异常，冠脉扩张反应能力下降。偶出现无痛性心肌梗死，严重者可发生心搏骤停或猝死。

4）脑神经病变常急性起病，可表现为面神经、动眼神经、展神经、三叉神经麻痹以及听力障碍（表现为神经性耳聋或突聋）。

5）中枢神经病变以脑血管病变多见，也可表现为认知功能低下及精神障碍、情绪易波动、焦虑、烦躁不安、苦闷、视力障碍、记忆力减退、注意力不集中等。脊髓可表现为横贯性感觉障碍。腱反射活跃，病理反射阳性。

6）呼吸系统：糖尿病神经病变很少累及呼吸功能，支配呼吸肌的神经发生近端神经病变时可影响呼吸肌的运动而致呼吸障碍。

7）体温调节和出汗异常：患者可表现为少汗甚至无汗，可有发热，体温随外界温度波动，皮肤温度过冷或过热，半身出汗而半身无汗等。

（四）实验室检查和特殊检查

1. DSPN5 项筛查方法

（1）踝反射：患者仰卧位或俯卧位，屈膝 90°；或跪于椅面上。检查者左手使其足背屈，右手持叩诊锤叩击跟腱，足不能跖屈者，为踝反射消失；跖屈不明显，为减弱；轻触碰即有跖屈，则为亢进。当双侧踝反射同时出现减弱或消失时判断为阳性。

（2）振动觉：将振动的 128Hz 音叉柄置于双足拇趾近节趾骨背面的骨隆突处，在患者闭眼情况下询问能否感觉到音叉的振动，并注意持续的时间，检查时需与正常处对比。持续时间较正常缩短，为振动觉减退；未感觉到振动，为振动觉缺失。任意一侧振动觉消失，即判断为阳性。

（3）压力觉：①用于 DSPN 筛查，即将 10g 尼龙单丝置于双足拇趾背侧，加力使其弯曲，保持 1~2s，每侧重复 4 次，记录未感知到压力的总次数以评分，每次 1 分，若≥5 分，认为异常。②用于"高危足"的评估：将 10g 尼龙单丝置于被检查位置（大拇趾足底面和第 1、3、5 跖骨头），加力使其弯曲，保持 1~2s，若有任一位置感知不到压力，即为"高危足"。此项检查为评估神经病变最简单方式，可使发现率达 40% 以上。

（4）针刺痛觉：用大头针均匀轻刺患者足背皮肤，由远端向近端。如患者感觉不到疼痛（痛觉消失）或感觉异常疼痛（痛觉过敏）考虑为痛觉异常。任意一侧刺痛觉异常，即判断为阳性。

（5）温度觉：在患者闭眼情况下，分别将检查仪两端（温度感觉为凉的金属端及温度感觉为热的聚酯端）置于足背部皮肤任意一点（避开胼胝、溃疡、瘢痕和坏死组织等部位）1~2s 进行检测，患者无法辨别两端温度差异则为异常，任意一侧温度感觉异常，则判断为阳性。

2. 神经肌电图检查
神经肌电图检查对糖尿病周围神经病的诊断有一定价值，可发现亚临床神经损害,在糖尿病早期,甚至出现临床症状之前已有明显变化,故有早期诊断价值。其中感觉神经传导速度(SCV)的减慢较运动神经传导速度(MCV)出现更早,且更为敏感。肌电图检测有助于区分神经源性和肌源性损害。慢性炎性脱髓鞘性多发性神经病(CIDP)/急性炎性脱髓鞘性多发性神经病(AIDP)的肌电图表现为明显脱髓鞘特点:运动传导末端潜伏期延长、传导速度减慢、传导阻滞和波形离散。而肌源性损害(多发性肌炎、进行性肌营养不良)肌电图可出现自发电位、运动电位和大力收缩。

3. **诱发电位(EP)检查**　包括视觉诱发电位(VEP)、脑干听觉诱发电位(BAEP)、躯体感觉诱发电位(SEP)、运动诱发电位(MEP)。EP 是用电流或磁场经颅或椎骨刺激人的大脑运动皮层或脊髓所记录到的肌肉动作电位,主要检查中枢运动传导功能。

4. **心血管自主神经病变试验**　(详见糖尿病心脑血管疾病章节)。

5. **病理活检**　皮肤活检为诊断小纤维神经病变"金标准",也是 DSPN 病理诊断"金标准";可直接观察无髓纤维神经的损伤情况,早期发现并诊断 DSPN。而神经活检可帮助明确诊断、评估效果等,多取外踝后方的腓肠神经活检,但由于为侵入性检查,一般不作为常规检查手段。

6. **胃肠自主神经功能检查**

(1)胃排空测量:包括闪烁图法——固体和/或液体餐,放射法——不透 X 线标记物,胃肠钡餐,实时超声显像法,磁示踪法,电阻抗法,对乙酰氨基酚吸收率,插管法等。目前以胃排空的闪烁图最敏感且能用于临床的方法,闪烁图扫描技术仍代表胃排空测定的金标准,表现为对固体和液体食物排空延迟。钡餐可见胃扩张,钡剂存留时间延长、十二指肠部张力减低。

(2)测压法:可发现近端胃和胃窦部动力减低,持续低幅胃窦运动,高幅幽门收缩。

(3)胃电图:空腹时消化间期的复合运动波胃窦成分缺失。

(4)胆囊收缩功能测定:禁食 12h,晨空腹,仰卧,平静呼吸,于右肋间或肋以下以 B 型超声检查胆囊最大长轴切面图像,然后口服胆囊收缩剂 20% 的甘露醇 100mL,于口服前及服药后 1h 测量胆囊最大长轴切面面积,计算胆囊收缩率,收缩率小于 30% 为胆囊收缩不良。

7. **膀胱功能测定**　膀胱超声测定残余尿量、尿流动力学检测等,糖尿病自主神经病变膀胱残余尿量多增加。

8. **其他**

(1)定量泌汗运动神经轴突反射试验(QSATR):通过电化学原理测量汗腺神经功能,利用反向离子电渗和计时电流法测试皮肤电反应,可检测小纤维神经功能。

(2)瞳孔检查,对光反射:瞳孔周期时间(PCT)是测定迷走神经功能的敏感方法,糖尿病自主神经病变者 PCT 明显延长。

(3)角膜共聚焦显微镜:可通过检查角膜的神经支配,即时分析角膜神经密度和形态,可作为研究糖尿病小纤维神经病变(SFN)的重要工具。

(五)诊断和鉴别诊断

临床上,不论糖尿病病程有多长,均应考虑糖尿病性神经病变可能。但糖尿病性神经病变的临床表现、实验室检查与特殊检查均缺乏特异性,故必须排除非糖尿病性神经病变可能。

1. **诊断**

(1)早期诊断线索:临床上,下述临床表现有助于糖尿病性神经病变早期诊断。①感觉障碍或感觉异常;②肌肉萎缩;③糖尿病足、腕管综合征、僵硬性关节病;④眼肌瘫痪、眼睑下垂;⑤间歇性跛行;⑥皮肤溃疡;⑦足瘫痪;⑧消化、泌尿生殖和心血管系统功能障碍或体温调节和出汗异常;⑨脑缺血发作和认知障碍。

（2）诊断依据（排他性）：①糖尿病或至少有糖调节异常的证据；②出现感觉、运动或自主神经病变的临床表现；③神经电生理检查有异常变化。临床分类如下（表6-3-4）。

表6-3-4　糖尿病神经病变的临床分类

糖尿病神经病变的临床分类	糖尿病神经病变的临床分类
快速可逆性神经病变	头面部神经病变
高血糖神经病变	胸腹神经根病变
持续对称性多发性神经病变	局限性肢体神经病变
末梢躯体感觉运动病变（主要大神经纤维）	肌萎缩
自主神经病变	压迫性或嵌入性神经病变
小纤维神经病变	混合性神经病变
病灶/多灶性神经病变	

2. 鉴别诊断

（1）对称性周围神经受损：应注意与中毒性末梢神经病变、感染性多发性神经根炎等鉴别。中毒性末梢神经病变常有药物中毒或农药接触史，疼痛症状较突出。感染性多发性神经根炎常急性或亚急性起病，病前多有呼吸道或肠道感染史，表现为四肢对称性弛缓性瘫痪，运动障碍重，感觉障碍轻，1~2周后有明显的肌萎缩。患者脑脊液蛋白定量增高，细胞数正常或轻度增高。

（2）非对称性周围神经损伤：应注意与脊髓肿瘤，脊椎骨质增生压迫神经等病变鉴别，相应节段脊椎照片或CT、MRI有助于诊断。

（3）腹泻应注意与胃肠道炎症、肿瘤等鉴别：糖尿病腹泻一般以"五更泻"明显，"五更泻"属中医泄泻病的一种类型，特指发生在黎明前五更时分（即凌晨3~5时）的腹泻，无黏液脓血，腹泻前可有痉挛性腹痛伴肠鸣增多，排便后症状可好转，大便常规及培养无炎性成分及细菌生长。必要时肠镜等检查有助于鉴别。

（4）心脏自主神经功能紊乱应与其他心脏器质性病变鉴别：后者无糖尿病病史，血糖正常而常存相应病的病状及体征。

注意：糖尿病神经病变的诊断必须有糖尿病证据或至少有糖耐量异常；根据临床表现及有关实验室检查有糖尿病神经病变的证据；排除其他原因引起的神经病变后才可确诊。

（六）治疗

1. 控制血糖　严格、稳定地控制血糖能够减轻症状、延缓糖尿病神经病变的进程。如口服降糖药不能满意控制血糖，应尽早应用胰岛素，尤其在出现急性近端运动神经病变，急性痛性神经病变和局限性单神经病变时，更要尽量使血糖控制在要求范围内。

2. 营养神经药物　甲钴胺作为活性维生素 B_{12} 制剂，较非活性维生素 B_{12} 更易进入神经细胞内，可以促进神经元内核酸和蛋白质的合成，对髓鞘形成和轴突再生具有显著的促进作用，能够修复损伤的神经细胞，改善神经传导速度。甲钴胺可明显改善糖尿病神经病变患者的临床症状、体征以及神经传导速度。

3. 抗氧化应激药物　α-硫辛酸（简称硫辛酸）是一种强有力的抗氧化因子，能够通过抑制脂质过氧化,增加神经营养血管的血流量,提高神经 Na^+-K^+-ATP 酶活性,直接清除活性氧簇和自由基,保护血管内皮功能。此外,硫辛酸在改善糖尿病患者胃轻瘫、男性勃起功能障碍方面也有一定的疗效。

4. 抑制醛糖还原酶活性药物 依帕司他为一种醛糖还原酶抑制剂,能抑制多元醇通路异常、改善代谢紊乱,有效改善糖尿病神经病变的主观症状和神经传导速度。依帕司他单药长期治疗可以有效改善糖尿病神经病变的症状,并延缓疾病的进展,尤其是对血糖控制良好、微血管病变轻微的患者。此外,依帕司他还可以改善糖尿病心血管自主神经病变、糖尿病胃轻瘫、糖尿病 ED 和瞳孔光反射减退。

5. 改善微循环药物

(1)前列腺素及前列腺素类似物:可增加血管平滑肌细胞内环磷酸腺苷(cAMP)含量、舒张血管平滑肌、降低血液黏度、改善微循环。前列腺素 E1 能改善 DSPN 症状、体征以及神经传导速度。口服贝前列素钠也有类似作用。前列腺素 E1 联合甲钴胺或 α - 硫辛酸治疗,临床效果和神经传导速度的改善均优于单药治疗。该类药物安全性好,不良反应发生率低,主要是胃肠道反应,静脉制剂主要是静脉炎。

(2)己酮可可碱:通过抑制磷酸二酯酶活性使 cAMP 含量升高,扩张血管,改善微循环;并具有抗炎、抑制血小板黏附聚集和预防血栓生成作用。

(3)胰激肽原酶:能够扩张小动脉增加毛细血管血流量、激活纤溶酶、降低血液黏度、改善血液流变学和组织灌注。还具有抑制血小板聚集、防止血栓形成、改善血液循环等作用,在改善 DSPN 症状及体征以及神经传导速度方面,与前列腺素 E1 脂微球载体制剂相似。不良反应包括偶有皮疹、皮肤瘙痒等过敏现象及胃部不适和倦怠等感觉,停药后消失。

(4)巴曲酶:具有降解纤维蛋白原,改善高凝、高黏状态和微循环障碍的作用,可有效改善麻木、冷感等症状及神经传导速度,安全性较好,偶见注射部位止血延迟。

6. 改善细胞能量代谢药物 乙酰左卡尼汀由肉碱乙酰转移酶催化生成,可促进细胞能量合成。其作用机制包括刺激脑内有氧代谢、减轻细胞氧化应激损伤、减轻细胞兴奋毒性作用等,并能通过减少突触的谷氨酸浓度起到减轻痛觉过敏的作用,与神经系统疾病关系紧密。乙酰左卡尼汀能有效缓解糖尿病神经病变患者的疼痛,还可以改善其神经纤维再生和振动知觉,改善糖尿病神经病变患者神经电生理参数。该药安全性较好,不良反应少。

7. 其他药物治疗 血管紧张素转换酶抑制剂(ACEI)、钙通道阻滞剂(尼莫地平)、蛋白糖化作用抑制剂氨基胍、神经生长因子(NGF)(如鼠 NGF 等)、PKC 阻断剂、γ- 亚麻酸、神经节苷脂1、肌醇、C 肽、免疫冲击疗法等。

8. 自主神经病变的治疗

(1)胃轻瘫:多巴胺受体阻滞剂、消化道促胃肠动力学药物、抗胆碱能 / 抗多巴胺药物、刺激胃动素释放和直接兴奋胃动素受体药物等。

(2)腹泻:可用洛哌丁胺(盐酸洛哌丁胺胶囊)、维生素制剂或微生态调节剂,如双歧杆菌三联活菌散、米雅、丽珠肠乐、肠泰口服液等。

(3)体位性低血压:应注意缓慢起立,穿弹力袜,适当增加血容量,或中医药治疗。

(4)尿潴留:可下腹热敷按摩,肌肉或皮下注射新斯的明 0.25~0.5mg,也可肌内注射甲氧氯普胺(胃复安)或口服西沙比利,重症尿潴留可导尿或保留导尿管,必要时膀胱造瘘。

(5)ED:西地那非类药物为 ED 一线疗法。海绵体内注射血管活性药物,真空负压勃起系统、血管外科治疗、阴茎假体插入等均可选用,而且应配合心理治疗。

(6)排汗异常:尚无特殊治疗,有报道使用水电离子透入疗法,脉冲直流电水离子导入法治疗局部性多汗症。

9. 痛性神经病变的治疗

（1）药物治疗

1）抗惊厥类药：此类药物是 γ - 氨基丁酸的类似物或衍生物，为电压门控钙离子通道 α2 - δ 亚基的配体。此类药物包括普瑞巴林、加巴喷丁和卡马西平等。大多数研究证实普瑞巴林能够至少改善 DSPN 疼痛的 30%~50%，在高龄患者中的药物不良反应更明显，可以通过减少起始剂量，逐渐递增剂量来缓解。加巴喷丁能够有效地控制疼痛，且更经济实惠，但是美国食品药品监督管理局（FDA）没有批准适应证。治疗糖尿病神经病理性疼痛，推荐首选普瑞巴林。考虑到患者的社会经济情况、共患病和潜在的药物相互作用，加巴喷丁也可以作为一种有效的初始治疗药物。

2）5 - 羟色胺 - 去甲肾上腺素再摄取抑制剂：此类药物主要的作用机制为抑制 5 - 羟色胺和去甲肾上腺素的再摄取。其中，度洛西汀被认为是有效的痛性 DSPN 治疗药物。它是一种选择性去甲肾上腺素和 5 - 羟色胺再摄取抑制剂。此外，它还能提高与神经病变相关的生活质量。文拉法辛虽然对痛性 DSPN 有一定治疗效果，但目前并未获批。度洛西汀和普瑞巴林推荐级别相同，也是推荐的首选用药。

3）三环类抗抑郁药：本类药物属于非选择性单胺摄取抑制剂，可以通过增加突触内单胺水平来直接影响下行性神经元的活性。尽管未经 FDA 批准，但阿米替林是最常用的三环类药物。然而，因其具有较高的产生严重不良反应的风险，故应谨慎使用。特别在老年患者中，由于药物胆碱能的不良反应常常会限制其使用，所以应从小剂量开始，视病情酌情用量。其主要不良反应为心律失常，因此在初次使用此类药物前应充分评估患者心血管情况。对于有心脏疾病或者高度怀疑心脏疾病的患者应谨慎使用。

4）阿片类药物：阿片类激动剂是一种作用于中枢的麻醉镇痛药，常用于痛性 DSPN 治疗。此类药物包括他喷他多和盐酸曲马多。他喷他多通过激动阿片类受体和抑制去甲肾上腺受体发挥止痛作用，其治疗痛性 DSPN 的有效性并不确定。鉴于高成瘾性和安全问题，以及轻度缓解疼痛的特点，他喷他多不作为糖尿病神经痛治疗的一线或二线治疗用药。盐酸曲马多是一种阿片类受体弱激动剂，具有缓解疼痛的作用，同时可以抑制去甲肾上腺素和 5 - 羟色胺的再摄取，但因存在一定的安全隐患，不建议将其作为一线或二线药物。值得注意的是，三环类抗抑郁药去甲替林以及抗癫痫药卡马西平尽管并没有获批，但可能对治疗痛性 DSPN 有效。

5）局部用药：局部外用 8% 的辣椒素贴片（Qutenza）可以治疗成人患者痛性 DSPN。利多卡因贴剂亦有研究证明可以显著减少疼痛，提高患者生活质量。

（2）非药物治疗

1）针灸治疗：结合祖国医学的理论，针灸镇痛在临床上已被广泛接受。国内外均有研究证实针灸对于痛性 DSPN 有一定的治疗效果。

2）电刺激治疗：包括经皮神经电刺激治疗、脊髓电刺激治疗和调频电磁神经刺激等。经皮电刺激（TENS）是在"电压门控通道"学说基础上发展出的一种新型理疗方法，通过在神经分布区的皮肤表面放置电极，通常放置于腓肠肌、椎旁、足部等处，并给予一定频率的电刺激，阻断神经纤维向大脑传递疼痛信号而控制疼痛。脊髓电刺激治疗是一种微创手术，通过植入脊髓硬膜外腔的电极导线将神经刺激器产生的电流传至脊髓，阻断疼痛感上传至大脑中枢。一项早期荟萃分析显示，绝大多数的电刺激治疗，可以不同程度地缓解患者疼痛的症状。

10. 中药治疗 大活络丸对减轻肌肉型和深部型疼痛有效，一定程度上可改善神经传导障碍的功能。中药水飞蓟提取物正在作体外及动物试验中，木丹颗粒、复方丹参滴丸、川芎嗪、消栓灵、刺五加、蝮蛇抗栓酶也可应用。

11. 糖尿病足的治疗 详见糖尿病足章节。

（七）预后

重点是防治足部溃疡的继发性感染与坏死，减少截肢的发生。

四、糖尿病心脑血管病变

糖尿病心血管病变是糖尿病致死的最主要原因，指糖尿病患者在糖、脂肪等代谢紊乱的基础上发生冠状动脉病变、心肌微血管病变、代谢紊乱及心脏自主神经病变，从而所并发或伴发的心脏病，包括冠心病、糖尿病心肌病变、糖尿病心血管自主神经病变和／或高血压。糖尿病死亡率中动脉粥样硬化约占80%，糖尿病并发症住院患者中75%有心血管疾病。因此认为糖尿病是一种心血管疾病的等危症。其发生心血管疾病的危险因素包括高龄、女性、遗传、高胆固醇血症、高甘油三酯血症、高低密度脂蛋白水平、高血压、吸烟、肥胖、高血糖、高胰岛素血症等。

另外糖尿病患者也易合并出现脑血管意外，糖尿病已成为脑血管病（CVD）的独立危险因素，糖尿病合并CVD是非糖尿病人群的4~8倍，其中88%为脑梗死，尤其腔梗多见。糖尿病患者也易出现血管闭塞性疾病，与非糖尿病患者相比，糖尿病患者发生外周血管病变（PVD）更常见，发生率为非糖尿病患者的4倍。

（一）病因与发病机制

糖尿病患者发生血管动脉粥样硬化的机制包括：高龄、女性、遗传、高血糖、脂质代谢紊乱、高血压、吸烟和肥胖等，还包括胰岛素抵抗、内皮细胞功能受损、纤溶系统异常、氧化应激反应增强、慢性炎症反应因子和细胞因子升高、清蛋白尿等。

（二）病理解剖与病理生理

糖尿病患者的血管病变发病率较一般人群高，发病早，病变严重。从大中动脉到毛细血管均可发生不同程度的病变。表现为毛细血管和细小动脉内皮细胞增生，基底膜明显增厚，增厚程度可达正常人几倍甚至十几倍，血管壁增厚、玻璃样变性、继而血压增高；糖尿病患者的血管壁可发生纤维素样变性和脂肪变性，导致血管壁通透性增强；可形成血栓或管腔狭窄，破坏正常血液供应，引起相应组织或器官缺血、功能障碍和病变。临床表现为主动脉、冠状动脉、下肢动脉、脑动脉和其他脏器动脉粥样硬化，引起冠心病、心肌梗死、脑萎缩、肢体坏疽等。

T2DM患者由于内环境中胰岛素抵抗、胰岛素相对缺乏等导致体内游离脂肪酸水平升高，肝脏合成极低密度脂蛋白（VLDL）底物增加，而胰岛素依赖性脂蛋白酯酶（LPL）活性下降，VLDL清除减少，导致TG和富含TG的脂蛋白（TRL）水平升高。而T1DM患者由于长期使用外源性胰岛素可致外周高胰岛素血症引起LPL活性增加，TG水平正常或降低，HDL-C水平正常或升高。高胰岛素血症也可上调LDL受体，促进LDL的清除，LDL-C水平可能下降。另外，糖尿病患者血糖控制不佳更易导致TG水平升高，高TG血症刺激胆固醇酯转运蛋白活性，增加TG和胆固醇酯在TRL与LDL、高密度脂蛋白（HDL）之间的交换，导致LDL及HDL颗粒中的TG含量增加及胆固醇酯减少，当LDL及HDL中的TG被LPL和肝酯酶水解后，不仅促进了小而密低密度脂蛋白（sdLDL）的生成，也加速HDL的分解代谢，导致HDL-C水平降低。因此糖尿病患者的血脂特点以混合型血脂紊乱多见。包括：①空腹和餐后高甘油三酯（TG）血症以及高密度脂蛋白胆固醇（HDL-C）水平降低；②血清总胆固醇（TC）和低密度脂蛋白胆固醇（LDL-C）水平正常或轻度升高；③低密度脂蛋白（LDL）颗粒亚型发生改变，小而密低密度脂蛋白（sdLDL）颗粒增加。

（三）临床表现

1. 症状和体征

（1）高血压：可有头昏、头痛，但有些患者无症状，仅体检发现，这种情况应排除其他原因引起的血压升高，如嗜铬细胞瘤、原发性醛固酮增多症、皮质醇增多症、肾小球肾炎等。

（2）心脏：可表现为胸闷、活动后气促、心绞痛，严重者可表现为心力衰竭、心肌梗死、心律失常，甚至猝死。心界可扩大，心率增快或固定，心音可低钝，可出现心功能不全的表现，包括颈静脉充盈，端坐呼吸，唇发绀，肝脾肿大，下肢水肿。

（3）脑：可有失语、神志改变、肢体瘫痪等定位体征，伴脑萎缩者可表现为智力下降、记忆力差、反应迟钝等。脑血管病变可表现为定位体征及神志改变。

（4）下肢：可有小腿和足部发凉、软弱、困倦、行路不能持久，行路感乏力加重，休息 2~3min 后即消失，以后可出现间歇性跛行。随病变进展可出现静息痛，肢体疼痛等在安静休息时出现持续性或间歇性加重，严重时，出现夜间和白昼持续的疼痛与感觉异常。此外，患肢皮肤温度可降低，皮肤颜色改变，动脉搏动减弱或消失，下肢溃疡、坏死。

2. 实验室及辅助检查

（1）空腹及餐后 2h 血糖、胰岛素、C 肽及血脂测定。

（2）心电图：无特异性，运动心电图和 24h 动态心电图对无症状心肌缺血的检出有一定帮助。

（3）心脏自主神经功能检查：主要表现为静息性心动过速和直立性低血压。早期可无明显症状，疾病进展可出现心悸、站立时轻度头痛、视力障碍、晕厥等。依据临床症状和 / 或体格检查，包括静息性心动过速（即静息心率 >100 次 /min），直立性低血压（由卧位、蹲位到直立位时收缩压下降 >20mmHg 或舒张压下降 >10mmHg），且心率没有代偿性增加。心率变异性、24h 动态血压监测可作为辅助诊断。①副交感神经系统：深呼吸时心率改变，直立时心率改变，瓦尔萨尔瓦动作（Valsalva maneuver）时心率改变。②交感神经系统：直立时血压改变。③通过 5min 静息心电图记录或 24h 动态心电监测评价心率变异性。以上有两项检查结果阳性时，应怀疑心脏自主神经病变；三项检查结果阳性时，可以诊断。

（4）心脏超声检查：糖尿病患者即使无冠心病并发症，由于糖尿病 心肌病变和间质纤维化，可出现室间隔和 / 或左心室后壁增厚，心室重量增大，左心房扩大，主动脉硬化，左心室功能异常，尤其是舒张功能的改变表现为左心室舒张末期内径减少，峰充盈率减低。

（5）颈、股动脉内膜中层厚度（IMT）：测量动脉硬化发生发展中，动脉内膜是最早受累的部位，而血管内膜中层增厚则是动脉硬化的早期标志，斑块形成则为动脉硬化形成的明显特征。

（6）血管内超声（IVUS）：利用安装在心导管尖端的微型超声探头从血管内探测管腔大小和管壁结构的介入性超声诊断技术。

（7）冠脉造影：可发现受累部位管腔狭窄或闭塞病变，常弥漫累及多处血管，同一处血管常多处受累。冠状动脉造影目前是诊断冠心病的"金标准"。

（8）放射性核素检查（SPECT）：SPECT 作为直接评估心脏肾上腺能神经支配的完整性方法，可较早地提示亚临床期病变。在久病的 T1DM 患者，较多出现单独的舒张功能不全或伴有收缩功能不全，提示舒张功能异常可能早于收缩功能异常。

（9）经皮氧分压（$TcPO_2$）：通过测量皮肤组织中的氧含量以了解皮肤组织的血流灌注量，从而反映微循环状态，了解周围动脉的供血情况。

（10）多普勒踝动脉压测量和踝肱指数：踝肱指数（ABI）即踝动脉 - 肱动脉血压比值反映

下肢血压与血管状态，正常值为 1.00~1.30；0.91~0.99 为临界状态，ABI>1.30 通常提示动脉钙化，ABI≤0.90 可诊断 LEAD。ABI 介于 0.71~0.90，为轻度动脉病变；ABI 介于 0.41~0.70，为中度动脉病变，ABI≤0.40 为重度动脉病变。

（11）彩色多普勒超声：可检测颅内和下肢血管血流动力学情况。

（12）神经电生理检查：脑电图（EEG）、脑电地形图（BEAM）、诱发电位。

（13）正电子发射断层显像（PET）：可计算脑代谢、血流、氧耗量并成像。

（14）CT 或 MRI：可确定病灶部位、大小、性质（出血或缺血）。脑梗死多在 24h 后显示，3~7d 最佳，呈底向外的扇形或三角形低密度灶，边界清楚。MRI 可更早、更好显示病灶，T1 呈低信号，T2 呈高信号，检出率可达 100%。

（15）其他：数字减影血管造影（DSA）、血液流变学、血小板功能测定等。

（四）诊断及鉴别诊断

1. 诊断　有糖尿病病史或能确诊糖尿病者，结合心脑血管病变的病史、症状、体征及辅助检查可明确诊断糖尿病心脑血管病变。糖尿病患者应行冠脉检查的指征有：①有典型或不典型心肌缺血症状；②休息时 ECG 提示心肌缺血，其意义大于非糖尿病患者，可能预示着心脏突发事件的发生；③外周动脉或颈动脉有阻塞性疾病；④糖尿病患者有大于等于以下 2 条者：如总胆固醇≥240mg/dL（l6.24mmol/L），LDL-C≥160mg/dL（4.14mmol/L），或 HDL-C<35mg/dL（0.91mmol/L）；或血压 >140/90mmHg（18.7/12.0kPa）；或吸烟，家族中有中年发生冠心病者；或尿白蛋白≥20μg/min。

糖尿病心脏病诊断依据：主要表现为糖尿病心肌病，糖尿病心脏自主神经病变，糖尿病伴冠心病。有糖尿病病史，无高血压或冠心病，患者心脏增大，尤其女性患者有左心室后壁和室间隔增厚，左心房扩大，左心功能减低者，心率变异性减低或 MIBG 断层心肌显像异常表现，反映心脏自主神经病变者均应诊断为糖尿病心脏病。

2. 鉴别诊断

糖尿病伴高血压应注意与皮质醇增多症及嗜铬细胞瘤等鉴别，相应内分泌激素检查及定位检查有助于诊断。

糖尿病伴脑血管意外时应注意与脑栓塞、颅内肿瘤等鉴别，病史及定位检查、脑脊液有助于鉴别。脑栓塞多为心源性，发病急，年龄轻，意识多清醒，有风湿性心脏病病史及心脏体征等。颅内肿瘤则起病缓慢，病程呈进行性发展，CT 和 MRI 检查有重要诊断意义。

糖尿病并下肢疼痛应注意与血栓闭塞性脉管炎、腰骶神经性病变等鉴别，血栓闭塞性脉管炎无糖尿病病史，血糖正常，发病年龄较轻，多在 40 岁以下，常有吸烟史。临床表现有游走性浅静脉血栓形成，手指溃疡。常无体内其他部位的动脉硬化，如脑动脉硬化、冠心病等。腰椎异常可影响下肢动脉，出现供血不足。腰椎照片、MRI 有助于诊断。

（五）治疗

1. 调脂治疗　在临床实践中，他汀类药物疗法仍然是治疗糖尿病患者高脂血症的主要手段，但非他汀类药物治疗也已被广泛研究，以解决他汀类药物治疗患者中发现的残留风险。实验证明增加高密度脂蛋白（HDL-C）或降低甘油三酸酯（胆固醇酯转移蛋白抑制剂，烟酸，贝特类药物）和降低低密度脂蛋白（LDL-C）（依泽麦布，胆汁酸螯合剂）可以对他汀类治疗产生耐受的人有持续增益效果。而近些年所涌现的一类降脂新药前蛋白转化酶枯草溶菌素 9（PCSK9）抑制剂是一类抑制 PCSK9 的化合物，其不仅能在早期降低 LDL-C，而且从长期来看还可能降低心血管事件。

糖尿病患者血脂管理中国专家共识（2024年版）指出，由于糖尿病是 ASCVD 的重要独立危险因素，建议根据其病程长短、是否合并 ASCVD 及主要靶器官损害情况，将糖尿病患者分为超高危、极高危和高危（表6-3-5）。

表 6-3-5　糖尿病患者的降脂达标策略推荐建议

风险分层	评估指标
超高危	合并 ASCVD
极高危	不合并 ASCVD，但存在以下任一情况： ≥40 岁 <40 岁，合并长病程（T2DM 病程≥10 年，T1DM 病程≥20 年） <40 岁，合并≥3 个危险因素① <40 岁，合并靶器官损害②
高危	<40 岁，不具备以上极高危特征

注：ASCVD 定义：指针对明确的冠状动脉粥样硬化性心血管疾病，包括既往诊断或现在存在急性冠脉综合征（心肌梗死或不稳定型心绞痛）、稳定型心绞痛和接受冠状动脉运重建（经皮冠状动脉成形术 / 支架置入术或冠状动脉旁路移植术）；诊断明确的脑卒中和短暂性脑缺血发作；诊断明确的外周动脉疾病。

①危险因素包括：吸烟；高血压；肥胖：体重指数≥28kg/m²；早发冠心病家族史（男性 <55 岁，女性 <65 岁）；非高密度脂蛋白胆固醇≥4.9mmol/L；脂蛋白（a）≥300mg/L；高敏 C 反应蛋白≥2.0mg/L。危险因素均为干预前水平。

②靶器官损害包括：慢性肾脏病 3b 期以上（eGFR<45mL·min⁻¹·(1.73m²)⁻¹），蛋白尿（尿白蛋白 / 肌酐比值 >300mg/g），踝肱指数 <0.9，左心室收缩 / 舒张功能障碍。

进行调脂药物治疗时，推荐降低低密度脂蛋白胆固醇（LDL-C）和非高密度脂蛋白胆固醇（HDL-C）同时作为 ASCVD 风险管控的首要降脂靶点；对于超高危的人群，达标值：LDL-C<1.4mmol/L，且较基线降低 >50%；对于极高危的人群，达标值：LDL-C<1.8mmol/L，且较基线降低 >50%；对于高危的人群，达标值：LDL-C<2.6mmol/L；非 HDL-C 目标值为相应的 LDL-C+0.8mmol/L；载脂蛋白 B（ApoB）可作为糖尿病患者 ASCVD 风险管控的次要靶点，对于超高危、极高危和高危患者，ApoB 目标值分别小于 0.7g/L、0.8g/L、0.9g/L。临床首选他汀类调脂药物（2013 年版指南提到：妊娠期间禁用他汀类药物）。起始宜应用中等强度他汀，根据个体调脂疗效和耐受情况，适当调整剂量，若胆固醇水平不能达标，与其他调脂药物联合使用（如依折麦布），可获得安全有效的调脂效果。如果 LDL-C 基线值较高，现有调脂药物标准治疗 3 个月后，难以使 LDL-C 降至所需目标值，则可考虑将 LDL-C 至少降低 50% 作为替代目标。临床上也有部分极高危患者 LDL-C 基线值已在基本目标值以内，这时可将其 LDL-C 从基线值降低 30% 左右。LDL-C 达标后，若 TG 水平仍较高（2.3~5.6mmol/L），可在他汀治疗的基础上加用降低 TG 药物如贝特类（以非诺贝特首选）或高纯度鱼油制剂，并使非 HDL-C 达到目标值。如果空腹 TG≥5.7mmol/L，为了预防急性胰腺炎，首先使用降低 TG 的药物。因此对糖尿病患者降脂达标策略推荐建议如下（表6-3-6）。

2. 降压治疗　对糖尿病伴高血压者，首选 ACEI 和 AT-2 受体拮抗剂，钙通道阻滞剂、β 受体阻滞剂、α 受体阻滞剂、利尿剂也可选用。ACEI 和 AT-2 受体拮抗剂不但可降低血压，尚可防止糖尿病肾病减少尿白蛋白排泄，ACEI 还能改善胰岛素敏感性，但需注意哮喘患者禁用。

3. 降糖治疗　血糖改善能减少心血管突发事件的发生。对合并心血管病变的患者，在控制血糖过程中要特别强调防止低血糖发生，因为低血糖发生易加重心脑供能不足现象，有诱发心、脑血管意外的危险。

表 6-3-6 糖尿病患者的降脂达标策略推荐建议

（糖尿病患者血脂管理中国专家共识 2024 年版）

推荐建议	推荐级别
1. 所有糖尿病患者均应以生活方式干预作为	A 级
2. 将中等强度他汀类药物作为糖尿病患者降脂达标的起始治疗药物	A 级
3. 应用中等强度他汀类药物不能使糖尿病患者 LDL-C 达标时，应联合胆固醇吸收抑制剂治疗	A 级
4. 中等强度他汀类药物联合胆固醇吸收抑制剂仍不能使糖尿病患者 LDL-C 达标时，应联合 PCSK9 抑制剂治疗	A 级
5. 对于极高危和超高危患者，为达到 >50% 的 LDL-C 降幅，可直接启动中等强度他汀类药物联合胆固醇吸收抑制剂治疗	C 级
6. 对于基线 LDL-C 水平较高[①]，预计他汀类药物联合胆固醇吸收抑制剂治疗难以达标的超高危糖尿病患者，可直接启动他汀类药物联合 PCSK9 抑制剂治疗	B 级
7. 对于不能耐受他汀类药物的患者，应考虑使用胆固醇吸收抑制剂和 / 或 PCSK9 抑制剂	C 级
8. LDL-C 达标后仍有非 HDL-C 不达标且 TG 水平升高，应进一步强化饮食、运动、减重等生活方式管理，并优化降糖和降 TG 策略[②]	A 级

注：A 级—证据基于多项随机对照试验或 Meta 分析；B 级—证据基于单项随机对照试验或多项非随机对照试验；C 级—证据基于专家共识意见和 / 或基于小规模研究、回顾性研究和注册研究结果。

①LDL-C 基线水平较高：服用他汀类药物者 LDL-C≥2.6mmol/L，未服用他汀类药物者 LDL-C≥4.9mmol/L。

②优化降糖和降 TG 策略：优先启用可改善血脂谱或心脏预后的降糖药物（如二甲双胍、钠 - 葡萄糖共转运蛋白 2 抑制剂和胰高糖素样肽 -1 受体激动剂）和必要时使用降 TG 药物。

4. 降低血流黏滞度，改善微循环 阿司匹林治疗可减低糖尿病患者心肌梗死、脑卒中、冠状动脉暂时缺血的发生率，阿司匹林可用于高危人群的一级预防，也可用作已有大血管病变人群的二级预防。其他还可选择低分子肝素、噻氯匹定、低分子右旋糖酐、莨菪碱、地诺前列酮等药物。

5. 糖尿病伴急性心肌梗死时可进行溶栓治疗（发病后 6h 内的效果最佳），但其预后较非糖尿病患者的急性心肌梗死为差，其原因可能与糖尿病急性心肌梗死患者冠脉病变范围较广泛有关。

6. 糖尿病合并心力衰竭治疗 与一般心力衰竭原则相同，包括扩血管、利尿、强心等。

7. 糖尿病合并脑血管病变治疗 其治疗与一般脑血管疾病治疗基本相同，在脱水、降压、防治过程中要注意观察电解质、血糖、血渗透压，以免诱发非酮症高渗昏迷。合并脑梗死者可在 6~48h 内使用溶栓治疗，此外尚有组织型纤溶酶原激活剂、蝮蛇抗栓酶等。溶栓治疗越早效果越佳，一般待血栓已形成，药物溶栓效果很差或无效。

8. 消除氧自由基 可用维生素 E 和 C 等。

9. 介入治疗 介入治疗是冠心病、脑梗死不可缺少的治疗手段，包括经皮冠脉内血管成形术（PTCA）、血管内直接支架术（stenting）、斑块旋切术（DCA）、斑块旋磨术（RO-TA）和血管内超声（IVUS）等。

（六）预后

糖尿病心脑血管病变的预后取决于血管病变的严重程度和患者恢复的潜能。

五、糖尿病足

糖尿病足（diabetic foot）是指发生于糖尿病患者与局部神经异常和下肢远端外周血管病变相关的足部感染、溃疡和/或深层组织破坏，它是糖尿病下肢神经病变、血管病变的结果。患者从皮肤到骨、关节各层组织均可受累，严重者可发生局部或全足坏疽，需要截肢。糖尿病患者因糖尿病足造成的截肢比非糖尿病者高 5~10 倍，流行病学研究表明，约 85% 的糖尿病患者下肢截肢前有足部溃疡，而且存在周围神经病变、血管病变和感染的共同作用，引起溃疡的发生与发展，从而导致坏疽和截肢。

（一）病因与发病机制

1. 糖尿病足的危险因素 病史和临床体检发现有下列情况（危险因素）时，应特别加强筛查和随访，采取有效的防治措施。①足溃疡既往史；②神经病变症状（足部麻木、触觉或痛觉减退或消失）和/或缺血性血管病变（运动引起的腓肠肌疼痛或足部发凉）；③神经病变体征（足部发热、皮肤无汗、肌肉萎缩、鹰爪样趾、压力点的皮肤增厚）和/或周围血管病变的体征（足部发凉、皮肤发亮变薄、脉搏消失和皮下组织萎缩）；④糖尿病的其他慢性并发症（严重肾功能衰竭或肾移植、明显的视网膜病变）；⑤神经病变和/或血管病变并不严重而存在严重的足畸形；⑥其他危险因素（视力下降，膝、髋或脊柱关节病变、鞋袜不合适）；⑦个人因素（社会经济条件差、老年或独自生活、拒绝治疗与护理者）。

2. 发病机制 糖尿病足发病机制未明。但与下列因素有密切关系：神经病变、血管病变、免疫障碍、其他因素等。

（二）病理解剖与病理生理

详见糖尿病心脑血管病变章节。

（三）分类、分级和临床表现

糖尿病足溃疡和坏疽的原因是多方面的，主要是神经病变、血管病变和感染。根据病因，可将糖尿病足溃疡和坏疽分为神经性、缺血性和混合性。根据病情的严重程度进行分级的常用方法为 Wagner 法。（表 6-3-7）

表 6-3-7　糖尿病足的 Wagner 分级法

分级	临床表现	分级	临床表现
0 级	有发生足溃疡危险因素存在，但无溃疡	3 级	深部感染，伴有骨组织病变或脓肿
1 级	皮肤表面溃疡，无感染	4 级	局限性坏疽（趾、足跟或前足背）
2 级	较深的溃疡，常合并软组织炎，无脓肿或骨的感染	5 级	全足坏疽

1. 0 级 存在有发生溃疡的危险因素者。对于这些患者应定期随访、加强预防教育，积极预防糖尿病足的发生。糖尿病患者足溃疡和坏疽的高危因素有：①周围神经病变、自主神经病变；②周围血管病变；③以往有足溃疡史；④足畸形，如鹰爪足、夏科氏（Charcot）足；⑤伴有胼胝；⑥失明或视力严重减退；⑦合并肾脏病变，特别是慢性肾功能衰竭者；⑧老年人，尤其是独居生活者；⑨不能观察自己足的患者；⑩糖尿病知识缺乏；⑪感觉缺失（用特殊的尼龙丝检查触觉）。

2. 1级　足部皮肤表面溃疡,但无感染表现。突出表现为神经性溃疡,好发于足的突出部位,即压力承受点(如足跟部、足或趾底部),溃疡多被胼胝包围。

3. 2级　表现为较深的穿透性溃疡,常合并有软组织感染,但无骨髓炎或深部脓肿,致病菌多为厌氧菌或产气菌等。

4. 3级　深部溃疡常影响到骨组织,并有深部脓肿或骨髓炎。

5. 4级　其特征为缺血性溃疡伴坏疽,通常合并有神经病变(无严重疼痛的坏疽即提示为神经病变),坏死组织的表面可有感染。

6. 5级　坏疽影响到整个足部,病变广泛而严重,有时发展迅速。

近年来,为了更好地评估糖尿病足的分型,判断预后,提出了一些新的诊断和分类标准。国际上较为常用的有德克萨斯(TEXAS)大学糖尿病足分级(分期)法(表6-3-8)。该分类方法的目的是评估足与下肢溃疡的程度并进行分类(包括溃疡的深度、感染和缺血的程度)。对于病变的深度、感觉神经病变、血液供应不足和感染制定了标准化的评估标准。

表 6-3-8　TEXAS 大学糖尿病足分级分期法

分级	溃疡程度	分期	合并感染及缺血情况
1	足部溃疡病史	A	无感染无缺血
2	表浅溃疡	B	合并感染
3	溃疡深达肌腱	C	合并缺血
4	溃疡累及关节	D	合并感染和缺血

糖尿病足溃疡还可按照病变性质分为神经性溃疡、缺血性溃疡和混合性溃疡。①神经性溃疡神经病变在病因上起主要作用,血液循环良好。足部温暖,但有麻木感,皮肤干燥,痛觉不明显,足部动脉搏动良好。神经病变性糖尿病足可有两种后果:神经性溃疡(主要发生于足底)和神经性关节病(Charcot关节病)。②神经-缺血性溃疡常伴有明显的周围神经病变和周围血管病变,足背动脉搏动消失。这类患者的足部冷凉,休息时疼痛加剧,足部边缘有溃疡或坏疽。③单纯缺血性溃疡由单纯缺血所致且不伴神经病变,较少见。研究表明,糖尿病足溃疡患者在初次就诊时约50%为神经性溃疡,约50%为神经-缺血性溃疡。国内糖尿病足溃疡以神经-缺血性为主,神经性溃疡较少见。

(四)诊断与鉴别诊断

早期诊断和适当评估糖尿病足的病变是制订合理治疗方案的第一步,也是进行分类分期的前提。临床上要应用标准方法,通过系统全面的询问病史和体格检查,进行科学的评估与分类。

1. 病史　通过询问病史,要识别足溃疡的原因、溃疡的持续时间、程度和进展情况,应包括血糖和血压控制情况、以往的外科治疗情况如血管重建手术史、足的矫正或扩创手术史等。另外,还应检查患者的对侧肢体和鞋袜是否合适。

2. 查体　体检应包括对溃疡面的描述,如溃疡的外观、范围、深度、温度、是否有气味等,通过神经系统和血管检查,要明确是否有足畸形、水肿、软组织感染或骨髓炎等。

(1)神经系统检查:神经系统的检查主要是了解患者是否仍存在保护性的神经感觉。较为简便的方法是用尼龙丝检查,用一根特制的10g尼龙丝(Semmes-Weinsteinmonofilament),一头接触于患者的大足趾、足跟和前足底外侧,用手按住尼龙丝的另一头,并轻轻施压,正好使尼龙丝弯曲,若患者足底或足趾此时能感到足底尼龙丝,则为正常,否则为不正常。异常者往往是糖尿病足溃疡的高危者（周围神经病变）。此法简单易行，重复性好。建议测试的部位是大足趾，跖骨头 1、2、3、5 处及足跟和足背。如测定 10 个点，患者仅感觉到 8 个点或不足 8 个点，则视为异常。另一种检查周围神经的方法是利用音叉或震动感觉阈值检测仪（Biothesiometer）测定振动觉。Biothesiometer 的功能类似于音叉，其探头接触于皮肤（通常为大足趾），然后调整电压，振动觉随电压增大而增强，由此可以定量测出患者的振动感觉。皮肤温度觉的测定：可分为定性测定和定量测定两种。定性测定很简单，如将音叉或一根细的不锈钢小棍置于温热水杯中，取出后测定患者不同部位的皮肤感觉，同时与正常人（检查者）的感觉进行比较。定量测定是利用皮肤温度测定仪，如红外线皮肤温度测定仪等。

（2）压力测定：压力测定有助于糖尿病足的诊断。现已研制出多种测试系统，如 MatScan 系统、FootScan 系统等，这些系统可测定足部压力或步态分析。

（3）糖尿病下肢动脉病变（LEAD）检查：①触诊足背动脉和 / 或胫后动脉的搏动来了解足部大血管病变，动脉搏动消失往往提示患者有严重的大血管病变。②踝肱指数（ABI）：踝动脉 - 肱动脉血压比值反映下肢血压与血管状态，正常值为 1.0~1.3；0.91~0.99 为临界状态，ABI>1.30 通常提示动脉钙化，ABI≤0.90 可诊断 LEAD。ABI 介于 0.71~0.90，为轻度动脉病变；ABI 介于 0.41~0.70，为中度动脉病变，ABI≤0.40 为重度动脉病变。若临床上高度怀疑 LEAD 而静息 ABI 不能得出结论，应对患者进行运动后 ABI 检查。方法：先测定静息状态下的 ABI，然后患者以 3.5km/h 速度在坡度 12度的平板检测仪行走，老年或无条件的患者则采用 6min 步行试验，步行速度约为 3.2km/h，当患者出现间歇性跛行症状步行 6min 时再次测定 ABI，运动后 ABI 较运动前降低 15%~20% 时考虑诊断 LEAD。ABI>1.30 时，则 ABI 结果不可靠，此时应行趾肱指数（TBI）检查，或行下肢动脉彩超检查，以明确 LEAD 诊断。具体筛查路径如图 6-3-8。③重度缺血的患者容易发生下肢（趾）坏疽。经皮氧分

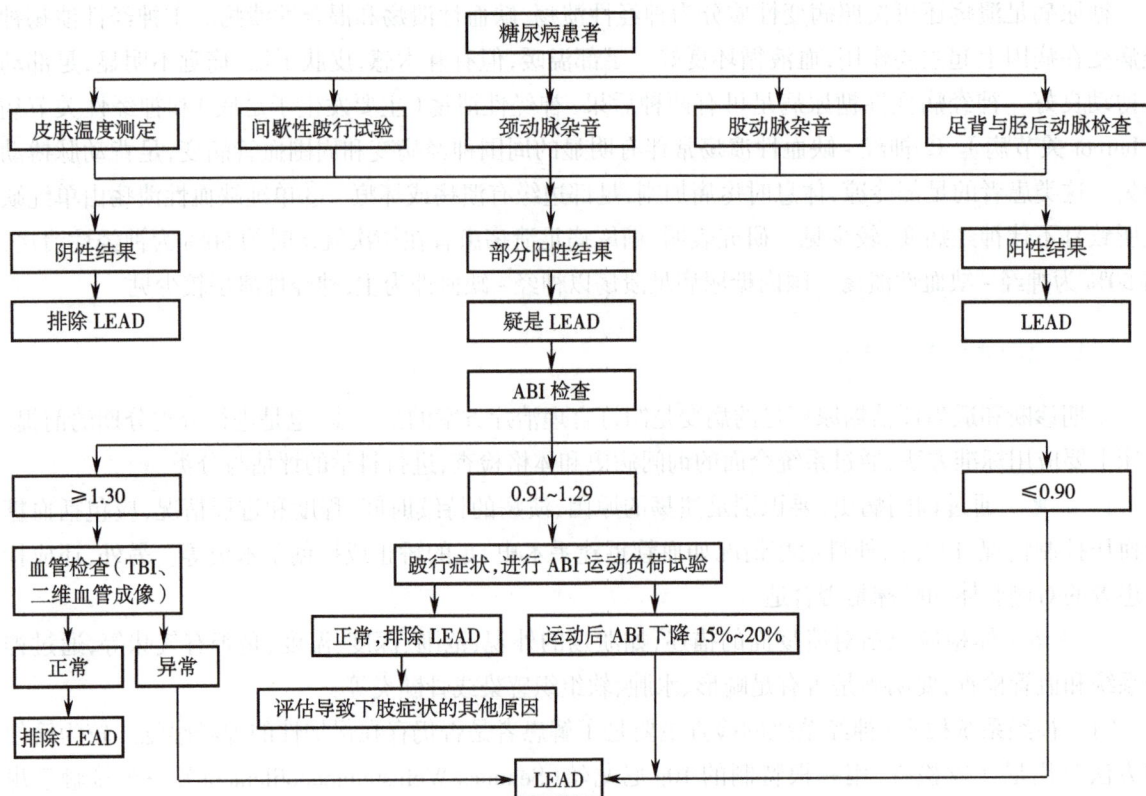

图 6-3-8　糖尿病下肢动脉病变筛查路径

ABI—踝肱指数；TBI—趾肱指数；LEAD—糖尿病下肢动脉病变。

压（transcutaneous oxygen tension, TcPO$_2$）反映微循环状态,因此也反映了周围动脉的供血状况。正常大于40mmHg,小于30mmHg提示周围血液供应不足,足部易发生溃疡或已有溃疡形成。TcPO$_2$小于20mmHg,足溃疡愈合的可能性很小,需要进行血管手术。如吸入100%氧气后,TcPO$_2$提高10mmHg,则说明溃疡预后较好。④血管超声:彩超可以观察动脉血管内径、内中膜厚度、斑块大小、管腔狭窄或闭塞情况,同时还能显示动脉血流充盈情况及血流速度。当彩超提示管腔狭窄、彩色血流明显充盈缺损或动脉已闭塞时,则可诊断LEAD。⑤影像学检查:如数字减影血管造影技术（DSA）、计算机断层动脉造影（CTA）、磁共振动脉造影（MRA）等。

（4）糖尿病足溃疡合并感染的检查:临床上可依据足溃疡的病因和足坏疽的性质分类。

依据足溃疡的病因分类:神经性溃疡、缺血性溃疡、神经-缺血性溃疡（最常见）;依据足坏疽的性质分类:湿性坏疽、干性坏疽、混合性坏疽。局部感染的征象包括红肿、疼痛和触痛,但这些体征可以不明显甚至缺乏（尤其是神经病变性足溃疡）。此外,脓性分泌物渗出、捻发音（产气细菌所致）或深部窦道表明感染的存在。可应用探针探查疑有感染的溃疡,如发现窦道,探及骨组织,要考虑骨髓炎。同时可利用探针取溃疡深部的标本作细菌培养（针吸取样）。X线及磁共振可进一步判断感染深度及内部情况。

（5）Charcot关节病的检查:Charcot关节病相对少见,其起病可能与创伤有关,可有关节周围性骨折,好发于骨质疏松者。创伤后骨重建伴成骨细胞活性增加,骨组织破坏成小碎片,在修复过程中导致畸形,引起慢性Charcot关节病。

3. 其他特殊检查

（1）X线检查:可显示局部骨质破坏、骨髓炎、骨关节病变以及软组织肿胀、脓肿、气性坏疽等征象,动脉造影可显示动脉管壁内病变（如血栓、狭窄和闭塞）的部位、范围及侧支循环情况。

（2）神经电生理检查了解神经传导速度,肌肉功能状态等。

（3）微循环检测（甲襞微循环测定）:简便、无创,出结果快,可反映微循环障碍,但特异性不高。

4. 多功能血管病变诊断仪

可观察下列指标:①趾压指数（TPI）,即趾动脉压/踝动脉压比值;②踝压指数（API）,即踝动脉压/肱动脉压比值。评判标准:以API或TPI值为标准,则<0.9为轻度供血不足;0.5~0.7易出现间歇性跛行;0.3~0.5可产生静息性足痛;<0.3提示发生肢端坏疽的可能性很大。

（五）预防与治疗

糖尿病足的防治目标:预防全身动脉粥样硬化疾病的进展,预防心脑血管事件的发生,降低糖尿病足患者死亡率;预防缺血导致的溃疡和肢端坏疽,预防截肢或降低截肢平面,改善间歇性跛行患者的下肢肢体功能状态。糖尿病足的防治策略包括一级预防:防止或延缓神经病变、周围血管病变的发生。二级预防:缓解症状,延缓神经病变、周围血管病变的进展。三级预防:血运重建,溃疡综合治疗,降低截肢率和心血管事件发生率。糖尿病足的预防措施主要包括①整体预防:健康宣教,戒烟,血糖控制,心血管疾病高危因素的控制（血压、血脂、抗血小板）,适度规律的运动。②局部预防:保持足部皮肤完整,避免穿不合适的鞋袜,胼胝与嵌甲的处理,足畸形的矫形处理,Charcot神经骨关节病的处理,减压鞋与减压支具,下肢静脉功能不全的治疗,足真菌感染的治疗,皮温监测等。

1. 内科治疗

（1）良好的代谢管理:对于糖尿病足患者,应积极进行血糖控制,首选胰岛素控制血糖,目标是糖化血红蛋白小于7%,同时尽可能减少低血糖的发生,以降低足溃疡和感染发生率,进而降低截肢风险。但考虑部分患者年龄较大,合并症及并发症多,因此可依照个体化控制要求调整对糖化血红蛋白的控制目标。对于糖尿病足合并高血压者,应将血压控制在 130/80mmHg 以下。而糖尿病足合并脂代谢异常者,应予以他汀类药物治疗,将 LDL-C 控制在 2.6mmol/L 以下,若患者同时合并下肢动脉病变,则 LDL-C 控制在 1.8mmol/L 以下,若无临床禁忌,应给予小剂量阿司匹林(75~150mg/d)。同时注意饮食中可适当增加蛋白质含量,对于低蛋白血症和营养不良的患者,应加强支持治疗。在治疗中尤其还需警惕心血管事件风险的发生。

(2)下肢运动康复治疗:对于足部皮肤完整的缺血型或神经 - 缺血型患者,运动锻炼能改善间歇性跛行患者步行距离及行走时间,还可显著提高下肢动脉病变患者的运动功能指标。强化步行运动可以提高足部皮肤完整的缺血型或神经 - 缺血型患者的运动耐受性,改善运动功能,且不增加不良事件的发生,是一种安全有效的治疗方式。

(3)药物治疗

1)扩张血管药物:目前临床所用的该类药物包括脂微球前列地尔注射液、贝前列素钠、西洛他唑、盐酸沙格雷酯、丁咯地尔和己酮可可碱等。西洛他唑是一种强效磷酸二酯酶Ⅲ抑制剂,在糖尿病足治疗中,它既可抑制血小板聚集,防止血栓形成,也能通过扩张血管增加狭窄动脉血流量来改善患肢缺血状态。盐酸沙格雷酯是一种多靶点循环改善剂,对血小板及血管平滑肌的 5- 羟色胺 2 受体具有特异性拮抗作用,能够抑制血管收缩和平滑肌细胞增殖,改善红细胞变形能力,改善侧支循环及微循环障碍。其被推荐治疗慢性动脉闭塞症所引起的溃疡、疼痛及冷感等缺血症状,尤其对静息痛疗效显著。在前列腺素药物中,脂微球前列地尔注射液疗效和耐受性最好。而贝前列素钠治疗能改善糖尿病性周围血管病变患者下肢的主观症状,改善间歇性跛行患者症状。己酮可可碱为非选择性磷酸二酯酶抑制剂,用于治疗间歇性跛行,通过抑制血小板磷酸二酯酶活性使 cAMP 升高,二磷酸腺苷下降,达到抑制血小板黏附及凝聚的作用,降低血液黏滞度,预防血栓形成;同时刺激血管内皮细胞释放前列腺素,抑制内皮细胞合成内皮素,进而发挥扩血管作用;还可降低粒细胞肿瘤坏死因子 α 转录水平,抑制炎症因子的表达。

2)抗血小板药物:如氯吡格雷、阿司匹林、双嘧达莫等。

3)抗凝血药物:肝素、低分子肝素及口服抗凝药物(利伐沙班)、巴曲酶等。

4)改善神经功能:可用 B 族维生素、神经生长因子等。

5)抗生素:积极足量使用敏感抗生素治疗。

(4)高压氧:有利于改善缺氧状况。高压氧适用于 Wagner 分级中 3、4 级或较严重、不易愈合的 2 级溃疡。对于非厌氧菌的严重感染患者,尤其是合并肺部感染者不宜用高压氧治疗。

(5)中药活血祛瘀、局部生肌等治疗。

(6)局部处理:广泛清创,充分引流脓液,去除感染严重的组织,移除慢性肉芽组织内衰老的结缔组织等。局部外用药抗生素、生长因子、中药等可提高溃疡愈合率。减少感染发生率和截肢率,提高生活质量。

(7)神经性糖尿病足溃疡的治疗:90% 的神经性溃疡可以通过药物和支持治疗而愈合。矫形鞋或足的矫形器可改变足的压力,但一般需根据患者情况特制。对于难以治愈的足部溃疡,可采用一些生物制剂或生长因子类药物治疗。

(8)Charcot 关节病的治疗:主要是长期制动。患者可以用矫形器使足上的异常压力减轻,或在鞋内放特殊的垫子。

2. 外科治疗　对于缺血严重,系统药物治疗效果不理想的患者,手术是必要的措施。

(1)下肢动脉腔内介入治疗:包括经皮穿刺动脉内成形(普通 / 药物涂层球囊扩张术)和在球囊扩张的基础上进行支架成形术或直接的动脉腔内支架成形术以及目前常用的各种减容手术。下肢动脉腔内介入治疗适应证：Rutherford 分级 3 级以上、Fontaine 分期 Ⅱb 以上。腔内介入治疗术后，若靶血管血流恢复即视为技术成功。

（2）下肢动脉旁路移植：常用方法有膝上旁路和膝下旁路等，具体手术方式根据术者经验及患者血管条件而定。其适应证：下肢远端有比较好的动脉流出道；患者体质较好，能耐受手术。吻合口远端血运得到改善视为技术成功。

（3）血管新生疗法（治疗性血管形成）：主要通过补充内皮干祖细胞数量来增加血管生长因子的作用底物，以达到更好的血管新生效果，用于治疗缺血性疾病，可作为一种生理加强疗法。然而，干细胞移植目前尚不能作为治疗糖尿病下肢血管病变的常规手段，但国内外研究报道干细胞移植治疗下肢血管病变有一定疗效。

（4）清创术、缝合术、皮瓣移植或植皮术、截肢/趾术：根据创面情况、患者全身状况，可适时进行，能够有效去除坏死组织，尽早封闭创面，缩短病程时间，避免因长期换药导致下肢废用性肌萎缩、骨质疏松、深静脉血栓及心肺功能下降等并发症。清创术适应证：①已发生明确的足趾、足掌、肢体坏疽创面；②坏死性筋膜炎急性炎症期的创面；③形成足底筋膜、肌膜间隙脓肿的创面；④形成感染学窦道的创面；⑤肌腱、骨骼等深部组织外露失活，换药难以去除的创面；⑥残存大量坏死组织的创面；⑦创面基底肉芽组织增生，无深部组织外露，达到植皮条件而通过换药 1 个月内难以愈合的创面。截肢/趾术：对坏死肢体感染危及生命、血供无法重建、创面难以愈合、因疼痛难以忍受、患者经济状况难以坚持长期非手术治疗而强烈要求者，可考虑行截肢/趾治疗。

（5）围手术期的处理：无论采用哪种外科治疗，均需重视围手术期处理。主要有：①抗凝治疗；②抗血小板治疗；③扩血管治疗；④降纤治疗；⑤血管活性药物的应用，如地奥司明。

（六）预后

糖尿病足的预后取决于患处病变的分级分期、下肢血管及神经病变的严重程度和患者恢复的潜能，同时患者足部防护、糖尿病宣教等也对其预后有重要影响。

（吴玉文　曾　智）

第四节　降糖药物

降糖药物包括口服药物和注射制剂两大类。口服降糖药物主要有促胰岛素分泌剂（磺酰脲类和格列奈类）、双胍类、α- 糖苷酶抑制剂、二肽基肽酶Ⅳ抑制剂（DPP-Ⅳ抑制剂）、噻唑烷二酮类和钠 - 葡萄糖共转运蛋白 2 抑制剂（SGLT-2 抑制剂）。注射制剂有胰岛素及胰岛素类似物、胰高血糖素样多肽 -1 受体激动剂（GLP-1 受体激动剂）。

一、口服降糖药

（一）促胰岛素分泌剂

1. 磺酰脲类（sulfonylureas，SUs） 是降糖药中品种最多的一类药，有格列本脲、格列吡嗪、格列齐特、格列喹酮及格列美脲等。

（1）作用机制：磺酰脲类的主要作用为刺激 β 细胞分泌胰岛素，通过作用于 β 细胞膜上的 ATP 敏感的钾离子通道（KATP），促进钙离子内流及细胞内钙离子浓度增高，刺激含有胰岛素的颗粒外移和胰岛素释放，使血糖下降。

（2）适应证：磺酰脲类作为单药治疗主要选择应用于新诊断的非肥胖型、用饮食和运动治疗血糖控制不理想的 T2DM。当 T2DM 晚期 β 细胞功能衰竭时，磺酰脲类不再有效，须采用外源性胰岛素替代治疗。

（3）禁忌证或不适应证：T1DM，有严重并发症或 β 细胞功能很差的 T2DM，儿童糖尿病，孕妇、哺乳期妇女，大手术围手术期，全胰腺切除术后，对磺酰脲类过敏或有严重不良反应者等。

（4）不良反应：低血糖反应，最常见且重要，老年患者（60 岁以上）、肝肾功能不全或营养不良者、药物剂量过大、体力活动过度、进食不规则或减少、饮含酒精饮料等为常见诱因；皮肤过敏反应，皮疹、皮肤瘙痒等；消化系统，上腹不适、食欲减退等，偶见肝功能损害、胆汁淤滞性黄疸；心血管系统，某些磺酰脲类可减弱心肌缺血的预处理能力，可能会对心血管系统带来不利影响，但目前尚无资料证实会增加 T2DM 患者心血管疾病的发病率和病死率。

（5）临床应用：磺酰脲类可用于非肥胖的 T2DM 患者，因其发生糖尿病的重要机制是胰岛素分泌减少。对于以胰岛素抵抗为主要机制的肥胖或超重的 T2DM 患者，可在使用改善胰岛素作用或 / 和延缓葡萄糖吸收的药物后，血糖仍未达标时加用磺酰脲类。如果在肥胖或超重的 T2DM 早期使用磺酰脲类，有可能会加重高胰岛素血症，增加体重，甚至导致胰岛素抵抗的恶化。

应强调不宜同时使用 2 种磺酰脲类，也不宜与其他促胰岛素分泌剂（如格列奈类）合用。目前没有证据表明哪一种磺酰脲类特别优于其他的磺酰脲类，选择具体药物应考虑患者年龄、肝肾功能、药物作用时间、服药次数对患者依从性的影响、某些药物的自身特点等因素。建议从小剂量开始，早餐前半小时一次服用，根据血糖逐渐增加剂量，剂量较大时改为早、晚餐前两次服药。

2. 格列奈类　非磺酰脲类促胰岛素分泌剂。代表性药物有瑞格列奈（repaglinide）、那格列奈（nateglinide）等。

（1）作用机制：此类药物也作用在胰岛 B 细胞膜上的 KATP，但结合位点与磺酰脲类不同，是一类快速作用的促胰岛素分泌剂，主要通过刺激胰岛素的早时相分泌而降低餐后血糖，具有吸收快起效快和作用时间短的特点，可用于控制餐后高血糖。于餐前即时口服。

（2）适应证：较适合于 T2DM 早期餐后高血糖阶段或以餐后高血糖为主的人群。

（3）禁忌证或不适应证：T1DM，有严重并发症或 β 细胞功能很差的 T2DM，儿童糖尿病，孕妇、哺乳期妇女，大手术围手术期，全胰腺切除术后，对磺酰脲类过敏或有严重不良反应者等。

（4）不良反应：常见是低血糖和体重增加，但低血糖的风险和程度较磺酰脲类轻。

（5）临床应用：适用于治疗正常体重尤其以餐后血糖升高为主的 T2DM 患者，也可用于不能使用二甲双胍或胰岛素增敏剂的肥胖或超重患者。快速起效、作用时间短。方便不能固定进食时间的患者，餐前服药，不进餐不服药，根据进餐时间和次数调整用药。除磺酰脲类外，可与其他口服降糖药和胰岛素合用。老年患者或有轻度肾功能损害的患者不需调整剂量。

（二）双胍类

双胍类（biguanides）包括二甲双胍、苯乙双胍。目前广泛应用的是二甲双胍，是 T2DM 患者控制高血糖的一线用药和联合用药中的基础用药。

1. 作用机制　二甲双胍通过激活单磷酸腺苷活化的蛋白激酶（AMPK）信号系统而发挥多方面的代谢调节作用。主要药理作用是通过抑制肝葡萄糖输出，改善外周组织对胰岛素的敏感性、增加对葡萄糖的摄取和利用而降低血糖；并可改善血脂谱、增加纤溶系统活性、降低血小板聚集性、使动脉壁平滑肌细胞和成纤维细胞生长受抑制等，可能有助于延缓或改善糖尿病血管并发症。不增加体重。

2. 适应证　作为 T2DM 治疗的一线用药，可单用或联合其他药物使用。对于 T1DM 患者，二甲双胍与胰岛素联合应用可能减少胰岛素用量和血糖波动。

3. 禁忌证或不适应证　肾功能不全（肾小球滤过率 <45mL/min）、肝功能不全、缺氧及高热患者禁忌，慢性胃肠病、慢性营养不良者不宜使用；T1DM 不宜单独使用本药；孕妇和哺乳期妇女等不宜使用；T2DM 合并急性严重代谢紊乱、严重感染、缺氧外伤、大手术等禁用；对药物过敏或有严重不良反应者禁用；酗酒者禁用。

4. 不良反应　消化道反应为主要副作用，通过进餐时服药，从小剂量开始、逐渐增加剂量，可减少消化道不良反应；皮肤过敏反应；乳酸性酸中毒为最严重的副作用，罕见，但也须注意严格按照推荐用药；单独用药极少引起低血糖，但与胰岛素或促胰岛素分泌剂联合使用时可增加低血糖发生的危险；长期使用可能导致维生素 B 缺乏，应定期监测维生素 B 水平，必要时补充。

5. 临床应用　高龄不是使用二甲双胍的禁忌。GFR 在 45~60mL/min 应减量使用；<45mL/min 禁忌使用。行静脉注射碘造影剂检查术，GFR>60mL/min 者检查时停用二甲双胍即可；GFR 在 45~60mL/min 的患者，在注射碘化造影剂 48h 前必须停服二甲双胍；所有患者在检查完成 48h 后复查肾功能无恶化时可恢复服用。二甲双胍 500~1 500mg/d，分 2~3 次口服，最大剂量一般不超过 2g/d。

（三）α- 葡萄糖苷酶抑制剂（AGI）

代表性药物有阿卡波糖（acarbose）、伏格列波糖（voglibose）和米格列醇（miglitol）。

1. 作用机制　食物中淀粉、糊精和双糖（如蔗糖）的吸收需要小肠黏膜刷状缘的 α- 葡萄糖苷酶，AGI 通过抑制这类酶从而延迟碳水化合物的吸收，降低餐后高血糖。

2. 适应证　适用于以碳水化合物为主要食物成分，或空腹血糖正常（或不太高）而餐后血糖明显升高者。可单独用药或与其他降糖药物合用。T1DM 患者在胰岛素治疗基础上加用 AGI 有助于降低餐后高血糖。

3. 禁忌证或不适应证　肠道吸收甚微，通常无全身毒性反应，但肝肾功能不全者仍应慎用。不宜用于有胃肠功能紊乱者、孕妇、哺乳期妇女和儿童。T1DM 患者不宜单独使用。

4. 不良反应　常见为胃肠道反应，如腹胀、排气增多或腹泻。从小剂量开始，逐渐加量是减少不良反应的有效方法。单用本药不引起低血糖，但若与 SUs 或胰岛素合用，仍可发生低血糖，且一旦发生应直接给予葡萄糖口服或静脉注射，进食双糖或淀粉类食物无效。

5. 临床应用　餐后血糖升高为主的 T2DM 患者，是单独使用 AGI 的最佳适应证。对于空腹、餐后血糖均升高的患者，可与其他口服降糖药或胰岛素合用。国内外大规模的临床研究发现阿卡波糖治疗糖耐量减低（IGT）患者，可延缓或减少 T2DM 的发生。AGI 应在进食第一口食物后立即服用。

（四）DPP-Ⅳ抑制剂

DPP-Ⅳ抑制剂代表性药物有西格列汀（sitagliptin）、沙格列汀（saxagliptin）、维格列汀（vildagliptin）、利格列汀（linagliptin）及阿格列汀（alogliptin）等。

1. 作用机制　通过抑制 DPP-Ⅳ活性而减少 GLP-1 的失活，提高内源性 GLP-1 水平。GLP-1 以葡萄糖浓度依赖的方式增强胰岛素分泌，抑制胰高血糖素分泌，从而降低血糖。

2. 适应证　可作为单药使用，或与其他口服降糖药物或胰岛素联合应用治疗 T2DM。

3. 禁忌证或不适应证　包括孕妇、儿童、对 DPP-Ⅳ抑制剂有超敏反应的患者以及 T1DM 或糖尿病酮症酸中毒患者的治疗。

4. 不良反应 总体不良反应发生率低。可能出现头痛、超敏反应、肝酶升高、上呼吸道感染、胰腺炎、关节痛等不良反应,多数患者可耐受。DPP-Ⅳ抑制剂整体心血管安全性良好,阿格列汀和沙格列汀不增加心血管事件风险,但可能增加心力衰竭住院风险,尤其是已经存在心脏或肾脏疾病的患者。

5. 临床应用 单独使用不增加低血糖发生的风险,也不增加体重。肾功能不全的患者在使用时,除了利格列汀,应注意根据 eGFR 调整药物剂量。

(五)噻唑烷二酮类

噻唑烷二酮类(thiazolidinediones,TZDs,格列酮类)代表性药物有罗格列酮(rosiglitazone)和吡格列酮(pioglitazone)。

1. 作用机制 主要通过激活过氧化物酶体增殖物激活受体 γ(PPARγ)起作用,增加靶组织对胰岛素作用的敏感性而降低血糖。TZDs 促进脂肪重新分布,使脂肪组织从内脏组织转移至皮下组织,可能与其提高胰岛素敏感性的作用有关。

2. 适应证 可单独或与其他降糖药物合用治疗 T2DM,尤其是肥胖、胰岛素抵抗明显者。

3. 禁忌证或不适应证 不宜用于 T1DM、孕妇、哺乳期妇女和儿童;有心力衰竭[纽约心脏学会(NYHA)心功能分级Ⅱ级以上]、活动性肝病或转氨酶升高超过正常上限 2.5 倍以及严重骨质疏松和骨折病史的患者应禁用;现有或既往有膀胱癌病史的患者或存在不明原因肉眼血尿的患者禁用吡格列酮。

4. 不良反应 单独使用时不导致低血糖,但与胰岛素或促胰岛素分泌剂联合使用时可增加低血糖发生的风险。体重增加和水肿是 TZDs 的常见副作用,在与胰岛素合用时更加明显。TZDs 还与骨折和心力衰竭风险增加相关。

5. 临床应用 适用于胰岛素抵抗为突出表现的 T2DM 患者,如肥胖/超重的 T2DM 患者。与胰岛素联用治疗肥胖的 T2DM 患者时,TZDs 在进一步降低血糖的同时,能减少外源性胰岛素的用量。因其具有水钠潴留的副作用,慎用或禁用于心功能不全的患者,尤其和胰岛素合用或使用大剂量时,以最小有效剂量开始,逐渐增加剂量。

(六)钠-葡萄糖共转运蛋白 2 抑制剂

钠-葡萄糖共转运蛋白 2(SGLT-2)抑制剂的代表性药物有达格列净(dapagliflozin)、坎格列净(canagliflozin)及恩格列净(empagliflozin)等。

1. 作用机制 通过抑制近段肾小管管腔侧细胞膜上的钠-葡萄糖共转运蛋白 2(SGLT-2)的作用而抑制葡萄糖重吸收,降低肾糖阈、促进尿葡萄糖排泄,从而达到降低血糖的作用。SGLT-2 抑制剂还具有减轻体重和降低血压作用。另外,SGLT-2 抑制剂可降低尿酸水平,减少尿蛋白排泄,降低 TG,同时升高 HDL-C 和 LDL-C。临床研究发现,SGLT-2 抑制剂可能降低合并心血管疾病的 T2DM 患者的全因死亡率和心血管死亡率。SGLT-2 抑制剂单用不增加低血糖风险,联合胰岛素或磺酰脲类药物时,可增加低血糖发生风险。

2. 适应证 单独使用,或与其他口服降糖药物及胰岛素联合使用治疗 T2DM。

3. 禁忌证或不适应证 T1DM、糖尿病酮症酸中毒或 T2DM GFR<45mL/min 者等。

4. 不良反应 总体不良反应发生率低,可能出现生殖泌尿道感染,多数轻到中度,抗感染治疗有效;部分可能增加截肢风险和骨折风险。SGLT-2 抑制剂可能会引起酮症酸中毒,在使用期间应密切监测；明确诊断为糖尿病酮症酸中毒者应立即停用，并按糖尿病酮症酸中毒治疗原则处理。

5. **临床应用** 从小剂量开始，根据血糖控制需求和是否耐受可调整至最大剂量。达格列净和恩格列净餐前或餐后服用均可，坎格列净需要在第一次正餐前口服。

二、注射制剂

（一）胰岛素

1. **适应证** T1DM，各种严重的糖尿病急性或慢性并发症，手术、妊娠和分娩，新发病且与T1DM鉴别困难的消瘦型糖尿病患者，新诊断的T2DM伴有明显高血糖，或在糖尿病病程中无明显诱因出现体重显著下降者，β细胞功能明显减退者，某些特殊类型糖尿病等。

2. **胰岛素的分类** 根据来源和化学结构的不同，可分为动物胰岛素、人胰岛素和胰岛素类似物。按作用起效快慢和维持时间，胰岛素（包括人和动物）又可分为短效、中效、长效和预混胰岛素；胰岛素类似物分为速效、长效和预混胰岛素类似物。

（1）超短效胰岛素（类似物）：该类药物有门冬胰岛素、赖脯胰岛素、谷赖胰岛素等，其优点和常规胰岛素（RI）相比，更加符合胰岛素的生理分泌模式，皮下注射10~20min起效，持续时间3~5h，最大作用时间为注射后1~3h，能更加有效地控制餐后血糖并减少低血糖的发生。其次是用药时间灵活，餐前或餐后立刻给药可以达到与餐前30min注射常规胰岛素相同的降血糖效果，有利于提高患者的依从性，通常与中效或长效胰岛素合并使用。适用于经常发生低血糖的T1DM患者；生活不规律、外出活动较多的用胰岛素治疗的糖尿病患者。

（2）短效胰岛素：该类药物皮下注射0.5~1h后开始生效，2.5~4h作用达高峰，持续时间为5~7h，半衰期为2h。目前主要有动物来源和重组人胰岛素来源两种，是指将结晶型胰岛素制成酸性或中性pH的溶液后供治疗用。外观为无色透明溶液，该胰岛素未经添加剂处理或结构修饰、不能延长胰岛素的作用时间，属于短效胰岛素，可在病情紧急情况下静脉输注。用于治疗糖尿病，还可静脉注射用于包括应激性高血糖症在内的急性状态的处理。

（3）中效胰岛素：该类药物皮下注射后1~4h起效，4~12h血药浓度达峰值，作用维持18~24h，均比动物中效胰岛素（如中性低精蛋白锌胰岛素）略有提前。最常见的制剂是低精蛋白锌胰岛素（NPH）；其他种类还有慢胰岛素（胰岛素锌混悬液），但目前在国内极少使用。适用于糖尿病控制血糖，一般与短效胰岛素配合使用，提供胰岛素的日基础用量。为降低夜间低血糖发生风险，在可能的情况下，单用NPH应尽量在睡前给药。

（4）长效胰岛素（类似物）：皮下注射后，与中性低精蛋白锌胰岛素相比，其吸收更缓慢而持久，且无明显峰值。按一日1次注射给药，在第1次注射后，2~4d达稳态血药浓度。无峰值血药浓度，具有长效、平稳的特点，属一日用药一次的长效制剂。皮下注射起效时间为1.5h，较中效胰岛素慢，有效作用时间达22~24h，同时几乎没有峰值出现，作用平稳。包括甘精胰岛素、地特胰岛素和德谷胰岛素等。不宜用于治疗糖尿病酮症酸中毒或高渗性昏迷等急性并发症。

（5）预混胰岛素："双（时）相胰岛素"是指含有两种胰岛素的混合物，组合方式可以是短效或超短效胰岛素与中效或长效胰岛素的混合。例如30R，0.5h内起效，2~8h达峰值，作用最长持续24h；50R，0.5h内起效，2~12h达峰，作用最长持续16~24h。其优点是使用方便，注射次数相对少，并可以减少注射时混合可能造成的剂量不准确及避免相对复杂的操作。缺点是由于是预混，只有有限的混合方案，对于一些比较特殊的混合要求难以达到。适用于T1DM、T2DM，不宜用于治疗糖尿病酮症酸中毒或糖尿病高渗性昏迷等急性并发症。此外,近年新上市的双胰岛素德谷门冬双胰岛素注射液也得到了较好的应用,其为可溶性胰岛素产品,含有基础德谷胰岛素和速效餐时门冬胰岛素,可随主餐每日 1 次或每日 2 次给药。

3. 胰岛素使用注意事项　制剂类型、注射技术、注射部位、患者反应性差异、胰岛素抗体形成等均可影响胰岛素起效时间、作用强度和持续时间。胰岛素不能冷冻保存,应避免温度过高、过低及剧烈晃动。现有各种比例的预混制剂,常用的是含 30%(或 50%)短效或速效和 70%(或 50%)中效的制剂,使用方便;但由于其比例固定,仅适用于血糖波动性小且容易控制的患者。胰岛素"笔"型注射器使用预装胰岛素(或胰岛素类似物)的笔芯,使用方便且便于携带。接受胰岛素治疗前患者应接受教育,掌握正确的胰岛素注射技术;开始治疗后还需对患者进行随访,鼓励和指导患者进行自我血糖监测。

4. 胰岛素使用原则和方法　使用原则:胰岛素治疗应在综合治疗的基础上进行;胰岛素治疗方案应力求模拟生理性胰岛素分泌模式;从小剂量开始,根据血糖水平逐渐调整至合适剂量。

(1)T1DM:一经诊断就应开始胰岛素治疗并需终身替代治疗。由于患者残余 β 细胞数量和功能有差异,胰岛素治疗方案要注意个体化。多数患者需采用多次皮下注射胰岛素或持续皮下胰岛素输注(continuous subcutaneous insulin infusion, CSⅡ,俗称胰岛素泵)方案,尤其 β 细胞功能已衰竭或妊娠时。其中全天剂量的 40%~50% 用于提供基础胰岛素,剩余部分分别用于每餐前。例如每餐前 20~30min 皮下注射短效胰岛素(或餐前即时注射速效胰岛素类似物),睡前注射中效或长效胰岛素(或胰岛素类似物)以提供基础胰岛素;胰岛 B 功能特别差、血糖波动大者可另于早餐前给予一次小剂量中效或长效胰岛素以维持日间的基础水平。CSⅡ可提供更接近生理性胰岛素分泌模式的胰岛素治疗方法,低血糖发生风险较少。

(2)T2DM:在如下情况下应考虑起始胰岛素治疗:经生活方式干预和较大剂量多种口服降糖药联合治疗,血糖仍未达控制目标;在糖尿病病程中,出现无明显诱因的体重显著下降时;对症状显著,血糖明显升高的新诊断 T2DM,诊断时即可考虑胰岛素治疗,可以联用或不联用其他药物。可根据患者的具体情况,选择基础胰岛素或预混胰岛素,根据其血糖水平,选择每日 1~2 次的注射方案;当使用每日 2 次注射方案时,应停用促胰岛素分泌剂。胰岛素替代治疗的适应证主要包括:β 细胞功能明显减退、口服降糖药治疗反应差伴体重减轻或持续性高血糖、难以分型的消瘦糖尿病等。治疗方案可为每日注射 2 次预混胰岛素或预混胰岛素类似物;也可以采用餐时加基础的多次皮下注射胰岛素,如每日 3 次预混胰岛素类似物或 CSⅡ等胰岛素替代治疗方案,总而言之,可先为患者制订试用方案,逐渐调整以达到良好的血糖控制。采用替代胰岛素治疗方案后,有时早晨空腹血糖仍然较高,可能的原因为:夜间胰岛素应用不足;"黎明现象(dawnphenomenon)",即夜间血糖控制良好,也无低血糖发生,仅于黎明短时间内出现高血糖,可能由于清晨皮质醇、生长激素等分泌增多所致;Somogyi 效应,即在夜间曾有低血糖,在睡眠中未被察觉,但导致体内胰岛素拮抗激素分泌增加,继而发生低血糖后的反跳性高血糖。夜间多次测定血糖,有助于鉴别早晨高血糖的原因。

(3)其他:糖尿病患者在急性应激时,容易促使代谢紊乱迅速恶化。此时不论哪一种类型的糖尿病,也不论原先使用哪一类药物,均应使用胰岛素治疗以渡过急性期,待应激消除后再调整糖尿病治疗方案。急性期血糖控制良好与预后有密切关系,但应注意避免发生低血糖,对老年、合并急性心肌梗死或脑卒中的患者尤其要小心。危重患者血糖可酌情维持在 7.8~10.0mmol/L 较合适。糖尿病患者如需施行择期大手术,应至少在手术前 3d 即开始使用或改用胰岛素治疗,宜选用短效胰岛素或联合应用短效和中效制剂,术后恢复期再调整糖尿病治疗方案。上述情况下,如需静脉滴注葡萄糖液,可每 2~4g 葡萄糖加入 1U 短效胰岛素。

5. 胰岛素的抗药性和不良反应

（1）抗药性：各种胰岛素制剂因本身来源、结构、成分特点及含有一定量的杂质，故有抗原性和致敏性。胰岛素类似物的抗原性与人胰岛素类似。胰岛素抗药性指在无糖尿病酮症酸中毒也无拮抗胰岛素因素存在时，每日胰岛素需要量超过 100U 或 200U，机制不明，极少发生。由于胰岛素可从已形成的复合物中分离而使循环中游离胰岛素骤增，引起严重低血糖，故应严密监护、及早发现和处理。胰岛素抗药性经适当治疗后可消失。

（2）不良反应：主要是低血糖，与剂量过大和（或）饮食失调有关。胰岛素治疗初期可因钠潴留而发生轻度水肿，可自行缓解；部分患者出现视物模糊，为晶状体屈光改变所致，常于数周内自然恢复。胰岛素过敏反应通常表现为注射部位瘙痒或荨麻疹样皮疹，罕见严重过敏反应。处理措施包括更换胰岛素制剂，使用抗组胺药和糖皮质激素以及脱敏疗法等。严重者需停止或暂时中断胰岛素治疗。脂肪营养不良为注射部位皮下脂肪萎缩或增生，停止在该部位注射后可缓慢自然恢复，应经常更换注射部位以防止其发生。

（二）GLP-1 受体激动剂

代表性药物有短效制剂及长效制剂两大类。短效制剂包括艾塞那肽、利司那肽和利西拉来等；长效制剂包括利拉鲁肽、阿必鲁肽、度拉糖肽、艾塞那肽缓释混悬液、司美格鲁肽等。

1. 作用机制 与胰腺 β 细胞的 GLP-1 受体结合后，可葡萄糖依赖性地刺激胰岛素合成和分泌；减少胰高血糖素释放；还可作用于中枢神经系统 GLP-1 受体，进而减少食物摄入；并通过促进棕色脂肪组织的生热作用和白色脂肪组织分解增加能量消耗；延迟胃排空。具有显著的降低体重作用。

2. 适应证 可单独或与其他降糖药物合用治疗 T2DM，尤其是肥胖、胰岛素抵抗明显者。

3. 禁忌证或不适应证 有胰腺炎病史者禁用，不用于 T1DM 或糖尿病酮症酸中毒的治疗。艾塞那肽禁用于 GFR<30mL/min 的患者；利拉鲁肽不用于既往有甲状腺髓样癌史或家族史的患者以及 2 型多发性内分泌肿瘤综合征的患者。

4. 不良反应 恶心、呕吐、腹泻、消化不良、上呼吸道感染和注射部位结节是常见的不良反应，低血糖的发生率很低；罕见的不良反应包括胰腺炎、皮炎等。大多数治疗开始时出现恶心的患者，症状的发生频度和严重程度会随着继续治疗时间的延长而减轻。

5. 临床应用 GLP-1 受体激动剂可作为单药或多种口服降糖药物及基础胰岛素治疗控制血糖效果不佳时的联合治疗药物，从小剂量开始用起，根据血糖情况适时加量至血糖稳定。目前不推荐该类药物用于妊娠期和哺乳期妇女，以及 18 岁以下人群。

（三）其他

普兰林肽（pramlintide），主要成分为醋酸普兰林肽，皮下注射，适用于需要胰岛素治疗患者的辅助药物治疗。替西帕肽（tirzepatide）通过激活 GLP-1 和 GIP 受体改善血糖控制，同时具有较好的减重效果，一般通过皮下注射给药，2022 年于美国上市，目前暂未在我国上市，其安全性、有效性、经济性、药物相互作用、特殊人群用药等需进一步研究。

三、病理解剖和病理生理

口服降糖药物包括刺激胰岛素分泌的药物或增加胰岛素敏感性的药物。

（一）刺激胰岛素分泌的药物

胰岛 B 细胞膜上的 ATP 敏感钾离子通道（ATP-sensitive potassium channel，KATP）是 K$^+$ 进出细胞的调节通道，当血糖水平升高时，葡萄糖被胰岛 B 细胞摄取和代谢，产生 ATP。现已清楚，促使胰岛 B 细胞膜上的 KATP 关闭是胰岛素释放的主要机制。磺酰脲类药物可以通过特异性结合胰岛 B 细胞膜上的磺酰脲类受体，使 KATP 关闭，细胞内的 K$^+$ 外流受阻，因而细胞内 K$^+$ 升高，细胞膜去极化，从而触发 L- 型电压依赖的 Ca^{2+} 通道开放，细胞外 Ca^{2+} 内流增加使胞质内 Ca^{2+} 浓度升高，刺激胰岛素分泌颗粒向胞外分泌，胰岛素释放，使血糖降低。

（二）增加胰岛素敏感性的药物

二甲双胍能促使胰岛素作用下的靶器官与胰岛素受体进行有效的结合，使靶器官对胰岛素的敏感性得到有效提升，同时对葡萄糖运载体与受体后效应也有着促进作用，从而使组织对糖的摄取量和利用率得到提高，使糖的无氧酵解得以增加，达到抑制糖异生、减少输出肝糖原的目的。

（杨 杪）

第五节 糖尿病的外科治疗

T2DM 目前的治疗方法主要有饮食控制、运动疗法及药物治疗，但由于各自的作用缺陷与副作用、治疗费用及需要终生维持治疗等原因，导致患者依从性差，很难将血糖控制在正常水平。许多随机临床试验（尽管大多是短期/中期试验）表明，代谢手术可实现良好的血糖控制并降低心血管等危险因素的发生。如果生活方式干预联合或不联合药物治疗未能有效地减轻体重且血糖控制不佳者，可以考虑代谢手术。代谢手术是有效治疗糖尿病的方法，可改善、缓解糖尿病带来的相关合并症，提高生活质量。

一、糖尿病手术治疗

根据 2016 年发布的《代谢手术作为 2 型糖尿病治疗方案：国际糖尿病组织联合声明》，对于Ⅲ级肥胖（BMI≥40kg/m^2）和Ⅱ级肥胖（BMI 35.0~39.9kg/m^2）的 T2DM 患者，通过生活方式和最佳药物治疗后高血糖未得到有效控制时，应推荐代谢手术治疗，而对于 T2DM 患者 BMI 介于 30.0~34.9kg/m^2 时，如果使用口服或注射药物进行了降糖治疗后，但仍不能充分控制高血糖，也应考虑代谢手术治疗。但对于中国 T2DM 患者这些标准有所不同，根据《中国肥胖及 2 型糖尿病外科治疗指南（2019 版）》意见，中国 T2DM 患者代谢手术适应证和禁忌证如下。

（一）手术适应证

1. T2DM 患者仍具有一定的胰岛素分泌功能。

2. 对于 BMI≥32.5kg/m^2 的患者，建议积极手术；对于 27.5kg/m^2≤BMI<32.5kg/m^2 的患者，推荐手术；对于 25.0kg/m^2≤BMI<27.5kg/m^2 的患者，如果经改变生活方式和药物治疗难以控制血糖，且至少符合 2 项代谢综合征组分，或存在合并症，慎重开展手术治疗。

3. 对于 $25.0kg/m^2 \leqslant BMI < 27.5kg/m^2$ 的患者,如果男性腰围≥90cm、女性腰围≥85cm 及参考影像学检查提示中心型肥胖,经多学科团队广泛征询意见后可酌情考虑手术。

4. 推荐手术年龄为 16~65 岁。对于年龄 <16 岁的患者,须经营养科及发育儿科等多学科团队讨论,综合评估可行性及风险,在充分告知及知情同意后谨慎开展;对于年龄 >65 岁的患者应积极考虑其健康状况、合并疾病及治疗情况,行多学科讨论并充分评估心肺功能及手术耐受能力,知情同意后谨慎实施手术。

（二）手术禁忌证

1. 明确诊断为非肥胖型 T1DM 的患者。
2. 以治疗 T2DM 为目的但胰岛素分泌功能已基本丧失的患者。
3. 对于 $BMI < 25.0kg/m^2$ 的 T2DM 患者。
4. 妊娠糖尿病及某些特殊类型的糖尿病患者。
5. 滥用药物、酒精成瘾或患有难以控制的精神疾病。
6. 智力障碍或智力不成熟,行为不能自控者。
7. 对手术预期不符合实际者。
8. 不愿承担手术潜在并发症风险者。
9. 不能配合术后饮食及生活习惯的改变,依从性差者。
10. 全身状况差,难以耐受全身麻醉或手术者。

二、手术方式的选择

目前,最常用的术式包括腹腔镜胃袖状切除术、腹腔镜 Roux-en-Y 胃旁路术和胆胰转流十二指肠转位术。

（一）腹腔镜胃袖状切除术

该术式是以减少胃容积为主的手术,通过切除胃底和胃大弯,可保持原胃肠道解剖结构和改变部分胃肠激素水平,通常可较好地改善肥胖患者的糖代谢及其他代谢指标,适合于单纯性肥胖合并代谢综合征的患者。

（二）腹腔镜 Roux-en-Y 胃旁路术

该术式可同时限制摄入与减少吸收,不仅可以显著降低体重,还可以改善糖代谢及其他代谢指标。此手术对于 T2DM 患者有较高的缓解率,可能是通过十二指肠旷置对胰岛细胞功能的影响和改变胃肠道激素分泌起作用。该手术适用于严重的肥胖患者合并中重度反流性食管炎或代谢综合征,或超级肥胖的患者。

（三）胆胰转流十二指肠转位术

该术式的特点是以减少营养物质吸收为主,在减重和改善代谢指标方面优于其他术式,但缺点主要是操作相对复杂,而且当共同肠道长度缩短,患者发生营养缺乏的风险增加,导致其并发症的发生率及病死率均高于其他术式。该术式主要用于超级肥胖（$BMI > 50kg/m^2$）的患者且能够保证术后营养素和维生素的补充,或者是肥胖合并严重代谢综合征和 T2DM 病程较长的患者。

三、围手术期管理

（一）术前管理

1. 术前评估　对患者进行详细地评估，一方面可作为疗效评价的参照，另一方面为鉴别诊断和明确手术适应证提供依据。

2. 血糖管理

（1）对于合并 T2DM 的肥胖患者，应规律监测血糖，在内分泌科医师指导下给予降糖治疗方案。

（2）建议手术前 24h 停用口服药物如格列奈类、格列酮类和二肽基肽酶 4（DDP-4）抑制剂等。

3. 血压管理　对于合并高血压的患者，应动态监测血压，根据血压调整治疗方案。

4. 血脂管理　对于合并血脂异常的患者，应监测血脂水平并适时调整治疗方案。

5. 阻塞性睡眠呼吸暂停低通气综合征（OSAHS）管理　对于手术前合并 OSAHS 的患者，建议监测血气变化，夜间可予以呼吸机改善氧供。

6. 其他　还需注意术前戒烟，并推荐对所有患者术前采取预防深静脉血栓的措施。

（二）术中管理

主要是针对肥胖的患者需要注意压疮和神经损伤发生的风险。一方面，肥胖的患者有可能存在气道插管困难和拔管后气道阻塞的风险，因此需要做好应急准备，并由有经验的医生给予诊治；另一方面，肥胖患者形成深静脉血栓的风险高，注意评估风险并给予及时预防及诊治。

（三）术后管理

主要包括血糖、血压、血脂、饮食及营养管理等，需要多学科共同协作管理患者。

四、术后并发症及预后

（一）近期并发症

主要包括：①消化道漏；②出血；③静脉血栓栓塞；④吻合口狭窄；⑤内疝与肠梗阻。因此，在术后应定期对患者进行随访并监测相关指标，多学科共同协作防治这些近期并发症。

（二）远期并发症

主要包括：①吻合口溃疡；②倾倒综合征；③胆管结石；④营养不良。对术后的患者应该进行长期的随访和监测，多学科共同管理才能有效地防治这类远期并发症。

（三）预后

多数患者术后血糖等代谢指标都能够得到很好地改善，对于术后患者应做好短期和长期的监测随访，防治近期和远期的并发症。

五、病理解剖和病理生理

（一）限制摄食，吸收减少

胃肠旁路（Roux-en-Y gastric bypass，RYGB）手术过程中的一个关键特点是食欲降低。该手术对能量摄入改变并不是由于机械限制或者吸收不良所致，而是与饮食 - 行为的有利改变有关。研究发现 RYGB 术后，味觉、嗅觉、食物偏好和食物刺激发生改变，进而推动了饮食 - 行为的有利变化和能量摄入的减少，从而影响血糖。

（二）体重减轻，胰岛素抵抗减弱

在 RYGB 术后早期，即可迅速观察到肝脏的胰岛素敏感性有所改善，之后对全身胰岛素敏感性的影响与体重减轻程度成正比。

1. 胃肠激素分泌的改变

（1）L 细胞分泌的胰高血糖素样肽 -1（GLP-1）是一种肠促胰素，在摄入口服葡萄糖后具有促进胰岛素分泌的作用。研究表明 RYGB 术后，GLP-1 分泌增多，进而对血糖产生了积极的影响，这种影响包括促进饱腹感、延迟胃排空、增加胰岛素敏感性和减少胰高血糖素分泌。

（2）葡萄糖依赖性促胰岛素释放多肽（GIP）由小肠中的 K 细胞分泌，RYGB 术后，能够减轻或防止营养物暴露于十二指肠和空肠，从而导致餐后 GIP 分泌减少，GIP 受体上调，进而缓解胰岛素释放缺陷功能，最终对血糖产生积极影响。

（3）胃底分泌的生长激素释放肽（ghrelin）可促进食欲，使胰岛素分泌下降，胰岛素抵抗增强。研究发现 RYGB 术后 2 周，空腹和餐后 ghrelin 水平发生明显下降，进而胰岛素抵抗降低。

（4）瘦素（leptin）是一种由脂肪组织和胃黏膜分泌的激素，其分泌与体重相关，分泌减少后可以改善胰岛素抵抗。研究发现在 RYGB 术后，瘦素水平随着时间的推移而减少，可能由于体重的逐渐减轻所导致。

2. 肠道微生物对血糖的影响　研究发现 RYGB 手术诱导的肠道微生物群的变化足以产生体重损失，进而影响血糖。

3. 胆汁酸对血糖的影响　血清胆汁酸水平与餐后血糖呈负相关。研究发现 RYGB 手术可以导致循环胆汁酸水平增加，进而通过中间代谢改善血糖。

六、病理与临床联系

手术治疗肥胖不仅可以长期稳定的减轻体重，更能够降低食欲。目前的临床资料表明体重减轻与降低胰岛素抵抗密切相关。此外，有临床资料显示，对比于限制性的减肥手术，RYGB 手术后在体重明显降低之前就已经出现了改善胰岛素敏感性的情况，这表明代谢外科手术本身就具有治疗T2DM 的效果，这种效果独立于体重的降低以及脂肪量的减少。后者的病理基础是通过 RYGB 手术保护胰岛 B 细胞群，增加胰岛素的分泌，防止或减缓胰岛素缺乏状态的进一步发展，进而维持正常的血糖值，预防因为胰岛素缺乏而引起的糖尿病。

（一）胃肠旁路手术可有效保护胰岛 B 细胞

一项临床研究发现,接受腹腔镜袖状胃切除术（LSG）治疗的患者在 6 个月的随访后仍获得了良好的血糖控制,而常规治疗的患者则没有。与基线血清（对照）孵育的 1.1B4 细胞相比,暴露于 LSG 处理的患者的血清中的细胞表现出：①活力和增殖能力增加；②ROS、p53 水平降低；③自噬相关 SIRT1 和 p62/SQSTM1 蛋白表达增强；④内质网应激标记物转录水平显著降低；⑤胰岛素表达增强。相反,6 个月的常规治疗似乎对循环氧化还原状态没有影响。此外,暴露于常规治疗患者血清中的 1.1B4 细胞出现轻度内质网应激。该研究认为代谢手术后改善糖尿病患者的循环因子对 β 细胞功能和生存有有利影响。

（二）胃肠旁路手术可有效改善胰岛素抵抗

代谢手术可改善胰岛素抵抗,并与 T2DM 的缓解有关,研究发现人空肠黏膜在体外分泌热休克蛋白（HSPs）,特别是 HSP70 和 GRP78。胰岛素抵抗者的 HSP70 循环水平高于十二指肠 - 空肠旁路手术后的健康和正常人群。胰岛素敏感性与血浆 HSP70 水平呈负相关,而体重指数与之无关。高能量饮食会增加热休克蛋白 70 的循环水平和胰岛素抵抗。十二指肠 - 空肠分流术可能通过缩短食物运输或减少脂肪对内分泌细胞的刺激来减少热休克蛋白的分泌。

（唐　俊）

第七章 痛 风

痛风(gout)是一种单钠尿酸盐(monosodium urate)沉积于骨关节、肾脏和皮下等部位所致的晶体相关性关节病,与嘌呤代谢紊乱和/或尿酸排泄减少所致的高尿酸血症直接相关,属于代谢性风湿病范畴。痛风可并发肾脏病变,严重者可出现关节破坏、肾功能损害,常伴发高脂血症、高血压、糖尿病、动脉硬化及冠心病等。

一、病因及发病机制

(一)高尿酸血症的形成

尿酸(uric acid)主要由细胞代谢分解的核酸、其他嘌呤类化合物及食物所含嘌呤经过酶的作用分解成为嘌呤代谢的终产物。人体中内源性嘌呤代谢参与80%的尿酸形成,而另外20%从富含嘌呤或核酸的食物生成。正常人血清中尿酸含量在一个比较窄的范围上下波动。一般来说,随着年龄的增加,尿酸水平增高,特别是绝经期前后的女性表现显著。其水平受多方面的因素影响,如:种族、地区、饮食习惯、年龄。

1. **尿酸排泄减少** 高尿酸血症的重要因素即为尿酸排泄障碍,80%~90%的患者都有尿酸排泄障碍,包括肾小球滤过减少、肾小管重吸收增多及肾小管分泌减少,以肾小管分泌减少最为重要。

2. **尿酸生成增多** 主要为酶的缺陷所致。胰岛素抵抗与原发性高尿酸血症密切相关,而继发性高尿酸血症与肾脏疾病所致尿酸排泄减少、骨髓增生性疾病致尿酸生成增多、某些药物抑制尿酸的排泄等多种因素有关。

(二)痛风的发生

5%~15%的高尿酸血症患者会发展为痛风,多表现为痛风性关节炎、痛风肾、痛风石沉积,这些患者常常有相关家族史,为多基因遗传缺陷所致。

二、病理

痛风是由嘌呤代谢异常,产生尿酸盐过多而引起的疾病。有家族发病的倾向,可能与性染色体遗传有关。95%的患者为男性,有人认为痛风是先天性嘌呤代谢中某一种酶的缺陷,使次黄嘌呤转变为次黄嘌呤核苷酸的过程受抑制,同时又促使次黄嘌呤分解产生过量的尿酸,尿酸盐在血中溶解度极低,易呈过饱和状态,当血液中尿酸盐超过8mg尿酸盐即可沉淀于组织中,沉着于关节软骨面上造成软骨的破坏和一系列继发病变。在慢性关节疾病中2~5%是由痛风所致,痛风性关节炎(gouty arthritis）最常累及跖趾关节,其次为踝、手、腕、肘、膝等关节。

病理解剖与病理生理:痛风性关节炎急性期滑膜充血,表现有渗出的中性粒细胞及纤维素样坏死,滑膜表层细胞灶性增生,滑膜内有弥漫性或围管性炎细胞浸润,包括中性粒细胞、淋巴细胞和少数浆细胞。部分病例的滑膜内可见到尿酸盐结晶,尿酸盐通过滑液沉着在关节软骨,破坏关节软骨使软骨表面被腐蚀形成糜烂,表面呈地图状白色斑,进而破坏软骨下骨质造成局部缺损,形成骨关节炎。病变在急性期后可逐渐平息进入危相间期,此期可为几个月或几年,患者除骨关节炎造成关节变形外,无其他变化。然而,由于尿酸盐反复刺激使病变成为慢性,此时病变除软骨破坏外,关节软骨边缘软骨膜增生骨化形成鸟嘴样骨赘,加重关节的肥大和畸形,关节软骨的破坏除尿酸盐沉着的原因外滑膜的痛风性肉芽肿也可破坏关节软骨。滑膜的痛风病变表现为针状尿酸盐结晶呈平行或放射状排列,并与一些无定形的蛋白性物质共同形成异物性肉芽肿的核心,周围绕以纤维母细胞、淋巴细胞、白细胞及多核巨细胞,称为痛风结节（图 7-0-1）。由于滑膜及关节软骨边缘结缔组织增生并伸展到关节腔,可引起关节纤维粘连甚至强直。

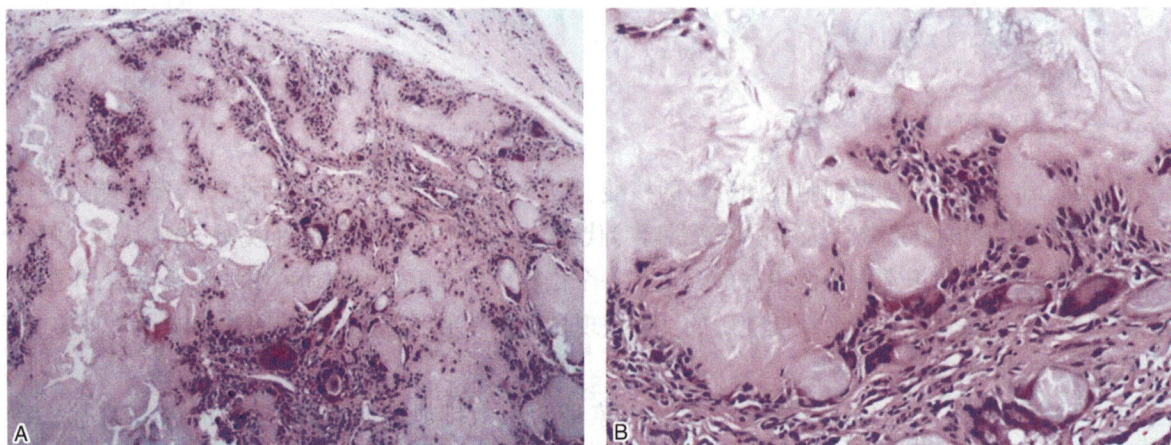

图 7-0-1　痛风结节

临床病理联系:痛风石常有钙化甚至骨化。尿酸盐沉积会进行性破坏软骨,可致溶骨现象,并造成不规则的软骨下骨损伤。此外,尿酸盐沉积还会从关节扩散至邻近的软组织,并导致韧带损伤,最终沉积到皮下,导致皮肤溃疡。

三、临床表现

（一）无症状高尿酸血症期

该期仅表现为高尿酸血症,可在数年后出现症状,甚至终身无症状,但随着高尿酸血症病程增长或患者年龄的增长,痛风患病率增加,并与尿酸水平相关。

（二）急性关节炎期

1. 症状

（1）部位:单侧第 1 趾关节最常见,其余为趾、踝、膝、腕、指、肘关节。

（2）起病时间:多在午夜或清晨突然起病,关节剧痛。

（3）性质:疼痛呈撕裂样、刀割样或咬噬样,且难以忍受。

（4）诱因：受寒、劳累、饮酒、高蛋白高嘌呤饮食、外伤、手术、感染等。

（5）缓解方式：常呈自限性，数天或2周内自行缓解；秋水仙碱可迅速缓解关节症状。

（6）其他：可伴有发热。

2. 体征 发作关节红、肿、热、痛及功能障碍。

（三）慢性关节炎期

1. 症状 痛风石（tophi）是特征性临床表现，部位在耳郭或反复发作的关节周围，外观为隆起的大小不一白色赘生物，表面菲薄，破溃后排出白色粉状或糊状物，经久不愈，较少继发感染。痛风石大量沉积可造成关节骨质破坏、关节周围组织纤维化、继发退行性改变等。

2. 体征 持续性关节肿痛、压痛、畸形、关节功能障碍。

（四）痛风性肾病

尿浓缩功能下降，出现夜尿增多、低比重尿、低分子蛋白尿、白细胞尿、轻度血尿及管型等。晚期可出现肾功能不全及高血压、水肿、贫血等。少数患者表现为急性肾衰竭，出现少尿或无尿，尿中可见大量尿酸晶体。

（五）尿酸性肾石病

15%~25%的痛风患者的肾脏有尿酸结石，较小结石呈砂砾状可随尿液排出，无明显症状。较大结石可引起肾绞痛、血尿、排尿困难、肾积水、肾盂肾炎或肾周围炎。

四、实验室检查和其他检查

（一）血尿酸测定

成年男性及绝经后女性血尿酸值为208~416μmol/L，女性为149~358μmol/L。临床最常用酶法检测尿酸，结果可靠稳定，不易受药物干扰。

（二）尿尿酸测定

限制嘌呤饮食5d后，每日尿酸排出量超过600mg，即可认为尿酸生成增多。

（三）关节液或痛风石内容物检查

偏振光显微镜下可见双折光的针形尿酸结晶石。

（四）X线检查

急性关节炎期可见非特征性软组织肿胀；慢性期或反复发作后可见软骨缘破坏，关节面不规则，特征性改变为穿凿样、虫蚀样圆形或弧形的骨质透亮缺损。

（五）CT与磁共振检查

CT扫描受累部位可见不均匀的斑点状高密度痛风石影像，MRI的T1和T2加权图像呈斑点状低信号。

（六）超声和双源 CT 检查

超声检查受累关节以及周围肌腱与软组织,有"双轨征"可以有效辅助诊断痛风;对血尿酸正常的疑似痛风患者,可以考虑使用双源 CT 辅助诊断断痛风。

（七）关节穿刺

如果临床特征和影像学仍然无法确诊时,可进行关节穿刺抽液,检查尿酸盐结晶。

五、诊断和鉴别诊断

（一）诊断

在正常嘌呤饮食状态下,非同日两次空腹血尿酸检测,若男性和绝经后女性大于 420μmol/L,非绝经期女性大于 360μmol/L,即可以诊断为高尿酸血症。若出现特征性关节炎表现、尿路结石或肾绞痛发作,伴有高尿酸血症应该考虑痛风,关节液穿刺或痛风石活检证实为尿酸盐结晶可作出诊断。对于急性关节炎期诊断有困难者,可行秋水仙碱实验性治疗诊断。但有部分痛风患者血尿酸水平并不高。

（二）鉴别诊断

1. 继发性高尿酸血症或痛风　发生在其他疾病(如肾脏病、血液病等)过程中,或有明确的相关用药史及肿瘤放化疗史。

2. 关节炎　应与化脓性关节炎、创伤性关节炎、反应性关节炎、假性痛风相鉴别。

六、治疗

（一）急性痛风性关节炎的药物治疗

1. 非甾体抗炎药物(NSAIDS)　急性痛风关节炎的一线用药,24h 内首选。常见不良反应是胃肠道出血和心血管系统毒性反应。活动性消化性溃疡患者禁用,伴肾功能不全者慎用。具体药物及用法如下。

（1）吲哚美辛:每次 50mg,每日 3~4 次。

（2）双氯酚酸:每次 50mg,每日 2~3 次。

（3）依托考昔:每次 120mg,每日 1 次。

2. 秋水仙碱　急性发作的传统药物,因其药毒性现已少用。高剂量 4.8~6mg/d 可有效缓解急性痛风,但胃肠道不良反应率高;低剂量 1.5~1.8mg/d 与高剂量相比有效性无差异但不良反应率更低,48h 内效果更好。一般首次剂量 1mg,以后每 1~2 小时 0.5mg,24h 总量不超过 6mg。使用该药不良反应较多,主要是严重的胃肠道反应,如恶心呕吐、腹痛腹泻等,也可引起骨髓抑制、肝细胞损害、过敏、神经毒性等,肾功能不全者减量使用。

3. 糖皮质激素　可应用中小剂量,一般用于 NSAIDS 和秋水仙碱不耐受或肾功能不全者的急性患者,给药途径:口服、肌肉注射、静脉均可,短期单用糖皮质激素 30mg/d(如泼尼松 20~30mg/d),安全性好。

（二）无症状高尿酸血症期、发作间歇期和慢性期的药物治疗

目前临床应用的降尿酸药物主要有抑制尿酸生成药（如别嘌呤醇、非布司他）和促进尿酸排泄药（如苯溴马隆）两类，均应在急性发作缓解 2 周后小剂量开始使用，逐渐加量，并根据血尿酸的目标水平调整至最小有效剂量并长期甚至终身维持。仅在单一药物疗效欠佳、血尿酸水平升高明显、痛风石大量形成时可合用两类降尿酸药物。使用降尿酸药物的指征：急性痛风复发、多关节受累、出现痛风石、慢性痛风石型关节炎、受累关节出现影像学改变，以及并发尿酸性肾石病等。

尿酸的理想目标值为血尿酸 <360μmol/L，该目标值能有效防止痛风的发生及复发；血尿酸 <300μmol/L 可以减少和消失痛风石，可预防关节破坏及肾损害。

痛风患者的降尿酸治疗是一个长程达标的过程，血尿酸降至正常后不能停药。一旦停用降尿酸药物，血尿酸很快恢复至治疗前水平，不仅可再次引起痛风发作，且血尿酸长期达不到控制会导致肾脏和心脑血管受累的风险。

（三）生活方式干预

患者的教育、适当调整生活方式和饮食习惯是痛风患者长期治疗的基础。具体包括禁烟限酒、避免高嘌呤饮食、减少富含果糖饮料的摄入、增加新鲜蔬菜的摄入、体重达标并维持理想体重、规律饮食和作息、规律运动防止剧烈运动或突然受凉以及每日饮水应达到 2 000mL 以上。

（四）手术治疗

痛风石形成期（慢性痛风性关节炎）患者必要时可选择剔除痛风石，并对残毁关节进行矫形等手术治疗。

七、预后

痛风是一种终身性疾病，慢性病变可致关节残毁，严重影响患者的生活质量；同时易伴发高血压病、血脂异常、糖尿病或其他肾病，肾功能不全的风险增加，并可危及患者生命。

（孙家忠　刘　琳）

第八章 高脂血症

血脂异常（dyslipidemia）指血浆中脂质或脂蛋白的代谢紊乱，表现为浓度或功能异常。由于脂质不溶或微溶于水，在血浆中必须与蛋白质结合以脂蛋白的形式存在，因此，血脂异常实际上表现为脂蛋白异常血症（dyslipoproteinemia）。血脂异常少数为全身性疾病所致（继发性），多数是遗传缺陷与环境因素相互作用的结果（原发性）。血脂异常可作为代谢综合征的组分之一，与多种疾病如肥胖症、T2DM、高血压、冠心病、脑卒中等密切相关。长期血脂异常可导致动脉粥样硬化、增加心脑血管病的发病率和死亡率。随着生活水平的提高和生活方式的改变，我国血脂异常的患病率已明显升高。据 2004 年发布的《中国居民营养与健康现状》报道，我国成人血脂异常患病率为 18.6%，估计患病人数为 1.6 亿。防治血脂异常对延长寿命、提高生活质量具有重要意义。

一、病因

脂蛋白的代谢过程极为复杂，不论何种病因，若引起脂质来源异常、脂蛋白合成障碍、代谢过程关键酶异常或降解过程受体通路障碍等，均可能导致血脂异常。

（一）原发性血脂异常

大多数原发性血脂异常的原因不明、呈散发性，认为是由多个基因与环境因素综合作用的结果。临床上血脂异常常与肥胖症、高血压、冠心病、糖耐量异常或糖尿病等疾病同时发生，并伴有高胰岛素血症，这些疾病被认为均与胰岛素抵抗有关，称为代谢综合征。血脂异常可能参与上述疾病的发病，至少是其危险因素，或与上述疾病有共同的遗传或环境发病基础。相关的环境因素包括不良的饮食习惯、体力活动不足、肥胖、年龄增加，以及吸烟、酗酒等。

（二）继发性血脂异常

1. **全身系统性疾病**　如糖尿病、甲状腺功能减退症、CS、肝肾疾病、系统性红斑狼疮、骨髓瘤等均可引起继发性血脂异常。

2. **药物**　如噻嗪类利尿剂、β 受体阻滞剂等。此外，长期大量使用糖皮质激素可促进脂肪分解、血浆 TC 和 TG 水平升高。

二、发病机制

家族性脂蛋白异常血症是由基因缺陷所致。某些突变基因已经阐明，如家族性 LPL 缺乏症和家族性载脂蛋白 C-II（apolipoprotein C-II，Apo CII）缺乏症可因为 CM、VLDL 降解障碍引起 I 型或 V 型脂蛋白异常血症；家族性高胆固醇血症由于 LDL 受体缺陷影响 LDL 的分解代谢，家族性

ApoB100缺陷症由于LDL结构异常影响其与LDL受体的结合,二者主要表现为Ⅱ型脂蛋白异常血症等。

三、病理解剖和病理生理

高脂血症对机体的影响在临床上主要表现为三大方面:脂质在血管内皮沉积所致动脉粥样硬化;脂质在真皮内沉积引起黄色瘤;脂质在器官内沉积所致疾病如非酒精性脂肪肝病、肾小球损伤、急性胰腺炎等。其主要病理及病理生理特点如下。

(一)动脉粥样硬化

动脉粥样硬化的大体所见早期为内膜表面黄色条纹状病灶,称为脂纹,显微镜下表现为泡沫细胞的聚集。脂纹发展为纤维斑块,大体所见为内膜表面散在分布的灰黄色、白色隆起斑块,显微镜下表现为表层胶原纤维、平滑肌组成的纤维帽及其深层的泡沫细胞和炎细胞。纤维斑块深层细胞坏死后形成的粥样斑块大体所见为内膜表面明显隆起的灰黄色斑块,显微镜下表现为纤维帽下大量坏死物、胆固醇结晶、钙盐沉积及少量炎细胞(图8-0-1)。动脉粥样硬化发生的基本过程为:当血管内皮细胞结构及功能发生障碍时,血管壁通透性增加,血液中的低密度脂蛋白转运至内皮细胞间隙,单核细胞迁入内膜并分化为巨噬细胞。进入内膜下的低密度脂蛋白发生氧化修饰,氧化修饰的低密度脂蛋白(oxidized LDL, ox-LDL)在动脉粥样硬化发生发展过程中发挥了关键作用:

1. 巨噬细胞吞噬ox-LDL形成巨噬源性泡沫细胞,此时病理表现为脂纹;同时ox-LDL成为抗原激活机体免疫炎症反应,通过单核巨噬细胞、T淋巴细胞、肥大细胞等炎症细胞持续浸润,肿瘤坏死因子-α、白细胞介素、C反应蛋白等炎症因子大量分泌,促进了动脉粥样硬化的发生发展及斑块破裂致急性临床事件的发生。

2. ox-LDL诱导血管壁中膜的平滑肌细胞迁移增殖至内膜,并吞噬脂质形成肌源性泡沫细胞,并分泌大量细胞外基质形成病理表现中的纤维斑块。

3. ox-LDL诱导动脉粥样硬化病变中内皮细胞、巨噬细胞、平滑肌细胞的凋亡,形成粥样坏死物,最终发展成为成熟的粥样斑块。

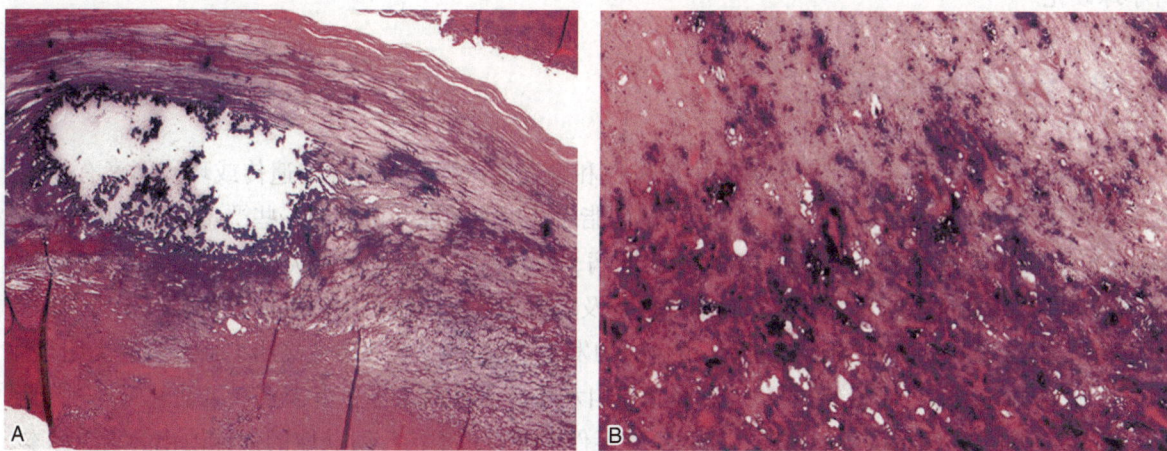

图8-0-1 动脉粥样硬化
A、B. 动脉内膜表面可见纤维帽、坏死物、胆固醇结晶、钙盐沉积及泡沫细胞聚集形成的粥样斑块

（二）黄色瘤

黄色瘤是发生在皮肤的瘤样病变,是过多脂质沉积在局部皮肤所形成,常发生在肢体伸侧、面部及手足部,大体表现为突出皮肤表面的结节或丘疹状,显微镜下见真皮层内含有脂质的泡沫样组织细胞聚集成群,间质内可见慢性炎细胞浸润(图 8-0-2)。陈旧性病变者可发生纤维化。

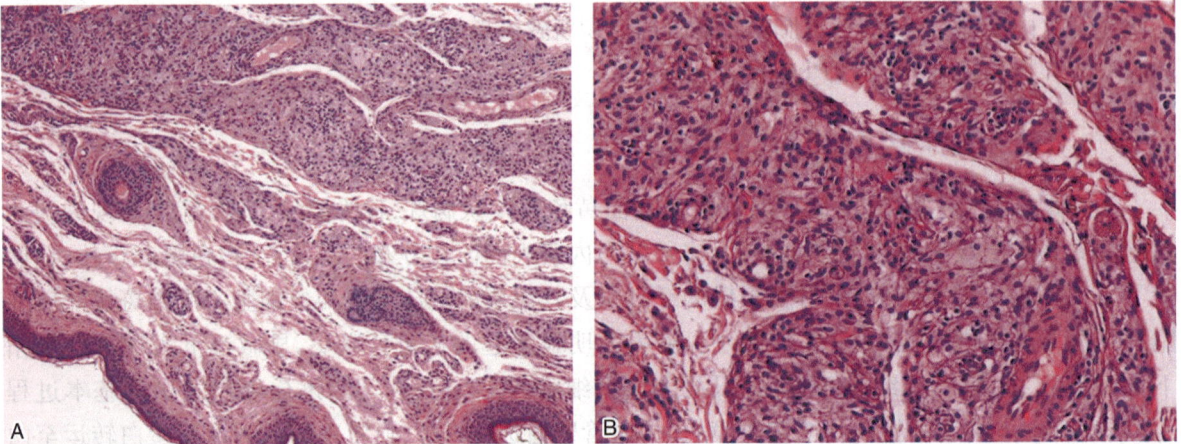

图 8-0-2 眼睑黄色瘤
A、B. 真皮层见大量泡沫细胞聚集,伴少量炎细胞浸润。(HE 染色,A×40 及 B×100)

（三）器官脂质沉积

1. **非酒精性脂肪肝病** 非酒精性脂肪肝病是肝脏脂质沉积的特殊形式,组织病理学上类似于酒精性肝病,可表现为单纯性脂肪变性、脂肪肝炎甚至肝硬化。一方面,高脂血症时脂质堆积在肝细胞导致肝细胞脂肪变性,使肝细胞对内、外源性损伤因子敏感性增强;另一方面细胞氧化反应进一步促进变性的肝细胞发生炎症、坏死及纤维化。

2. **肾小球损伤** 氧化型脂质一方面损害肾小球上皮细胞、促使基底膜通透性增加,导致蛋白尿的发生;另一方面启动并调节细胞的炎症过程,ox-LDL 被肾动脉壁和肾小球间质摄取,细胞功能受损,促进基底膜增厚和细胞外基质积聚,同时刺激其他细胞因子表达,最终导致肾小管间质纤维化和肾小球硬化。

四、病理与临床联系

从病因及发病机制上高脂血症可分为原发性和继发性两类。原发性与遗传或环境因素有关,继发性多发生于全身各系统的代谢紊乱性疾病。高脂血症可引起前文所述的一些严重危害人体健康的疾病,如动脉粥样硬化、冠心病、非酒精性脂肪肝病、肾小球损伤、急性胰腺炎等。但最常见的临床表现是脂质在血管内皮沉积所引起的动脉粥样硬化及脂质在真皮内沉积所引起的黄色瘤。动脉粥样硬化的发生和发展是一种缓慢渐进的过程,黄色瘤的发生率也并不高,故多数高脂血症患者并无明显症状或体征,常于血液生化检验时才发现血浆脂蛋白水平异常升高。当患者需要获取活体标本进行组织病理学检查时,疾病往往已经进展。如心血管事件需外科手术治疗时获取的粥样硬化的动脉标本,斑块引起的肾动脉狭窄进一步加重所致肾梗死而获取肾脏标本等。

五、临床表现

血脂异常可见于不同年龄、性别的人群，某些家族性血脂异常可发生于婴幼儿。血脂异常的临床表现主要包括：

（一）黄色瘤、早发性角膜环和脂血症眼底改变

这些表现由于脂质局部沉积所引起，其中以黄色瘤较为常见。黄色瘤是一种异常的局限性皮肤隆起，颜色可为黄色、橘黄色或棕红色，形状多呈结节、斑块或丘疹，质地一般柔软，最常见的是眼睑周围扁平黄色瘤。早发性角膜环出现于 40 岁以下人群中，多伴有血脂异常。严重的高甘油三酯血症可产生脂血症眼底改变。

（二）动脉粥样硬化

脂质在血管内皮沉积会引起动脉粥样硬化，进而引起早发性和进展迅速的心脑血管和周围血管病变。某些家族性血脂异常可于青春期前发生冠心病，甚至心肌梗死。

血脂异常可作为代谢综合征的一部分，常与肥胖症、高血压、冠心病、糖耐量异常或糖尿病等疾病同时存在或先后发生。严重的高胆固醇血症有时可出现游走性多关节炎，严重的高甘油三酯血症可引起急性胰腺炎，应予以重视。多数血脂异常患者无任何症状和异常体征，而于常规血液生化检查时被发现。

六、实验室检查和其他检查

血脂异常是通过实验室检查而发现、诊断及分型的。

（一）生化检查

测定空腹状态下（禁食 12~14h）血浆或血清 TC、TG、LDL-C 和 HDL-C 是最常用的实验室检查方法。TC 是所有脂蛋白中胆固醇的总和，TG 是所有脂蛋白中甘油三酯的总和。LDL-C 和 HDL-C 分别指 LDL 和 HDL 中的胆固醇含量。决定治疗前，至少有两次血脂检查的结果。

（二）超速离心技术

超速离心技术是脂蛋白异常血症分型的"金标准"，但所要求的仪器设备昂贵，技术操作复杂，一般临床实验室难以做到。

（三）脂蛋白电泳

脂蛋白电泳将脂蛋白分为位于原点不移动的乳糜微粒、前 β¦Â、β¦Â 和 α¦Á 共 4 条脂蛋白区带，分别相当于超速离心法中的 CM、VLDL、IDL 和 LDL，以及 HDL。仅为半定量分析，结果变异较大，目前已不常应用。

七、诊断和分类

（一）诊断

详细询问病史，包括个人饮食和生活习惯、有无引起继发性血脂异常的相关疾病、引起血脂异常的药物应用史以及家族史。体格检查须全面、系统，并注意有无黄色瘤、角膜环和脂血症眼底改变等。血脂检查的重点对象包括：①已有冠心病、脑血管病或周围动脉粥样硬化病者；②有高血压、糖尿病、肥胖、吸烟者；③有冠心病或动脉粥样硬化家族史者，尤其是直系亲属中有早发冠心病或其他动脉粥样硬化证据者；④有皮肤黄色瘤者；⑤有家族性高脂血症者。从预防的角度出发，建议 20 岁以上的成年人至少每 5 年测定一次血脂；建议 40 岁以上男性和绝经期后女性每年进行血脂检查；对于缺血性心血管疾病及其高危人群，应每 3~6 个月测量一次。首次发现血脂异常时应在 2~4 周内，再予复查。

（二）诊断标准

根据《中国成人血脂异常防治指南（2007 年）》，中国人血清 TC 的合适范围为 <5.18mmol/L（200mg/dL），5.18~6.19mmol/L（200~239mg/dL）为边缘升高，≥6.22mmol/L（240mg/dL）为升高。血清 LDL-C 的合适范围为 <3.37mmol/L（130mg/dL），3.37~4.12mmol/L（130~159mg/dL）为边缘升高，≥4.14mmol/L（160mg/dL）为升高。血清 HDL-C 的合适范围为 ≥1.04mmol/L（40mg/dL），≥1.55mmol/L（60mg/dL）为升高，<1.04mmol/L（40mg/dL）为减低。TG 的合适范围为 <1.70mmol/L（150mg/dL），1.70~2.25mmol/L（150~199mg/dL）为边缘升高，≥2.26mmol/L（200mg/dL）为升高。

（三）分类诊断

根据前述系统进行表型分类，并鉴别原发性血脂异常和继发性血脂异常。对原发性家族性脂蛋白异常血症可进行基因诊断。

八、治疗

血脂和脂蛋白代谢紊乱与动脉粥样硬化密切相关，TC、LDL-C、TG 和 VLDL-C 增高是冠心病的危险因素，其中以 LDL-C 最为重要，而 HDL-C 则被认为是冠心病的保护因素。纠正血脂异常的目的在于降低缺血性心血管病（冠心病和缺血性脑卒中）的患病率和死亡率。自 20 世纪 60 年代以来，许多研究均证实降低血浆胆固醇能减少冠心病的发病率和死亡率。初步研究结果表明，血浆胆固醇降低 1%，冠心病事件发生的危险性可降低 2%。随着循证医学的发展，大量临床试验结果相继面世，这些临床试验包括冠心病的一级预防和二级预防、饮食治疗和调脂药物治疗，涉及不同类型冠心病患者以及特殊人群（老年人、冠状动脉介入治疗后患者、糖尿病和高血压患者），为评价各种干预措施、制定群体防治策略以及个体化治疗方案提供了科学证据。

（一）治疗原则

1. 继发性血脂异常应以治疗原发病为主　如糖尿病、甲状腺功能减退症经控制后，血脂有可能恢复正常。但是原发性和继发性血脂异常可能同时存在，如原发病经过治疗正常一段时期后，血脂异常仍然存在,考虑同时有原发性血脂异常,需给予相应治疗。

2. **治疗措施应是综合性的**　治疗性生活方式改变(therapeutic lifestyle changes,TLC)为首要的基本的治疗措施,药物治疗需严格掌握指征,必要时考虑血浆净化疗法或外科治疗,基因治疗尚在探索之中。

3. **防治目标水平**　治疗血脂异常最主要的目的在于防治缺血性心血管疾病。《中国成人血脂异常防治指南(2007年)》建议:

(1)首先根据是否有冠心病或冠心病等危症以及有无心血管危险因素,结合血脂水平来综合评估心血管病的发病危险,将人群进行血脂异常危险分层。危险性越高,则调脂治疗应越积极。

低危患者指10年内发生缺血性心血管病危险性 <5%;中危患者指10年内发生缺血性心血管病危险性为 5%~10%;高危患者为冠心病或冠心病等危症,10年内发生冠心病的危险性为 10%~15%;极高危患者指急性冠脉综合征,或缺血性心血管病合并糖尿病。

冠心病包括急性冠脉综合征(包括不稳定型心绞痛和急性心肌梗死)、稳定型心绞痛、陈旧性心肌梗死、有客观证据的心肌缺血、冠状动脉介入治疗及旁路移植术后患者。冠心病等危症是指非冠心病者10年内发生主要冠状动脉事件的危险与已患冠心病者同等,新发和复发缺血性心血管事件的危险大于15%,包括:①有临床表现的冠状动脉以外动脉的动脉粥样硬化,包括缺血性脑卒中、周围动脉疾病、腹主动脉瘤和症状性颈动脉病(如短暂性脑缺血)等;②糖尿病;③有多种危险因素其发生主要冠状动脉事件的危险相当于已确立的冠心病,心肌梗死或冠心病死亡的10年危险大于20%。

血脂异常以外的心血管病主要危险因素包括:①高血压(血压≥140/90mmHg 或已接受降压药物治疗);②吸烟;③低 HDL-C 血症[HDL-C<1.04mmol/L(40mg/dL)];④肥胖(体重指数(BMI)≥28kg/m²);⑤早发缺血性心血管病家族史(一级男性亲属发病时 <55 岁或一级女性亲属发病时 <65 岁);⑥年龄(男性≥45 岁,女性≥55 岁)。HDL-C≥1.55mmol/L(60mg/dL)为负性危险因素,它的出现可抵消一个危险因素。此外,代谢综合征的存在也增加了发生心血管病的危险。

(2)根据血脂异常患者心血管病危险等级,指导临床治疗措施及决定 TC 和 LDL-C 的目标水平。此外,血清 TG 的理想水平是 <1.70mmol/L(150mg/dL),HDL-C 的理想水平为≥1.04mmol/L(40mg/dL)。

(二)治疗性生活方式改变(TLC)

1. **医学营养治疗**　为治疗血脂异常的基础,需长期坚持。根据患者血脂异常的程度、分型,以及性别、年龄和劳动强度等制订食谱。高胆固醇血症要求采用低饱和脂肪酸、低胆固醇饮食,增加不饱和脂肪酸;外源性高甘油三酯血症要求改为严格的低脂肪饮食,脂肪摄入量 <30% 的总热量;内源性高甘油三酯血症要注意限制总热量及糖类,减轻体重,并增加多不饱和脂肪酸。

2. **增加有规律的体力活动**　控制体重,保持合适的体重指数(BMI)。

3. **其他**　戒烟;限盐;限制饮酒,禁烈性酒。

(三)药物治疗

1. **常用调脂药物**

(1)羟甲基戊二酰辅酶 A(HMG-CoA)还原酶抑制剂(他汀类):竞争性抑制体内胆固醇合成过程中限速酶(HMG-CoA 还原酶)活性,从而阻断胆固醇的生成,继而上调细胞表面的 LDL 受体,加速血浆 LDL 的分解代谢。主要降低血清 TC 和 LDL-C 水平,也在一定程度上降低 TG 和 VLDL 水平,轻度升高 HDL-C 水平。适应证为高胆固醇血症和以胆固醇升高为主的混合性高脂血症。他汀类是目前临床上最重要的,应用最广的降脂药。主要制剂和每天剂量范围为:洛伐他汀(lovastatin)10~80mg,辛伐他汀(simvastatin)5~40mg,普伐他汀(pravastatin)10~40mg,氟伐他汀(fluvastatin)10~40mg,阿托伐他汀(atorvastatin)10~80mg,瑞舒伐他汀(rosuvastatin)10~20mg。除阿托伐他汀可在任何时间服药外,其余制剂均为晚上一次口服。他汀类药物副作用较轻,少数患者出现胃肠道反应、转氨酶升高、肌肉疼痛、血清肌酸激酶升高等症状,极少严重者发生横纹肌溶解而致急性肾衰竭。他汀类与其他调脂药(如贝特类、烟酸等)合用时应特别小心,不宜与环孢霉素、雷公藤、环磷酰胺、大环内酯类抗生素以及吡咯类抗真菌药(如酮康唑)等合用。儿童、孕妇、哺乳期妇女和准备生育的妇女不宜服用。

(2)苯氧芳酸类(贝特类):激活过氧化物酶体增殖物激活受体(PPAR)α,刺激 LPL、*ApoA I* 和 *ApoA II* 基因表达,抑制 *ApoC III* 基因表达,增强 LPL 的脂解活性,促进 VLDL 和 TG 分解以及胆固醇的逆向转运。主要降低血清 TG、VLDL-C 水平,也可在一定程度上降低 TC 和 LDL-C 水平,升高 HDL-C 水平。适应证为高甘油三酯血症和以甘油三酯升高为主的混合性高脂血症。主要制剂如下:非诺贝特(fenofibrate)0.1g,每日 3 次或微粒型 0.2g,每日 1 次;苯扎贝特(bezafibrate)0.2g,每日 3 次或缓释型 0.4g,每晚 1 次。吉非贝齐(gemfibrozil)和氯贝丁酯(clofibrate)因副作用大,临床上已很少应用。吉非贝齐和氯贝丁酯主要副作用为胃肠道反应;少数出现一过性肝转氨酶和肌酸激酶升高,如明显异常应及时停药;还可见皮疹、血白细胞减少。贝特类能增强抗凝药物作用,与抗凝药物合用时需调整抗凝药物剂量。禁用于肝肾功能不良者,以及儿童、孕妇和哺乳期妇女。

(3)烟酸类:烟酸属于 B 族维生素,其用量超过作为维生素作用的剂量时,有调脂作用。其作用机制未明,可能与抑制脂肪组织脂解和减少肝脏中 VLDL 合成和分泌有关。烟酸能使血清 TG、VLDL-C 降低,TC 和 LDL-C 也降低,HDL-C 轻度升高。适应证为高甘油三酯血症和以甘油三酯升高为主的混合性高脂血症。主要制剂有:烟酸(nicotinic acid, niacin)0.2g,每日 3 次口服,渐增至 1~2g/d;阿昔莫司(acipimox,氧甲吡嗪)0.25g,1~3 次 /d,餐后口服。烟酸的主要副作用为面部潮红、瘙痒和胃肠道症状,偶见肝功能损害,有可能使消化性溃疡恶化,糖尿病患者一般不宜用烟酸。烟酸缓释片能显著改善药物耐受性及安全性,建议从低剂量开始,渐增至理想剂量,推荐剂量为 1~2g,每晚 1 次用药。阿昔莫司副作用较少。

(4)胆酸螯合剂(树脂类):属碱性阴离子交换树脂,在肠道内与胆酸不可逆结合,阻碍胆酸的肠肝循环,促使胆酸随粪便排出,阻断胆固醇的重吸收。通过反馈机制,上调肝细胞膜表面的 LDL 受体,加速血中 LDL 的清除,降低 TC 和 LDL-C 水平。适应证为高胆固醇血症和以胆固醇升高为主的混合性高脂血症。主要制剂及每天剂量范围为:考来烯胺(cholestyramine,消胆胺)4~16g,考来替哌(colestipol,降胆宁)5~20g,从小剂量开始,1~3 个月内达最大耐受量。主要副作用为恶心、呕吐、腹胀、腹痛、便秘。也可干扰其他药物的吸收,如叶酸、地高辛、贝特类、他汀类、抗生素、甲状腺素、脂溶性维生素等,可在服用本类药物前 1~4h 或 4h 后服其他药物,必要时补充维生素 A、D、K。

(5)依折麦布(ezetimibe):肠道胆固醇吸收抑制剂。口服后被迅速吸收,结合成依折麦布 - 葡萄醛甘酸,作用于小肠细胞刷状缘,抑制胆固醇和植物固醇吸收;由于减少胆固醇向肝脏释放,促进肝脏 LDL 受体合成,加速了 LDL 的代谢。依折麦布可降低血清 LDL-C 水平,适应证为高胆固醇血症和以胆固醇升高为主的混合性高脂血症,单药或与他汀类联合治疗。常用剂量为 10mg,每日 1 次。常见副作用为头痛和恶心,有可能引起转氨酶升高。

(6)普罗布考:通过渗入脂蛋白颗粒中影响脂蛋白代谢,而产生调脂作用。可降低 TC 和 LDL-C

水平,而 HDL-C 水平也明显降低,但认为可改变后者的结构和代谢,使其逆向转运胆固醇的功能得到提高。适应证为高胆固醇血症,尤其是纯合子型家族性高胆固醇血症。常用剂量为 0.5g,每日 2 次口服。常见副作用为恶心,偶见 QT 间期延长,为最严重的不良反应。

（7）n-3 脂肪酸制剂:n-3（ω-3）长链多不饱和脂肪酸包括二十碳五烯酸（EPA）和二十二碳六烯酸（DHA）等,是海鱼油的主要成分。其调脂机制尚不清楚,可降低 TG 和轻度升高 HDL-C,对 TC 和 LDL-C 无影响。适应证为高甘油三酯血症和以甘油三酯升高为主的混合性高脂血症。常用剂量为 0.5~1g,每日 3 次口服。鱼油腥味所致恶心是常见的不良反应。有出血倾向者禁用。

（8）新型调脂药物:①ApoB100 合成抑制剂,米泊美生（mipomersen）是针对 ApoB mRNA 的反义寡核苷酸,通过抑制 ApoB 转录减少 VLDL 合成和分泌,可使 LDL 降低 25%。2013 年美国食品药品监督管理局（FDA）批准其单独或与其他调脂药物联合用于治疗纯合子型家族性高胆固醇血症（homozygous familial hypercholesterolemia, HoFH）。常见不良反应为注射局部肿痛、瘙痒。②前蛋白转化酶枯草溶菌素 9（proprotein convertase subtilisin/kexin type 9, PCSK9）抑制剂,通过抑制 PCSK9 阻止 LDL 受体降解,从而促进 LDL-C 的清除。临床研究显示,PCSK9 单抗单独或与他汀联合使用均明显降低血清 LDL-C（40%~70%）水平,同时改善 HDL-C、Lp（a）等指标。PCSK9 抑制剂依洛优单克隆抗体,在我国获批治疗 HoFH。③微粒体 TG 转移蛋白抑制剂,洛美他派（lomitapida）于 2012 年经 FDA 批准上市,能与内质网囊腔内的微粒体甘油三酯转移蛋白结合,从而抑制在肠壁细胞和肝脏细胞内含 ApoB 的脂蛋白的组装,抑制乳糜和 LDL 的合成,致使血浆 LDL-C 水平降低。主要用于治疗 HoFH,可使 LDL-C 降低达 40%,不良反应发生率较高,主要包括转氨酶升高和脂肪肝。

2. 调脂药物的选择　药物选择须依据患者血脂异常的分型、药物调脂作用机制,以及药物的其他作用特点等。

（1）高胆固醇血症:首选他汀类,如单用他汀不能使血脂达到治疗目标值可加用依折麦布。

（2）高甘油三酯血症:首选贝特类和烟酸类,也可选用 n-3 脂肪酸制剂。

（3）混合型高脂血症:若以 TC 与 LDL-C 增高为主,首选他汀类;若以 TG 增高为主则选用贝特类;若 TC、LDL-C 与 TG 均显著升高,可考虑联合用药。他汀类与依折麦布合用可强化降脂作用而不增加副作用。他汀类与贝特类或烟酸类联合使用可明显改善血脂谱,但增加肌病和肝脏毒性的可能性,应高度重视。轻型混合性高脂血症可联合应用他汀类与 n-3 脂肪酸制剂。

（四）其他治疗措施

1. 血浆净化治疗　通过滤过、吸附和沉淀等方法选择性去除血清 LDL。该方法为有创治疗并需每周重复,价格昂贵,仅用于极个别对他汀类药物过敏或不能耐受的严重难治性高胆固醇血症者。

2. 手术治疗　在少数情况下,对非常严重的高胆固醇血症患者,如纯合子家族性高胆固醇血症或对药物无法耐受的严重高胆固醇血症患者,可考虑手术治疗,包括部分回肠末段切除术、门腔静脉分流术和肝移植术等。

3. 基因治疗　可能成为未来根治基因缺陷所致血脂异常的方法。

调脂治疗一般是长期的,甚至是终生的。不同个体对同一治疗措施或药物的疗效和副作用差异很大,因此需要监测血脂水平以指导治疗。在药物治疗时,必须监测不良反应,定期检查肌酶、肝功能、肾功能和血常规等。

九、预后

通过普及健康教育，提倡均衡饮食，增加体力活动及体育运动，预防肥胖，避免不良生活习惯，并与肥胖症、糖尿病、心血管疾病等慢性病防治工作的宣教相结合，以降低血脂异常的发病率。经过积极的综合治疗，本病预后良好。

（代喆　管枫）

第九章　骨质疏松症

骨质疏松症(osteoporosis, OP)是一种以骨量降低和骨组织微结构损坏,导致骨脆性增加和易发生骨折为特征的代谢性骨病。骨质疏松症分为原发性和继发性两大类(表9-0-1)。原发性骨质疏松症包括绝经后骨质疏松症(Ⅰ型)、老年骨质疏松症(Ⅱ型)和特发性骨质疏松症(包括青少年型)。绝经后骨质疏松症一般发生在女性绝经后5~10年内;老年骨质疏松症一般指70岁以后发生的骨质疏松,特发性骨质疏松症主要发生在青少年,病因尚不明确。继发性骨质疏松是由疾病、药物、器官移植等原因导致的,临床上以内分泌代谢疾病、结缔组织疾病、肾脏疾病、消化道疾病和药物所致者多见。本章主要介绍原发性骨质疏松症。

表 9-0-1　骨质疏松症的分类

原发性骨质疏松症	继发性骨质疏松症
Ⅰ型(绝经后骨质疏松症)	内分泌性
Ⅱ型(老年性骨质疏松症)	甲旁亢
特发性青少年低骨量和骨质疏松症	库欣综合征
	性腺功能减退症
	甲亢
	催乳素瘤和高催乳素血症
	T1DM
	MEN
	血液病
	浆细胞病(多发性骨髓瘤或巨球蛋白血症)
	系统性肥大细胞增多症
	白血病和淋巴瘤
	镰状细胞贫血和轻型珠蛋白生成障碍性贫血
	戈谢病
	骨髓增生异常综合征
	结缔组织病
	成骨不全
	骨肿瘤(原发性和转移性)
	Marfan 综合征
	坏血病(维生素 C 缺乏症)
	药物
	糖皮质激素、肝素、抗惊厥药、甲氨蝶呤、环孢素、LHRH 激动剂和 GnRH 拮抗剂、含铝抗酸药
	制动
	肾脏疾病
	慢性肾衰竭
	肾小管酸中毒

续表

原发性骨质疏松症	继发性骨质疏松症
	营养性疾病和胃肠疾病
	吸收不良综合征
	静脉营养支持（肠外营养）
	胃切除术后
	肝胆疾病
	慢性低磷血症
	其他
	家族性自主神经功能障碍
	反射性交感性营养不良症

一、病因

骨骼的完整性由骨吸收和骨形成过程维持,此过程称为"骨重建"。成年前骨骼不断构建、塑形和重建,骨形成和骨吸收的正平衡使骨量增加,并达到骨峰值。成年期骨重建平衡,维持骨量。此后随年龄增加,骨形成与骨吸收呈负平衡,骨重建失衡造成骨丢失。凡使骨吸收增加和/或骨形成减少的因素都会导致骨丢失和骨质量下降,脆性增加,引起骨折。

绝经后骨质疏松症主要是由于绝经后雌激素水平降低,雌激素对破骨细胞的抑制作用减弱,导致骨吸收功能增强。同时,雌激素减少降低了骨骼对力学刺激的敏感性,使骨骼呈现类似于失用性骨丢失的病理变化。增龄造成骨重建失衡,骨吸收/骨形成比值升高,导致进行性骨丢失。增龄和雌激素减少使免疫系统持续低度活化,人体处于促炎性反应状态,会分泌许多炎性因子如肿瘤坏死因子α、白介素 -6、白介素 -1、白介素 -7、前列腺素 E2 等刺激破骨细胞,并抑制成骨细胞,造成骨量减少。老年人常见维生素 D 缺乏及慢性负钙平衡,导致继发性甲状旁腺功能亢进,使骨吸收增加。年龄相关的肾上腺源性雄激素生成减少、生长激素 - 胰岛素样生长因子轴功能下降、肌少症和体力活动减少造成骨骼负荷减少,也会使骨吸收增加。

骨质疏松症及其骨折的发生是遗传因素和非遗传因素交互作用的结果。遗传因素主要影响骨骼大小、骨量、结构、微结构和内部特性。非遗传因素主要包括环境因素、生活方式、疾病、药物、跌倒相关因素等。

二、病理解剖和病理生理

骨质疏松症发生时,既可以有松质骨骨量减少,也可以有皮质骨骨量减少。在绝经后骨质疏松症患者中,骨量减少主要发生在松质骨,而老年性骨质疏松症的患者,骨量减少包括皮质骨和松质骨。其病理变化及基本病理生理基础如下。

1. 松质骨发生吸收时,骨小梁的形状变为杆状,并出现了弥漫性断裂,使骨小梁变薄,小梁之间的空隙增大,因而骨量减少,骨脆性增加。所能承受的负荷强度就明显下降。

2. 皮质骨发生吸收时,皮质骨多孔厚度变薄、骨髓腔增宽,骨脆性增加,骨小梁连续性丧失,在外力作用下容易发生骨折。

3. 松质骨和皮质骨重建后,骨代谢转换加速导致黏合线聚集,致使骨的张力强度下降,反复接受疲劳损伤后,使弹性模量下降,最终会产生骨的结构破坏。

4. 骨质疏松时骨质密度下降,骨骼组织变得疏松,单位骨组织中的矿物质含量下降,碳酸盐和钙/磷比值下降,钠与镁相对增加,出现骨基质矿化的微不均一性。矿化不良可使骨硬度和抗骨折能力均下降。

三、病理与临床联系

日常临床病理工作中骨质疏松症的患者一般在骨折发生时才需要送检病理标本进行活体组织学检查。对于这类标本尤其需要注意的是鉴别原发性骨肿瘤(如多发性骨髓瘤、骨肉瘤、软骨肉瘤等)或者转移性骨肿瘤(如肺癌、前列腺癌、胃肠癌等)(图 9-0-1)所致的病理性骨折。骨组织在脱钙后制片染色下的肿瘤细胞形态可能发生变化,需要注意辨认,避免漏诊。

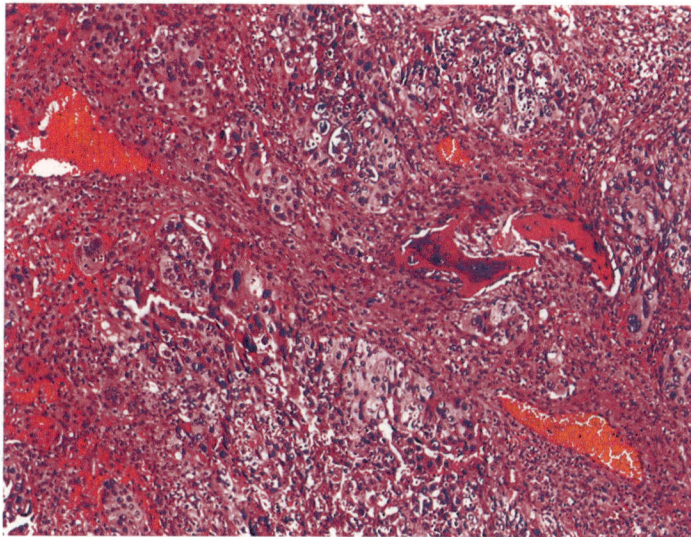

图 9-0-1　肝癌骨转移
癌巢浸润在骨小梁之间,伴炎症反应及出血。

四、临床表现

骨质疏松症的临床表现主要有周身疼痛、身高降低、驼背、脆性骨折及呼吸系统受影响等。但许多骨质疏松症患者早期常无明显自觉症状,往往在骨折发生后经过相关检查才发现有骨质疏松症。

1. 疼痛　患者可有腰背酸痛或全身骨痛,疼痛通常在翻身、起坐时及长时间行走后出现,夜间或负重活动时疼痛会加重,并可能伴有肌肉痉挛,甚至活动活动受限。

2. 脊柱变形　严重的骨质疏松症患者,因椎体压缩性骨折,可出现身高变矮或驼背等脊柱畸形。多发性胸椎压缩性骨折可导致胸廓畸形,肺活量、肺最大换气量和心排血量下降,影响心肺功能。严重的腰椎压缩性骨折可能会导致腹部脏器功能异常,引起便秘、腹痛、腹胀、食欲减低等不适。

3. 骨折患者在日常生活中常因受到轻微外力,如轻微活动、创伤、弯腰、负重、挤压或摔倒发生骨折。骨折发生的常见部位为椎体(胸、腰椎),髋部(股骨近端),前臂远端和肱骨近端,其他部位如肋骨、跖骨、腓骨、骨盆甚至锁骨和胸骨等部位亦可发生骨折。这种骨折发生一次后,再骨折的风险显著增加。

4. 对心理状态及生活质量的影响 骨质疏松症及其相关骨折对患者心理状态的危害常被忽略,主要的心理异常包括恐惧、焦虑、抑郁、自信心丧失等。老年患者自主生活能力下降,以及骨折后缺少与外界接触和交流,均会给患者造成巨大的心理负担。

五、实验室检查和其他检查

(一)基本实验室检查

血常规,尿常规,肝肾功能,血钙、磷和碱性磷酸酶水平,血清蛋白电泳,尿钙、钠、肌酐等。原发性骨质疏松症患者通常血钙、磷和碱性磷酸酶值在正常范围,骨折时血碱性磷酸酶水平可有轻度升高。

(二)骨密度检查

目前临床和科研常用的骨密度测量方法有双能 X 线吸收检测法（dual energy X-ray absorptiometry,DXA）、定量计算机断层照相术（quantitative computed tomography,QCT）、外周 QCT（peripheral quantitative computed tomography,pQCT）和定量超声（quantitative ultrasound,QUS）等。目前公认的骨质疏松症诊断标准是基于 DXA 测量的结果。

(三)胸腰椎相关影像学检查及骨折判定

椎体骨折常因无明显临床症状被漏诊,需要在骨质疏松性骨折的危险人群中开展椎体骨折的筛查。胸腰椎 X 线侧位影像可确定骨折的部位、类型、移位方向和程度;CT 和 MRI 对椎体骨折和微细骨折有较大的诊断价值;CT 三维成像能清晰显示关节内或关节周围骨折;MRI 对鉴别新鲜和陈旧性椎体骨折有较大意义。

(四)骨转换标志物

骨转换标志物分为骨形成标志物和骨吸收标志物。骨形成标志物反映成骨细胞活性及骨形成状态,主要指标有:AKP、血清骨钙素、血清骨特异性碱性磷酸酶、血清 I 型原胶原 C-端前肽、血清 I 型原胶原 N-端前肽。骨吸收标志物代表破骨细胞活性及骨吸收水平,主要指标有:空腹 2h 尿钙/肌酐比值、血清抗酒石酸酸性磷酸酶、血清 I 型胶原 C-末端肽交联、尿吡啶啉、尿脱氧吡啶啉、尿 I 型胶原 C-末端肽交联等。原发性骨质疏松症患者的骨转换标志物水平往往正常或轻度升高。如果骨转换生化标志物水平明显升高,需排除高转换型继发性骨质疏松症或其他疾病的可能性。

(五)其他检查

为满足进一步鉴别诊断的需要,可酌情选择进行以下检查,如血沉、C 反应蛋白、性腺激素、血清催乳素、25-羟维生素 D、PTH、甲状腺功能、尿离皮质醇或小剂量地塞米松抑制试验、血气分析、尿本周蛋白、血尿轻链,甚至放射性核素骨扫描、骨髓穿刺或骨活检等。

六、诊断和鉴别诊断

（一）骨质疏松症的诊断

绝经后或双侧卵巢切除后的女性、不明原因腰背疼痛、身高变矮或脊椎畸形、脆性骨折史或脆性骨折家族史，以及存在多种骨质疏松症危险因素如高龄、吸烟、制动、低体重、长期卧床、服用糖皮质激素等患者因考虑可能存在骨质疏松症。骨质疏松症的诊断基于全面的病史采集、体格检查、骨密度测定、影像学检查及必要的生化测定。

双能 X 线吸收检测法（DXA）测量的骨密度是目前通用的骨质疏松症诊断指标。对于绝经后女性、50 岁及以上男性，建议参照 WHO 推荐的诊断标准，基于 DXA 测量结果（见表 9-0-2）：骨密度值低于同性别、同种族健康成人的骨峰值 1 个标准差及以内属正常；降低 1~2.5 个标准差为骨量低下（或低骨量）；降低等于和超过 2.5 个标准差为骨质疏松；骨密度降低程度符合骨质疏松诊断标准，同时伴有一处或多处脆性骨折为严重骨质疏松。骨密度通常用 T-Score（T 值）表述，T 值 =（实测值 – 同种族同性别正常青年人峰值骨密度）/ 同种族同性别正常青年人峰值骨密度的标准差。

表 9-0-2　基于双能 X 线吸收检测法测定骨密度分类标准

分类	T 值	分类	T 值
正常	T 值≥–1.0	骨质疏松	T 值≤–2.5
低骨量	–2.5<T 值 <–1.0	严重骨质疏松	T 值≤–2.5+ 脆性骨折

（二）骨质疏松症的鉴别诊断

骨质疏松可由多种病因所致，因此在诊断原发性骨质疏松症之前，一定要重视和排除其他影响骨代谢的疾病，以免发生漏诊或误诊。这需要详细了解病史，评价可能导致骨质疏松症的各种病因、危险因素及药物。

1. 老年性骨质疏松症与绝经后骨质疏松症的鉴别　在排除继发性骨质疏松症后，老年女性患者要考虑绝经后骨质疏松症、老年性骨质疏松症或两者合并存在等可能，可根据既往病史、BMD 和骨代谢生化指标测定结果予以鉴别。

2. 内分泌性骨质疏松症　根据需要选择必要的生化或特殊检查逐一排除，甲旁亢的患者骨骼改变主要为纤维囊性骨炎，早期仅表现为低骨量或骨质疏松症。通过测定血 PTH、血钙、磷的水平一般可予以鉴别，如仍有困难者可行特殊影像学检查或动态试验。其他内分泌疾病均因本身原发病表现较明显，鉴别不难。

3. 血液系统疾病　血液系统肿瘤的骨损害有时酷似原发性骨质疏松症或甲旁亢，此时有赖于血 PTH、PTH 相关蛋白和肿瘤特异性标志物进行鉴别。

4. 原发性或转移性骨肿瘤　转移性骨肿瘤（如肺癌、前列腺癌、胃肠癌等）或原发性骨肿瘤（如多发性骨髓瘤、骨肉瘤、软骨瘤等）早期表现可酷似骨质疏松症，当临床高度怀疑为骨肿瘤时，可借助骨扫描或 MRI 明确诊断。

5. 结缔组织疾病　成骨不全的骨损害特征是骨脆性增加，多数是由于 I 型胶原基因突变所致。临床表现根据缺陷的类型和程度而异。轻者仅表现为骨质疏松症而无明显骨折，必要时可借助特殊影像学检查或 I 型胶原基因突变分析予以鉴别。

6. 其他继发性骨质疏松　具体鉴别见表 9-0-3。有时原发性与继发性骨质疏松症可同时或先后存在，应予以注意。

表 9-0-3　原发性骨质疏松症与继发性骨质疏松症的鉴别

	原发性骨质疏松症	继发性骨质疏松症			
		原发性甲旁亢	肾性骨病	类固醇性骨质疏松症	佝偻病或骨软化
病因	未明确	PTH 瘤或主细胞增生	肾衰竭，肾小管酸中毒	骨吸收增加，肠钙吸收减少	维生素 D 缺乏
主要骨损害	骨密度下降	纤维囊性骨炎，骨密度下降	骨密度下降	骨密度下降，无菌性骨坏死	骨质软化，骨畸形，骨密度下降
血 PTH	不变或升高	显著升高	显著升高	下降	显著升高
血钙	不变	升高	下降或不变	不变	下降或不变
血磷	不变	降低	显著升高	不变	下降或不变
血骨钙素	升高或不变	升高	升高	不变或升高	不变
血 1,25-$(OH)_2D_3$	不变或降低	升高	降低	下降	显著减低
尿吡啶啉/肌酐	升高	升高	升高	升高	不变或升高
尿钙/肌酐	升高或不变	升高	升高或不变	升高	下降
尿磷/肌酐	不变	显著升高	下降	不变	不变或升高
尿羟脯氨酸/肌酐	升高或不变	升高或不变	升高	升高	不变
肠钙吸收	下降	显著升高	不变或升高	下降	下降

七、治疗

骨质疏松症的主要防治目标包括改善骨骼生长发育，促进成年期达到理想的峰值骨量；维持骨量和骨质量，预防增龄性骨丢失；避免跌倒和骨折。骨质疏松症的防治措施主要包括基础措施、药物干预和康复治疗。

（一）基础措施

1. 调整生活方式

（1）加强营养，均衡膳食：建议摄入富含钙、低盐和适量蛋白质的均衡膳食，推荐每日蛋白质摄入量为 0.8~1.0g/kg 体重，并摄入牛奶 300mL 或相当量的奶制品。

（2）充足日照：建议上午 11:00 到下午 3:00 间，尽可能多地暴露皮肤于阳光下晒 15~30min（取决于日照时间、纬度、季节等因素），每周 2 次，以促进体内维生素 D 的合成。

（3）规律运动：建议进行有助于骨健康的体育锻炼和康复治疗。运动可改善机体敏捷性、力量、姿势及平衡等，减少跌倒风险。运动还有助于增加骨密度。

（4）戒烟。

（5）限酒。

（6）避免过量饮用咖啡。

（7）避免过量饮用碳酸饮料。

（8）尽量避免或少用影响骨代谢的药物：如抗癫痫药物,苯妥英、苯巴比妥、扑米酮、丙戊酸、拉莫三嗪、氯硝西泮、加巴喷丁等。

2. 骨健康基本补充剂

（1）钙剂：充足的钙摄入对获得理想骨峰值、减缓骨丢失、改善骨矿化和维护骨骼健康有益。《中国居民膳食营养素参考摄入量（2013 版）》建议,成人每日钙推荐摄入量为 800mg（元素钙）,50 岁及以上人群每日钙推荐摄入量为 1 000~1 200mg。营养调查显示我国居民膳食约摄入元素钙 400mg/d,故尚需补充元素钙 500~600mg/d。高钙血症和高钙尿症时应避免使用钙剂。补充钙剂需适量,超大剂量补充钙剂可能增加肾结石和心血管疾病的风险。在骨质疏松症的防治中,钙剂应与其他药物联合使用。

（2）维生素 D：充足的维生素 D 可增加肠钙吸收、促进骨骼矿化、保持肌力、改善平衡能力和降低跌倒风险。维生素 D 不足可导致继发性甲状旁腺功能亢进,增加骨吸收,从而引起或加重骨质疏松症。同时补充钙剂和维生素 D 降低骨质疏松性骨折风险。《中国居民膳食营养素参考摄入量（2013版）》建议,成人推荐维生素 D 摄入量为 400IU（10μg）/d,65 岁及以上老年人因缺乏日照、以及摄入和吸收障碍常有维生素 D 缺乏,推荐摄入量为 600IU（15μg）/d,可耐受最高摄入量为 2 000IU（50μg）/d。维生素 D 用于骨质疏松症防治时,剂量可为 800~1 200IU/d。

（二）抗骨质疏松症药物

有效的抗骨质疏松症药物可以增加骨密度,改善骨质量,显著降低骨折的发生风险。对于经骨密度检查确诊为骨质疏松症的患者、已经发生过椎体和髋部等部位脆性骨折者、骨量减少但具有高骨折风险的患者可以考虑使用抗骨质疏松症药物。抗骨质疏松症药物按作用机制可分为骨吸收抑制剂、骨形成促进剂、其他机制类药物及传统中药（表 9-0-4）。

表 9-0-4 防治骨质疏松主要药物

骨吸收抑制剂	骨形成促进剂	其他机制类药物	中药
双膦酸盐	甲状旁腺素类似物	活性维生素 D 及其类似物	骨碎补总黄酮制剂
RANKL 单克隆抗体		锶盐	人工虎粉制剂
降钙素		维生素 K2 类	中药复方制剂等
雌激素			
选择性雌激素受体调节剂			

1. 双膦酸盐类 双膦酸盐与骨骼羟磷灰石的亲和力高,能够特异性结合到骨重建活跃的骨表面,抑制破骨细胞功能,从而抑制骨吸收,降低骨转换。主要药物包括阿仑膦酸钠、唑来膦酸、利塞膦酸钠、伊班膦酸钠、依替膦酸二钠和氯膦酸二钠等。双膦酸盐类药物总体安全性较好,但有以下几点不良反应：胃肠道不良反应、一过性“流行性感冒样”症状、肾脏毒性、下颌骨坏死、非典型股骨骨折等。用药期间患者需补充钙剂,偶有发生浅表性消化性溃疡,静脉注射可导致双膦酸盐钙螯合物沉积,有血栓栓塞性疾病、肾功能不全者禁用。在治疗期间应追踪疗效,并监测血钙、磷和骨吸收生化标志物水平。常用的双膦酸盐类药物有：

（1）阿仑膦酸钠：每次 10mg,每日 1 次,服药期间无需间隔,或者 70mg 每周 1 次,空腹服用,用

200~300mL 白水送服,服药后 30min 内避免平卧,应保持直立体位(站立或坐立);此期间应避免进食牛奶、果汁等任何食品和药品。

(2)依替膦酸二钠:每次 0.2g,每日 2 次,两餐间服用,需间断、周期性服药,即服药 2 周,停药 11 周,然后再开始第 2 周期服药,停药期间可补充钙剂及维生素 D,服药 2h 内,避免食用高钙食品(如牛奶或其他奶制品)、含矿物质的维生素、抗酸药等。

(3)唑来膦酸:5mg,静脉滴注,每年 1 次,静脉滴注至少 15min 以上,药物使用前应充分水化。

2. RANKL 单克隆抗体　地舒单抗是一种 RANKL 抑制剂,为特异性 RANKL 的完全人源化单克隆抗体,能够抑制 RANKL 与其受体 RANK 结合,减少破骨细胞形成、功能和存活,从而降低骨吸收、增加骨密度、改善皮质骨和松质骨的强度,降低骨折发生的风险,总体安全性良好,其用法为 60mg,皮下注射,每半年 1 次,药物在使用前后需补充充足的钙剂和维生素 D,主要不良反应为低钙血症、齿龈肿瘤、牙周感染、深部感染、皮疹、皮肤感染、肌肉或骨痛等。地舒单抗为短效作用药物,不存在药物假期,一旦停用需要序贯双膦酸盐类或其他药物,以防止骨密度下降或骨折风险增加。

3. 降钙素　降钙素是一种钙调节激素,能抑制破骨细胞的生物活性、减少破骨细胞的数量、减少骨量丢失并增加骨量,同时能明显缓解骨痛。主要适用于:高转换型骨质疏松症、骨质疏松症伴或不伴骨折、变形性骨炎、急性高钙血症或高钙血症危象。在应用降钙素制剂前需补充数日钙剂和维生素 D。降钙素总体安全性良好,少数患者使用后出现面部潮红、恶心等不良反应,偶有过敏现象,可按照药品说明书的要求,确定是否做过敏试验。目前应用于临床的降钙素类制剂有两种:鳗鱼降钙素类似物和鲑鱼降钙素。

(1)鳗鱼降钙素类似物:为半合成的鳗鱼降钙素,每周肌内注射 2 次,每次 20U,或根据病情酌情增减。

(2)鲑鱼降钙素:为人工合成鲑鱼降钙素,每日 50~100U 皮下或肌内注射,有效后减为每周 2~3 次,每次 50~100U。鲑鱼降钙素鼻喷剂型,100U,每日 1 次。但鉴于鲑鱼降钙素鼻喷剂型具有潜在增加肿瘤风险的可能,连续使用时间一般不超过 3 个月。

4. 性激素补充治疗

(1)雌激素补充治疗适用于围绝经期和绝经后女性,特别是有绝经相关症状(如潮热、出汗等)、泌尿生殖道萎缩症状,以及希望预防绝经后骨质疏松症的妇女。

治疗原则:①确认患者有雌激素缺乏的证据;②优先选用天然雌激素制剂(尤其是长期用药时);③青春期及育龄期妇女的雌激素用量应该使血中雌二醇水目标水平达到中、晚卵泡期水平,绝经后 5 年内的生理性补充治疗目标水平位早期卵泡期水平;④65 岁以上的绝经后妇女使用时应选择更低的剂量。

禁忌证:雌激素依赖性肿瘤(乳腺癌、子宫内膜癌)、血栓性疾病、不明原因阴道出血及活动性肝病和结缔组织病为绝对禁忌证。子宫肌瘤、子宫内膜异位症、有乳腺癌家族史、胆囊疾病和垂体催乳素瘤者属酌情慎用。

注意事项:严格掌握实施激素治疗的适应证和禁忌证,绝经早期开始用(60 岁以前或绝经不到 10 年)受益更大。雌激素补充治疗疗程一般不超过 5 年,治疗期间定期进行(每年)安全性评估,特别是乳腺和子宫,必要时适当补充孕激素。一般口服给药,伴有胃肠、肝胆、胰腺疾病患者,以及有轻度高血压、糖尿病、高甘油三酯血症患者应选用经皮给药,若患者以泌尿生殖道萎缩症状为主则适合选择经阴道给药。

(2)雄激素补充治疗适用于男性骨质疏松症的治疗。雄激素对肝脏有损害,并常导致水钠潴留和前列腺增生,因此常选用经皮制剂。

5. 选择性雌激素受体调节剂和选择性雄激素受体调节剂　选择性雌激素受体调节剂与雌激素受体结合后,在不同靶组织导致受体空间构象发生不同改变,从而在不同组织发挥类似或拮抗雌激素的不同生物效应。例如雷洛昔芬在骨骼与雌激素受体结合,发挥类雌激素的作用,抑制骨吸收,增加骨密度,降低椎体骨折发生的风险;而在乳腺和子宫则发挥拮抗雌激素的作用,因而不刺激乳腺和子宫。但少数患者服药期间会出现潮热和下肢痉挛症状,潮热症状严重的围绝经期妇女暂时不宜使用。对于正在或既往患有静脉血栓栓塞性疾病者、肝功能减退者、肌酐清除率小于35mL/min者、难以解释的子宫出血者,以及有子宫内膜癌症状和体征的患者禁忌使用。而选择性雄激素受体调节剂有较强的促合成代谢作用,有望成为治疗男性骨质疏松症较理想的药物。

6. 甲状旁腺素类似物　小剂量的甲状旁腺素类似物能刺激成骨细胞活性,促进骨形成,增加骨密度,改善骨质量,降低椎体和非椎体骨折的发生风险。这类药物适用于有骨折高风险的绝经后骨质疏松症的治疗,目前国外还批准用于男性骨质疏松症和糖皮质激素性骨质疏松症的治疗。主要的甲状旁腺素类似物为特立帕肽注射制剂,20μg,每日1次,皮下注射。特立帕肽治疗时间不宜超过24个月,停药后应序贯使用抗骨吸收药物治疗,以维持或增加骨密度,持续降低骨折风险。对于并发畸形性骨炎、骨骼疾病放射治疗史、肿瘤骨转移及并发高钙血症患者,以及肌酐清除率小于35mL/min的患者、小于18岁的青少年和骨骺未闭合的青少年禁忌使用。

7. 锶盐　锶是人体必需的微量元素之一,参与人体多种生理功能和生化效应。雷奈酸锶可同时作用于成骨细胞和破骨细胞,具有抑制骨吸收和促进骨形成的双重作用,可降低椎体和非椎体骨折的发生风险。对于伴有已确诊的缺血性心脏病、外周血管病和/或脑血管疾病者,或伴有未控制的高血压者、肌酐清除率<30mL/min的重度肾功能损害者禁用。同时对于具有高静脉血栓风险的患者,包括既往有静脉血栓病史的患者,以及有药物过敏史者,应慎用雷奈酸锶。

8. 活性维生素D及其类似物　适当剂量的活性维生素D能促进骨形成和矿化,并抑制骨吸收。活性维生素D对增加骨密度有益,还能增加老年人肌肉力量和平衡能力,减少跌倒的发生率,进而降低骨折风险。长期使用活性维生素D及其类似物时,不宜同时补充较大剂量的钙剂,并定期监测患者血钙和尿钙水平。在治疗骨质疏松症时,可与其他抗骨质疏松药物联合应用。高钙血症患者禁用,有肾结石患者慎用。

9. 维生素K类(四烯甲萘醌)　四烯甲萘醌是维生素K2的一种同型物,是γ-羧化酶的辅酶,在γ-羧基谷氨酸的形成过程中起着重要作用。γ-羧基谷氨酸是骨钙素发挥正常生理功能所必需的,具有提高骨量的作用。

(三)骨质疏松性骨折治疗

治疗原则包括复位、固定、功能锻炼和抗骨质疏松治疗。

(四)康复治疗

针对骨质疏松症的康复治疗主要包括运动疗法、物理因子治疗、作业疗法及康复工程等。运动疗法不仅可增强肌力与肌耐力,改善平衡、协调性与步行能力,还可改善骨密度;骨脉冲电磁场、体外冲击波、全身振动、紫外线等物理因子治疗可增加骨量;超短波、微波、经皮神经电刺激、中频脉冲等治疗可减轻疼痛。对骨质疏松骨折或者骨折延迟愈合的患者可选择低强度脉冲超声波、体外冲击波等治疗以促进骨折愈合结构,降低跌倒与脆性骨折风险等,发挥综合防治作用。作业疗法以针对骨质疏松症患者的康复宣教为主,包括指导患者正确的姿势,改变不良生活习惯,提高安全性。行动不便者可选用拐杖、助行架等辅助器具,以提高行动能力,减少跌倒发生。此外,可进行适当的环境改造如将楼梯改为坡道、浴室增加扶手等以增加安全性。骨质疏松性骨折患者可佩戴矫形器,以缓解疼痛、矫正姿势并预防再次骨折等。

八、预后

对于骨质疏松症,需要加强对危险人群的早期筛查与识别,早期发现骨质疏松症易感人群,提倡运动和充足钙的摄入,降低骨丢失速度和预防骨折发生,对于已经发生过脆性骨折的患者,给予适当的治疗,降低再次骨折的风险。

(孙 力 管 枫)

第十章 病案荟萃

一、矮小症病例

一般情况: 女性患者,7岁1个月。

主诉: 生长缓慢4年余。

现病史: 患者父亲诉患者4年前出现生长缓慢,每年身高增加3~5cm,未予以处理,无明显缓解,现身高111cm。平素学习正常,无嗅觉异常,无肌力减弱,无腹泻便秘等。月经未来潮,智力正常。患者家属为求进一步诊治来医院就诊,门诊以"矮身材,病因待查"收入院。起病以来,精神好,睡眠一般在晚上10点半至11点左右,食欲一般,喜食肉类,大小便正常,体力好,运动较少,体重无明显变化。

既往史: 早产1个月,母乳喂养,抬头、坐、说话正常(具体不详),患者父亲身高168cm,母亲身高154cm,TH:(155±5)cm,出生身高50cm,出生体重2.5kg,否认双亲近亲结婚史,否认家族遗传史。无食物药物过敏史。

查体: T 36.1℃,P 118次/min,R 18次/min,BP 110/70mmHg。身高:111cm(<3rd),体重15.5kg(<3rd),神志清,身材匀称,容貌正常,营养中等,无贫血貌。全身皮肤未见异常色素沉着,前额无明显突出,颜面无多痣,眼距不宽,鼻梁无低平,牙齿整齐,腭弓无高窄,无明显颈蹼,颈软,双侧甲状腺无肿大,未见明显漏斗胸,乳距正常,无乳房肿大,乳房B1期,浅表淋巴结未触及,心肺听诊无异常,腹软,肝脾肋下未及,双肾区无叩痛,脊柱无侧弯,四肢活动可,提携角不大,无通贯掌,四肢肌力及肌张力未见异常,腋毛、阴毛未见,双下肢无水肿。

化验结果:

1. 血常规、尿常规、大便常规未见明显异常;肝肾功能、心肌酶谱、电解质、血脂:未见明显异常;25-羟维生素D:未见异常;乙肝两对半示均阴性;HbA1c 5.4%;胰岛素9.05mU/L,AFP、CEA阴性;外周血核型分析:未见异常。

2. 内分泌功能

(1)甲状腺功能:正常。

(2)肾上腺:ACTH(上午8时)34.092pg/mL;COR(上午8时)35.59μg/dL。

(3)生长激素:胰岛样生长因子-1(IGF-1)60.62ng/mL。

辅助检查:

1. 骨龄:4岁。

2. 胸片、心电图、心脏彩超、肝胆脾胰腺彩超、双肾及肾上腺彩超未见异常。

3. 垂体MRI平扫+增强

(1)垂体MRI平扫+增强未见明显异常,请结合临床。

(2)鼻咽后壁软组织增厚。

问题讨论：

1. 目前诊断是什么？诊断依据是什么？

2. 目前考虑什么病因可能性大，依据是什么，需完善什么相关检查明确病因？

3. 给予什么治疗？有哪些相关禁忌证？

二、垂体生长激素瘤病例

一般情况：女性患者，30 岁，教师。

主诉：发现血糖增高 1 个月。

现病史：患者 1 个月前因为口腔肿瘤前往口腔医院拟行手术治疗。术前检查发现血糖增高，空腹高达 18mmol/L，餐后血糖为 25mmol/L。前往医院就诊。追问病史，患者没有明显的口干，多饮多尿，没有明显的体重减轻。但发现自己所穿的鞋子逐渐增大。

病程中大小便正常，体重增加，食欲、睡眠可。

既往史：患者未婚未育，近两年月经逐渐不规律。否认家族遗传病史。

查体：T 36.5℃，P 72 次 /min，R 20 次 /min，BP 160/90mmHg，神志清楚，面色红润，皮肤油脂分泌旺盛。鼻头肥大。可触及颈部浅表淋巴结。右侧视野缺损，甲状腺Ⅱ度肿大，无压痛，未触及结节。双肺呼吸音清，未闻及干湿啰音，HR 72 次 /min，各瓣膜未闻及杂音。腹平软，无压痛及反跳痛，肝脾肋下未触及。

化验结果：

1. 肝肾功能正常，FBS 14.6mmol/L，TC 5.8mmol/L，LDL-C 3.4mmol/L，糖化血红蛋白 13.1%。

2. 激素检测

项目	检测结果	正常范围
卵泡刺激素	4.76	1.4~18.1mIU/mL
黄体生成素	0.93	1.5~9.3mIU/mL
催乳素	65.67	2.1~17.7ng/mL
游离三碘甲腺原氨酸	2.17	2.3~4.2pg/mL
游离甲状腺素	1.04	0.89~1.8ng/dL
促甲状腺素	0.379	0.55~4.78μIU/mL
皮质醇	19.42	上午 7~9：5.27~22.45μg/dL 下午 3~5：3.44~16.76μg/dL
生长激素（成人）	>40.00	0~1ng/mL

辅助检查：

1. 甲状腺彩超示：甲状腺双侧叶混合性结节（TI-RADS 3 级）甲状腺双侧叶囊性结节伴浓缩胶质回声（TI-RADS 2 级）。

2. 心脏彩超：心肌肥厚。

3. 垂体 MRI：鞍区见不规则软组织团块影。

问题讨论：

1. 罗列出患者的异常情况。

2. 患者的主要诊断是什么？

3. 为了明确诊断,还需要完善什么检查项目?

4. 患者诊断明确后,还需要查其他的垂体前叶激素吗? 为什么?

5. 患者为什么会出现血糖增高?

6. 根据患者的临床表现,请推测其患有大腺瘤还是微腺瘤? 依据是什么?

三、垂体催乳素瘤病例

一般情况:女性患者,30 岁,公务员。

主诉:月经异常 3 年,头痛 1 个月。

现病史:患者 3 年前无明显诱因逐渐出现月经不规律,经量逐渐减少,周期延长,近 3 个月未来月经并出现乳房胀痛,有泌乳现象,为淡乳白色,双侧乳腺均有。患者自 2 年前结婚以后,一直未怀孕,其间曾前往当地医院治疗,使用雌孕激素后,症状无明显缓解。近 1 个月,患者逐渐出现头痛,视物范围变窄。但无恶心、呕吐、视物模糊等症。

病程中,大小便正常、体力稍降低、体重正常、食欲、睡眠尚可。

既往史:既往体健。

用药史:无特殊。

个人史:无烟酒嗜好。患者于 13 岁初潮,经量正常,无痛经,末次月经 2016 年 4 月。

家族史:父母非近亲结婚,患者有一个妹妹。

生育史:已婚,未育。

系统回顾:无异常。

查体:T 36.5℃,P 70 次 /min,R 18 次 /min,BP 120/70mmHg,体型正常,神志清楚,未触及浅表淋巴结。左侧视野缺损,甲状腺正常,双侧乳腺对称,无压痛,未触及结节。挤压后,可分泌浅乳白色乳汁。双肺呼吸音清,未闻及干湿啰音,腹平软,无压痛及反跳痛,肝脾肋下未触及。外阴发育正常。

化验结果:肝肾功能正常,雌二醇正常,催乳素 200ng/mL(成人正常范围:2.8~29.2ng/mL),甲状腺功能正常。

问题讨论:

1. 罗列出患者异常情况。

2. 患者的主要诊断考虑什么?

3. 请罗列出诊断依据,还需要何种检查以进一步明确诊断?

4. 请问该患者头痛、视野缺损的原因是什么?

5. 应与哪些疾病进行鉴别诊断?

6. 该患者为什么会不孕?

7. 本病的治疗方案? 是否需要外科手术治疗?

四、自身免疫性多内分泌腺病综合征病例

一般情况:女性患者,23 岁,学生。

主诉:因发作性抽搐 15 年,高钾血症 8 个月余,意识模糊 3 天入院。

现病史:患者 8 岁时无明显诱因出现手足抽搐,持续半分钟缓解,无意识障碍。在居住地医院检查,血钙低,给予补钙治疗后症状缓解,间断静脉注射葡萄糖酸钙治疗。仍反复发作抽搐,抽搐

程度逐渐加重。8个月前无明显诱因出现胸闷乏力,食欲减退。在当地医院就诊,辅助检查:血钾6.8~7.0mmol/L。数日前出现昏睡,叫之不答。患者喜咸食,食欲差,睡眠尚可,大小便正常,无明显畏寒发热。

既往史:平时体弱,易感冒。其哥哥身体健康,无类似抽搐史。

查体:T 36 ℃,P 89次/min,R 20次/min,BP 77/49mmHg,身高156cm,体重41kg,慢性病容,全身皮肤及黏膜偏黑,无破损,发育正常,营养不良。颈软,甲状腺未触及,束臂加压试验(+),面神经叩击征(+)。体型明显消瘦,言语表达清晰,头发稀疏,听诊双肺,未闻及干湿性啰音,呼吸音清,HR 89次/min,心律齐,心音有力,心浊音界不大,腹平软,肝脾肋下未触及肿大,无压痛及反跳痛,触诊无包块,叩诊移动性浊音阴性,听诊肠鸣音4次/min,四肢肌力肌张力均正常,双下肢无明显水肿,病理征阴性。

化验结果:

1. 血生化:钠121.6mmol/L,钾7.13mmol/L,钙2.10mmol/L,磷2.75mmol/L,碱性磷酸酶62U/L,血糖4.31mmol/L,肝肾功能正常。

2. 甲状腺过氧化物酶抗体12.48U/mL(正常值0~34.00U/mL);甲状腺球蛋白抗体114.4U/mL(正常值0~115.0U/mL)。

3. 24h尿游离皮质醇6.20ng/L(正常值20.00~72.00ng/L)。

项目	检验结果	参考值范围
甲状旁腺素	8.83	14.90~56.90pg/mL
FT$_3$	3.13	2.00~4.40pg/mL
FT$_4$	4.63	0.93~1.70pg/mL
TSH	10.60	0.27~4.20μIU/mL
ACTH	1 492.00	<63.60pg/mL
皮质醇(上午8:00)	21.00	66.00~286.00ng/mL
皮质醇(下午4:00)	20.00	22.00~154.00ng/mL
皮质醇(00:00)	10.00	15.00~136.00ng/mL
醛固酮(立位)	0.040	0.065~0.296ng/mL
肾素活性(立位)	4.00	0.93~6.56ng/mL
血管紧张素活性(立位)	361.00	55.30~115.30ng/mL
醛固酮(卧位)	0.050	0.059~0.174ng/mL
肾素活性(卧位)	5.90	0.05~0.79ng/mL
血管紧张素活性(卧位)	482.00	27.80~52.500ng/mL
黄体生成素	3.70	4.80mIU/L±0.04mIU/L
卵泡刺激素	2.67	6.80mIU/L±0.20mIU/L
雌二醇	61.39	12.40~233.00pg/mL
孕酮	0.920	0.121~12.00ng/mL
睾酮	<0.025	0.14~0.76ng/mL

4. 自身抗体检查：乙酰胆碱受体抗体（﹣）、线粒体抗体（﹣）、平滑肌抗体（﹣）、壁细胞抗体（﹣）、核抗体（ANA）（﹣）、甲状腺过氧化物酶抗体（TPOAb）（﹣）、甲状腺球蛋白抗体（TgAb）（﹣）、谷氨酸脱羧酶抗体（﹣）、胰岛细胞抗体（﹣）、肾上腺抗体（＋），RNP、Sm、ssA、ssB 抗体均阴性。

5. 阴道分泌物未查见真菌。

问题讨论：

1. 罗列出患者异常情况。

2. 上诉异常情况分别考虑哪些疾病？请罗列出诊断依据。

3. 该类患者治疗原则。

五、希恩综合征病例

一般情况：女性患者，38 岁，专业人员。

主诉：乏力 3 年余，加重半年。

现病史：患者 3 年前无明显诱因出现乏力，近半年来症状明显加重，伴有畏寒，便秘，前往当地医院就诊，查肝肾功能血脂、血糖均正常，电解质为：Na 134mmol/L，K 5.3mmol/L，FT₃、FT₄、TSH 均低，胸部 CT 显示：左上肺部感染。给予补充电解质、抗感染等治疗（包括浓钠），患者症状无明显改善，血钠无法纠正，故前往医院就诊，门诊以"低钠原因待查，肺部感染"收入院。

病程中小便正常，便秘，体重无明显变化，体力差，食欲不振，睡眠可。

既往史：既往病史无特殊，精神差，以至于无法承担普通家务劳动，病程中也数次前往医院检查，但肝肾功能、电解质均正常，未予以处理。

用药史：无特殊。

个人史：无烟酒嗜好。患者于 15 岁初潮，无痛经。

生育史：育有 1 子 1 女，患者 21 岁生子时，发生大出血，产后无乳，随后一直无月经，逐渐出现体毛脱落。

家族史：无特殊。

系统回顾：无异常。

查体：T 36℃，P 60 次 /min，R 20 次 /min，BP 90/50mmHg，消瘦，神志清楚，面色苍白，未触及浅表淋巴结。甲状腺无肿大，无压痛，未触及结节。左肺可闻及湿啰音，HR 60 次 /min，各瓣膜未闻及杂音。腹平软，无压痛及反跳痛，肝脾肋下未触及。

化验结果：肝肾功能正常，血脂正常，轻度贫血。Na 125mmol/L，K 5.3mmol/L。甲状腺功能：TSH 2.385μIU/mL、FT₄ 0.72↓ng/dL、FT₃ 1.63↓pg/mL，

辅助检查：胸部 CT 示左上肺斑片状影。

问题讨论：

1. 罗列出患者异常情况。

2. 该患者可能的诊断？诊断依据？

3. 患者低钠的原因是什么？

4. 如果只是希恩综合征所引起的，为什么患者产后大出血数年来，仅本次就诊时出现低钠血症？

5. 该患者的治疗措施？治疗过程中应该注意的问题？

6. 请问消化道大出血的青年女性患者会出现垂体前叶功能减退吗？

六、甲亢病例

一般情况：女性患者，45 岁。

主诉：心悸、怕热、多汗 1 年。

现病史：患者 1 年前无明显诱因出现心悸、怕热、多汗，活动后感心累明显，无咽痛、颈部疼痛，无口干、多饮、多尿，无潮热、盗汗，无咯血、咳嗽、咳痰，无腹痛、腹泻、黑便等，未予以重视，未予以诊治。入院前，患者在门诊查甲状腺功能测定提示：TSH <0.005μIU/mL（参考值：0.55~4.78μIU/mL）、FT_4 16ng/dL（参考值：0.89~1.76ng/dL）、FT_3 >20pg/mL（参考值：2.3~4.2pg/mL），诊断为"甲亢"，口服"赛治片 10mg，2 次 /d"治疗，今日为求进一步诊治入院。病后，患者精神、饮食、睡眠尚可，二便正常，体重无明显变化。

既往史：否认高血压，糖尿病病史。否认肝炎、结核等传染病史。无食物、药物过敏史。

体格检查：T 36.5℃，P 121 次 /min，R 20 次 /min，BP 127/74mmHg；体重 65.0kg，神清，精神尚可，皮肤湿润，弹性可，眼球无突出。颈软，无抵抗，气管居中，甲状腺Ⅱ°肿大，质软，未扪及包块，未闻及血管杂音。胸双肺叩诊呈清音，双肺呼吸音清，未闻及干湿啰音，无胸膜摩擦音。心界无扩大，HR 121 次 /min，律齐，各瓣膜区未闻及确切病理性杂音。腹部平坦，腹软，无压痛、反跳痛及肌紧张。肝脾不大，未扪及包块。肝区及肾区无叩痛。移动性浊音阴性。肠鸣音正常，为 2~3 次 /min。双下肢无水肿。双手细颤（+）；四肢肌力、肌张力正常。生理反射存在，病理征阴性。甲状腺专科体检：皮肤湿润，弹性可。浅表淋巴结未扪及明显肿大。眼球无突出，活动自如。甲状腺Ⅱ°肿大，质软，未扪及包块，未闻及血管杂音。

实验室检查：血常规、尿常规、粪便常规未见明显异常。生化：谷丙转氨酶 22U/L、谷草转氨酶 24U/L、碱性磷酸酶 131U/L、肌酐 21μmol/L、磷 1.69mmol/L、总胆固醇 2.02mmol/L、三酰甘油 0.44mmol/L、高密度脂蛋白胆固醇 0.98mmol/L 和低密度脂蛋白胆固醇 0.94mmol/L。甲状腺功能：TSH<0.005μIU/mL、FT_4 16ng/dL、FT_3 >20pg/mL，TgAb>500U/mL，TPOAb>1 300U/mL，TRAb 26.36mIU/mL。

辅助检查：

1. 心电图：窦性心动过速。

2. 心脏彩超：心脏形态结构及瓣膜形态活动未见明显异常，左室收缩功能测值正常。

3. 腹部及妇科彩超：未见明显异常。

4. 胸片未见明显异常。

5. 甲状腺专科检查：甲状腺彩超提示甲状腺长大伴实质回声欠均匀，血供较丰富；双侧颈部查见淋巴结。

问题讨论：

1. 考虑诊断什么疾病？诊断依据是什么？

2. 需与哪些疾病相鉴别？

3. 进一步需做哪些检查？

4. 提出下一步治疗方案。

七、亚急性甲状腺炎病例

一般情况：男性患者，80 岁。

主诉: 发热 20 余天。

现病史: 20 余天前无明显诱因出现夜间发热, 最高达 40℃, 伴有咽痛、头痛、畏寒、无咳嗽咳痰咯血、心慌胸痛、恶心呕吐、关节疼痛等不适, 发热 1 周后, 自行口服阿莫西林、克拉维酸钾、布洛芬 3 天, 症状无好转, 于当地医院就诊, 连续静滴头孢孟多酯、炎琥宁 5 天, 症状无好转。2021 年 2 月 26 日在外院就诊, 查肺部 CT 提示: ①右肺上叶少许小结节, 直径为 2~3mm; ②气管支气管通畅, 纵隔内未见明显肿大淋巴结; ③所及甲状腺密度减低。为求进一步诊治, 入院就诊, 门诊以 "发热" 收入院。

自发病以来, 患者神志清, 精神可, 睡眠一般, 饮食可, 二便正常。体力无明显改变, 体重下降约 4kg。

既往史: 既往体健, 否认高血压、糖尿病、冠心病等慢性病史。否认乙肝, 结核等传染病史。否认手术史及外伤史。否认输血史及过敏史。否认吸烟史及饮酒史。

查体: T 37.4℃, P 85 次 /min, R 20 次 /min, BP 125/76mmHg, 神志清楚, 精神可, 口唇无发绀, 全身皮肤巩膜无黄染, 颈软, 双侧甲状腺不大, 压痛 (+), 全身浅表淋巴结未触及肿大, 咽部充血, 扁桃体Ⅰ度肿大, 双肺呼吸音清, 未闻及干湿啰音, 心律齐, 心脏各瓣膜区未及杂音, 腹软, 肝脾肋下未及, 无压痛及反跳痛, 双下肢无水肿。

实验室检查: 血常规 PCT 0.134μIU/mL, 超敏 C- 反应蛋白 70.78mg/L, 血沉 100.00mm/h, 抗环瓜氨酸肽抗体、dsDNA、ENA 及风湿三项均正常, 甲状腺功能四项提示 FT_3 5.46pg/mL, FT_4 3.30ng/dL, TSH 0.013μIU/mL, TRAB 1.22U/L。甲状腺彩超提示甲状腺弥漫性非均质性改变。2021 年 3 月 2 日摄碘率检查示: 2h、4h、24h 甲状腺摄取率均低于正常值。

问题讨论:

1. 该患者发热可能的原因是什么?
2. 亚急性甲状腺炎的可能病因是什么?
3. 本病例支持亚急性甲状腺炎诊断的依据包括哪些?
4. 亚急性甲状腺炎典型的病理改变是什么?
5. 亚急性甲状腺炎如何鉴别诊断?
6. 亚急性甲状腺炎的治疗方案?
7. 亚急性甲状腺炎的预后如何?

八、甲状腺结节病例

一般情况: 男性患者, 28 岁。

主诉: 发现甲状腺结节 1 年。

现病史: 患者诉 1 年前体检发现甲状腺结节, 未行特殊处理, 无颈部疼痛、吞咽困难、气促、发热等不适。

自发病以来, 患者精神可, 睡眠饮食可, 二便无异常。

既往史: 无特殊病史。

查体: T 36.2℃, P 77 次 /min, R 18 次 /min, BP 116/74mmHg。神志清楚, 精神可, 甲状腺无肿大, 双肺呼吸音清, HR 77 次 /min, 律齐, 各瓣膜区未闻及杂音。腹软, 无压痛。双下肢无水肿。

化验结果: 血常规、大小便、肝肾功能、电解质、血脂、甲状腺功能、降钙素、甲状旁腺素未见明显异常。

辅助检查:

1. ECG 提示窦性心律,正常心电图。

2. 胸片未见明显异常。

3. 甲状腺彩超提示:甲状腺双侧叶结节伴钙化(TI-RADS 4a 级),甲状腺双侧叶及峡部混合性结节(双侧叶部分伴浓缩胶质回声,TI-RADS 3 级)。

问题讨论:

1. 该患者的诊断是什么?

2. 下一步怎么处理?

3. 患者病理结果提示:甲状腺乳头状癌可能性大,该患者应如何治疗?

4. 长期预后如何?

九、甲状旁腺功能亢进症病例

一般情况:女性患者,55 岁。

主诉:口干、纳差、呕吐半个月余。

现病史:患者于半月前无明显诱因出现口干、纳差、食欲下降。近 10 天来进食即恶心、呕吐,呕吐物为内容物,体重明显下降(具体不详)。就诊于当地医院,行肝功能、血糖检查示正常;行胃镜检查示:慢性浅表性胃炎伴糜烂,十二指肠球炎症。予以护胃、抑酸(具体不详)治疗,症状无明显改善,为求进一步诊治,就诊于医院,发现血钙水平升高,门诊以"高钙血症"收入。

自发病以来,患者精神弱,食欲差,尿量减少,睡眠欠佳。

既往史:无特殊。否认糖尿病、高脂血症等,否认肝炎结核病史,否认药物及食物过敏史。

查体:T 37.1℃,P 72 次/min,R 20 次/min,BP 123/81mmHg。精神差,嗜睡。全身皮肤粗糙无黄染,颈软,甲状腺未触及肿大,心肺腹无异常,双侧腱反射对称,双下肢无水肿,病理征(-)。

化验检查:电解质 Ca 4.05mmol/L,P 1.27mmol/L,Mg 0.89mmol/L,K 2.89mmol/L,Na 145.5mmol/L,Cl 101.4mmol/L。PTH 1 099pg/mL(参考值 15~65pg/mL)。ESR:61mm/h。

辅助检查:

1. 胸片:未见异常。

2. ECG:窦性心动过缓。

3. 腹部彩超:肝囊肿,肾结石。

4. 颈部彩超:右侧颈部混合性包块。

问题讨论:

1. 该患者的诊断是什么?

2. 高钙血症的鉴别?

3. 高钙危象的处理?

4. 怎样才能确诊甲状旁腺功能亢进症?

5. 甲状旁腺功能亢进症为什么会出现肾结石?

十、甲状旁腺功能减退症病例

一般情况:男性患者,36 岁。

主诉:甲状腺乳头状癌术后抽搐 1 周。

现病史：患者 1 周前甲状腺结节穿刺提示乳头状甲状腺癌到外科手术治疗，术后感颜面麻木，针刺感，查血钙水平偏低，予以口服及静脉补钙，症状改善不明显，今晨起床后突然出现手足抽搐，急查血钙：1.8mmol/L，立即预约 10% 的葡萄糖酸钙 40mL 静脉推注，抽搐症状缓解，仍感颜面及四肢麻木。

起病以来，精神食欲睡眠差，体力下降，体重无明显减轻。大小便正常。

既往史：否认冠心病、高血压、糖尿病及结核病史。

查体：T 36.5℃，P 90 次 /min，R 20 次 /min，BP 130/80mmHg，体型偏胖，表情焦虑，甲状腺可见手术切口。HR 100 次 /min，律齐，各瓣膜区未闻及杂音，腹部未见异常。

化验检查：血钙 1.8mmol/L。

辅助检查：

1. 心电图：正常。

2. 胸片：未见异常。

问题讨论：

1. 该患者血钙降低原因？

2. 导致患者抽搐的机制是什么？

3. 进一步检查包括哪些？

4. 患者治疗方案是什么？

十一、原发性醛固酮增多症病例

一般情况：女性患者，60 岁，退休干部。

主诉：发现低血钾半个月余。

现病史：患者于半个月前因腰椎间盘突出就诊于某骨科医院，检查发现血钾 2.33mmol/L，给予补钾治疗后复查血钾 3.85mmol/L，无心慌、乏力、呕吐、头晕、头痛，无腹胀、腹泻，患者为求进一步诊治遂来医院，门诊以 "低钾血症" 收入院。起病来，患者神志清楚、精神可，睡眠、食欲稍差，大、小便如常，体力、体重无明显变化。

既往史：有腰椎间盘突出病史；高血压病史 25 年，血压最高为 200/115mmHg，现服氨氯地平片 1 片，每日 1 次，未监测血压；1983 年行阑尾炎手术；6 年前行腰椎间盘微创手术；5 年前行左下肢静脉曲张手术，否认冠心病、糖尿病病史，否认乙肝、结核病史，否认食物及药物过敏史。

查体：T 36.3℃，P 80 次 /min，R 19 次 /min，BP 144/84mmHg。神清，精神可，营养中等，查体合作。全身皮肤黏膜及巩膜无黄染及出血点，浅表淋巴结未触及。无满月脸、水牛背，无皮下紫纹。颈软，气管居中，双侧甲状腺不大，边清，无压痛，活动可。双肺呼吸音粗，未闻及明显干湿啰音；心脏听诊，心率 80 次 /min，律齐，心音有力，未闻及明显杂音。腹部平软，无压痛及反跳痛，肝脾肋下未及，双肾区无叩痛。双下肢足背动脉搏动正常，双下肢不肿，生理反射存在，病理反射未引出。

化验结果：

血常规：白细胞 10.21×10⁹/L，嗜酸性粒细胞 0.10%，中性粒细胞计数 6.56×10⁹/L，淋巴细胞计数 2.82×10⁹/L；尿常规、粪便常规：未见异常；电解质：钾 3.75mmol/L；血脂：总胆固醇 6.21mmol/L，低密度脂蛋白胆固醇 3.90mmol/L，余未见异常；肝功能：未见异常；高血压相关检查：血管紧张素 -Ⅱ 86.734pg/mL 肾素 3.057pg/mL，醛固酮 167.894pg/mL，促肾上腺皮质激素 6.462pg/mL，醛固酮 / 肾素 54.92；24h 尿钾：37.05mmol/24h。

辅助检查：

心电图：窦性心律，心电轴轻度左偏，QTC 间期延长；腹部超声：未见异常；颈部动脉血管超声：未见异常；胸部正位 X 线：心、肺、膈未见明显异常；心脏超声：未见异常；泌尿系超声：未见明确异常；CT 肾上腺平扫 + 增强：双侧肾上腺未见明显异常，左肾结石；右肾小囊肿。

问题讨论一：

1. 请指出该患者的异常情况和指标。

2. 根据上一题，指出哪些是主要的异常情况？并回答下列问题？

（1）做出该患者的主要诊断假设。

（2）还需要完善那些检查、检验和功能试验来完成鉴别诊断。

问题讨论二：

1. 低钾血症的诊断流程。

2. 原发性醛固酮增多症的诊断流程。

3. CT 分型诊断的局限性。

4. 患者 AVS 结果分析。

5. 肾上腺静脉采血的价值。

十二、嗜铬细胞瘤病例

一般情况：女性患者，48 岁，职员。

主诉：发现血糖升高半年，阵发心悸 2 个月。

现病史：患者半年前体检时发现血糖升高，空腹血糖 7.4mmol/L，后数次复查均在 7~8mmol/L，无明显口渴多饮消瘦，未予降糖治疗。近 2 个月无明显诱因出现阵发性心悸，常伴头痛多汗，自觉全身发热，持续数分钟至十几分钟不等，无黑矇、晕厥及胸痛腹痛；起病以来，精神、睡眠、食欲正常，大、小便正常，乏力，体重无明显改变。

既往史：否认糖尿病、高血压病、冠心病等病史。否认肝炎、结核等传染病病史，无食物、药物过敏史。父亲高血压病史。

查体：BP 120/80mmHg，HR 80 次 /min，R 20 次 /min，T 36.8℃，BMI 22.4kg/cm^2，心肺腹无异常，腹部无血管杂音，双下肢无水肿。

入院 1 天后，患者用力排便时，突发心悸、头痛、汗出，面色潮红，当时急测血糖：9.8mmol/l，测心率 112 次 /min，律齐，血压：220/110mmHg，予以吸氧和硝苯地平（心痛定）舌下含服，并予卧床休息，15min 后上述症状缓解，复测心率 86 次 /min，血压 140/80mmHg。

化验结果：无。

辅助检查：无。

问题讨论一：

1. 请罗列出该患者的异常情况。

2. 根据上一题，指出哪些是主要的异常情况？并回答下列问题。

（1）该患者最可能的诊断。

（2）该进行哪些实验室检查及特检来证实可能的诊断？

（3）根据患者的病史、体征及实验室检查，做出该患者的疾病诊断及鉴别诊断。

问题讨论二（注重治疗方案的分析）：

1. 嗜铬细胞瘤的临床表现有哪些？

2. 哪些患者需要筛查嗜铬细胞瘤?

3. 嗜铬细胞瘤的筛查方法?

4. 嗜铬细胞瘤的定位诊断有哪些?

十三、先天性肾上腺增生病例

一般情况:女性患者,24 岁,职员。

主诉:停经 1 年。

现病史:患者 1 年前无明显诱因出现停经,下腹及大腿内侧体毛增多,伴有后背痤疮,无其他明显伴随症状,起病以来,精神、睡眠、食欲均可,大小便正常,体力、体重无明显改变。

既往史:体健,否认肝炎、结核等传染病病史,无食物、药物过敏史。

查体:BP 110/72mmHg, HR 84 次 /min, R 18 次 /min, T 36.3℃,身高 162cm,体重 58kg,下腹及大腿内侧体毛增多,后背痤疮。心肺腹无异常,腹部无血管杂音,双下肢无水肿。

化验结果:

血、大便常规、尿常规正常,肝肾功能、血脂未见明显异常,性激素六项:

项目	测定值	项目	测定值
孕酮	2.17ng/mL↑	催乳素	66.14μIU/mL
卵泡刺激素	7.38mIU/mL	雌二醇	47.04pmol/L
黄体生成素	1.85mIU/mL	睾酮	1 158.03ng/mL↑

辅助检查:

1. 心电图:正常。

2. 胸片:正常。

3. 肝胆胰脾彩超、心脏彩超正常;双肾、输尿管、肾动脉彩超正常。

问题讨论一:

1. 请罗列出该患者的异常情况。

2. 根据上一题,指出哪些是主要的异常情况? 并回答下列问题。

(1)该患者最可能的诊断。

(2)该进行哪些化验室检查及特检来证实可能的诊断?

(3)根据该患者的病史、体征及实验室检查、特检,做出该患者的疾病诊断及鉴别诊断。

问题讨论二(注重治疗方案的分析):

1. CAH 常见的临床类型有哪些?

2. 新生儿如何筛查 CAH?

3. 3 种常见的 CAH 的临床和实验室鉴别?

4. 如何治疗 CAH?

十四、肾上腺皮质功能减退病例

一般情况:女性患者,55 岁,退休工人。

主诉:恶心、乏力、头晕、食欲减退 2 个月,加重 1 周。

现病史：该患于 2 个月前无明显诱因出现恶心、呕吐、头晕、食欲减退症状，未予诊治。于入院前5 天上述症状加重，不能自行行走，于医院急诊科测血钠 115mmol/L。病程中无发热、腹痛、腹泻，无呕吐，饮食差，睡眠可，二便正常。

既往史：冠状动脉粥样硬化性心脏病病史 2 个月，否认结核病病史，否认糖皮质激素等药物服用史。

查体：BP 117/72mmHg，神清，表情淡漠，全身皮肤发黑，手掌掌纹呈黑褐色，部分指甲可见纵向黑色条纹，心、肺、腹、神经系统查体未见明显异常。

化验结果：实验室检查及辅助检查。血生化：血钠 115mmol/L，CRP 12.5mg/L，血清皮质醇 8∶00、16∶00 值分别为 67nmol/L、50nmol/L（正常值为 170~440nmol/L），促肾上腺皮质激素 8∶00、16∶00 值为 1 800ng/L、1 562ng/L。

辅助检查：

1. 腹部 CT：双侧肾上腺钙化。

2. 肺部 CT：陈旧性结核。

问题讨论：

1. 罗列出患者的异常情况。

2. 考虑患者的主要诊断是什么？

3. 为了明确该诊断，还需要完善什么检查项目？

4. 该病的治疗方案是什么？

十五、糖尿病性酮症酸中毒病例

一般情况：男性患者，41 岁。

主诉：昏迷半天。

现病史：患者家属诉于昨日夜间回家时发现患者呼之不应，有间歇性抽搐，无恶心、呕吐，无明显发热、畏寒，无黑便、血尿，无明显咳嗽、咳痰，在外无特殊处理，今由家属送来医院急诊求治，急诊测血压为 55/30mmHg，血糖仪测血糖显示为“HI”，急予胰岛素微泵注入，拟“昏迷查因：酮症酸中毒？”收住院诊治，自发病以来患者呈昏迷状态、小便正常，大便未解。

既往史：家属代诉：体内遗留钢板。1 周前有上腹部不适病史，未曾系统诊治。否认高血压病、糖尿病、心脏病及其他病史，否认重大外伤史，否认食物、药物过敏，病程中有饮酒（具体不详），预防接种史不详。

查体：T 38.6℃，P 120 次 /min，R 31 次 /min，BP 80/45mmHg，SPO₂ 92%。神志不清，急性面容，呼吸稍促，高枕卧位，车床入院，查体不配合。全身皮肤黏膜无黄染，未见明显皮疹及出血点，各浅表淋巴结无肿大，脉搏细弱，肢端湿冷，头颅五官无畸形，巩膜无黄染，双眼无震颤，双瞳孔等圆等大，直径约 2.0mm，对光反射迟钝，脑神经征（－），口唇苍白，双肺呼吸音增粗，双下肺可闻及少量细湿性啰音，右侧明显，心率 120 次 /min，可闻及期前收缩，各瓣膜听诊区未闻及明显杂音，腹软，肝脾肋下未及，肠鸣稍减弱，角膜放射、光反射、腱反射存在，四肢肌张力、肌力正常，病理反射未引出。

化验结果：

1. 血常规：白细胞 25.1×10⁹/L↑，红细胞 5.57×10¹²/L↑，血红蛋白 166g/L，红细胞压积 0.52↑，中性粒细胞比例 0.946↑，中性粒细胞绝对值 23.7×10¹²/L↑，快速 C- 反应蛋白 65↑。

2. 血气分析：pH 6.948↓，PCO₂ 19.4mmHg↓，PO₂ 112mmHg↑，TCO₂ 4.9↓，HCO₃⁻4.3↓，BEb -15mmol/L，SBC 3.8mmol/L↓。

3. 尿常规示:酮体(3+),尿蛋白(1+),尿糖(4+),潜血(2+)。

4. 生化:尿素氮 29.59mmol/L↑,肌酐 593μmol/L↑,葡萄糖 28.71mmol/L↑,二氧化碳结合力 1.49↓,钠 133.7mmol/L↓。

5. 心肌酶谱及血淀粉酶、脂肪酶正常。

问题讨论:

1. 分析该患者最可能的诊断是什么?

2. 该病常见的诱因是什么?

3. 什么是酮体及其来源? 为何会在体内蓄积?

4. 糖尿病酮症酸中毒的治疗有哪些?

5. 糖尿病酮症酸中毒患者什么情况下可考虑补碱?

6. 如何预防?

十六、高渗高血糖综合征病例

一般情况:男性患者,76 岁。

主诉:多饮消瘦 1 个月,意识不清半天。

现病史:患者家属诉其近 1 个月无明显诱因出现口干、多饮,每日饮水量 3 000mL 以上,尿量亦显著增加,夜尿 2~3 次/晚,体重逐渐下降约 6kg,不伴发热、呕吐或腹泻,无心慌、手抖,今晨其家属发现患者烦躁、问之不能正常应答,逐渐出现昏睡,不伴大小便失禁或肢体抽搐,由家属送来医院急诊,测血糖显示"HI",急诊予以胰岛素 + 生理盐水静滴,拟"昏迷查因?"收住院诊治,发病以来患者呈昏迷状态,大小便未解。

既往史:有高血压病史,平素口服厄贝沙坦氢氯噻嗪,间断口服拜阿司匹林,否认药物过敏史;否认手术史。

查体:T 36.6℃,P 130 次/min,R 25 次/min,BP 93/60mmHg,神志浅昏迷,双瞳孔等大等圆,约 2mm,对光反射灵敏,皮肤干燥,呼吸急促,两便失禁,骶尾部发现一 2cm×2cm 浅Ⅱ°压疮,由急诊平车入院。

化验结果:

1. 血常规:WBC 11.6×10^9/L、N 93.5%。

2. 血生化:Na^+158.1mmol/L、K^+ 4.18mmol/L、Bun 29.76mmol/L、Cr 485μmol/L、血糖:40.0mmol/L。

3. 床边心电图:窦性心动过速,酷似肺型 P 波。

问题讨论:

1. 该患者最可能的诊断是什么?

2. 诊断依据是什么?

3. 该病有哪些常见诱因?

4. 该病如何治疗?

十七、乳酸酸中毒病例

一般情况:男性患者,71 岁。

主诉:因发现意识不清 5 小时急诊收入院。

现病史：5小时前，因患者未按时起床，其家属查看患者，发现其呼之不应，无大小便失禁，不伴肢体抽搐、发热、呕吐，家属送医院急诊，测血糖提示24mmol/L，给予胰岛素+生理盐水静滴，拟"昏迷查因？"收住院诊治，发病来患者呈昏迷状态，大小便未解。

既往史：有长期吸烟史，有慢性支气管炎伴阻塞性肺气肿病史20余年，反复咳喘发作，未规范治疗。

查体：深昏迷，BP 185/104mmHg，口腔无异味，呼吸深大，双侧瞳孔直径3mm，对光反应迟钝，双肺呼吸音弱，双下肺可闻及散在细湿性啰音，心率125次/min，律不齐，腹软，双下肢无水肿。病理征未引出。

辅助检查：

1. 血常规：WBC 18.01×10^9/L，N 80.5%，RBC 4.59×10^{12}/L，Hb 165g/L，PLT 305×10^9/L。

2. 血液生化：CO_2CP 4.2mmol/L；GLU 20.34mmol/L；K^+ 4.41mmol/L，Na^+ 149mmol/L，CK 534U/L，CKMB 68U/L；TnT <0.05ng/mL，CHOL 6.45mmol/L，TG 3.18mmol/L，ALB 53.2g/L，ALT 31U/L；AST 39U/L。

3. 尿常规：pH 5.0；GLU（－）；KET（－）。

4. 急诊查头颅CT未见明显异常。

5. 血气分析：pH 6.93；PCO_2 33mmHg；PO_2 118mmHg；K^+ 4.6mmol/L；Na^+ 151mmol/L；iCa^{2+} 1.18mmol/L；Glu 20.4mmol/L；HCO_3^- 6.9mmol/L；BE -19；AG 18mmol/L；HCT 57%；HBG 167g/L；LAC：11mmol/L。

问题讨论：

1. 该患者最可能的诊断是什么？
2. 该病常见的诱因是什么？
3. 诊断要点是什么？
4. 如何治疗？
5. 如何预防？

十八、糖尿病肾病病例

一般情况：男性患者，63岁，退休。

主诉：口干、多饮、多尿15年余，眼睑及下肢水肿2个月。

现病史：15年余前患者无明显诱因出现口干、多饮、多尿，伴体重下降，每日可饮水3 000mL以上，夜尿3~4次，体重下降5kg，无发热、头痛、头晕，无胸闷、胸痛，无腹痛、腹泻等不适。曾于当地医院就诊，诊断为"T2DM"并给予降糖药物治疗（具体不详），其后多次门诊复诊调整药物，自诉血糖在8~10mmol/L之间波动。2月前患者劳累后自感眼睑及下肢水肿，休息后不见明显缓解，遂以"糖尿病、水肿原因待查"收入院。

起病以来，精神食欲、睡眠差，体力下降，体重无明显减轻。大小便正常。

既往史：有高血压病史，长期硝苯地平缓释片20mg，2次/d控制病情，有高脂血症病史，服用拜阿司匹林片100mg，1次/d，阿托伐他汀钙片20mg，1次/d。否认手术史、食物及药物过敏史。

吸烟史：20支/d，30年，60岁时已戒烟。

饮酒史：偶有少量饮酒。

饮食：喜咸食，并长期食用油炸食物。

家族史：父母均过世，父亲有高血压病史，母亲因"肺炎"去世，其弟患有T2DM。

系统回顾无异常。

查体：T 36.4℃，P 82 次 /min，R 20 次 /min，BP 175/96mmHg，中度肥胖，面部轻度水肿，皮肤及巩膜无明显黄染，双侧瞳孔等大等圆，对光反射灵敏，颈软，甲状腺无肿大。双肺呼吸音清，未闻及明显干湿啰音，HR 82 次 /min，未闻及明显杂音。腹部未见异常，下肢中度凹陷性水肿，生理反射存在，病理征未引出。

化验结果：空腹血糖 10.1mmol/L，血清胆固醇 10.2mmol/L，LDL 5.7mmol/L，BUN 16.2mmol/L、肌酐 153.2μmol/L 均升高，尿糖（2+），尿蛋白（2+）。

辅助检查：心电图示窦性心律，部分导联 ST 段改变。

问题讨论：

1. 请罗列出该患者的异常情况。

2. 根据上一题，找出危及患者生命的异常情况，并以此回答下面相关问题。

（1）哪些是主要的异常情况？并做出该患者的主要诊断假设。

（2）该进行哪些检查来证实你的诊断假设？

（3）根据该患者的病史、体征及实验室检查，做出该患者的疾病诊断，并简述下一步治疗措施。

3. 糖尿病病程时间长后常会出现相应并发症，一般糖尿病患者会出现哪些慢性并发症？

4. DKD 可分几期，各期临床及病理特点如何？

5. 该患者考虑目前处于 DKD 几期，依据有哪些？

6. 对该患者的远期治疗目标应为怎样？

十九、糖尿病足病例

一般情况：男性患者，56 岁，职员。

主诉：口干、多饮、多尿伴消瘦 10 年余，足部破溃 2 个月。

现病史：10 年前患者无明显诱因出现口干、多饮、多尿，伴体重下降，每日可饮水 3 000mL 以上，夜尿 3~4 次，体重下降 10kg，无发热、头痛、头晕，无胸闷、胸痛，无腹痛、腹泻等不适。曾于当地医院就诊，诊断为"T2DM"并给予降糖药物治疗（具体不详），其后多次门诊复诊调整药物，今年年初停用降糖药物开始服用保健品。2 个月前患者长期行走后出现足部水泡，破损后伤口不愈合伴疼痛，在当地诊所换药未见好转，遂以"糖尿病，足部破溃"收入院。

起病以来，精神食欲、睡眠差，体力下降，体重无明显减轻。大小便正常。

既往史：有高脂血症病史，服用血脂康，2 片，2 次 /d。否认手术史，否认食物过敏史，对青霉素过敏，表现为皮疹。

吸烟史：15 支 / 日，20 年，未戒烟。

饮酒史：偶有少量饮酒。

饮食：喜甜食，未严格控制饮食。

家族史：父母均过世，父亲有糖尿病，母亲有高血压。

系统回顾无异常。

查体：T 37.4℃，P 100 次 /min，R 24 次 /min，BP 156/90mmHg，体型消瘦，贫血貌，皮肤及巩膜无明显黄染，双侧瞳孔等大等圆，对光反射灵敏，颈软，甲状腺无肿大。双肺呼吸音清，未闻及明显干湿啰音，HR 100 次 /min，未闻及明显杂音。腹部未见异常，下肢轻度凹陷性水肿，生理反射存在，病理征未引出。右足跟可见一 5cm×5cm 破溃，伴血性及脓性分泌物，伴恶臭，右足足底肿胀，皮肤发红伴皮温升高。

化验结果：随机血糖 21mmol/L，血常规 WBC 21.6×10^9/L，NEU 16.7×10^9/L，RBC 2.01×10^{12}/L，Hb 82g/L，PLT 400×10^9/L，尿糖（3+）。

辅助检查：心电图示窦性心动过速。

问题讨论：

1. 请罗列出该患者的异常情况。

2. 根据上一题，找出危及患者生命的异常情况，并以此回答下面相关问题。

（1）哪些是主要的异常情况？并做出该患者的主要诊断假设。

（2）该进行哪些检查来证实你的诊断假设？

（3）根据该患者的病史、体征及实验室检查，做出该患者的疾病诊断，并简述下一步治疗措施。

3. 糖尿病足的危险因素包括哪些？

4. 糖尿病足的分类、分级，各级临床特点如何？

5. 该患者考虑目前处于糖尿病足几级，依据如何？应完善哪些检查以明确？

6. 对该患者的治疗目标应为怎样？

二十、痛风病例

一般情况：男性患者，43 岁。

主诉：反复全身关节疼痛伴低热 2 年。

现病史：患者 2 年前无明显诱因出现全身关节疼痛，主要为足部、踝关节及腕关节，伴发热，体温最高 37.6℃，于当地医院就诊，诊断考虑为"风湿性关节炎"。经抗风湿和激素治疗（具体不详）后。疼痛稍好转，2 个月前，自觉疼痛加重，经激素治疗效果不明显。无咳嗽咳痰，恶心呕吐，腹痛腹泻等不适。

起病以来，精神食欲睡眠较差，体力下降，大小便正常。体重无明显减轻。

既往史：否认其他病史。

吸烟史：否认吸烟史。

饮酒史：偶有饮酒史。

家族史：其父亲有痛风病史，母亲患有 T2DM。

系统回顾无异常。

体格检查：T 37.5℃，双足第一跖趾关节肿胀，左侧较右侧明显，双侧耳郭触及绿豆大小的结节数个。

实验室检查：WBC 9.5×10^9/L。

问题讨论：

1. 患者的可能诊断是什么？需做什么检查进一步确诊。

2. 该与哪些疾病相鉴别？

3. 根据该患者的病史、体征及实验室检查，做出该患者的疾病诊断，并简述痛风的治疗原则是什么？

4. 痛风治疗药物常用的有哪几种？作用机制是什么？

5. 你会给患者些什么建议？

二十一、高脂血症病例

一般情况：男性患者，51 岁。

主诉：血脂升高 2 年，活动后胸闷、气短半年。

现病史：患者于 2 年前体检时发现血脂升高。曾以高脂血症给予降脂药物（具体不详），未规律服用。近 1 年内体重增加 15kg，伴怕冷、少汗、乏力、懒言少语、精神差，近半年出现活动后胸闷、气短。

既往史：既往体健，无高血压，糖尿病病史。

查体：T 36.5℃，P 60 次 /min，R 18 次 /min，BP 140/80mmHg。颜面部水肿，表情淡漠，言语缓慢，音调低沉。双手皮肤发凉、粗糙，口唇无发绀，甲状腺Ⅱ度肿大。双肺未闻及啰音，心界向两侧扩大，心音遥远，心率 60 次 /min，律齐，无杂音。腹部平坦，肝脾未触及。双下肢非凹陷性水肿，跟腱反射时间延迟。

实验室检查：

1. FT_3 1.72pmol/L，FT_4 4.61pmol/L，TSH 75mU/L。甲状腺球蛋白抗体阴性，TGAb 及 TPOAb 明显升高。

2. TC 13.25mmol/L，TG 22.4mmol/L，LDL-C 6.8mmol/L，HDL-C 0.9mmol/L。

辅助检查：

1. 心电图检查提示窦性心律，低电压，部分导联 ST-T 改变。

2. X 线胸片提示双肺未见异常，心影向两侧扩大。

3. 超声心动图显示大量心包积液，左室舒张功能减低。

4. 腹部 B 超提示肝胆脾胰未见异常。

问题讨论：

1. 患者的诊断是什么？

2. 高脂血症的病因有哪些？

3. 高脂血症的治疗方案如何？

二十二、骨质疏松病例

一般情况：女性患者，75 岁，退休。

主诉：发现骨量低下 3 年余，右下肢疼痛 1 周。

现病史：患者 3 年前体检行骨密度检查提示骨量低（具体 T 值不详），当时无明显骨痛、骨折等症状，自行口服碳酸钙 D_3 片 600mg，每日 1 次。1 周前患者劳累后出现右下肢疼痛，只要为右侧小腿外侧骨痛，休息后缓解不明显，遂来医院就诊，查骨密度提示腰椎 T 值 –4.1SD，髋骨 T 值 –2.6SD，门诊以"骨质疏松症"收入院。起病以来，精神饮食尚可，大小便如常，体力下降，体重无明显变化。

既往史：高脂血症病史 6 月余，目前口服阿托伐他汀钙片 20mg，口服，1 次 /d，有糖耐量异常病史，未用药，饮食运动控制，否认高血压病，心脏病病史。否认吸烟史，偶有少量饮酒，否认手术外伤史。对海鲜食物过敏，否认药物过敏史。

生育史：20 岁结婚，G4P2。

月经史：绝经年龄 54 岁。

家族史：否认特殊家族史。

体格检查：T 36.7℃，P 65 次 /min，R 20 次 /min，BP 147/65mmHg，身高 153cm，体重 51kg，神志清楚，皮肤黏膜未见明显异常，双侧甲状腺未触及，双肺呼吸音清，未闻及明显干湿啰音，HR 71 次 /min，律齐，未闻及明显杂音。腹软，无压痛反跳痛，肝脾肋下未及，双肾区无叩痛，双下肢无水肿，生理反射存在，病理征未引出。

实验室检查：PTH 47.6pg/mL（正常范围 15~65pg/mL）；25-OH-D 10.8mmol/L（正常范围 >20mmol/L）；钙 2.11mmol/L（正常范围 2.1~2.55mmol/L）；磷 1.0mmol/L（正常范围 0.9~1.34mmol/L）；肌酐 102μmol/L（正常范围 44~100μmol/L）；雌二醇 <201pmol/L（正常范围绝经后 <201pmol/L）

问题讨论：

1. 请总结患者病史,该患者最有可能的诊断是什么？

2. 下一步诊疗计划是什么？

3. 骨质疏松症的防治有哪些策略？

附：病例参考答案（教师版）

一、矮小症病例

1. 目前诊断是什么？诊断依据是什么？

矮小症，较同种族、同性别和同年龄的个体身高，患者身高低于正常人群平均身高的 -2SD，或低于第 3 百分位数。

2. 目前考虑什么病因可能性大，依据是什么，需完善什么相关检查明确病因？

考虑为 MEN 导致的矮小症可能性大，依据为患者骨龄较实际年龄偏小 1 岁以上，IGF-1 低于正常值，需进一步行生长激素激发试验明确诊断。

3. 给予什么治疗？有哪些相关禁忌证？

给予生长激素治疗，活动性肿瘤或活动性颅内损伤的患者禁止使用。

二、垂体生长激素瘤病例

1. 罗列出患者的异常情况。

血压高，血糖高，鞋码增大，月经紊乱。

2. 患者的主要诊断是什么？

生长激素瘤；继发性糖尿病；口腔肿瘤；高血压病 2 级，很高危组。

3. 为了明确诊断，还需要完善什么检查项目？

血清 IGF-1；行口服葡萄糖耐量试验，同步检测血糖和 GH。

4. 患者诊断明确后，还需要查其他的垂体前叶激素吗？为什么？

需要，了解垂体瘤是否压迫周围的组织，引起其他垂体前叶激素的降低。

5. 患者为什么会出现血糖增高？

GH 可促进肝脏产生并释放葡萄糖，抑制组织对葡萄糖的利用，使血糖增高。

6. 根据患者的临床表现，请推测其患有大腺瘤还是微腺瘤？依据是什么？

大腺瘤，因其已经出现视野缺损。

三、垂体催乳素瘤病例

1. 罗列出患者异常情况。

月经紊乱，泌乳，头痛，视野变窄，不孕。

2. 患者的主要诊断考虑什么？

催乳素瘤。

3. 请罗列出诊断依据，还需要何种检查以进一步明确诊断？

垂体 MRI 以进一步明确。

4. 请问该患者头痛、视野缺损的原因是什么？

增大的垂体瘤引起颅内压的增高，故患者会出现头痛。垂体瘤压迫视交叉，出现视野缺损。

5. 应与哪些疾病进行鉴别诊断？

颅咽管瘤、脑膜瘤、生殖细胞瘤、鞍内动脉瘤等。

6. 该患者为什么会不孕？

增大的垂体瘤压迫周围组织，导致促性腺激素的减少，易致不孕。此外过多的催乳素会影响卵巢和黄体的功能，出现无排卵月经或闭经。

7. 本病的治疗方案？是否需要外科手术治疗？

暂时不需要手术，溴隐亭。

四、自身免疫性多内分泌腺病综合征病例

1. 罗列出患者异常情况。

抽搐，高钾，意识障碍。

2. 上诉异常情况分别考虑哪些疾病？请罗列出诊断依据。

自身免疫性肾上腺皮质功能减退（APS-Ⅰ型）、甲状旁腺功能减退、亚临床甲状腺功能减退。

诊断依据：

（1）自身免疫性肾上腺皮质功能减退：易感冒、皮肤偏黑、血压低，体温低，血尿皮质醇水平低，血 ACTH 水平高、肾上腺抗体（+）。

（2）甲状旁腺功能减退：手足抽搐、束臂加压试验（+）、面神经叩击征（+）、低血钙，低 PTH。

（3）亚临床甲状腺功能减退：甲状腺功能提示 FT_3、FT_4 正常，TSH 升高。

3. 该类患者治疗原则

APS-Ⅰ 型主要采取激素替代治疗。该患者肾上腺功能减退给予糖皮质激素替代治疗；甲状旁腺功能减退给予钙剂和维生素 D 治疗。

五、希恩综合征病例

1. 罗列出患者异常情况

乏力、低钠、垂体性甲减、肺部感染。

2. 该患者可能的诊断？诊断依据？

希恩综合征，曾有产后大出血。

3. 患者低钠的原因是什么？

该患者由于垂体前叶功能减退，垂体前叶激素分泌减少，如 ACTH，使皮质醇降低，而后者有保钠排钾的作用，故血钠出现降低。

4. 如果只是希恩综合征所引起的，为什么患者产后大出血数年来，仅本次就诊时出现低钠血症？

需考虑抗利尿激素不适当分泌综合征，患者存在肺部感染。

5. 该患者的治疗措施？治疗过程中应该注意的问题？

注意激素的补充顺序，注意激素的补充量。

6. 请问消化道大出血的青年女性患者会出现垂体前叶功能减退吗？

不会。妊娠期间，由于垂体体积增加，若出现大出血，则供应垂体的血液减少，导致垂体坏死，出现不同程度的功能减退。

六、甲亢病例

1. 考虑诊断什么疾病？诊断依据是什么？

（1）诊断：HT 合并 Graves 病。

（2）依据：①中年女性，心悸、怕热、多汗 1 年；②查体：P 121 次 /min、双手细颤（+），甲状腺Ⅱ°肿大。③甲状腺功能：TSH <0.005↓ μIU/mL、FT$_4$ 16↑ng/dL、FT$_3$>20↑pg/mL，TgAb>500U/mL，TPOAb>1 300U/mL，TRAb 26.36mIU/mL。④甲状腺彩超：甲状腺长大伴实质回声欠均匀，血供较丰富；双侧颈部查见淋巴结。

2. 需与哪些疾病相鉴别？

（1）单纯性甲状腺肿：甲状腺呈弥漫性或结节性肿大，^{131}I 摄取率高，但能够被 T$_3$ 所抑制，对 TRH 反应正常。

（2）无痛性甲状腺炎：甲状腺不肿大，或轻度肿大，可有高代谢各种表现。但甲状腺无杂音，无突眼。甲状腺 ^{131}I 摄取率低与 T$_3$、T$_4$ 增高相分离为其特点。

（3）神经官能症：可有心悸，出汗，怕热，粗大肌肉震颤等表现，甲状腺不肿大。

（4）嗜铬细胞瘤：可有高代谢症状，但甲状腺不肿大，甲状腺激素正常。

3. 进一步需做哪些检查？

甲状腺摄 ^{131}I 率检查。

4. 提出下一步治疗方案。

可行 ^{131}I 治疗。

七、亚急性甲状腺炎病例

1. 该患者发热可能的原因是什么？

发热的可能原因是亚急性甲状腺炎。

2. 亚急性甲状腺炎的可能病因是什么？

亚急性甲状腺炎的可能病因与病毒感染有关。

3. 本病例支持亚急性甲状腺炎诊断的依据包括哪些？

诊断依据包括：患者有发热，伴有颈痛，查体：甲状腺压痛（+），实验室检查提示甲亢，TRAB 阴性，血沉增快，摄碘率低下。

4. 亚急性甲状腺炎典型的病理改变是什么？

病理提示：病变呈灶性分布，范围大小不一，发展不一致，部分滤泡被破坏，胶质外溢，引起类似结核结节的肉芽肿形成，并有多量的中性粒细胞及不等量的嗜酸性粒细胞、淋巴细胞和浆细胞浸润，可形成微小脓肿，伴异物巨细胞反应，但无干酪样坏死。

5. 亚急性甲状腺炎如何鉴别诊断？

主要与上呼吸道感染、甲状腺腺瘤内突然出血、慢性淋巴细胞性甲状腺炎、急性化脓性甲状腺炎、甲状腺癌相鉴别。

6. 亚急性甲状腺炎的治疗方案？

轻型的患者可以用非甾体抗炎药（NSAIDs），如阿司匹林、吲哚美辛等。中重型患者可给予强的松片治疗。如果出现甲亢，用 β 受体阻滞剂。病程早期出现的甲减一般是一过性，很少需要替代治疗，如果甲减持续 4~6 个月，可能是永久性甲减，应该用甲状腺素替代治疗。不一定都需要终身替代治疗。如有上呼吸道感染，可对症处理。

7. 亚急性甲状腺炎的预后如何？

本病为自限性病程，预后良好。少数患者有复发。

八、甲状腺结节病例

1. 该患者的诊断是什么？

根据患者甲状腺彩超可明确诊断：甲状腺双侧叶结节伴钙化（TI-RADS 4a 级）甲状腺双侧叶及峡部混合性结节（TI-RADS 3 级）。

2. 下一步怎么处理？

建议完善颈部淋巴结彩超，超声引导下甲状腺结节细针穿刺活检术明确结节性质，必要时可对穿刺组织的进行基因检测。

3. 患者病理结果提示：甲状腺乳头状癌可能性大，该患者应如何治疗？

根据病理诊断结果建议患者行手术治疗。

4. 长期预后如何？

甲状腺乳头状癌预后一般良好，终身予以优甲乐替代治疗即可。

九、甲状旁腺功能亢进症病例

1. 该患者的诊断是什么？

（1）高钙血症危象。

（2）原发性甲状旁腺功能亢进。

（3）肾结石。

（4）肝囊肿。

（5）低钾血症。

（6）慢性浅表性胃炎伴糜烂，十二指肠球炎症。

2. 高钙血症的鉴别？

（1）首先，如血白蛋白水平不正常则需通过公式计算校正后的血总钙或通过游离钙的测定确定高钙血症的诊断。

（2）根据同时测定的血 PTH 水平初步判断高钙血症的病因。

（3）若 PTH 降低，考虑恶性肿瘤、结节病、甲状腺功能亢进症和维生素 D 中毒等原因。

（4）若 PTH 正常或升高，需排除与噻嗪类利尿剂或锂制剂使用相关高钙血症。

（5）还可进一步测定钙清除率 / 肌酐清除率比值，若比值 >0.01，可初步明确 PHPT 的诊断；若比值 <0.01 需考虑家族性低尿钙高钙血症。

3. 高钙危象的处理？

（1）大量滴注生理盐水，根据失水情况每天给 4~6L。大量生理盐水一方面可纠正失水，同时因多量钠从尿中排出而促使钙从尿中排出。

（2）双膦酸盐，如帕米膦酸钠 60mg，静脉滴注，用 1 次，或 30mg 每天滴注 1 次，连用 2 天。应用时以 10ml 注射用水稀释，加入 1 000ml 液体（生理盐水或 5% 葡萄糖溶液）中静脉滴注。不可用含钙的液体，如林格氏液（Ringer's solution）。

（3）呋塞米 40~60mg 静脉注射，促使尿钙排出，但同时可导致镁与钾的丧失，应适当补充。

（4）降钙素可抑制骨质吸收，2~8U（kg·d）皮下或肌内注射。⑤血液透析或腹膜透析降低血钙。当血清钙降至 3.25mmol/L 以下时，则较相对安全。⑥糖皮质激素（氢化可的松或地塞米松）静脉滴注或静脉注射。

4. 怎样才能确诊甲状旁腺功能亢进症？

（1）定性诊断：患者有肾结石；实验室检查有高血钙、低血磷，高血 PTH。需做多次血钙测定。完善血碱性磷酸酶（AKP），尿钙，尿磷，维生素 D，骨密度检查，X 线拍片等。

（2）定位诊断：在确定甲状旁腺功能亢进症之后，为了正确有效地治疗，需对甲状旁腺病变进行定位检查。如颈部超声检查、超声引导甲状旁腺病灶穿刺液 PTH 测定、放射性核素检查、颈部和纵隔 CT 及 MR 扫描、选择性甲状腺静脉取血测 PTH 等定位诊断。

5. 甲状旁腺功能亢进症为什么会出现肾结石？

甲状旁腺功能亢进时 PTH 分泌增多，血钙浓度增高，流经肾脏的钙也增多。钙从肾小球滤出后，一部分被肾小管重吸收，PTH 有促进肾小管对钙重吸收的作用，但由于高血钙，肾脏排钙量超过正常，钙盐（如草酸钙、磷酸钙、碳酸钙等）在肾脏中沉积形成结石。

十、甲状旁腺功能减退症病例

1. 该患者血钙降低原因？

低钙是由于患者甲状腺手术损伤甲状旁腺导致甲状旁腺功能减退。

2. 导致患者抽搐的机制是什么？

PTH 减少，导致低钙抽搐。

3. 进一步检查包括哪些？

PTH、降钙素、钙、磷。

4. 患者治疗方案是什么？

补充钙剂，及促进钙吸收的活性维生素 D3；如果效果不佳，可予以 PTH 替代治疗。

十一、原发性醛固酮增多症病例

问题讨论一

1. 请指出该患者的异常情况和指标。

高血压、低血钾、尿钾偏高、血脂异常、肾素偏低、醛固酮偏高、左肾结石和右肾囊肿。

2. 根据上一题，指出哪些是主要的异常情况？并回答下列问题？

（1）做出该患者的主要诊断假设。

原发性醛固酮增多症？CS？其他原因导致的低钾血症？

（2）还需要完善哪些检查、检验和功能试验来完成鉴别诊断。

①皮质醇节律测试，包括小剂量地塞米松抑制试验和/或大剂量地塞米松抑制试验；②确诊试

验,包括卡托普利试验和盐水试验;③肾上腺静脉采血,如果患者确诊为原发性醛固酮增多症,且患者同意手术治疗,可进行该检查;④肾上腺各种激素的代谢产物。

问题讨论二

1. 低钾血症的诊断流程(图 10-0-1)

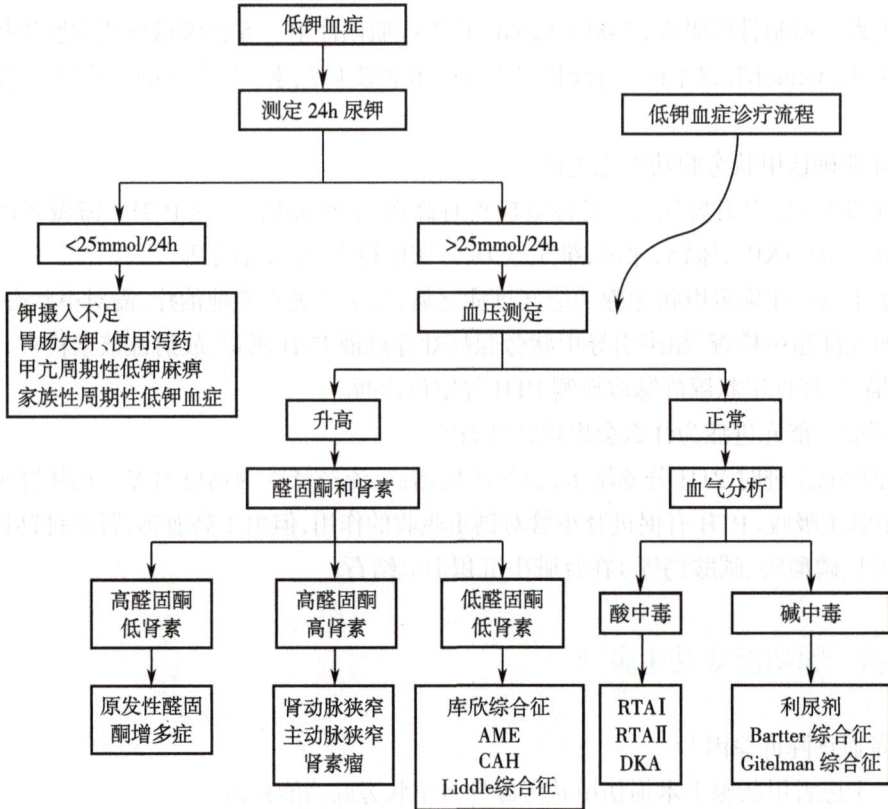

图 10-0-1　低钾血症诊断流程

2. 原发性醛固酮增多症的诊断流程(图 10-0-2)

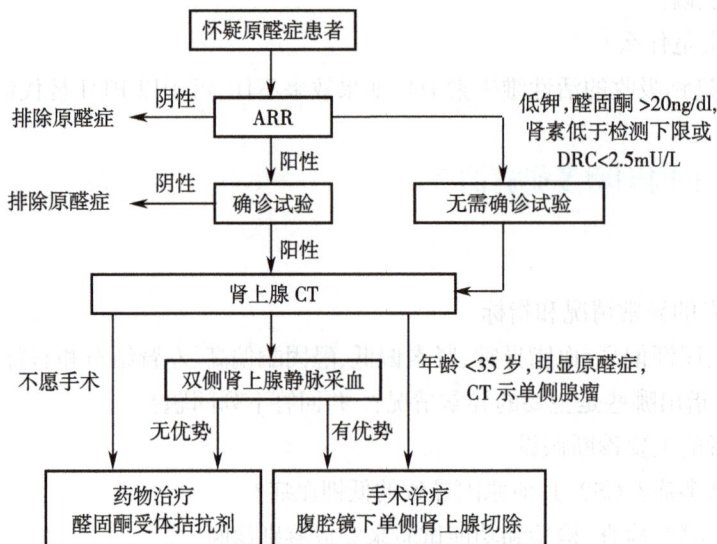

图 10-0-2　原发性醛固酮增多症诊断流程

3. CT 分型诊断的局限性

不能发现直径 <5mm 的微腺瘤；特醛可表现为正常、单侧结节样改变或明显的单侧微腺瘤；单侧无功能肾上腺大腺瘤很常见，尤其年龄 >40 岁。

4. 患者 AVS 结果分析，见表 10-0-1。

表 10-0-1　患者 AVS 结果

	醛固酮/ （pg/mL）	皮质醇/ （μg/dL）	SI	醛固酮/ 皮质醇	LI	CI
下腔静脉（PV）	204.40	23.93		8.54		
左肾上腺静脉（AV!）	442.36	79.45	3.32	5.57	2.31	
左肾上腺静脉（AV2）	430.11	81.32	3.39	5.29	2.12	
右肾上腺静脉（AV!）	285.82	118.21	4.94	2.41		0.28
右肾上腺静脉（AV2）	288.80	115.98	4.85	2.49		0.29

注：SI：肾上腺静脉与下腔静脉皮质醇比值（SI）2∶1 插管成功）。

　　LI：优势侧醛固酮皮质醇比值与非优势侧醛固酮皮质醇比值之比（LI）2∶1 有优势分泌）。

　　CI：非优势侧醛固酮皮质醇比值与下腔静脉醛固酮皮质醇比值之比（CI<1∶1 对侧被抑制）。

5. 肾上腺静脉采血的价值

影像学检查往往不能发现微小腺瘤或者不能区分无功能瘤和醛固酮瘤，而 AVS 则是区分单侧或双侧分泌最可靠、最准确的方法。目前 AVS 的灵敏度和特异度均可达到 90% 以上，明显优于肾上腺 CT（78% 和 75%）。因此 AVS 被公认为原醛症分型诊断的"金标准"，但应在确诊原醛症且有手术意愿的患者中进行。

十二、嗜铬细胞瘤病例

问题讨论一

1. 请罗列出该患者的异常情况。

阵发性心悸，伴头痛、多汗，自觉全身发热，乏力；用力排便时诱发。

2. 根据上一题，指出哪些是主要的异常情况？并回答下列问题？

（1）该患者最可能的诊断。

嗜铬细胞瘤。

（2）该进行哪些化验室检查及特检来证实可能的诊断？

血浆中 E、NE 和 DA 及尿 VMA、MN、NMN 测定。CT 扫描定位。

（3）根据该患者的病史、体征及实验室检查，做出该患者的疾病诊断及鉴别诊断。

嗜铬细胞瘤；根据患者临床表现，应与原发高血压，肾脏疾病、醛固酮增多症和皮质醇增多症引起继发性高血压相鉴别；必要时还应与甲状腺功能亢进、精神性疾病、肾上腺"意外瘤"、更年期综合征相鉴别。

问题讨论二（注重治疗方案的分析）

1. 嗜铬细胞瘤的临床表现有哪些？

心率加快、气短、胸闷、头痛、面色苍白、大量出汗、视力模糊、极度疲劳、衰弱，可出现面部等皮肤潮红，发热、消瘦、便秘。

2. 哪些患者需要筛查嗜铬细胞瘤？

（1）伴有典型的三联征为头痛、出汗、心悸的患者。

（2）不稳定性或难治性高血压（经药物控制效果不佳）。

（3）体位性低血压。

（4）特发性扩张性心肌病。

（5）肾上腺意外瘤。

（6）具有 Von Hippel-Lindau 综合征（VHLS）或多发性内分泌肿瘤（MEN-2）家族史。

3. 嗜铬细胞瘤的筛查方法？

生化检查：血及 24h 尿的 MN 和去甲肾上腺素具高敏性，正常可排除嗜铬细胞瘤；当用液相色谱质谱法进行检测时，血浆及 24h 尿检的结果无显著差异。需卧位 30min 抽血；当血的 MN 和去甲肾上腺素 > 正常值 3 倍有意义。

4. 嗜铬细胞瘤的定位诊断有哪些？

B 超、CT、MRI、放射性核素标记的间碘苄胍（MIBG）、奥曲肽闪烁显像。

十三、先天性肾上腺增生病例

问题讨论一

1. 请罗列出该患者的异常情况。

停经，下腹及大腿内侧体毛增多，伴有后背痤疮。

2. 根据上一题，指出哪些是主要的异常情况？ 并回答下列问题？

（1）该患者最可能的诊断。

高雄激素血症：①多囊卵巢综合征？②皮质醇增多症？③CAH？

（2）该进行哪些化验室检查及特检来证实可能的诊断？

ACTH、COR、孕烯醇酮、孕酮、DOC、皮质酮、ALD、17-OHP、21- 去氧皮质醇、生化检查；HLA 分型和 CYP21B 基因分析。

（3）根据该患者的病史、体征及实验室检查、特检，做出该患者的疾病诊断及鉴别诊断。

诊断：CYP21 缺陷症。

鉴别诊断：与 CYP17 缺陷症、CYP11B 缺陷症、多囊卵巢综合征、CS、卵巢肿瘤、高催乳素血症、特发性多毛症和肾上腺肿瘤。

问题讨论二（注重治疗方案的分析）

1. CAH 常见的临床类型有哪些？

CYP21 缺陷症、CYP17 缺陷症、CYP11B 缺陷症。

2. 新生儿如何筛查 CAH？

通过 17-OHP 测定。

3. 3 种常见的 CAH 的临床和实验室鉴别？

见先天性肾上腺增生章节的表 5-4-1 和表 5-4-2。

4. 如何治疗 CAH？

激素替代治疗性、性分化异常的治疗。

十四、肾上腺皮质功能减退病例

1. 罗列出患者的异常情况。

症状：恶心、乏力、头晕、食欲减退。

体征：血压 117/72mmHg，神清，表情淡漠，全身皮肤发黑，手掌掌纹呈黑褐色，部分指甲可见纵向黑色条纹。

实验室检查：血钠 115mmol/L，CRP 12.5mg/L，血清皮质醇 8∶00、16∶00 值分别为 67nmol/L、50nmol/L（正常值为 170~440nmol/L），促肾上腺皮质激素 8∶00、16∶00 值分别为 1 800ng/L、1 562ng/L，腹部 CT：双侧肾上腺钙化；肺部 CT：陈旧性结核。

2. 考虑患者的主要诊断是什么？

原发性肾上腺皮质功能减退症。

3. 为了明确该诊断，还需要完善什么检查项目？

肾上腺结核相关检查。

4. 该病的治疗方案是什么？

糖皮质激素补充治疗。若确诊结核，还需抗结核治疗。

十五、糖尿病性酮症酸中毒病例

1. 分析该患者最可能的诊断是什么？

糖尿病性酮症酸中毒。

2. 该病常见的诱因是什么？

诱发糖尿病酮症酸中毒的主要原因主要为感染、饮食或治疗不当及各种应激因素。未经治疗、病情进展急剧的 T1DM 患者，尤其是儿童或青少年，糖尿病酮症酸中毒可作为首发症状就诊。

3. 什么是酮体及其来源？为何会在体内蓄积？

酮体是肝脏中脂肪酸分解利用的中间代谢产物，包括乙酰乙酸、β-羟丁酸和丙酮等。

各种诱因，如饥饿、禁食、糖尿病加重和严重的妊娠反应情况下，体内胰岛素不足或者胰岛素拮抗激素如胰高血糖素、儿茶酚胺、生长激素、肾上腺皮质激素相对或绝对增多，脂肪分解过多时，脂肪酸在肝脏内经 β 氧化产生的酮体大量增加，当酮体生成大于组织利用和肾脏排泄时，酮体浓度增高，一部分酮体可通过尿液排出体外，形成酮尿。当肝内酮体生成的量超过肝外组织的利用能力，血酮体浓度就会过高，导致酮血症和酮尿症。

4. 糖尿病酮症酸中毒的治疗有哪些？

糖尿病酮症酸中毒治疗目的在于纠正水和电解质失衡，纠正酸中毒，补充胰岛素促进葡萄糖利用，并寻找和去除诱发酮症酸中毒的应激因素。①一般处理：监测血糖、血酮、尿酮、电解质和动脉血气分析。②补液：治疗糖尿病酮症酸中毒成功与否，补液是关键，不仅有利于失水的纠正，而且有助于血糖的下降和酮体的消除。补液量应根据患者的失水程度因人而异。对合并心脏病者适当减少补液量和速度，对于此类患者口服补液也是一个很好的方式。开始时可以输入生理盐水，血糖降至 13.9mmol/L 时可以给予 5% 的葡萄糖溶液。为了避免脑水肿，不宜输入过多钠盐、低张液体和使血糖下降过速。③补充胰岛素：小剂量胰岛素疗法即可对酮体生成产生最大抑制，而又不至于引起低血糖及低血钾。④纠正电解紊乱：治疗过程中应密切监测血钾变化，有利于及时调整补钾的浓度和速度。

⑤纠正酸碱平衡失调。⑥治疗诱因。

5. 糖尿病酮症酸中毒患者什么情况下可考虑补碱？

糖尿病酮症酸中毒的生化基础是酮体生成过多，而非 HCO_3^- 丢失过多，治疗应主要采用胰岛素抑制酮体生成，促进酮体的氧化，酮体氧化后产生 HCO_3^-，酸中毒自行纠正。仅在动脉血 pH<7.1，酸中毒直接危及生命时，酌情给予 5% 的碳酸氢钠液。

6. 如何预防？

①血糖长期控制在允许的范围内；②日常生活中尽量避免诱发糖尿病酮症酸中毒的因素发生：如发生感染性疾病要及时处理，应激情况要妥善控制好血糖；③不要随意停用抗糖尿病的药物治疗；④糖尿病治疗中要处理好饮食、运动、情绪及抗糖尿病药物使用之间的关系。

十六、高渗高血糖综合征病例

1. 该患者最可能的诊断是什么？
高血糖高渗性综合征。

2. 诊断依据是什么？

诊断依据：①老年男性患者；②多饮消瘦一月，意识不清半天；③入院查体：P 130 次 /min，BP 93/60mmHg，神志浅昏迷，皮肤干燥，呼吸急促；④辅助检查：血生化：Na^+ 158.1mmol/L、K^+ 4.18mmol/L、BUN 29.76mmol/L、Cr 485μmol/L；血糖：40.0mmol/L。

3. 该病有哪些常见诱因？

①各种应激情况，如感染、外伤、手术、脑血管意外、心肌梗死、中暑、急性胰腺炎等；②水摄入不足或失水过多；③摄入过多的高糖物质；④某些药物，如糖类皮质激素、噻嗪类利尿剂、普萘洛尔、氯丙嗪、甲氰咪胍、环孢素、苯妥英钠等。

4. 该病如何治疗？

治疗基本与糖尿病酮症酸中毒相同：①积极补液（生理盐水）；②胰岛素的应用；③补钾等维持电解质平衡；④并发症的治疗原则。

十七、乳酸酸中毒病例

1. 该患者最可能的诊断是什么？
乳酸酸中毒。

2. 该病常见的诱因是什么？

①不适当的使用双胍类降糖药物，尤其是苯乙双胍；②糖尿病的病情控制不良；③其他糖尿病急性并发症；④其他重要脏器的疾病；⑤其他：如酗酒、一氧化碳中毒、水杨酸盐类、儿茶酚胺、乳糖过量等。

3. 诊断要点是什么？

诊断要点：①糖尿病患者多数血糖不甚高，没有显著的酮症酸中毒；②酸中毒的证据：pH<7.35，HCO_3^-<20mmol/L，阴离子间隙 >18mmol/L；③血乳酸水平显著升高，多 ≥5mmol/L。

4. 如何治疗？

①去除诱因，治疗原发病，如控制感染、给氧、纠正休克、停用可能引起乳酸中毒的药物等；②补充生理盐水，迅速纠正脱水、休克及组织灌注不良；③纠正酸中毒和电解质紊乱，当血 pH<7.0，应积极

充分补碱；④根据血糖水平给予葡萄糖和胰岛素液体，以利于机体对乳酸利用；⑤必要时透析治疗；⑥其他支持和对症治疗等。

5. 如何预防？

①严格掌握双胍类药物的适应证，尤其是苯乙双胍，长期使用双胍类药物者要定期检查肝、肾功能、心肺功能，如有不适宜者应及时停药；②积极治疗各种可诱发乳酸酸中毒的疾病；③糖尿病患者应戒酒。

十八、糖尿病肾病病例

1. 请罗列出该患者的异常情况。

老年男性，诊断为"T2DM"15 年，近期血糖在 8~10mmol/L 之间波动；2 个月前患者劳累后自感眼睑及下肢水肿，休息后不见明显缓解。

既往史：有高血压病史，长期硝苯地平缓释片 20mg，2 次 /d 控制病情，有高脂血症病史，服用拜阿司匹林片 100mg，1 次 /d，阿托伐他汀钙片 20mg，1 次 /d。

查体：中度肥胖，面部轻度水肿，下肢中度凹陷性水肿。

化验结果：空腹血糖 10.1mmol/L，血清胆固醇 10.2mmol/L，LDL 5.7mmol/L，BUN 16.2mmol/L、肌酐 153.2μmol/L 均升高，尿糖（2+），尿蛋白（2+）。辅助检查：心电图：窦性心律，部分导联 ST 段改变。

2. 根据上一题，找出危及患者生命的异常情况，并以此回答下面相关问题。

（1）哪些是主要的异常情况？并做出该患者的主要诊断假设。

口干、多饮、多尿伴体重下降 15 年，眼睑及下肢水肿 2 个月；查体：中度肥胖，面部轻度水肿，下肢中度凹陷性水肿；既往史：有高血压病史，长期硝苯地平缓释片 20mg，2 次 /d 控制病情，有高脂血症病史，服用拜阿司匹林片 100mg，1 次 /d，阿托伐他汀钙片 20mg，1 次 /d。化验结果：空腹血糖 10.1mmol/L，血清胆固醇 10.2mmol/L，LDL 5.7mmol/L，BUN 16.2mmol/L、肌酐 153.2μmol/L 均升高，尿糖（2+），尿蛋白（2+）。辅助检查：心电图示窦性心律，部分导联 ST 段改变。

初步诊断：水肿待查：糖尿病性肾病，慢性肾功能不全；高血压肾病？心衰？冠心病？高血压病 2 级，极高危；高脂血症。

（2）该进行哪些检查来证实你的诊断假设？

尿白蛋白肌酐比，24h 尿蛋白，肾脏 ECT，肾活检，心脏彩超，心肌酶，高敏肌钙蛋白 I，脑钠肽等。

（3）根据该患者的病史、体征及实验室检查，做出该患者的疾病诊断，并简述下一步治疗措施。

该患者诊断：糖尿病性肾病Ⅳ期，慢性肾功能不全；高血压病 2 级，极高危，高血压肾病？冠心病、心衰待查；高脂血症。

低盐糖尿病饮食，每日的蛋白质应限制在 0.8g/kg，以优质蛋白质为主，配合适当运动；降糖、降压、调脂、抗凝、护肾降肌酐、利尿消肿等对症支持治疗。

3. 糖尿病病程时间长后常会出现相应并发症，一般糖尿病患者会出现哪些慢性并发症？

DKD、DR、糖尿病神经病变、糖尿病心脑血管病变、糖尿病足。

4. DKD 可分几期，各期临床及病理特点如何？

DKD 可分为五个阶段（五期）：

（1）Ⅰ期：肾小球滤过率（GFR）增加（30%~40%），存在超滤状态，是由于肾小球高灌注和肥大所致，此期可无临床表现。

（2）Ⅱ期：发生在糖尿病起病后 2~3 年,病理学表现为肾小球系膜细胞增生,肾小球硬化和基底膜增厚,但无明显临床表现,仅在运动后可出现微量白蛋白尿,超滤状态仍存在。

（3）Ⅲ期：发生在糖尿病起病后 5~7 年,尿中白蛋白排泄增多,微量白蛋白尿是肾病的最早证据,30~300mg/d（20μg/min）为微量白蛋白尿,在这一阶段 GFR 常常是正常的或轻度升高。

（4）Ⅳ期：为显性肾病,以蛋白尿为特征,可伴高血压、水肿、甚至肾病综合征样表现,GFR 正常或轻微降低。

（5）Ⅴ期：发生在糖尿病起病后 20~40 年,伴 GFR 持续降低和血压升高。

第Ⅰ~Ⅲ期一般无明显临床表现,第Ⅳ期后可表现为蛋白尿、水肿、高血压、肾功能减退及肾小球滤过率改变等。

5. 该患者考虑目前处于 DKD 几期,依据有哪些?

该患者考虑目前处于 DKDⅣ期,依据：老年男性,因"口干、多饮、多尿 15 年余,眼睑及下肢水肿 2 个月"入院；查体：中度肥胖,面部轻度水肿,下肢中度凹陷性水肿；化验结果：BUN 16.2mmol/L、肌酐 153.2μmol/L 均升高,尿糖（2+）,尿蛋白（2+）。

6. 对该患者的远期治疗目标应为怎样?

DKD 一旦形成,治疗是困难的,所以治疗原则应该是重在预防。DKD 预防可分为三级：①一级预防是指阻止早期 DKD 的发生；②二级预防是指阻止早期 DKD 向临床 DKD 发展；③三级预防是指阻止已确定为临床 DKD 的患者向终末期肾衰（ESRD）发展。该患者目前应该进行三级预防：每日的蛋白质应限制在 0.8g/kg,以优质蛋白质为主；DKD 降糖药物的选择,以不加重肾损害的药物为主；降压药首选管紧张素转换酶抑制剂和 AT-2 受体拮抗剂。DKD 合并水肿时可间断使用利尿剂,注意监测电解质；以及其他肾功能不全方面的治疗。

十九、糖尿病足病例

1. 请罗列出该患者的异常情况。

患者有口干、多饮、多尿,体重下降症状,足部破溃伤口不愈合 2 月；足底肿胀,可见一 5cm×5cm 破溃,伴血性及脓性分泌物,伴恶臭；化验结果：随机血糖 21mmol/L,血常规 WBC 21.6×10⁹/L,NEU 16.7×10⁹/L,RBC 2.01×10¹²/L,Hb 82g/L,PLT 400×10⁹/L,尿糖（3+）。

2. 根据上一题,找出危及患者生命的异常情况,并以此回答下面相关问题。

（1）哪些是主要的异常情况?并做出该患者的主要诊断假设。

口干、多饮、多尿伴消瘦 10 年余,足部破溃 2 个月；体格检查：T 37.4℃,下肢轻度凹陷性水肿,生理反射存在,病理征未引出。右足跟可见一 5cm×5cm 破溃,伴血性及脓性分泌物,伴恶臭,右足足底肿胀,皮肤发红伴皮温升高。化验结果：随机血糖 21mmol/L,血常规 WBC 21.6×10⁹/L,NEU16.7×10⁹/L,RBC2.01×10¹²/L,Hb 82g/L,PLT 400×10⁹/L,尿糖（3+）。辅助检查：心电图示窦性心动过速。初步诊断：糖尿病足并感染。

（2）该进行哪些检查来证实你的诊断假设?

PCT、血沉、糖化血红蛋白、局部伤口分泌物培养、足部影像学检查、下肢血管彩超或 CTA 等。

（3）根据该患者的病史、体征及实验室检查,做出该患者的疾病诊断,并简述下一步治疗措施。

糖尿病足并感染；高血压病 1 级,极高危；贫血；治疗：糖尿病饮食,注意饮食蛋白营养,胰岛素降糖,局部伤口清创换药或骨科手术处理,降压,抗感染,纠正贫血等对症支持治疗,若下肢有动脉粥样硬化或闭塞,加用调脂、扩管、抗凝药物,必要时血管外科介入治疗。

3. 糖尿病足的危险因素包括哪些?

①足溃疡既往史;②神经病变症状(足部麻木、触觉或痛觉减退或消失)和/或缺血性血管病变(运动引起的腓肠肌疼痛或足部发凉);③神经病变体征(足部发热、皮肤无汗、肌肉萎缩、鹰爪样趾、压力点的皮肤增厚)和/或周围血管病变的体征(足部发凉、皮肤发亮变薄、脉搏消失和皮下组织萎缩);④糖尿病的其他慢性并发症(严重肾功能衰竭或肾移植、明显的视网膜病变);⑤神经病变和/或血管病变并不严重而存在严重的足畸形;⑥其他危险因素(视力下降,膝、髋或脊柱关节病变、鞋袜不合适);⑦个人因素(社会经济条件差、老年或独自生活、拒绝治疗与护理者)。

4. 糖尿病足的分类、分级,各级临床特点如何?

糖尿病足溃疡可按照病变性质分为神经性溃疡、缺血性溃疡、神经-缺血性溃疡。根据病情的严重程度进行分级的常用方法为 Wagner 法,如下:

分级	临床表现	分级	临床表现
0级	有发生足溃疡危险因素存在,但无溃疡	3级	深部感染,伴有骨组织病变或脓肿
1级	皮肤表面溃疡,无感染	4级	局限性坏疽(趾、足跟或前足背)
2级	较深的溃疡,常合并软组织炎,无脓肿或骨的感染	5级	全足坏疽

5. 该患者考虑目前处于糖尿病足几级,依据如何?应完善哪些检查以明确?

该患者目前处于糖尿病足 3 级;依据:右足跟可见一 5cm×5cm 破溃,伴血性及脓性分泌物,伴恶臭,右足足底肿胀,皮肤发红伴皮温升高。应完善下肢血管彩超或 CTA、足部影像学检查、经皮氧分压等以明确。

6. 对该患者的治疗目标应为怎样?

该患者的治疗目标:糖尿病饮食加强营养能量支持治疗,控制血糖、血压及感染,局部清创或手术换药等,尽量促进足部伤口愈合,保留足部完整,保持患者正常生活能力。

二十、痛风病例

1. 患者的可能诊断是什么?需做什么检查进一步确诊。

最可能的诊断是急性痛风性关节炎。

进一步确诊检查:①血尿酸、尿尿酸测定;②血常规、肝肾功能电解质、血沉、C 反应蛋白等;③自身免疫相关抗体检测(排除自身免疫性关节炎);④肿胀关节 X 线或能谱 CT 等影像学检查;⑤必要时偏振光显微镜下观察关节液或耳廓结节内容物。

2. 该与哪些疾病相鉴别?如何鉴别?

(1)继发性高尿酸血症或痛风:发生在其他疾病(如肾脏病、血液病等)或使用某些药物过程中。继发性高尿酸血症或痛风具有以下特点:①儿童、青少年、女性和老年人更多见;②高尿酸血症程度较重;③40% 的患者 24h 尿尿酸排出增多;④肾脏受累多见,痛风肾、尿酸结石发生率较高,甚至发生急性肾衰竭;⑤痛风性关节炎症状往往较轻或不典型;⑥有明确的相关用药史。

(2)关节炎:①类风湿关节炎:青、中年女性多见,四肢近端小关节常呈对称性梭形肿胀畸形,晨僵明显。血尿酸不高,类风湿因子阳性,X 线片出现凿孔样缺损少见。②化脓性关节炎与创伤性关节炎:前者关节囊液可培养出细菌;后者有外伤史。两者血尿酸水平不高,关节囊液无尿酸盐结晶。

③假性痛风：系关节软骨钙化所致，多见于老年人，膝关节最常受累。血尿酸正常，关节滑囊液检查可发现有焦磷酸钙结晶或磷灰石，X线可见软骨呈线状钙化或关节旁钙化。

3. 根据该患者的病史、体征及实验室检查，做出该患者的疾病诊断，并简述痛风的治疗原则是什么？

诊断：急性痛风性关节炎

诊断依据：患者中年男性；反复发作全身关节疼痛伴低热2年，主要为足部、踝关节及腕关节，伴发热；父亲有痛风病史，母亲患有T2DM；体格检查T 37.5℃，双足第一跖趾关节肿胀，左侧较右侧明显，双侧耳廓触及绿豆大小的结节数个。

治疗原则：①迅速控制急性关节炎发作；②控制高尿酸血症，预防尿酸盐进一步沉积；③防止尿酸结石形成和肾功能损害。

4. 痛风治疗药物常用的有哪几种？作用机制是什么？

第一类：非甾体抗炎药物（NSAIDS），此类药物是痛风的首选药物

作用机制：前列腺素在机体中参与炎症反应、发热、疼痛等多种生理和病理过程，非甾体抗炎药物（NSAIDS）可以抑制前列腺素合成过程中的关键酶——环氧化酶（COX）的活性，从而抑制前列腺素的合成，起到抗炎、解热、镇痛的作用。

分类：分为选择性COX2抑制剂（如塞来昔布、艾瑞昔布、依托考昔、美洛昔康等）和非选择性COC抑制剂（如双氯芬酸钠、布洛芬、尼美舒利、洛索洛芬钠等），相比非选择性COX抑制剂，选择性COX2抑制剂对胃肠道黏膜影响小，但对于心血管的风险更大一些。

第二类：秋水仙碱，急性发作的传统药物，因其药毒性现已少用。

作用机制：①和中性粒细胞微管蛋白的亚单位结合而改变细胞膜功能，包括抑制中性粒白细胞的趋化、黏附和吞噬作用。②抑制磷脂酶A2，减少单核细胞和中性粒细胞释放前列腺素和白三烯。③抑制局部细胞产生白介素-6等，从而达到控制关节局部的疼痛、肿胀及炎症反应。

第三类：糖皮质激素

作用机制：能够抑制炎症细胞，包括巨噬细胞和白细胞在炎症部位的集聚，并抑制吞噬作用、溶酶体酶的释放以及炎症化学中介物的合成和释放，从而发挥抗炎作用。

5. 你会给患者些什么建议？

（1）遵医嘱进行抗炎治疗，迅速控制急性关节炎发作。

（2）待症状缓解2~4周后在医生指导下进行降尿酸治疗，规律用药，定期复查血尿酸、尿尿酸、血常规、肝肾功能、骨关节X线和泌尿系彩超等。

（3）生活方式建议：禁烟戒酒；规律饮食和作息；减少高嘌呤食物摄入，如海鲜、啤酒、高汤等；减少富含果糖饮料摄入，增加新鲜蔬菜摄入；大量饮水（每日2 000mL以上）；规律运动，控制体重；防止剧烈运动或突然受凉。

二十一、高脂血症病例

1. 患者的诊断是什么？

患者的诊断考虑：①血脂异常：总胆固醇升高，甘油三酯升高，低密度脂蛋白胆固醇升高，高密度脂蛋白胆固醇降低。②HT伴甲状腺功能减退症，心包积液：诊断依据包括FT$_3$ 1.72pmol/L，FT$_4$ 4.61pmol/L，TSH 75mU/L。甲状腺球蛋白抗体阴性，TGAb及TPOAb明显升高。X线胸片提示双肺未见异常，心影向两侧扩大。超声心动图显示大量心包积液，左室舒张功能减低。查体提示甲状腺Ⅱ度

肿大，心界向两侧扩大，心音遥远，心率 60 次 /min，律齐，无杂音。双下肢非凹陷性水肿，跟腱反射时间延迟。

2. 高脂血症的病因有哪些？

考虑为继发性血脂异常，为甲状腺功能减退症继发性的血脂异常。

3. 高脂血症的治疗方案如何？

①需要积极治疗原发病，给予补充甲状腺激素治疗甲状腺功能减退症；②患者的甘油三酯水平很高，且高甘油三酯血症易于诱发急性胰腺炎，所以应当优先以干预高甘油三酯血症为主，给予贝特类药物或烟酸类药物治疗。

二十二、骨质疏松病例

1. 请总结患者病史，该患者最有可能的诊断是什么？

总结病史：①75 岁老年女性患者；②因 "发现骨量低下 3 年余，右下肢疼痛 1 周" 入院；患者 3 年前体检行骨密度检查提示骨量低（具体 T 值不详），当时无明显骨痛、骨折等症状，自行口服碳酸钙 D3 片 600mg，每日 1 次。1 周前患者劳累后出现右下肢疼痛，主要为右侧小腿外侧骨痛，休息后缓解不明显，遂来医院就诊，查骨密度提示腰椎 T 值 –4.1SD，髋骨 T 值 –2.6SD；③既往史：高脂血症病史 6 月余，目前口服阿托伐他汀钙片 20mg，口服，1 次 /d，有糖耐量异常病史，未用药，绝经年龄 54 岁；④实验室检查：PTH 47.6pg/mL，25-OH-D 10.8mmol/L，肌酐 102μmol/L，雌二醇 <201pmol/L。

最有可能的诊断：原发性骨质疏松症。

2. 下一步诊疗计划是什么？

下一步诊疗计划：完善相关检查：血常规、骨钙素，骨转化标志物，碱性磷酸酶、甲状旁腺显像，骨钙素、尿电解质等。

治疗上：①调整生活方式：加强营养，均衡膳食，充足日照，规律运动等；②予以骨健康基本补充剂：钙剂、维生素 D。③抗骨质疏松症药物：双膦酸盐类药物。

3. 骨质疏松症的防治有哪些策略？

骨质疏松症的主要防治目标包括改善骨骼生长发育，促进成年期达到理想的峰值骨量；维持骨量和骨质量，预防增龄性骨丢失；避免跌倒和骨折。骨质疏松症的防治措施主要包括基础措施、药物干预和康复治疗。